高职高专教育国家级精品规划教材
普通高等教育“十一五”国家级规划教材
第二届广西高等学校优秀教材

机械设计基础

(第3版·修订版)

主　编　梁建和　陈伟珍
副主编　余爱民　段亚利
　　　　陈　琳　黄淑芳
主　审　谷礼新　陈炳森

黄河水利出版社
·郑州·

内容提要

本书是高职高专教育国家级精品规划教材，是普通高等教育"十一五"国家级规划教材，是按照教育部对高职高专教育的教学基本要求和相关专业课程标准编写完成的。全书共分15个项目，包括平面机构、凸轮机构、螺纹、齿轮机构、齿轮传动、蜗杆传动、链传动、带传动、刚性回转件的平衡以及机械设计综合实训等。在传统内容的基础上着重加强了材料、热处理等方面内容，同时对日益得到广泛应用的滚动螺旋传动、同步齿型带传动和机械CAD等都作了较详细的介绍，项目十五给出三个综合性实训项目："减速器测绘与分析"、"机械设计综合实训"和"机电产品综合设计"，代替并超越了传统的课程设计指导书。

本书适合于高职高专机电类专业学生及相关专业工程技术与科研人员阅读学习。

图书在版编目(CIP)数据

机械设计基础／梁建和，陈伟珍主编．—3版．—郑州：黄河水利出版社，2017.6 (2022.7 修订版重印)
高职高专教育国家级精品规划教材
ISBN 978-7-5509-1330-1

Ⅰ.①机… Ⅱ.①梁…②陈… Ⅲ.①机械设计-高等职业教育-教材 Ⅳ.①TH122

中国版本图书馆CIP数据核字(2017)第161402号

组稿编辑：王路平 电话：0371-66022212 E-mail：hhslwlp@163.com

出 版 社：黄河水利出版社 网址：www.yrcp.com
地址：河南省郑州市顺河路黄委会综合楼14层 邮政编码：450003
发行单位：黄河水利出版社
发行部电话：0371-66026940、66020550、66028024、66022620(传真)
E-mail：hhslcbs@126.com
承印单位：河南育翼鑫印务有限公司
开本：787 mm×1 092 mm 1/16
印张：18.75
字数：430千字 印数：4 101—7 000
版次：2002年8月第1版 2017年6月第3版 印次：2022年7月第2次印刷
2008年1月第2版 2022年7月修订版

定价：42.00元

第 3 版前言

本书是贯彻落实《国家中长期教育改革和发展规划纲要(2010~2020 年)》、《国务院关于加快发展现代职业教育的决定》(国发〔2014〕19 号)、《现代职业教育体系建设规划(2014~2020 年)》等文件精神,由中国水利教育协会职业技术教育分会高等职业教育教学研究会组织编写的高职高专教育国家级精品规划教材。该套教材以学生能力培养为主线,体现出实用性、实践性、创新性的教材特色,是一套理论联系实际、教学面向生产的精品规划教材。

为了不断提高教材质量,编者于 2022 年 7 月,根据近年来国家及行业颁布的最新规范、标准,以及在教学实践中发现的问题和错误,对全书进行了修订完善。

本书第 1 版于 2002 年 8 月出版,并荣获第二届(2006 年)广西高等学校优秀教材一等奖;第 2 版教材是普通高等教育"十一五"国家级规划教材,自 2008 年 1 月出版以来,因其通俗易懂,全面系统,应用性知识突出,可操作性强等特点,受到全国高职高专院校机电类专业师生及广大机电类专业从业人员的喜爱。随着我国机械设计理论水平的不断发展,为进一步满足教学需要,应广大读者的要求,编者在第 2 版的基础上对原教材内容进行了全面修订、补充和完善。

本书从高职教育的实际特点出发,以应用为目的,结合目前生源特点对教学内容进行调整,以必需、够用为度,以讲清概念、强化应用为教学重点。以工学结合为核心,以符合"用感性引导理性,从实践导入理论,从形象过渡到抽象"的高等应用性专门人才的认识规律为主线,以开发智力和调动学习积极性为目的,以添加案例导入和实训项目为手段,形成理论、设计计算、实训一体化教材。项目十五给出了三个综合性实训项目,其中"减速器测绘与分析"是实践性较强的项目,偏重于拆装测量、计算分析;"机械设计综合实训"是理论性较强的传统项目,偏重于设计计算;"机电产品综合设计"为综合性实训项目,侧重培养综合设计能力与设备改造能力,可用于机电类专业的毕业设计。各院校可以根据具体情况选作其中一项,或全部完成三项。本书将"机械原理""机械设计""机械设计课程设计指导书""机械设计实训指导书"等的精华有机地融会在一起,力图满足高职高专教学改革的需要。

本书编写人员及编写分工如下:广西水利电力职业技术学院梁建和(绪论、项目一、项目二),太原城市职业技术学院段亚利(项目三、项目七、项目十三),黄河水利职业技术学院余爱民(项目四、项目五、项目六),广西水利电力职业技术学院黄淑芳(项目八、项目九),长江工程职业技术学院陈琳(项目十、项目十一、项目十二),广西水利电力职业技术学院陈伟珍(项目十四、项目十五)。全书由梁建和、陈伟珍担任主编,梁建和负责全书统稿;由余爱民、段亚利、陈琳、黄淑芳担任副主编;由黄河水利职业技术学院谷礼新、广西水利电力职业技术学院陈炳森担任主审。

本书在编写过程中,参考与引用了国内同行的著作、教材及有关资料,在此谨对所有文献的作者深表谢意!

由于编者水平有限,不足之处在所难免,恳请读者批评指正。

编 者

2022 年 7 月

目　录

绪　论

案例导入：由牛头刨床、内燃机车等设备，导入机器的概念。介绍机器与机构的区别以及学习机械设计基础的重要性和基本要求。这是一门专业技术基础课，不同于以往的公共基础课和以后的专业课，具有理论性和实践性的双重特点。

机械是人类在长期的生产实践中创造出来的重要生产工具。它用来减轻人的劳动强度、改善劳动条件、提高产品质量、提高劳动生产率，帮助人们创造更多的社会财富。机械在人类的生产活动中历来都担负着十分重要的角色，尤其是在现代化生产的今天更离不开机械。

任务一　机器及其组成

机械是机器和机构的统称。

在生产实践和日常生活中，广泛使用和接触着各种机器，例如自行车、摩托车、汽车、轮船、洗衣机、电梯等。机器的种类繁多，有复杂的，也有简单的，为方便研究，下面以牛头刨床为例，分析机器的组成。

图 0-1 所示为牛头刨床结构示意图。电动机的动力通过带传动和一系列齿轮传动传给大齿轮。大齿轮的转动通过销钉带着滑块在导杆槽中上下滑行，迫使导杆绕摇块摆动，从而推动滑枕前后移动。固定在刀架上的刀具随之往复直线运动，实现对工件的加工。在这里，整台机器的机械能量由电动机提供，电动机是机器的动力来源，称为原动部分。刀架带着刨刀对工件进行切削，直接完成生产任务，称为执行部分。原动部分的动力和运动要经过一系列的中间装置才传到执行部分，这些中间装置统称为传动部分。

又例如内燃机车，是由内燃机提供动力，经各种中间传动装置使驱动轮转动，由驱动轮将得到的扭矩转化成轨道给轮子的牵引力以推动机车运动。在这里，内燃机是原动部分，驱动轮是执行部分，两者之间的各种传动装置统称为传动部分。

由此可见，一台机器一般由原动部分、传动部分和执行部分组成。

原动部分一般输出回转运动和扭矩。执行部分则应按生产工艺所需要的运动规律和方式作确定的运动。这样一来，就要求传动部分把原动部分的转动转变成执行部分所需的运动，也就是要求传动部分能够改变运动的规律或转换运动的形式。为此，我们引入机构的概念，以便于研究传动部分各组成装置的结构和特性。例如牛头刨床中，电动机轴上有带轮，齿轮轴上也有带轮，通过传动带就把电动机的转动传给了齿轮轴，这里的两个带轮和传动带就组成了带传动机构。一对啮合的齿轮就组成了齿轮机构。能实现导杆往复摆动的装置、齿轮、导杆、滑块和固定的支架一起组成了连杆机构的。

上述几种机构尽管结构、性能、作用各有不同，但都具有如下两个共同特性：

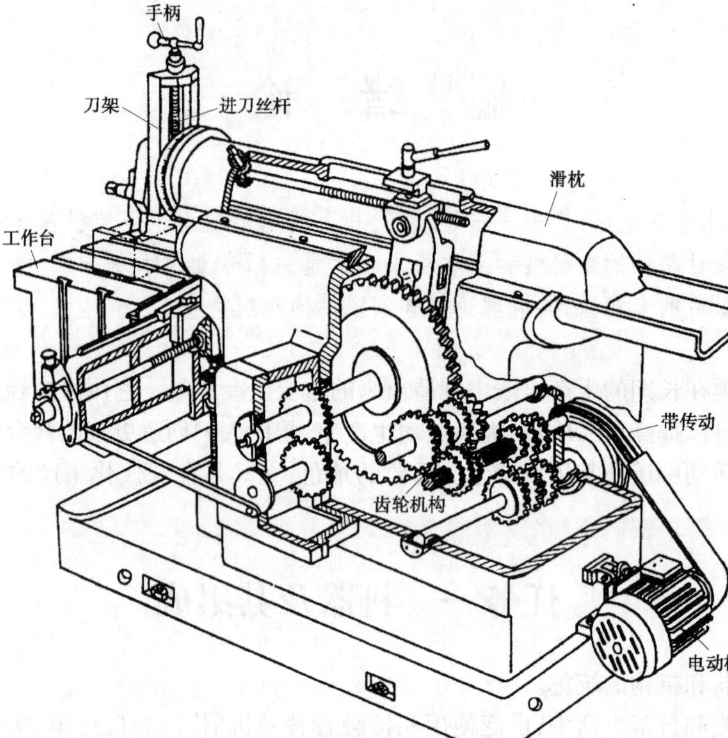

图 0-1　牛头刨床结构示意图

(1)它们都是由若干构件组合而成的。

(2)各构件之间具有确定的相对运动。

这里所说的构件可以是单一的整体,也可以是由几个零件组成的没有相对运动的刚性构件。零件是生产完成后不能再分拆的独立单元。构件和零件的区别在于前者是运动单元,后者是生产制造单元。

任务二　本课程的性质和研究对象及基本要求

一、本课程的性质和研究对象

机械工程学是最基本的技术科学之一,机械设计学又是机械工程学的基础。因此,工程技术人员掌握一定的机械设计知识是很有必要的。

“机械设计基础”是一门培养学生具有一定机械设计能力的技术基础课程。本课程研究的对象是机械,内容包括常用机构和通用零件两大部分。常用机构是指常见于机器中的机构,如连杆机构、齿轮机构、带传动机构等。通用零件是指在各种机器中普遍使用的零件,如螺钉、弹簧、齿轮、轴、轴承等。从庞然大物的航空客机到小巧玲珑的袖珍式机械手表,从精度要求极高的导航仪表到精度要求较低的玩具汽车等,它们所采用的机构和零件虽然在尺寸、形状、工作条件等方面均有很大的差异,但是其工作原理、运动特点、设计计算的基本理论和方法都是类同的。

在本课程的教学中将综合运用工程力学、材料学、公差与技术测量、机械制图等知识，建立机械设计的一些基本理论和方法，并结合练习题和课程设计进行必要的基本训练。

二、课程的基本要求

(1)熟悉常用机构的构造、原理、特点、应用，以及运动特性和设计的基本知识。

(2)熟悉通用零件的工作原理、特点、结构及标准，掌握通用零件的选用、设计的基本原理和方法。

(3)学会使用技术资料进行通用零件和简单机械传动装置的设计，具备对一般机构的特性和零件常见失效原因进行分析，解决生产实际中有关机械零件、部件结构等方面问题的能力，为学习有关专业机械设备课程以及参与技术改造奠定必要的基础。

项目一　平面机构及其运动简图

案例导入:通过硬纸片是否钉在桌面上及常见的推拉门、活页等例子,引入自由度、铰链、铰接、约束条件和运动副、运动链、机构等概念,介绍运动副的分类;以牛头刨床为例导入运动简图,用简单的符号和图形表示机器的组成和传动原理。

任务一　平面运动副

一、平面运动构件的自由度

平面机构是指组成机构的各个构件均平行于同一固定平面运动。组成平面机构的构件称为平面运动构件。

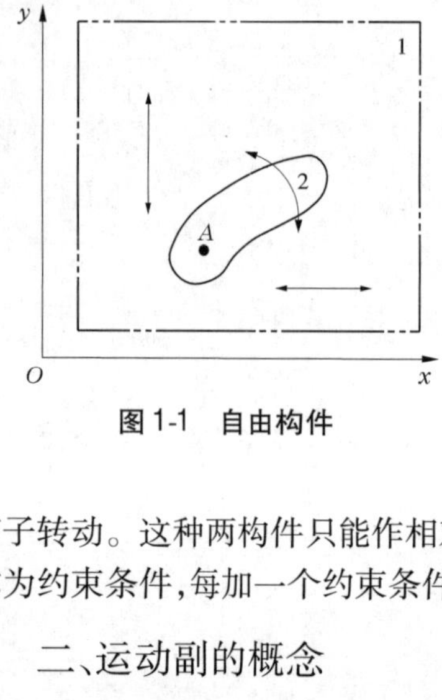

图 1-1　自由构件

两个构件用不同的方式连接起来,显然会得到不同形式的相对运动,如转动或移动。为便于进一步分析两构件之间的相对运动关系,引入自由度和约束的概念。如图 1-1 所示,假设有一个构件 2,当它尚未与其他构件连接之前,我们称之为自由构件,它可以产生 3 个独立运动,即沿 x 方向的移动、沿 y 方向的移动以及绕任意点 A 的转动,构件的这种独立运动称为自由度。可见,作平面运动的构件有 3 个自由度。如果我们将硬纸片(构件 2)用钉子钉在桌面(构件 1)上,硬纸片就无法作独立的沿 x 或 y 方向的运动,只能绕钉子转动。这种两构件只能作相对转动的连接称为铰接。对构件某一个独立运动的限制称为约束条件,每加一个约束条件构件就失去一个自由度。

二、运动副的概念

机构是由具有确定相对运动的若干构件组成的,组成机构的构件必然相互约束,相邻两构件之间必定以一定的方式连接起来并实现确定的相对运动。这种两个构件之间的可动连接称为运动副。例如两个构件铰接成运动副后,两构件就只能绕轴在同一平面内作相对转动,称为转动副,如图 1-2(a)、(b)所示。又如图 1-2(d)所示,一根四棱柱体 1 穿入另一构件 2 大小合适的方孔内,两构件就只能沿轴线 x 作相对移动,称之为移动副,图 1-2(c)所示为车床刀架与导轨构成的移动副。我们日常所见的门窗活叶、折叠椅等均为转动副,推拉门、导轨式抽屉等为移动副。

三、运动副的分类

两构件只能在同一平面作相对运动的运动副称为平面运动副。构成运动副的点、线

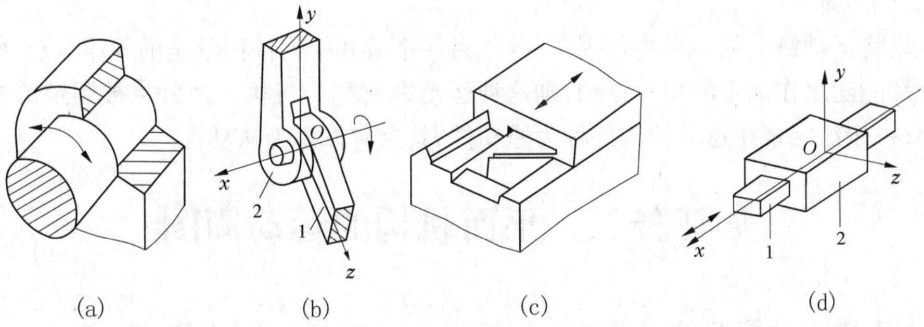

图 1-2　平面低副

或面称为运动副元素，根据运动副元素的不同，平面运动副可分为低副和高副。

（一）低副

两构件之间通过面与面接触而组成的运动副称为低副。两构件组成低副时引入了两个约束条件，也就失去 2 个自由度，只剩下 1 个自由度，即移动或转动。因此，低副又可分为移动副和转动副，如图 1-2 所示。

（二）高副

两构件以点或线的形式相接触而组成的运动副称为高副。如图 1-3（a）所示的火车轮子 1 与钢轨 2，图 1-3（b）所示的凸轮机构的凸轮 1 与从动件 2，图 1-3（c）所示的两相互啮合的轮齿等，分别组成了高副。两构件组成平面高副时，只引入 1 个约束条件。

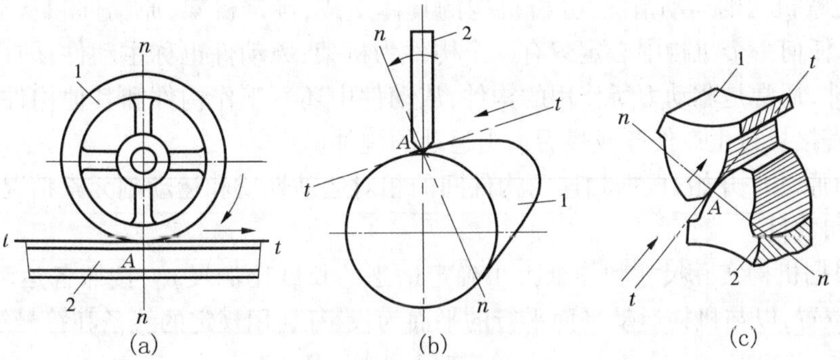

图 1-3　平面高副

四、运动链和机构

（一）运动链

若干构件通过运动副连接构成的系统称为运动链。各构件构成封闭形式的运动链称为闭式运动链，简称闭链，如图 1-4（a）所示；各构件不能构成封闭形式的运动链称为开式运动链，简称开链，如图 1-4（b）所示。

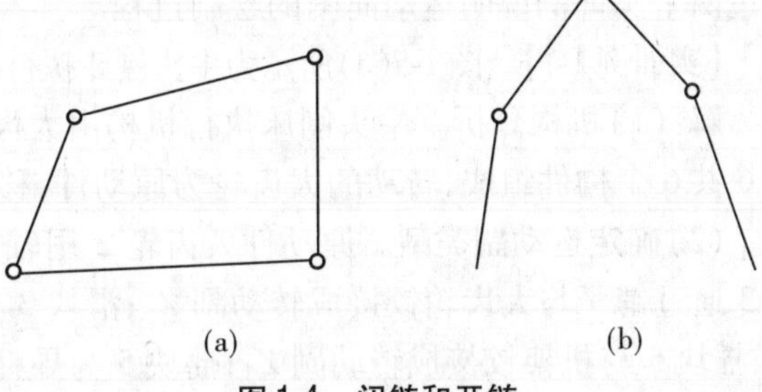

图 1-4　闭链和开链

(二)机构

如果将运动链中的一个构件固定,并使另一个或几个构件按给定的规律运动,而且其余构件都能随之作确定的相对运动,则这种运动链就称为机构。通常将被固定的构件称为机架,将按给定规律运动的构件称为原动件,其余构件称为从动件。

任务二 平面机构的运动简图

一、机构运动简图的概念

在研究机构运动特性时,为了使问题简化,只考虑与运动有关的运动副的数目、类型及相对位置,不考虑构件和运动副的实际结构及材料等与运动无关的因素。用简单线条和规定符号表示构件和运动副的类型,并按一定的比例确定运动副的相对位置及与运动有关的尺寸,这种表示机构组成和各构件间运动关系的简单图形,称为机构运动简图。

只是为了表示机构的结构组成及运动原理而不严格按比例绘制的机构运动简图,称为机构示意图。

二、平面机构运动简图的绘制

绘制平面机构运动简图可按以下步骤进行:

(1)观察机构的运动情况,分析机构的具体组成,确定机架、原动件和从动件。机架即固定件,任何一个机构中必定只有一个构件为机架;原动件也称主动件,即运动规律为已知的构件,通常是驱动力所作用的构件;从动件中还有工作构件和其他构件之分,工作构件是指直接执行生产任务或最后输出运动的构件。

(2)由原动件开始,根据相连两构件间的相对运动性质和运动副元素情况,确定运动副的类型和数目。

(3)根据机构实际尺寸和图纸大小确定适当的长度比例尺 μ_l,按照各运动副间的距离和相对位置,以与机构运动平面平行的平面为投影面,用规定的线条和符号绘图。

$$\mu_l = \frac{\text{实际尺寸(m)}}{\text{图样尺寸(mm)}} \tag{1-1}$$

常用构件和运动副的简图符号在国家标准《机械制图　机构运动简图用图形符号》(GB/T 4460—2013)中已有规定,表1-1给出了最常用的构件和运动副的简图符号。下面通过两个实训例说明运动简图的绘制过程。

【实训例1-1】 图1-5(a)所示为牛头刨床执行机构结构示意图,试绘制机构运动简图。

解:(1)机构分析。牛头刨床执行机构由大齿轮2、机架7、滑块3、导杆4、摇块5和滑枕6共6个构件组成,转动的大齿轮为原动件,移动的滑枕6为工作构件。

(2)确定运动副类型。原动件大齿轮2用轴通过轴承与机架7铰接成转动副 Z_1;滑块3通过销子与大齿轮铰接成转动副 Z_2;滑块3与导杆4用导轨连接以面接触成移动副 Y_1;摇块5与机架铰接成转动副 Z_3;摇块5与导杆4用导轨连接成移动副 Y_2;导杆4与滑枕6铰接成转动副 Z_4;滑枕6与机架7用导轨连接以面接触成移动副 Y_3。这里有4个转动副和3个移动副,共7个运动副。

表1-1　机构运动简图符号

名称		简图符号	名称		简图符号
构件	轴、杆		机架	基本符号	
构件	三副元素构件	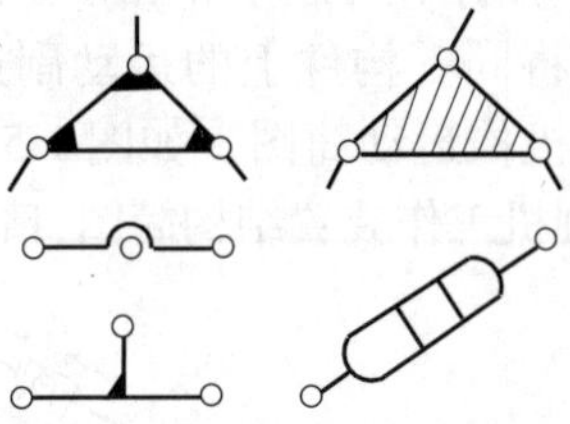	机架	机架是转动副的一部分	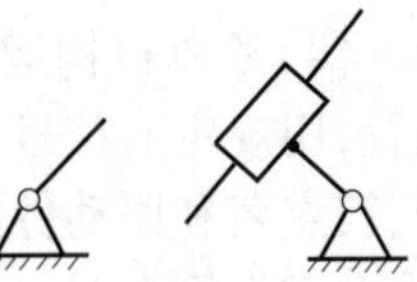
			机架	机架是移动副的一部分	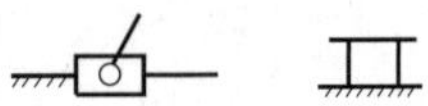
构件	构件的永久连接	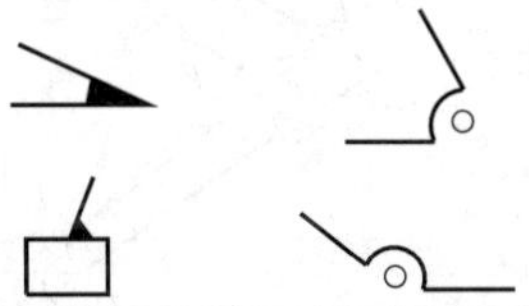	平面高副	齿轮副 外啮合	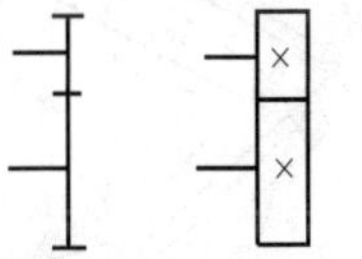
平面低副	转动副		平面高副	内啮合	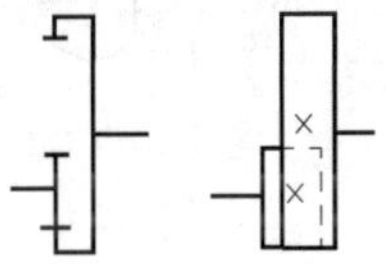
平面低副	移动副	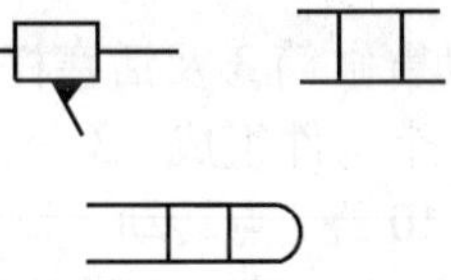	平面高副	凸轮副	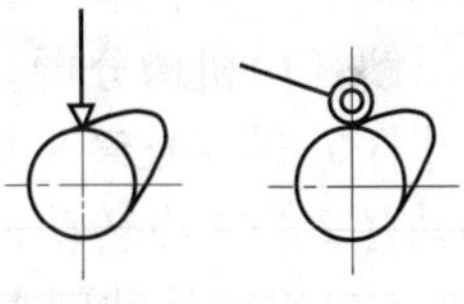

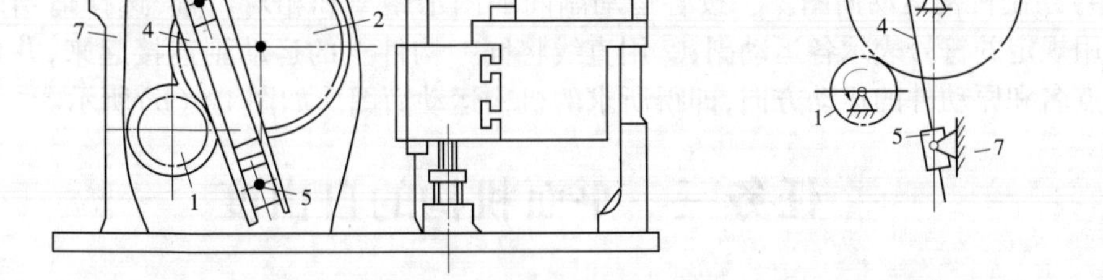

1—小齿轮；2—大齿轮(曲柄)；3—滑块；4—导杆；5—摇块；6—滑枕；7—机架

图1-5　牛头刨床执行机构结构示意图及运动简图

(3)测量主要尺寸,计算长度比例和图示长度。经测量得:滑枕6的导轨高 $L_h=1\,000$ mm,大齿轮2的中心高 $L_{h1}=540$ mm,滑块3的回转半径 $r_x=240$ mm。设图样最大尺寸为60 mm,则长度比例尺 $\mu_l=L_h/60=1\,000\text{ mm}/60\text{ mm}=16.7\approx20=0.02(\text{m/mm})$。于是:

$$h = L_h/\mu_l = 1/0.02 = 50(\text{mm})$$
$$h_1 = L_{h1}/\mu_l = 0.54/0.02 = 27(\text{mm})$$
$$r = r_x/\mu_l = 0.24/0.02 = 12(\text{mm})$$

(4)绘制机构运动简图。①按各运动副间的图示距离和相对位置,选择适当的瞬时位置,用规定的符号表示各运动副;②用直线将同一构件上的运动副连接起来,并标上件号、铰点名和原动件的运动方向,即得所求的机构运动简图。如图1-5(b)所示。

【实训例1-2】 图1-6(a)为反铲液压挖掘机工作装置结构简图,请画出它的运动简图。

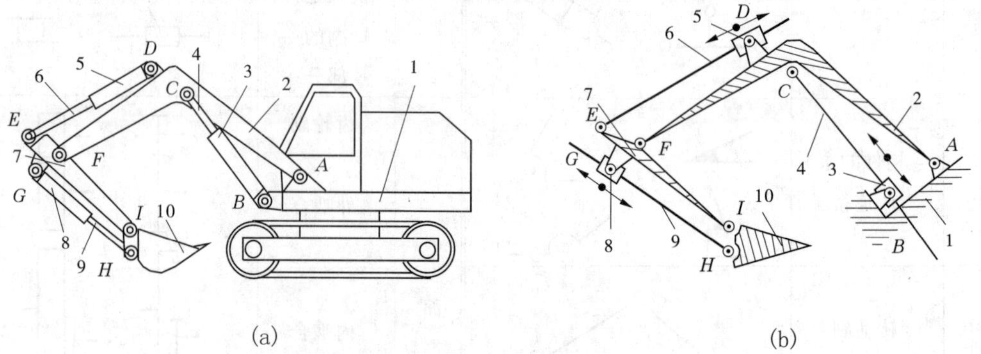

图1-6 反铲液压挖掘机工作装置结构简图及运动简图

解:(1)机构分析。机构由转台1、动臂2、动臂缸筒3及活塞杆4、斗杆缸筒5及活塞杆6、斗杆7、转斗缸筒8及活塞杆9、铲斗10共10个构件组成。3个液压缸为原动件,分别驱动动臂2绕A点转动,斗杆7绕F点转动,铲斗10绕I点转动。铲斗10为工作构件。

(2)确定运动副类型。有A、B、C、D、E、F、G、H、I共9个转动副,3个液压缸构成3个移动副。

(3)测量主要尺寸,计算长度比例和图示长度。经测量得:$L_{AC}=1.8$ m,$L_{AF}=3.3$ m,$L_{CF}=1.7$ m,$L_{FI}=1.4$ m。设图样最大尺寸为60 mm,则长度比例尺 $\mu_l=L_{\max}/60=(3.3+1.4)/60\approx0.08$ (m/mm)。于是:

$$AF = 3.3/0.08 \approx 41\ (\text{mm}) \qquad AC = 1.8/0.08 \approx 22.5\ (\text{mm})$$
$$CF = 1.7/0.08 \approx 21\ (\text{mm}) \qquad FI = 1.4/0.08 \approx 17.5\ (\text{mm})$$

(4)绘制机构运动简图。①按各运动副间的图示距离和相对位置,选择适当的瞬时位置,用规定的符号表示各运动副;②用直线将同一构件上的运动副连接起来,并标上件号、铰点名和原动件的运动方向,即得所求的机构运动简图。如图1-6(b)所示。

任务三 平面机构的自由度

一、平面机构自由度的计算

机构相对于机架所具有的独立运动数目,称为机构的自由度。

设一个平面机构由 N 个构件组成，其中必定有 1 个构件为机架，其活动构件数为 $n=N-1$。这些构件在未组合成运动副之前共有 $3\times n$ 个自由度，在连接成运动副之后便引入了约束，减少了自由度。设机构共有 P_L 个低副、P_H 个高副，因为在平面机构中每个低副和高副分别限制 2 个和 1 个自由度，故平面机构的自由度为

$$F = 3n - 2P_L - P_H \tag{1-2}$$

例如牛头刨床执行机构共有 6 个构件组成 7 个低副和 0 个高副，活动构件 $n=5$，则该机构的自由度为 $F=3\times5-2\times7=1$。

又例如挖掘机工作装置，共有 10 个构件，活动构件为 $n=9$ 个，连接成 9 个转动副、3 个移动副，则该机构的自由度为 $F=3\times9-2\times12=3$。

在计算平面机构的自由度时，应注意如下三种特殊情况。

（一）复合铰链

3 个或更多的构件在同一处连接成同轴线的 2 个或更多个转动副，就构成了复合铰链，计算自由度时应按 2 个或更多个转动副计算。图 1-7(a) 所示为一个六构件机构，其中构件 6 为机架，构件 1 为原动件。请注意 B 点处是由 2、3、4 三构件构成的两个同轴转动副，如图 1-7(b) 所示。其中，构件 4 与构件 2 铰接构成转动副 Z_{42}、与构件 3 铰接构成转动副 Z_{43}，两转动副均绕轴线 B 转动。这个复合铰链计算自由度时应按 2 个转动副计算。如果有 m 个构件以复合铰链相连接，则构成的转动副数目应为 $(m-1)$ 个。在计算机构自由度时，应注意分析是否存在复合铰链。

（二）局部自由度

在有的机构中为了其他一些非运动的原因，设置了附加构件，这种附加构件的运动是完全独立的，对整个构件的运动毫无影响，我们把这种独立运动称为局部自由度。在计算机构自由度时局部自由度应略去不计。

如图 1-8(a) 所示为凸轮机构，随着主动件凸轮 1 的顺时针转动，从动杆 2 作上下往复运动。为了减少摩擦和磨损，在凸轮 1 和从动杆 2 之间加入滚子 3，应该注意到无论滚

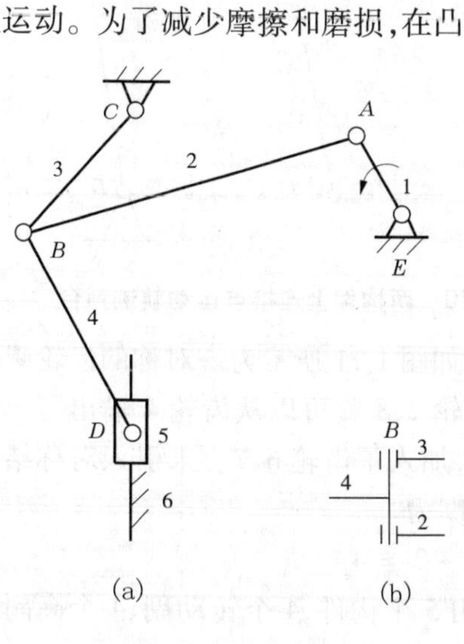

图 1-7　复合铰链

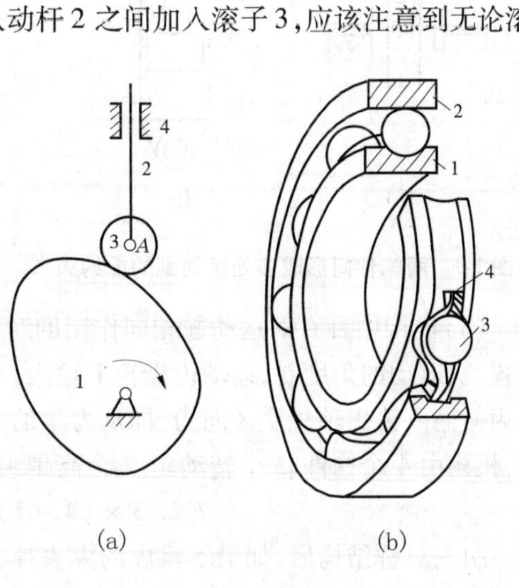

图 1-8　局部自由度

子3是否绕 A 点转动,都不改变从动杆2的运动,因而滚子3绕 A 点的转动属于局部自由度,计算机构自由度时应将滚子和从动杆看成一个构件。又如图1-8(b)所示为滚动轴承的结构示意图,为减少摩擦,在轴承的内外圈之间加入了滚动体3,但是滚动体是否滚动对轴的运动毫无影响,滚动体的滚动属于局部自由度,计算机构自由度时可将内圈1、外圈2、滚动体3看成一个整体。

(三)虚约束

机构中与其他约束重复,对机构不产生新的约束作用的约束称为虚约束。计算机构自由度时应将虚约束除去不计。虚约束经常出现在如下场合:

(1)两构件间形成多处具有相同作用的运动副。如图1-9(a)所示,轮轴2与机架1在 A、B 两处形成转动副,其实两个构件只能构成一个运动副,这里应按一个运动副计算自由度。又如图1-9(b)所示,在液压缸的缸筒2与活塞1、缸盖3与活塞杆4两处构成移动副,实际上缸筒与缸盖、活塞与活塞杆是两两固连的,只有2个构件而并非4个构件,此两个构件也只能构成一个移动副。

(2)两构件上连接点的运动轨迹重合。例如图1-10所示是火车头驱动轮联动装置示意图,它形成一个平行五边形机构,其中构件 EF 存在与否并不影响平行四边形 $ABCD$ 的运动。进一步可以肯定地说,三构件 AB、CD、EF 中缺省其中任意一个,均对余下的机构运动不产生影响,实际上是因为此三构件的动端点的运动轨迹均与构件 BC 上对应点的运动轨迹重合。应该指出,AB、CD、EF 三构件是互相平行的,否则就形成不了虚约束,机构就出现过约束而不能运动。

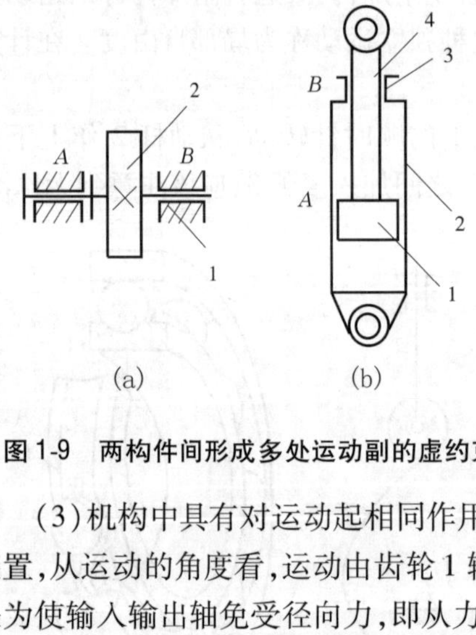

图1-9　两构件间形成多处运动副的虚约束

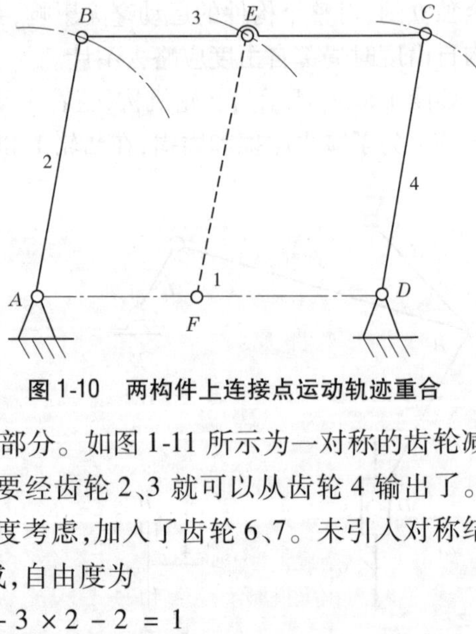

图1-10　两构件上连接点运动轨迹重合

(3)机构中具有对运动起相同作用的对称部分。如图1-11所示为一对称的齿轮减速装置,从运动的角度看,运动由齿轮1输入,只要经齿轮2、3就可以从齿轮4输出了。但是为使输入输出轴免受径向力,即从力学的角度考虑,加入了齿轮6、7。未引入对称结构时,机构由4个构件、3个转动副、2个高副组成,自由度为

$$F = 3 \times (4 - 1) - 3 \times 2 - 2 = 1$$

引入对称结构后,如果不将虚约束去掉,则机构由5个构件、4个转动副、4个高副组成,自由度为

$$F = 3 \times (5 - 1) - 4 \times 2 - 4 = 0$$

显然是错误的。

【例 1-1】 计算图 1-12 所示筛料机构的自由度。

解:(1)工作原理分析。机构中标有箭头的凸轮 6 和曲轴 1 作为原动件分别绕 F 点和 A 点转动,迫使工作构件 5 带动筛子抖动筛料。

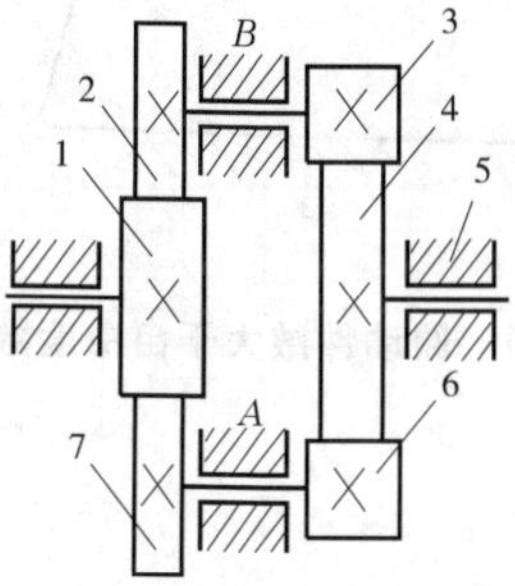

图 1-11 对称结构引入的虚约束

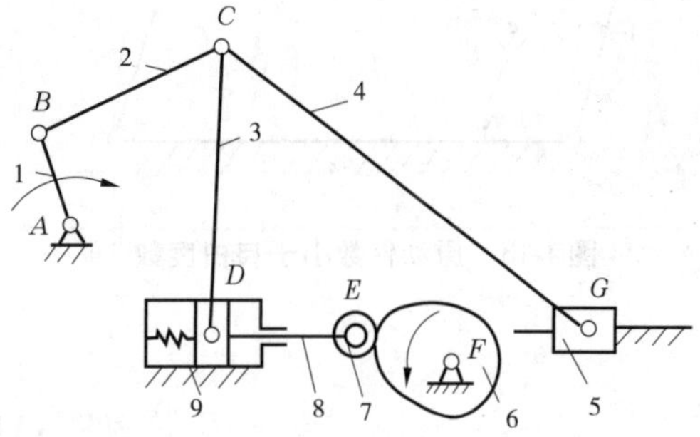

图 1-12 筛料机构

(2)处理特殊情况。①2、3、4 三构件在 C 点组成复合铰链,此处有两个转动副;②滚子 7 绕 E 点的转动为局部自由度,可看成滚子 7 与活塞杆 8 焊接在一起;③8、9 两构件形成两处移动副,其中有一处是虚约束。

(3)计算机构自由度。机构有 7 个活动构件、7 个转动副、2 个移动副、1 个高副,即 $n=7$、$P_L=9$、$P_H=1$,按式(1-2)计算得

$$F = 3 \times 7 - 2 \times 9 - 1 = 2$$

二、机构具有确定运动的条件

只有机构自由度大于零,机构才有可能运动。因为机构的自由度即是机构所具有的独立运动的数目,所以只有给机构输入的独立运动数目与机构自由度数目相等,机构才能有确定的运动。

如图 1-13 所示为五杆铰链系统,具有 5 个构件构成 5 个转动副,其自由度为 $F=3\times4-2\times5=2$,如果只给定构件 1 的运动规律,则构件 2、3、4 的运动规律并不确定。当给定了构件 1、4 的运动规律后,各构件的运动就得到确定。如图 1-14 所示为四杆铰链系统,具有 4 个构件形成 4 个转动副,其自由度为 $F=3\times3-2\times4=1$,当给定构件 1 的运动规律时,各构件的运动已确定。如果同时给定构件 1、2 的运动规律,则系统无法运动。由此可见,机构具有确定运动的条件为机构的原动件数目 W 等于机构的自由度数目 F,即

$$W = F > 0$$

【例 1-2】 请判断例 1-1 的机构是否有确定的运动。

解:经对机构进行分析和计算知,机构的原动件数目 $W=2$、自由度数目 $F=2$,因为有 $W=F=2$,故例 1-1 的筛料机构有确定的运动。

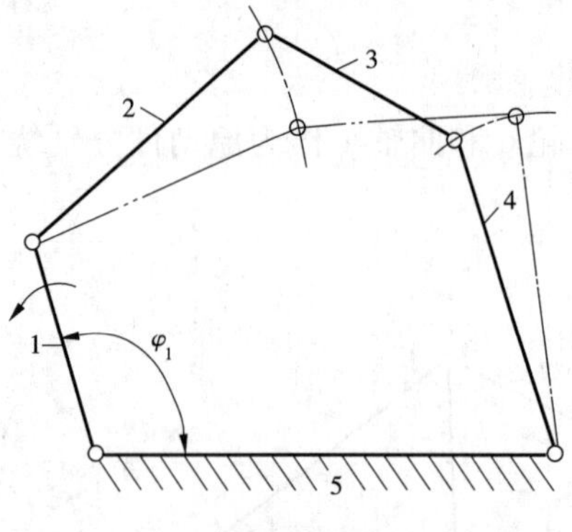

图1-13　原动件数小于自由度数

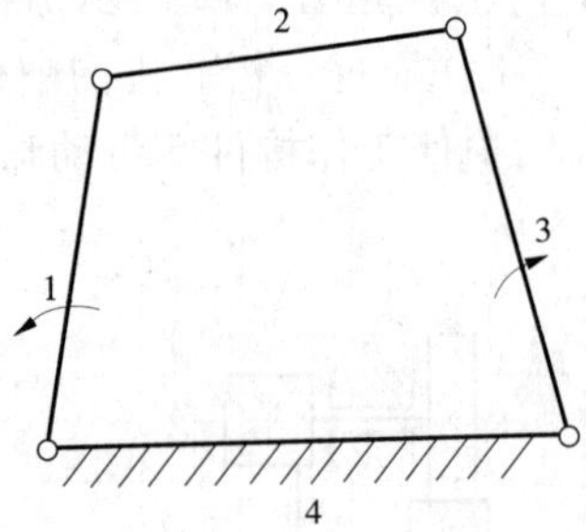

图1-14　原动件数大于自由度数

习题一

1-1　机器由哪几部分组成？各部分有何功用？试就汽车和摩托车进行说明。

1-2　什么是运动副？它在机构中起何作用？试举出生活、生产中运用转动副、移动副的两个实例。

1-3　什么是虚约束和局部自由度？

1-4　绘制图1-15所示机构的机构示意图。

1-5　试计算图1-16所示机构的自由度。若含有复合铰链、局部自由度或虚约束，请逐一指出，并判定它们是否具有确定的运动。

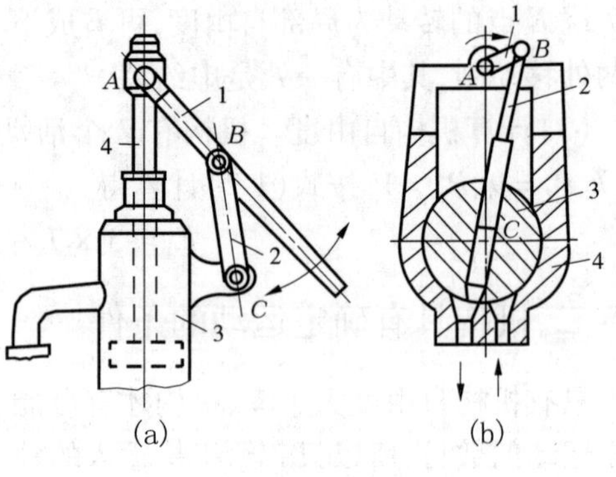

图1-15

1-6　绘制图1-17所示机构的机构示意图，并计算自由度。如结构上有错误，请提出改进意见。

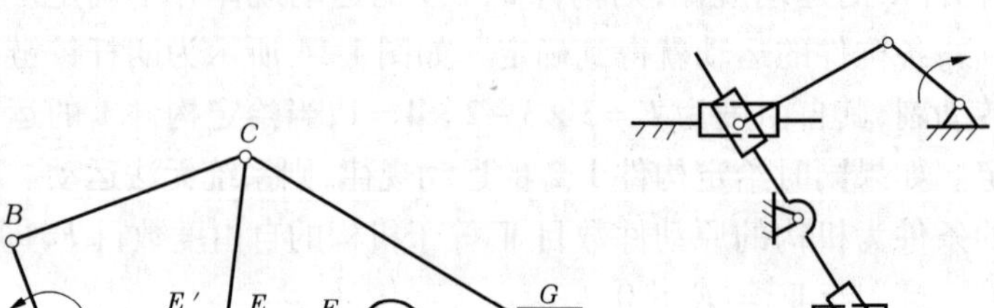

图1-16

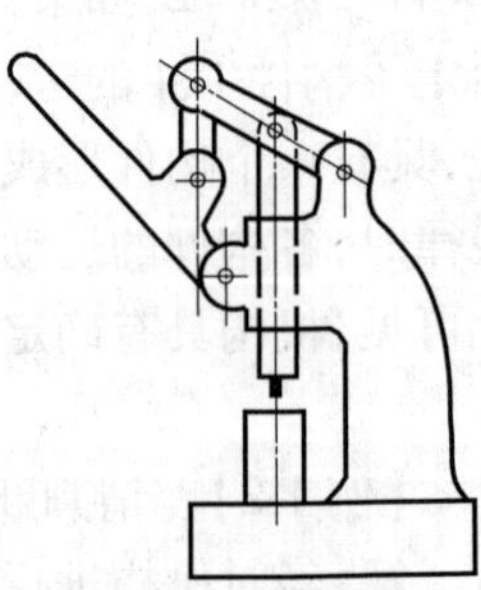

图1-17

实训一　平面机构运动简图的绘制

1. 实训目的

通过实训，掌握从实际机械中绘制平面机构运动简图的原则、方法和基本技能。验证和巩固机构自由度的计算。

2. 实训内容和要求

选择一至两种实际机械模型，从原动构件开始仔细观察机构运动，确定组成机构的构件数目及运动副的数目，测量各运动副间的相对位置，按规定的符号以适当的比例绘制出机构运动简图。计算该机构的自由度，并验证其运动是否确定。

3. 实训过程

（详见实训例子。）

项目二 平面连杆机构

案例导入:通过雷达天线、汽车雨刮器、搅拌机等实际应用的机构分析引入四杆机构的概念,介绍四杆机构的组成、基本形式和工作特性。

任务一 铰链四杆机构

一、铰链四杆机构的组成和基本形式

(一)铰链四杆机构的组成

如图1-14所示,铰链四杆机构是由转动副将各构件的头尾连接起来的封闭四杆系统,并使其中一个构件固定而组成。被固定件4称为机架,与机架直接铰接的两个构件1和3称为连架杆,不直接与机架铰接的构件2称为连杆。连架杆如果能作整圈运动就称为曲柄,否则就称为摇杆。

(二)铰链四杆机构的类型

铰链四杆机构根据其两个连架杆的运动形式的不同,可以分为曲柄摇杆机构、双曲柄机构和双摇杆机构三种基本形式。

(1)曲柄摇杆机构。在铰链四杆机构中,如果有一个连架杆作循环的整周运动而另一连架杆作摇动,则该机构称为曲柄摇杆机构。如图2-1所示曲柄摇杆机构是雷达天线调整机构的原理图,机构由构件*AB*、*BC*、固连有天线的*CD*及机架*DA*组成,构件*AB*可作整圈的转动,成曲柄;天线3作为机构的另一连架杆可作一定范围的摆动,成摇杆;随着曲柄的缓缓转动,天线仰角得到改变。如图2-2所示汽车雨刮器,随着电动机带着曲柄*AB*转动,刮雨胶与摇杆*CD*一起摆动,完成刮雨功能。如图2-3所示搅拌器,随着电动机带着曲柄*AB*转动,搅拌爪与连杆*BC*一起作往复的摆动,爪端点*E*作轨迹为椭圆的运动,实现搅拌功能。

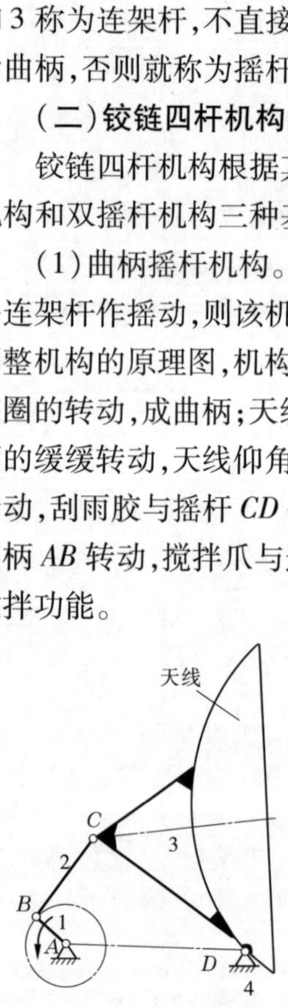

图2-1 雷达天线调整机构

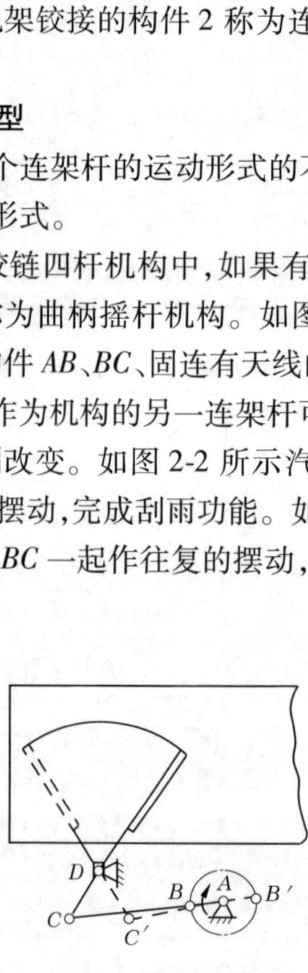

图2-2 汽车雨刮器

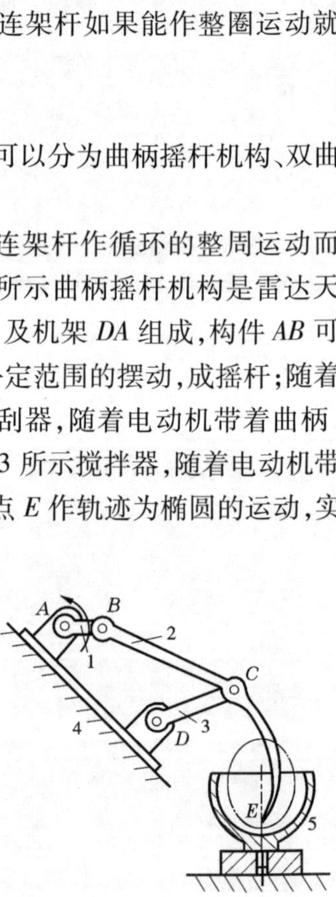

图2-3 搅拌器

(2)双曲柄机构。在铰链四杆机构中,两个连架杆均能作整周的运动,则该机构称为双曲柄机构。如图2-4所示惯性筛工作机构是双曲柄机构的应用实例。由于从动曲柄3与主动曲柄1的长度不同,故当主动曲柄1匀速回转一周时,从动曲柄3作变速回转一周,机构利用这一特点使筛子6作加速往复运动,提高了工作性能。当两曲柄的长度相等且平行布置时,成了平行双曲柄机构,如图2-5(a)所示为正平行双曲柄机构,其特点是两曲柄转向相同、转速相等及连杆作平动,因而应用广泛。火车驱动轮联动机构利用了同向等速的特点;路灯检修车的载人升斗利用了平动的特点,如图2-6(a)、(b)所示。如图2-5(b)所示为逆平行双曲柄机构,具有两曲柄反向不等速的特点,车门的启闭机构利用了两曲柄反向转动的特点,如图2-6(c)所示。

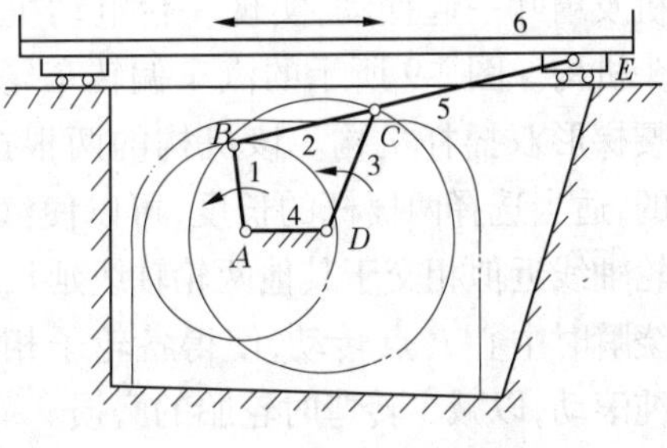

图2-4　惯性筛工作机构

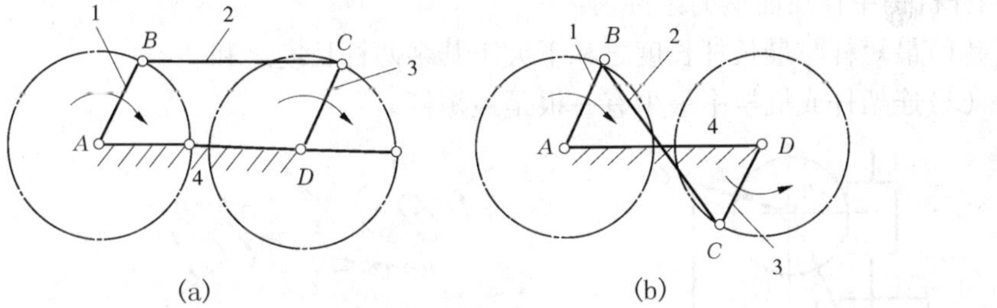

图2-5　平面双曲柄机构

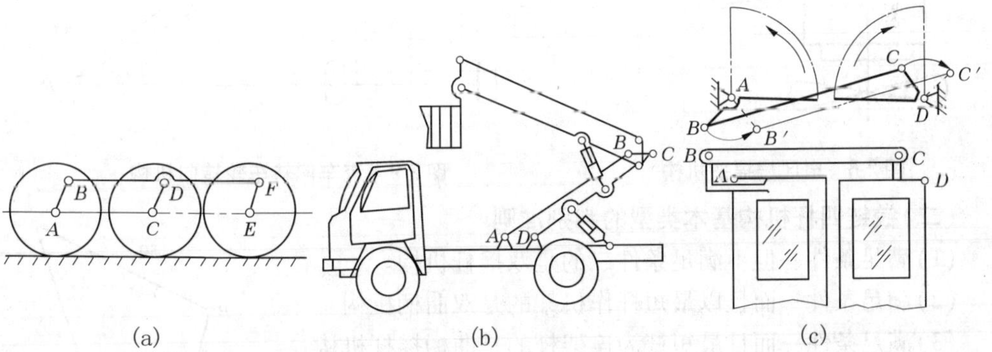

图2-6　平面双曲柄机构的应用

(3)双摇杆机构。两个连架杆均只能在不足一周的范围内运动的铰链四杆机构称为双摇杆机构,如图2-7所示为港口用的起重机吊臂机构原理。其中,*ABCD*构成双摇杆机构,*AD*为机架,在主动摇杆*AB*的驱动下,随着机构的运动,连杆*BC*的外伸端点*M*获得近似直线的水平运动,使吊重*Q*能作水平移动而大大节省了移动吊重所需要的功率。图2-8所示为电风扇摇头机构,电动机外壳作为其中的一根摇杆*AB*,蜗轮作为连杆*BC*,构成双摇杆机构*ABCD*。蜗杆随扇叶同轴转动,带动*BC*作为主动件绕*C*点摆动,使摇杆*AB*带电动机及扇叶一起摆动,实现一台电动机同时驱动扇叶和摇头机构。图2-9所示的汽车偏转车轮转向机构采用了等腰梯形双摇杆机构。该机构的两根摇杆 AB、CD 是等长的,适当选择两摇杆的长度,可以使汽车在转弯时两转向轮轴线近似相交于其他两轮轴线延长线某点 P,汽车整车绕瞬时中心 P 点转动,使得各轮子相对于地面作近似的纯滚动,以减少转弯时轮胎的磨损。

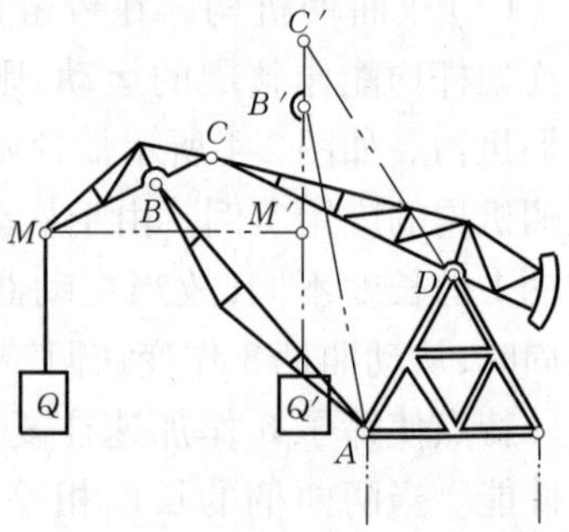

图2-7　起重机吊臂机构原理

二、铰链四杆机构中曲柄存在的条件及基本类型判别准则

(一)铰链四杆机构中曲柄存在的条件

铰链四杆机构的三种基本类型的区别在于机构中是否存在曲柄,以及存在几个曲柄。机构中是否存在曲柄与各构件相对尺寸的大小以及哪个构件作机架有关。可以证明,铰链四杆机构中存在曲柄的条件为:

(1)最短杆与最长杆长度之和不大于其余两杆长度之和。

(2)连架杆或机架中最少有一根是最短杆。

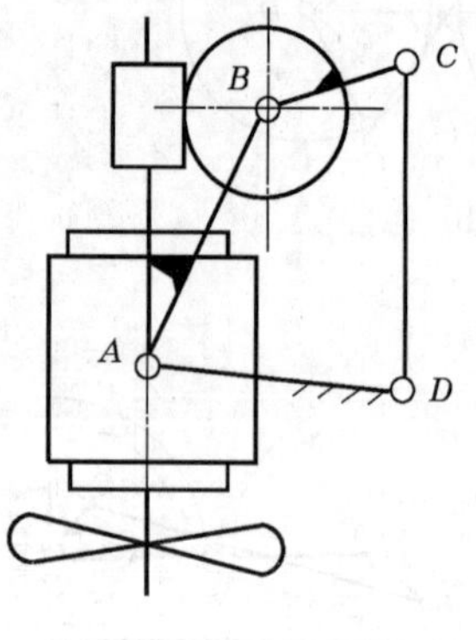

图2-8　电风扇摇头机构

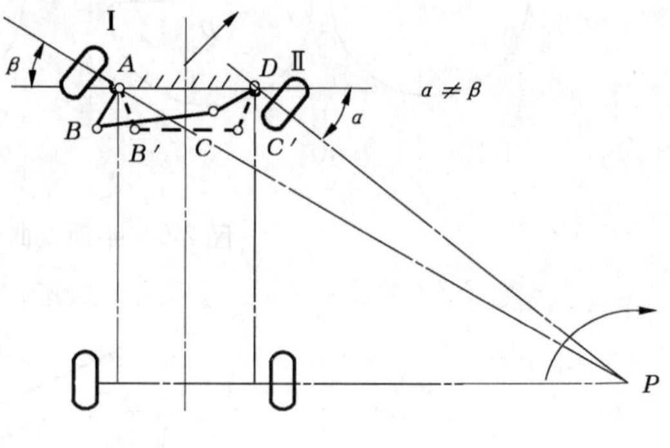

图2-9　汽车偏转车轮转向机构

(二)铰链四杆机构基本类型的判别准则

(1)满足条件一但不满足条件二的是双摇杆机构。

(2)满足条件一而且以最短杆作机架的是双曲柄机构。

(3)满足条件一而且最短杆为连架杆的是曲柄摇杆机构。

(4)不满足条件一的是双摇杆机构。

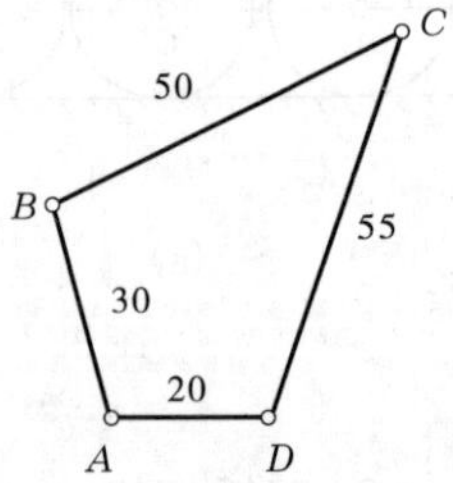

图2-10

【实训例2-1】　铰链四杆机构 $ABCD$ 如图2-10所示。请根据基本类型判别准则,说明机构分别以 AB、BC、CD、AD 各杆为机架时属于何种机构。

解:经测量得各杆长度标于图2-10。分析题目给出的铰链四杆机构可知,最短杆为 $AD=20$,最长杆为 $CD=55$,其余两杆 $AB=30$、$BC=50$。

因为　$AD+CD=20+55=75$

$$AB + BC = 30 + 50 = 80 > L_{min} + L_{max}$$

故满足曲柄存在的第一个条件。

(1)以 AB 或 CD 为机架时,即最短杆 AD 成连架杆,故为曲柄摇杆机构。

(2)以 BC 为机架时,即最短杆成连杆,故机构为双摇杆机构。

(3)以 AD 为机架时,即以最短杆作机架,机构为双曲柄机构。

任务二　四杆机构的其他形式

一、曲柄滑块机构

在图 2-11(a)所示的铰链四杆机构 ABCD 中,如果要求 C 点运动轨迹的曲率半径较大甚至是 C 点作直线运动,则摇杆 CD 的长度就特别长,甚至是无穷大,这显然给布置和制造带来困难或不可能。为此,在实际应用中只是根据需要制作一个导路,C 点做成一个与连杆铰接的滑块并使之沿导路运动即可,不再专门做出 CD 杆。这种含有移动副的四杆机构称为滑块四杆机构,当滑块运动的轨迹为曲线时称为曲线滑块机构,当滑块运动的轨迹为直线时称为直线滑块机构。直线滑块机构可分为两种情况:如图 2-11(b)所示为偏置曲柄滑块机构,导路与曲柄转动中心有一个偏距 e;当 $e=0$ 即导路通过曲柄转动中心时,称为对心曲柄滑块机构,如图 2-11(c)所示。由于对心曲柄滑块机构结构简单、受力情况好,故在实际生产中得到广泛应用。因此,今后如果没有特别说明,所提的曲柄滑块机构即意指对心曲柄滑块机构。

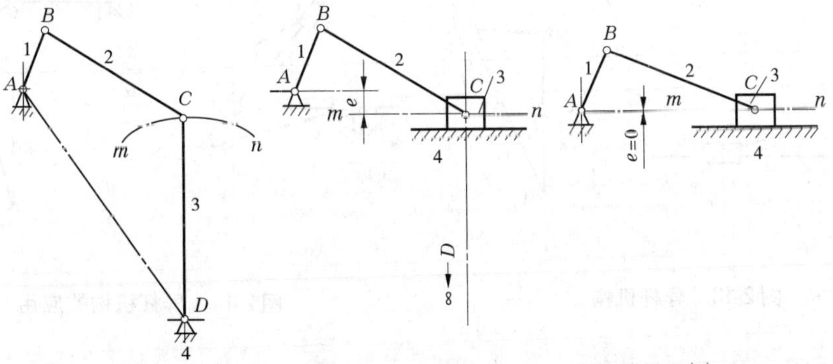

图 2-11　曲柄滑块机构

应该指出的是,滑块的运动轨迹不仅局限于圆弧和直线,还可以是任意曲线,甚至可以是多种曲线的组合,这就远远超出了铰链四杆机构简单演化的范畴,也使曲柄滑块机构的应用更加灵活、广泛。

图 2-12 所示为曲柄滑块机构的应用。图 2-12(a)所示为应用于内燃机、空压机、蒸汽机的活塞－连杆－曲柄机构,其中活塞相当于滑块。图 2 12(b)所示为用丁自动送料装置的曲柄滑块机构,曲柄每转一圈活塞送出一个工件。当需要将曲柄做得较短时,结构上

就难以实现,通常采用图 2-12(c)所示的偏心轮机构,其偏心圆盘的偏心距 e 就是曲柄的长度。这种结构减少了曲柄的驱动力,增大了转动副的尺寸,提高了曲柄的强度和刚度,广泛应用于冲压机床、破碎机等承受较大冲击载荷的机械中。

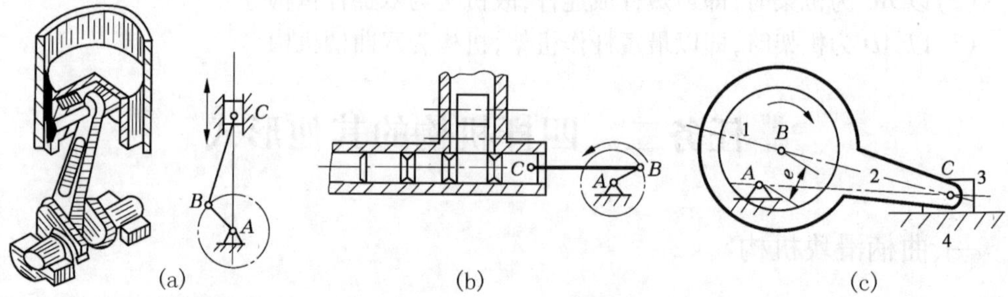

图 2-12　曲柄滑块机构的应用

二、导杆机构

在对心曲柄滑块机构中,导路是固定不动的,如果将导路做成导杆 4 铰接于 A 点,使之能够绕 A 点转动,并使 AB 杆固定,就变成了导杆机构,如图 2-13 所示。当 AB 长度小于 BC 长度时,导杆能够作整周的回转,称旋转导杆机构,如图 2-13(a)所示。当 AB 长度大于 BC 长度时,导杆 4 只能作不足一周的回转,称摆动导杆机构,如图 2-13(b)所示。

导杆机构具有很好的传力性,在插床、刨床等要求传递重载的场合得到应用。如图 2-14(a)所示为插床的工作机构,如图 2-14(b)所示为牛头刨床的工作机构。

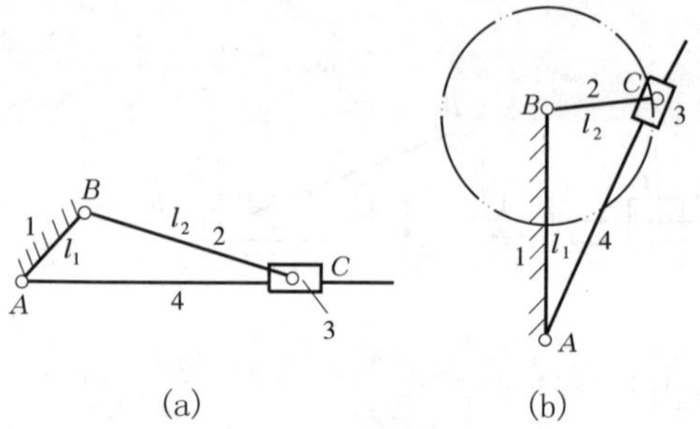

图 2-13　导杆机构

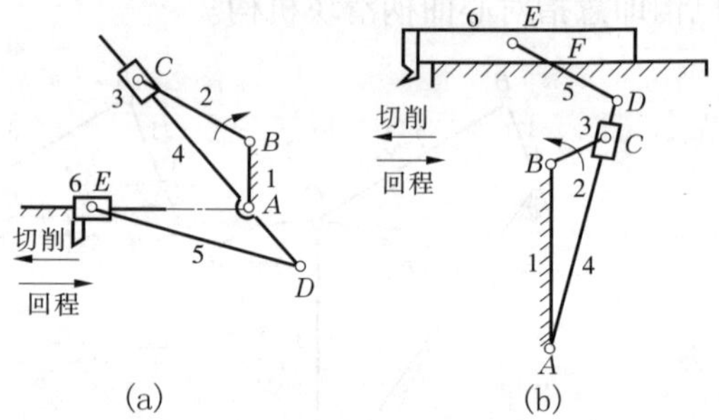

图 2-14　导杆机构的应用

三、摇块机构和定块机构

在对心曲柄滑块机构中,将与滑块铰接的构件固定成机架,使滑块只能摇摆不能移动,就成为摇块机构,如图 2-15(a)所示。摇块机构在液压与气压传动系统中得到广泛应用,如图 2-15(b)所示为摇块机构在自卸货车上的应用,以车架为机架 AC,液压缸筒 3 与车架铰接于 C 点成摇块,主动件活塞及活塞杆 2 可沿缸筒中心线往复移动成导路,带动车箱 1 绕 A 点摆动实现卸料或复位。将对心曲柄滑块机构中的滑块固定为机架,就成了定块机构,如图 2-16(a)所示。图 2-16(b)所示为定块机构在手动唧筒上的应用,用手上下扳动主动件 1,使作为导路的活塞及活塞杆 4 沿唧筒中心线往复移动,实现唧水或唧油。表2-1给出了铰链四杆机构及其演化的主要形式对比。

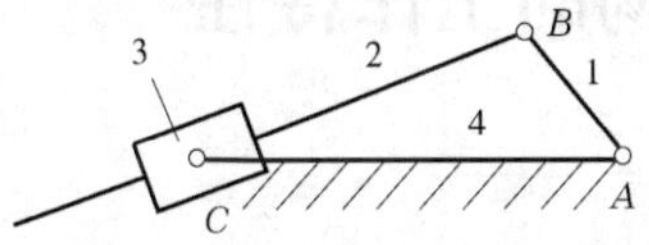

(a)

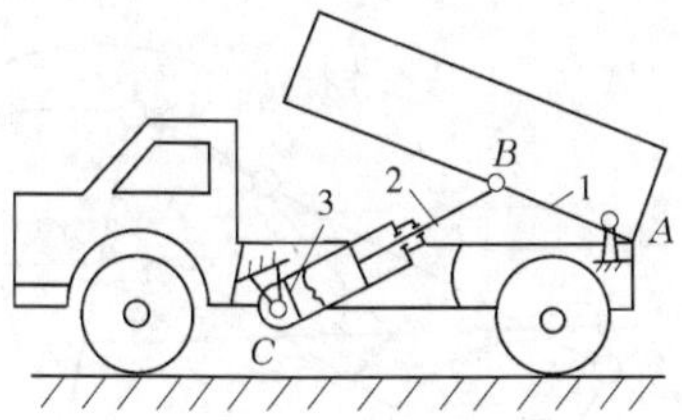

(b)

图 2-15　摇块机构及其应用

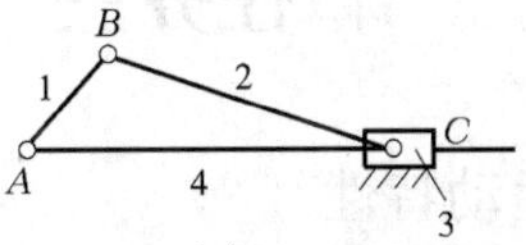

(a)

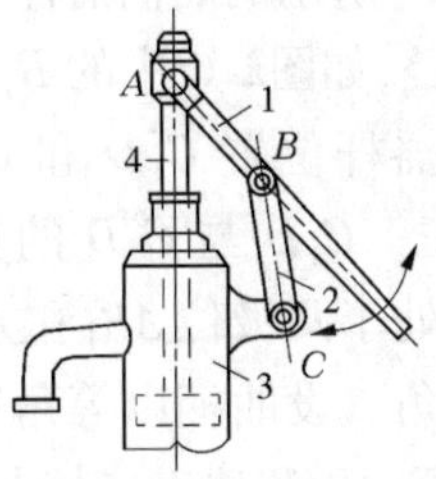

(b)

图 2-16　定块机构及其应用

表 2-1　铰链四杆机构及其演化的主要形式对比

固定构件	铰链四杆机构		含一个移动副的四杆机构（$e=0$）	
1	双曲柄机构	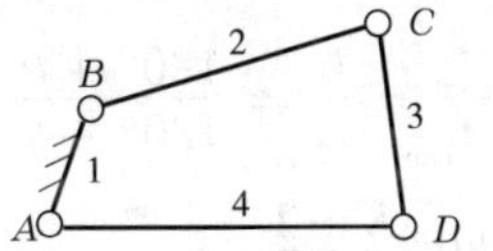	转动导杆机构	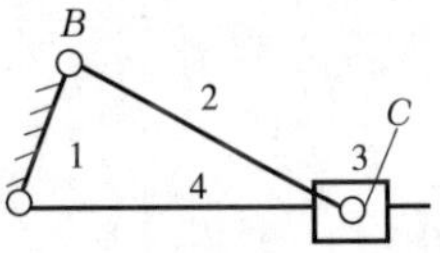
2	曲柄摇杆机构	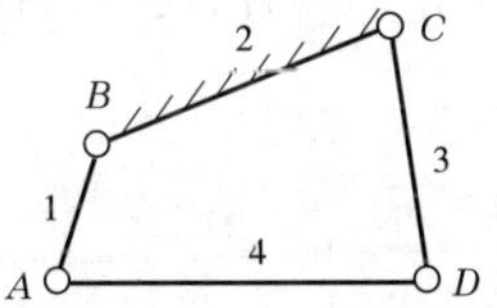	摇块机构	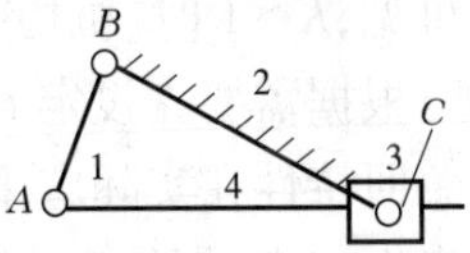
			摆动导杆机构	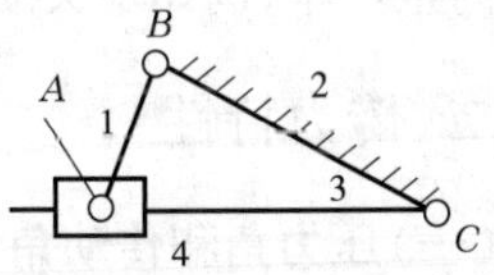
3	双摇杆机构	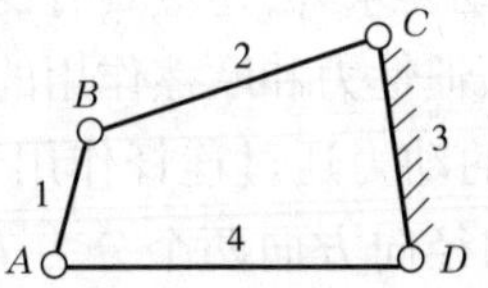	定块机构	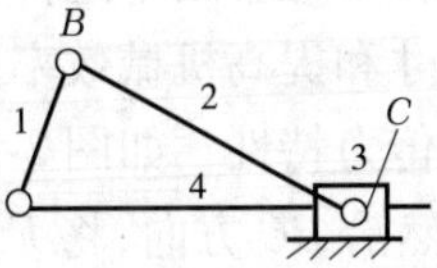
4	曲柄摇杆机构	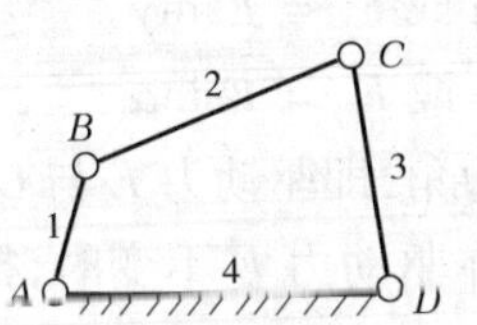	曲柄滑块机构	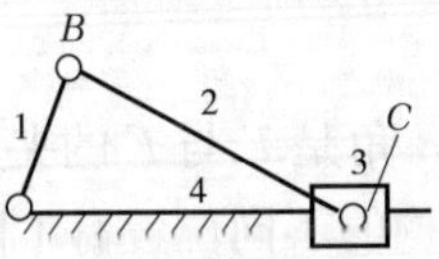

任务三　平面四杆机构的工作特性

一、运动特性

在图 2-17 所示的曲柄摇杆机构中,设曲柄 AB 为主动件。曲柄在旋转过程中每周有两次与连杆重叠,如图2-17中的 B_1AC_1 和 AB_2C_2 两位置。这时的摇杆位置 C_1D 和 C_2D 称为极限位置,简称极位。C_1D 与 C_2D 的夹角 φ 称为最大摆角。曲柄处于两极位 AB_1 和 AB_2 的夹角锐角 θ 称为极位夹角。设曲柄以等角速度 ω_1 顺时针转动,从 AB_1 转到 AB_2 和从 AB_2 转到 AB_1 所经过的角度分别为$(180°+\theta)$和$(180°-\theta)$,所需的时间为 t_1 和 t_2,相应的摇杆上 C 点经过的路线为 C_1C_2 弧和 C_2C_1 弧,C 点的线速度为 v_1 和 v_2,显然有 $t_1>t_2$,$v_1<v_2$。这种返回速度大于推进速度的现象称为急回特性,通常用 v_1 与 v_2 的比值 K 来描述急回特性,K 称为行程速比系数,即

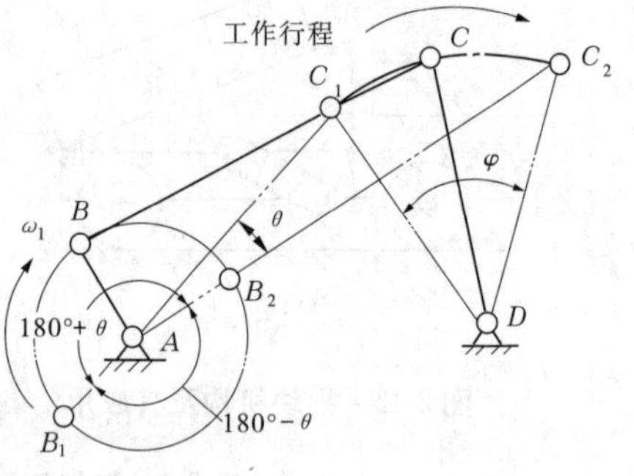

图 2-17　曲柄摇杆机构的运动特性

$$K=\frac{v_2}{v_1}=\frac{C_1C_2/t_2}{C_2C_1/t_1}=\frac{t_1}{t_2}=\frac{180°+\theta}{180°-\theta} \tag{2-1}$$

或有

$$\theta=180°\frac{K-1}{K+1} \tag{2-2}$$

可见,$K>1$ 时,机构有急回特性,θ 越大 K 值就越大,急回特性就越明显。在机械设计时可根据需要先设定 K 值,然后算出 θ 值,再由此计算得各构件的长度尺寸。

急回特性在实际应用中广泛用于单向工作的场合,使空回程所花的非生产时间缩短以提高生产率,例如牛头刨床滑枕的运动。

二、传力特性

(一)压力角和传动角

在工程应用中连杆机构除了要满足运动要求外,还应具有良好的传力性能,以减小结构尺寸和提高机械效率。下面在不计重力、惯性力和摩擦作用的前提下,分析曲柄摇杆机构的传力特性。如图 2-18 所示,主动曲柄的动力通过连杆作用于摇杆上的 C 点,驱动力 F 必然沿 BC 方向,将 F 分解为切线方向和径向方向两个分力 F_t 和 F_r,切向分力 F_t 与 C 点的运动方向 v_C 同向。由图 2-18 知

$$F_t=F\cos\alpha \text{ 或 } F_t=F\sin\gamma$$

$$F_r=F\cos\gamma \text{ 或 } F_r=F\sin\alpha$$

α 角是 F_t 与 F 的夹角,称为机构的压力角,即驱动力 F 与 C 点的运动方向的夹角。α 随机构的不同位置有不同的值,它表明了在驱动力 F 不变时,推动摇杆摆动的有效分力 F_t 的变化规律,α 越小,F_t 就越大。

压力角 α 的余角 γ 是连杆与摇杆所夹锐角，称为传动角。由于 γ 更便于观察，所以通常用来检验机构的传力性能。传动角 γ 随机构的不断运动而相应变化，为保证机构有较好的传力性能，应控制机构的最小传动角 γ_{min}，一般可取 $\gamma_{min} \geqslant 40°$，重载高速场合取 $\gamma_{min} \geqslant 50°$。曲柄摇杆机构的最小传动角出现在曲柄与机架共线的两个位置之一，如图 2-18 所示的 B_1 点或 B_2 点位置。

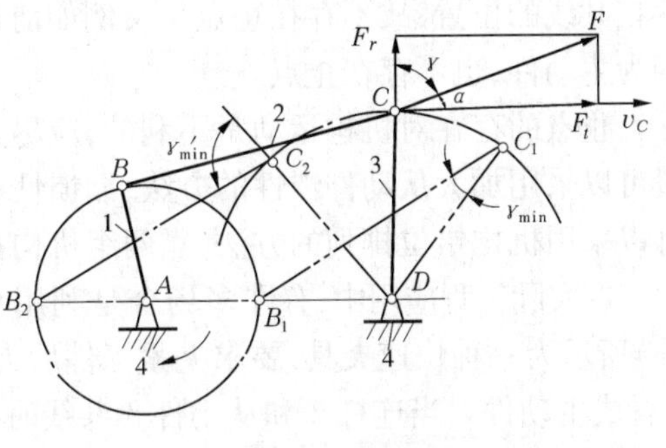

图 2-18　曲柄摇杆机构的压力角和传动角

偏置曲柄滑块机构，以曲柄为主动件，滑块为工作件，传动角 γ 为连杆与导路垂线所夹锐角，如图 2-19 所示。最小传动角 γ_{min} 出现在曲柄垂直于导路时的位置，并且位于与偏距方向相反一侧。对于对心曲柄滑块机构，即偏距 $e=0$ 的情况，显然其最小传动角 γ_{min} 出现在曲柄垂直于导路时的位置。

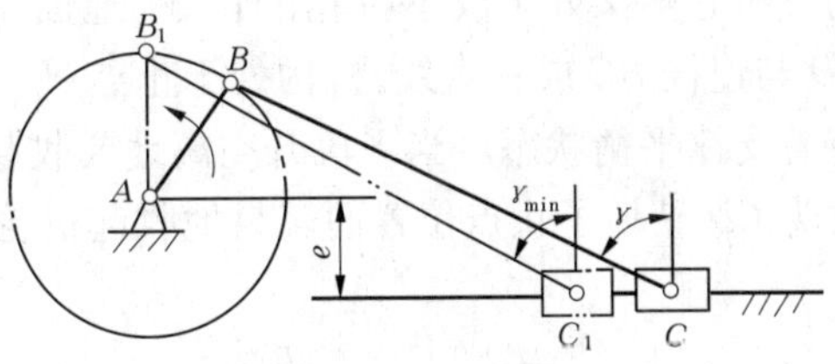

图 2-19　曲柄滑块机构的传动角

对以曲柄为主动件的摆动导杆机构，因为滑块对导杆的作用力始终垂直于导杆，其传动角 γ 恒为 90°，即 $\gamma=\gamma_{min}=\gamma_{max}=90°$，表明导杆机构具有最好的传力性能。

（二）止点

从 $F_t=F\cos\alpha$ 知，当压力角 $\alpha=90°$时，对从动件的作用力或力矩为零，此时连杆不能驱动从动件工作。机构处在这种位置称为止点，又称死点。如图 2-20(a)所示的曲柄摇杆机构，当从动曲柄 AB 与连杆 BC 共线时，压力角 $\alpha=90°$，传动角 $\gamma=0$。如图 2-20(b)所示的曲柄滑块机构，如果以滑块作主动件，则当从动曲柄 AB 与连杆 BC 共线时，外力 F 无法推动从动曲柄转动。机构处于止点位置，一方面驱动力作用降为零，从动件要依靠惯性越过止点；另一方面是方向不定，可能因偶然外力的影响造成反转。

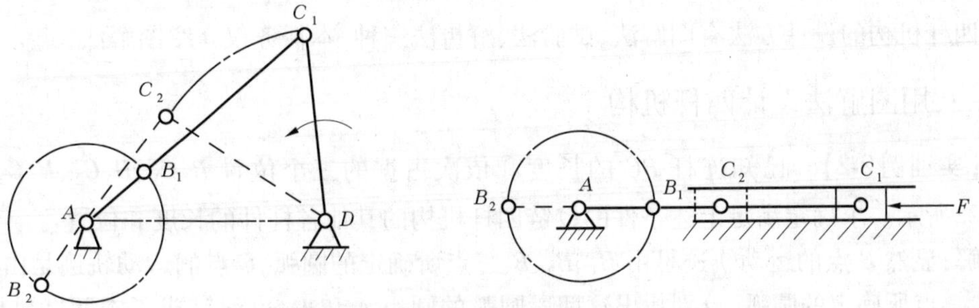

图 2-20　平面四杆机构的止点位置

四杆机构是否存在止点，取决于从动件是否与连杆共线。例如上述图 2-20(a)所示的曲柄摇杆机构，如果改摇杆主动为曲柄主动，则摇杆为从动件，因连杆 BC 与摇杆 CD 不存在共线的位置，故不存在止点。又例如前述图2-20（b）所示的曲柄滑块机构，如果改曲柄为主动件，也不存在止点。

止点的存在对机构运动是不利的，应尽量避免出现止点。当无法避免出现止点时，一般可以采用加大从动件惯性的方法，靠惯性帮助通过止点，例如内燃机曲轴上的飞轮；也可以采用机构错位排列的方法，靠两组机构止点位置差的作用通过各自的止点。

在实际工程应用中，有许多场合是利用止点位置来实现一定工作要求的。如图2-21（a）所示为一种快速夹具，要求夹紧工件后夹紧反力不能自动松开夹具，所以将夹头构件1看成主动件。当连杆2和从动件3共线时，机构处于止点，夹紧反力N对摇杆3的作用力矩为零。这样，无论N有多大，也无法推动摇杆3而松开夹具。当我们用手搬动连杆2的延长部分时，因主动件的转换破坏了止点位置而轻易地松开工件。如图2-21（b）所示为飞机起落架处于放下机轮的位置，地面反力作用于机轮上使AB件为主动件，从动件CD与连杆BC成一直线，机构处于止点，只要用很小的锁紧力作用于CD杆即可有效地保持着支撑平衡状态。当飞机升空离地要收起机轮时，只要用较小力量推动CD，因主动件改为CD破坏了止点位置而轻易地收起机轮。此外，还有汽车发动机盖、折叠椅等。

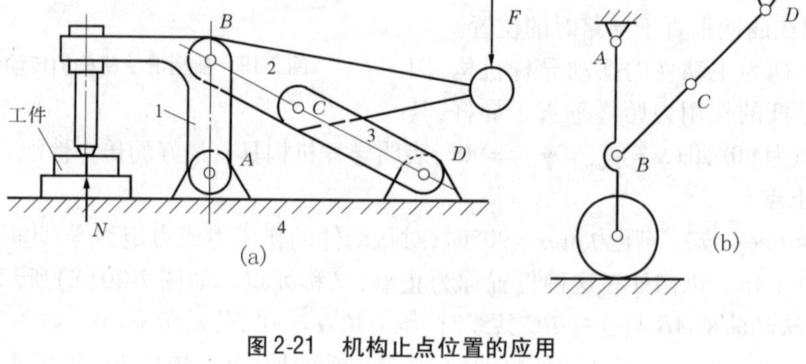

图2-21　机构止点位置的应用

任务四　平面四杆机构运动设计简介

四杆机构的设计方法有图解法、试验法、解析法三种，本任务仅介绍图解法。

一、用图解法设计四杆机构

【实训例2-2】　已知连杆BC的长度和依次占据的三个位置B_1C_1、B_2C_2、B_3C_3，如图2-22所示。求确定满足上述条件的铰链四杆机构的其他各杆件的长度和位置。

解：显然B点的运动轨迹是由B_1、B_2、B_3三点所确定的圆弧，C点的运动轨迹是由C_1、C_2、C_3三点所确定的圆弧，分别找出这两段圆弧的圆心A和D，也就完成了本四杆机构的设计。因为此时机架AD已定，连架杆CD和AB也已定。具体做法如下：

（1）确定比例尺，画出给定连杆的三个位置。实际机构往往要通过缩小或放大比例后才便于作图设计，应根据实际情况选择适当的比例尺μ_l，见式（1-1）。

（2）连接B_1B_2、B_2B_3，分别作直线段B_1B_2和B_2B_3的垂直平分线b_{12}和b_{23}（图中细实

线），此两垂直平分线的交点 A 即为所求 B_1、B_2、B_3 三点所确定圆弧的圆心。

（3）连接 C_1C_2、C_2C_3，分别作直线段 C_1C_2 和 C_2C_3 的垂直平分线 c_{12}、c_{23}（图中细实线），此两垂直平分线的交点 D 即为所求 C_1、C_2、C_3 三点所确定圆弧的圆心。

（4）以 A 点和 D 点作为连架铰链中心，分别连接 AB_3、B_3C_3、C_3D（图中粗实线）即得所求四杆机构。从图中量得各杆的长度再乘以比例尺，就得到实际结构长度尺寸。

在实际工程中，有时只对连杆的两个极限位置提出要求。这样一来，要设计满足条件的四杆机构就会有很多种结果，这时应该根据实际情况提出附加条件。

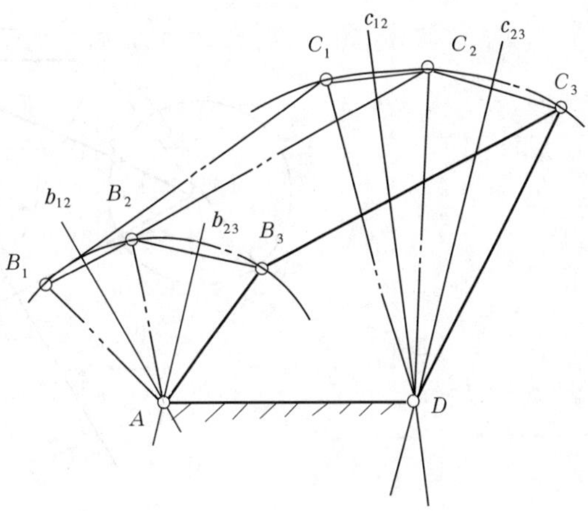

图 2-22　按连杆的三个预定位置设计四杆机构

【实训例 2-3】　如图 2-23 所示的加热炉门启闭机构，图中Ⅰ为炉门关闭位置，要求在完全开启后门背朝上水平放置并略低于炉口下沿，见图中Ⅱ位置。

解：把炉门当做连杆 BC，已知的两个位置 B_1C_1 和 B_2C_2，B 和 C 已成为两个铰点，分别作直线段 B_1B_2、C_1C_2 的垂直平分线得 b_{12} 和 c_{12}，另外两铰点 A 和 D 就在这两根垂直平分线上。为确定 A、D 的位置，根据实际安装需要，希望 A、D 两铰链均安装在炉的正壁面上即图中 yy 位置，yy 直线分别与 b_{12}、c_{12} 相交点 A 和 D 即为所求。

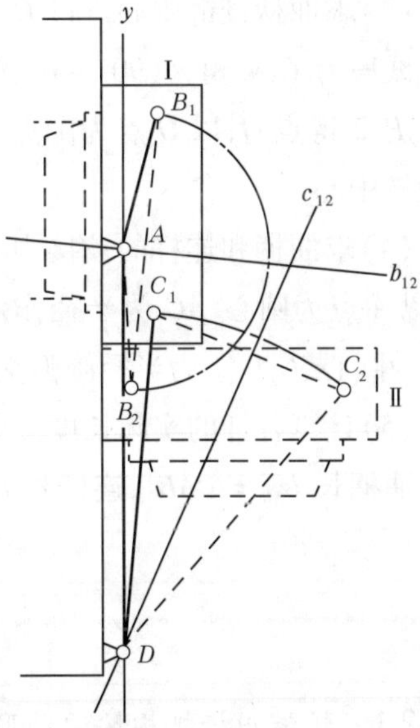

图 2-23　加热炉门四杆机构设计

二、按给定的行程速比系数设计四杆机构

设计具有急回特性的四杆机构，一般是根据运动要求选定行程速比系数，然后根据机构极位的几何特点，结合其他辅助条件进行设计。

【实训例 2-4】　已知行程速比系数 K，摇杆长度 L_{CD}，最大摆角 φ，请用图解法设计此曲柄摇杆机构。

解：设计过程如图 2-24 所示，具体步骤如下：

（1）由速比系数 K 计算极位夹角 θ。由式（2-2）知

$$\theta = 180° \frac{K-1}{K+1}$$

（2）选择合适的比例尺，作图求摇杆的极限位置。取摇杆长度 L_{CD} 乘以比例尺 μ_l 得图中摇杆长 CD，以 CD 为半径、任定点 D 为圆心、任定点 C_1 为起点作弧 C，使弧 C 所对应的圆心角等于或大于最大摆角 φ，连接 D 点和 C_1 点的线段 C_1D 为摇杆的一个极限位置，过 D

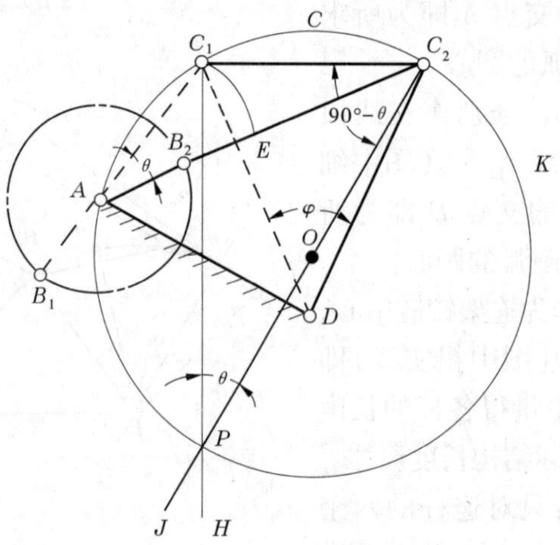

图 2-24　按行程速比系统设计四杆机构

点作与 C_1D 夹角等于最大摆角 φ 的射线交圆弧于 C_2 点得摇杆的另一个极限位置 C_2D。

(3)求曲柄铰链中心。过 C_1 点在 D 点同侧作 C_1C_2 的垂线 H,过 C_2 点在 D 点同侧作与直线段 C_1C_2 夹角为 $(90° - \theta)$ 的直线 J 交直线 H 于点 P,连接 C_2P,在直线段 C_2P 上截取 $C_2P/2$ 得点 O,以 O 点为圆点、OP 为半径,画圆 K,在 C_1C_2 弧段以外在 K 上任取一点 A 为铰链中心。

(4)求曲柄和连杆的铰接中心。连接 A、C_2 点所得的直线段 AC_2 为曲柄与连杆长度之和,以 A 点为圆心、AC_1 为半径作弧交 AC_2 于点 E,可以证明曲柄长度 $AB = C_2E/2$。于是以 A 点为圆心、$C_2E/2$ 为半径画弧交 AC_2 于点 B_2,点 B_2 即为曲柄与连杆的铰接中心。

(5)计算各杆的实际长度。分别量取图中 AB_2、AD、B_2C_2 的长度,计算得:

曲柄长 $L_{AB} = \mu_l AB_2$,连杆长 $L_{BC} = \mu_l B_2C_2$,机架长 $L_{AD} = \mu_l AD$。

习题二

2-1　铰链四杆机构按运动形式可分为哪三种类型,各有什么特点?试举出它们的应用实例。

2-2　铰链四杆机构中曲柄存在的条件是什么?

2-3　机构的急回特性有何作用?判断四杆机构有无急回特性的根据是什么?

2-4　图 2-25 所示的铰链四杆机构中,各构件的长度已知,问分别以 a、b、c、d 为机架时,各得什么类型的机构?

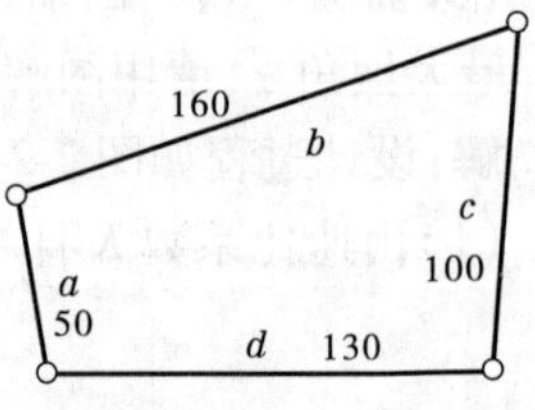

图 2-25

2-5　标注出各机构在图 2-26 所示位置的压力角和传动角。

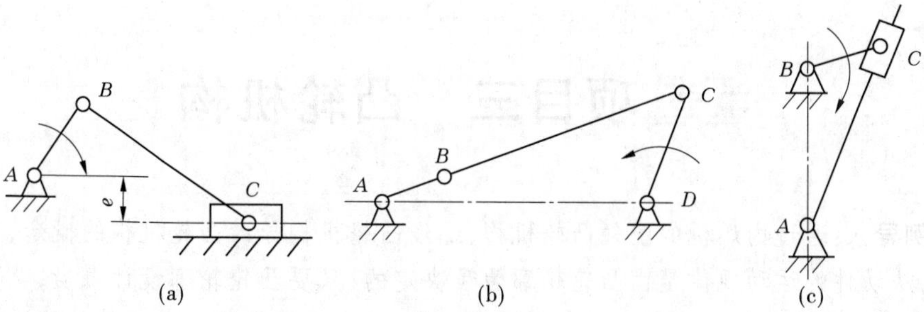

图 2-26

实训二　设计平面四杆机构

1. 实训目的

掌握平面四杆机构的图解设计方法,初步了解和掌握计算机辅助设计在平面四杆机构设计中的应用。

2. 实训内容和要求

(1)设计一铰链四杆机构,已知摇杆长 $L_{CD}=0.12$ m,摆角 $\varphi=45°$,机架长 $L_{AD}=0.10$ m,行程速比系数 $K=1.4$,试用图解法求曲柄和连杆的长度。

(2)使用图解法设计一摆动导杆机构。已知行程速比系数 $K=1.5$,机架长 $L_{AD}=0.18$ m。

可自选一题目,采用计算机辅助设计(用 AutoCAD 图解设计)。

3. 实训过程

(参考实训例 2-4。)

4. 采用 AutoCAD 图解设计的实训步聚

按照自选的题目初步构思,拟定作图步骤,然后上机操作:①进入 AutoCAD 工作界面;②按作图步骤作图;③利用查询功能测出设计结果;④保存设计结果。

项目三　凸轮机构

案例导入:通过内燃机的配气凸轮机构、绕线凸轮机构导入凸轮机构的概念,从中观察发现,从动件的运动规律是由凸轮轮廓曲线决定的,只要凸轮轮廓设计得当,就可以使从动件实现任意给定的运动规律。在实际生产中,通常是根据需要对从动件的运动规律提出要求,再由从动件的运动规律设计凸轮轮廓,这就是本章的重点。

任务一　凸轮机构的组成和特点

一、凸轮机构的应用、组成和特点

在各种机器中,为了实现各种复杂的运动经常用到凸轮机构,在自动化和半自动化机械中应用更为广泛。

图3-1所示为内燃机配气凸轮机构。凸轮1以等角速度回转,它的轮廓驱使从动件2(阀杆)按预期的运动规律启闭阀门。

图3-2所示为绕线机中用于排线的凸轮机构,当绕线轴3快速转动时,经齿轮带动凸轮1缓慢地转动,通过凸轮轮廓与尖顶A之间的作用,驱使从动件2往复摆动,因而使线均匀地缠绕在轴上。

图3-3为应用于冲床上的凸轮机构示意图。凸轮1固定在冲头上,当冲头上下往复运动时,凸轮驱使从动件2以一定的规律水平往复运动,从而带动机械手装卸工件。

图3-4所示为自动送料机构。当带有凹槽的凸轮1转动时,通过槽中的滚子,驱使从动件2作往复移动。凸轮每回转一周,从动件即从储料器中推出一个毛坯,送到加工位置。

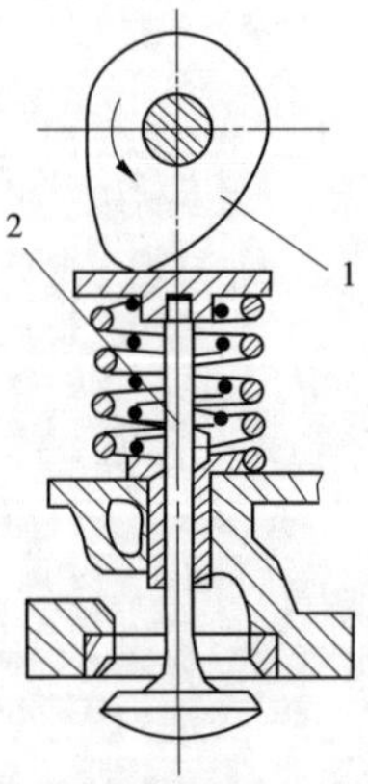

图3-1　内燃机配气凸轮机构

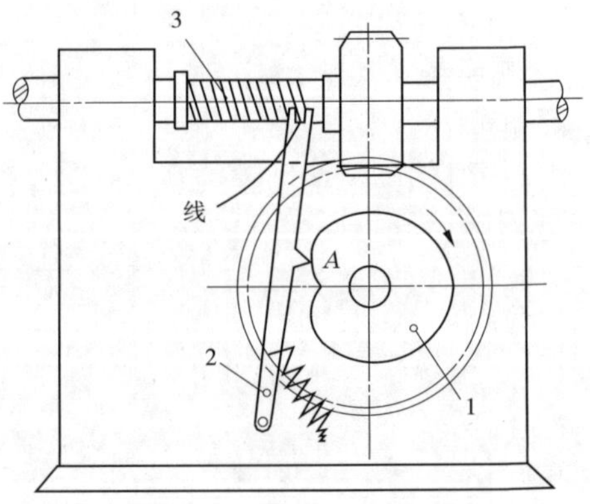

图3-2　绕线机的凸轮机构

从以上的例子可以看出,凸轮机构主要由凸轮、从动件和机架三个基本构件组成。

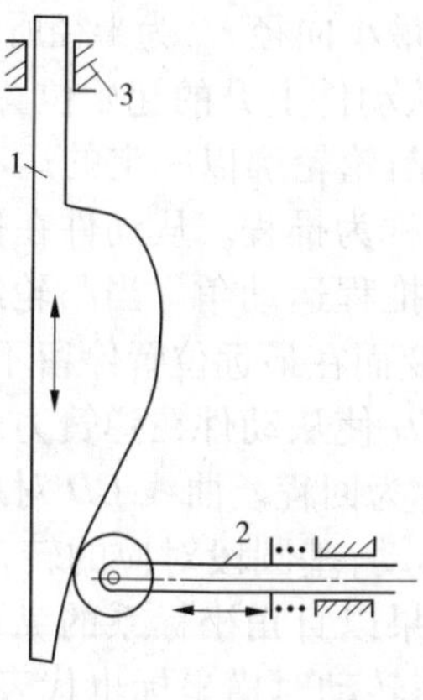

图 3-3 冲床装卸料凸轮机构

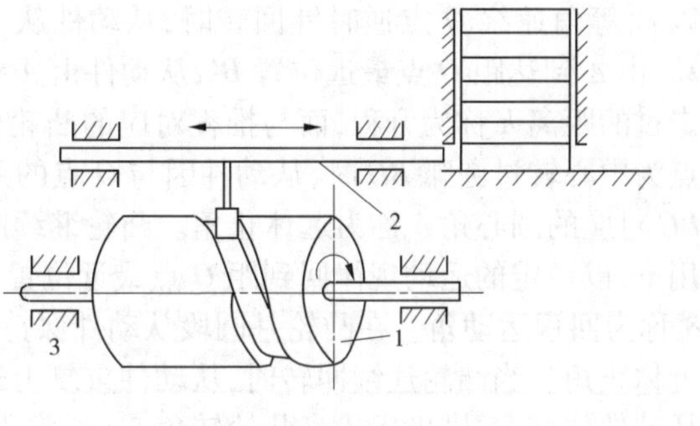

图 3-4 自动送料机构

凸轮机构的优点为:只需设计适当的凸轮轮廓,便可使从动件得到所需的运动规律,并且结构简单、紧凑,设计方便。它的缺点是凸轮轮廓与从动件之间为点接触或线接触,易于磨损,所以通常多用于传力不大而需要实现特殊运动规律的场合。

二、凸轮机构的分类

根据凸轮和从动件的不同形状和形式,凸轮机构可按如下方法分类。

(一)按凸轮的形状分

(1)盘形凸轮。它是凸轮的最基本形式。这种凸轮是一个绕固定轴转动并且具有变化半径的盘形零件,如图 3-1、图 3-2 所示。

(2)移动凸轮。当盘形凸轮的回转中心趋于无穷远时,凸轮相对机架作直线运动,这种凸轮称为移动凸轮,如图 3-3 所示。

(3)圆柱凸轮。将移动凸轮卷成圆柱体即成为圆柱凸轮,如图 3-4 所示。

(二)按从动件的形式分

(1)尖顶从动件。如图 3-2 所示,尖顶能与复杂的凸轮轮廓保持接触,因而能实现任意预期的运动规律,但磨损快、效率低,只适用于受力不大的低速凸轮机构。

(2)滚子从动件。如图 3-3、图 3-4 所示,在从动件前端安装一个滚子,即成滚子从动件。滚子和凸轮轮廓之间为滚动摩擦,耐磨损,可以承受较大载荷,是最常用的一种形式。

(3)平底从动件。如图 3-1 所示,从动件与凸轮轮廓表面接触的端面为一平面。显然它不能与凹陷的凸轮轮廓相接触。这种从动件的优点是:当不考虑摩擦时,凸轮与从动件之间的作用力始终与从动件的平底相垂直,传动效率较高,且接触面易于形成油膜,利于润滑,常用于高速凸轮机构。

以上三种从动件都可以相对机架作往复直线移动或作往复摆动。为了使凸轮与从动件始终保持接触,可利用重力、弹簧力(见图 3-1、图 3-2)或凸轮上的凹槽(见图 3-4)来实现。

任务二 从动件的常用运动规律

一、凸轮与从动件的运动关系

设计凸轮机构时,首先应根据工作要求确定从动件的运动规律,然后按照这一运动规律确定凸轮轮廓线。如图3-5(a)所示,以凸轮理论轮廓的最小向径 r_{min} 为半径所绘的圆称为基圆,基圆与凸轮轮廓线有两个连接点 A 和 D。A 点为从动件上升的起始位置,当凸轮以 ω_1 等角速绕 O 点逆时针回转时,从动件从 A 点开始被凸轮轮廓以一定的运动规律推动,由 A 到达距 O 点最远位置 B',从动件由 A 到 B' 的过程称为推程。从动件在推程中所走过的距离 h 称为升程,而与推程对应的凸轮转角 δ_t 称为推程运动角。当凸轮继续以 O 点为中心转过圆弧 BC 时,从动件因与 O 点的距离保持不变而在最远位置停留不动,圆弧 BC 对应的圆心角 δ_s 称为远休止角。凸轮继续回转,曲线 CD 使从动件在弹簧力或重力作用下,以一定的运动规律回到距 O 点最近位置 D,此过程称为回程。曲线 CD 对应的转角 δ_h 称为回程运动角。在凸轮基圆段从动件保持最近位置不动,基圆段对应的转角 $\delta_{s'}$ 称为近休止角。当凸轮连续回转时,从动件重复上述运动。如果以直角坐标系的纵坐标代表从动件位移 s_2,横坐标代表凸轮转角 δ_1(通常当凸轮等角速转动时横坐标也代表时间 t),则可以画出从动件位移 s_2 与凸轮转角 δ_1 之间的关系曲线,如图3-5(b)所示,它简称为从动件位移线图。

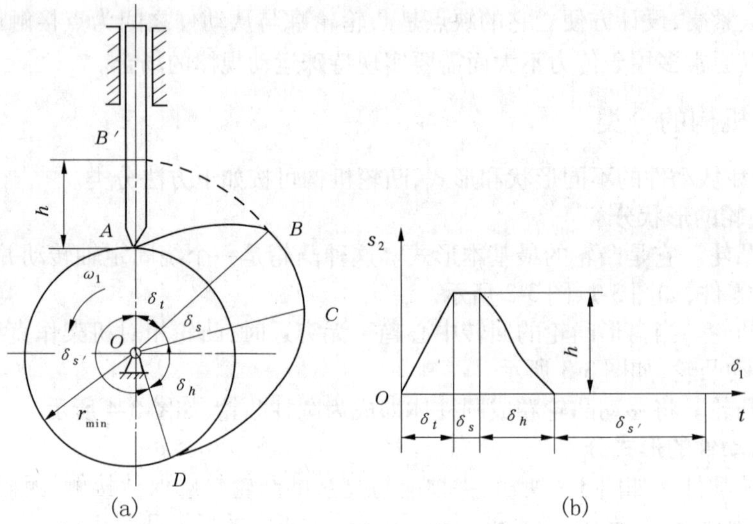

图3-5　从动件位移线图

由以上分析可知,从动件的位移线图取决于凸轮轮廓曲线的形状。也就是说,从动件的不同运动规律要求凸轮具有不同的轮廓曲线。

二、从动件的常用运动规律

(一)等速运动

推程时凸轮转过运动角 δ_t,从动件升程为 h。若以 T 表示推程运动时间,则等速运动时有:

从动件的速度　　$v_2 = v_0 = h/T$

从动件的位移　　$s_2 = v_0 t = ht/T$

从动件的加速度　　$a_2 = \dfrac{dv_2}{dt} = 0$

其运动线图如图3-6所示。

凸轮匀速转动时，ω_1为常数，故 $\delta_1=\omega_1 t$，$\delta_t=\omega_1 T$。将这些关系代入上式便可得出以凸轮转角 δ_1表示的从动件运动方程

$$\left.\begin{aligned} s_2 &= \frac{h}{\delta_t}\delta_1 \\ v_2 &= \frac{h}{\delta_t}\omega_1 \\ a_2 &= 0 \end{aligned}\right\} \tag{3-1}$$

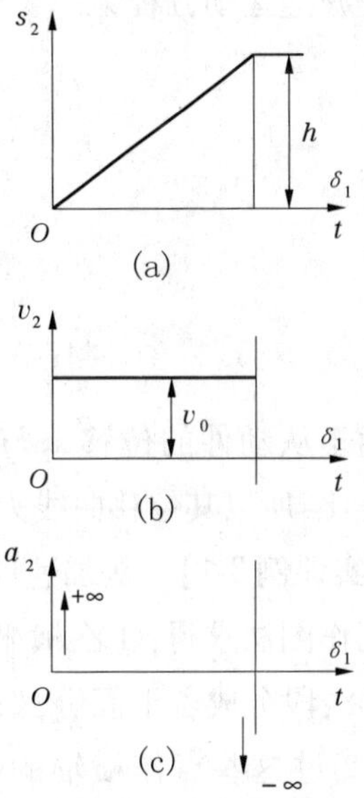

图 3-6　等速运动

回程时，凸轮转过回程运动角 δ_h，从动件相应由 $s_2=h$ 逐渐减小到零。参照式(3-1)，可导出回程作等速运动时从动件的运动方程

$$\left.\begin{aligned} s_2 &= h\left(1-\frac{\delta_1}{\delta_h}\right) \\ v_2 &= -\frac{h}{\delta_h}\omega_1 \\ a_2 &= 0 \end{aligned}\right\} \tag{3-2}$$

由图 3-6 可见，从动件运动开始时速度由零突变为 v_0，故 $a_2=+\infty$；运动终止时，速度由 v_0突变为零，$a_2=-\infty$（由于材料有弹性变形，实际上不可能达到无穷大），其惯性力将引起刚性冲击。因此，这种运动不宜单独使用，在运动开始段和终止段应当用其他运动过渡。

（二）等加速、等减速运动

这种运动通常令前半行程作等加速运动，后半行程作等减速运动。

从动件推程的前半行程作等加速运动时，经过的运动时间为 $T/2$，对应的凸轮转角为 $\delta_t/2$。将这些参数代入位移方程 $s_2=a_0t^2/2$ 可得 $h/2=a_0(T/2)^2/2$，故

$$a_2=a_0=\frac{4h}{T^2}=4h\left(\frac{\omega_1}{\delta_t}\right)^2$$

将上式积分两次，并令 $\delta_1=0$ 时，$v_2=0$，$s_2=0$，便可得到前半行程从动件作等加速运动时的运动方程

$$\left.\begin{aligned} s_2 &= \frac{2h}{\delta_t^2}\delta_1^2 \\ v_2 &= \frac{4h\omega_1}{\delta_t^2}\delta_1 \\ a_2 &= \frac{4h\omega_1^2}{\delta_t^2} \end{aligned}\right\} \tag{3-3}$$

推程的后半行程从动件作等减速运动，凸轮的转角是由 $\delta_t/2$ 开始到 δ_h 为止。不难导

出其等减速运动方程为

$$\left.\begin{aligned}s_2 &= h - \frac{2h}{\delta_h^2}(\delta_h - \delta_1)^2\\ v_2 &= -\frac{4h\omega_1}{\delta_h^2}(\delta_h - \delta_1)\\ a_2 &= -\frac{4h\omega_1^2}{\delta_h^2}\end{aligned}\right\}\tag{3-4}$$

由于从动件的位移 s_2 与凸轮转角 δ_1 的平方成正比,所以其位移曲线为一抛物线。

【实训例3-1】 等加速段抛物线可按如下步骤用作图法求得:①在横坐标轴上将长度为 $\delta_t/2$ 的线段分成若干等份,如3等份,得1、2、3三点;②过这些点作横轴的垂直线,并从点3截取 $h/2$ 高得点3′;③过点3′作水平线交纵坐标轴于点3″;④过 O 点任作一斜线 OO',任意以适当间距截取9个等分点,并使点9与点3″连接,过点1、4作直线93″的平行线交纵轴于点1″和2″;⑤过点1″和2″分别作水平线交过1、2点的横轴垂线于1′、2′点;⑥将1′、2′、3′点连成光滑曲线便得到前半段等加速运动的位移曲线,如图3-7(a)所示。用同样方法可求得等减速段的位移曲线。

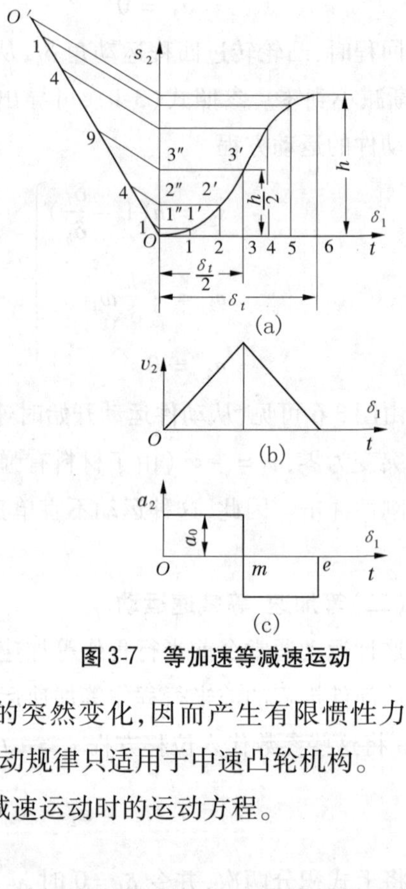

图3-7 等加速等减速运动

这种运动在 O、m、e 各点加速度出现有限值的突然变化,因而产生有限惯性力的突变,结果将引起所谓柔性冲击。所以,等加速度运动规律只适用于中速凸轮机构。

与上相仿,不难导出从动件回程作等加速等减速运动时的运动方程。

(三)简谐运动

点在圆周上作匀速运动时,它在该圆的直径上的投影所构成的运动称为简谐运动。

从动件推程作简谐运动的运动方程为

$$\left.\begin{aligned}s_2 &= \frac{h}{2}[1 - \cos(\pi\delta_1/\delta_t)]\\ v_2 &= \frac{h}{2\delta_t}\pi\omega_1\sin(\pi\delta_1/\delta_t)\\ a_2 &= \frac{h}{2\delta_t^2}\pi^2\omega_1^2\cos(\pi\delta_1/\delta_t)\end{aligned}\right\}\tag{3-5}$$

从动件回程作简谐运动的运动方程为

$$\left.\begin{aligned} s_2 &= \frac{h}{2}[1+\cos(\pi\delta_1/\delta_h)] \\ v_2 &= -\frac{h}{2\delta_h}\pi\omega_1\sin(\pi\delta_1/\delta_h) \\ a_2 &= -\frac{h}{2\delta_h^2}\pi^2\omega_1^2\cos(\pi\delta_1/\delta_h) \end{aligned}\right\} \quad (3\text{-}6)$$

【实训例3-2】　简谐运动位移线图可按如下步骤用作图法求得：①把从动件的行程 h 作为直径画半圆，将此半圆分成若干等份，如6等分得1″、2″、…、6″六点；②把凸轮运动角 δ_t 也分成相应等份，得1～6六点；③分别过1″～6″和1～6各点作水平线和铅垂线得交点1′、2′、3′、…、6′；④用光滑曲线连接1′～6′各点，即得从动件的位移线图，如图3-8(a)所示。

由加速度线图可见，一般情况下，这种运动的从动件在行程的始点和终点有柔性冲击；只有当加速度曲线保持连续时(如图3-8(c)虚线所示)，这种运动才能避免冲击。

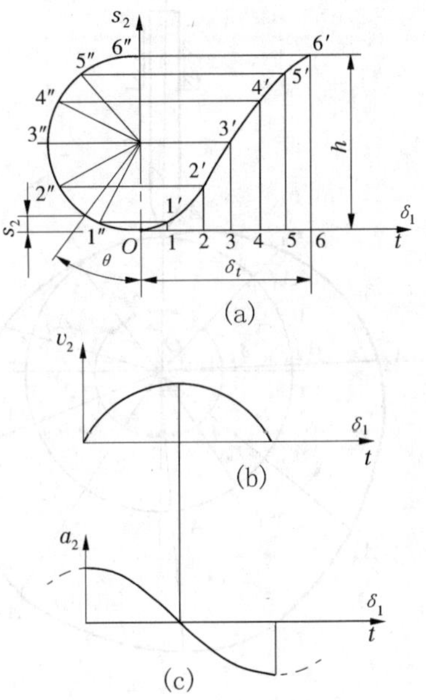

图3-8　简谐运动

除上述几种运动规律之外，为了使加速度曲线保持连续而避免冲击，工程上还应用正弦加速度、高次多项式等运动规律，或者将几种曲线组合起来加以应用。

任务三　盘形凸轮轮廓曲线的设计

根据工作要求合理地选择从动件的运动规律之后，我们可以按照结构所允许的空间和具体要求，初步确定凸轮的基圆半径 r_b，然后绘制凸轮的轮廓。

一、尖顶对心直动从动件盘形凸轮

图3-9(a)所示为从动件导路通过凸轮回转中心的尖顶对心直动从动件盘形凸轮机构。今已知从动件2的位移线图(图3-9(b))、凸轮1的基圆半径 r_b(即凸轮最小半径 r_{min})，凸轮以等角速度 ω_1 顺时针回转，要求绘出此凸轮的轮廓。

凸轮机构工作时凸轮是运动的，而绘制凸轮轮廓时，却需要凸轮与图纸相对静止，为此在设计中采用“反转法”。根据相对运动原理，如果给整个机构加上绕凸轮轴心 O 的公共角速度 $-\omega_1$，机构各构件间的相对运动不变。这样一来，凸轮不动，而从动件一方面随机架和导路以角速度 $-\omega_1$ 绕 O 点转动，另一方面又在导路中移动。由于尖顶始终与凸轮轮廓相接触，所以反转后尖顶的运动轨迹就是凸轮轮廓。

【实训例3-3】　凸轮轮廓可按如下步骤作图求得：①以 O 点为圆心、r_b 为半径作基圆；②任取始点 A_0，自 OA_0 开始沿 ω_1 的相反方向取角度 δ_t、δ_h、$\delta_{s'}$，并将 δ_t 和 δ_h 各分成若干等份，如4等份，得 A'_1、A'_2、…、A'_7 和 A_8 点；③以 O 为始点分别过 A'_1、A'_2、A'_3、…、

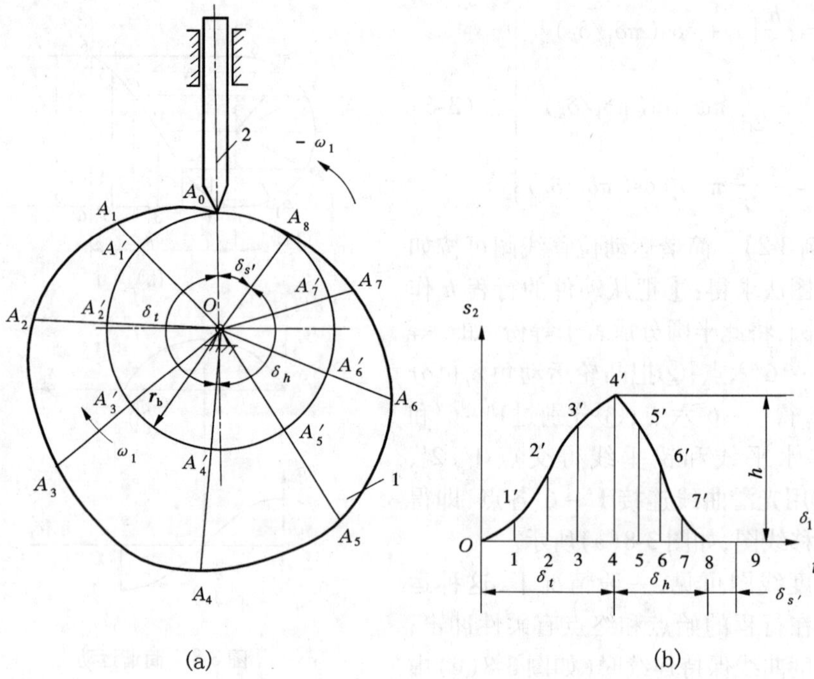

图 3-9　尖顶直动从动件盘形凸轮

A_7'各点作射线；④在位移线图上量取各个位移量，并在相应的射线上截取 $A_1A_1'=11'$、$A_2A_2'=22'$、…、$A_7A_7'=77'$，得反转后尖顶的一系列位置 A_1、A_2、…、A_8；⑤将 A_0、A_1、A_2、…、A_8 各点连成光滑的曲线，便得到所要求的凸轮轮廓。

二、滚子直动从动件盘形凸轮

把尖顶从动件改为滚子从动件时，其凸轮轮廓设计方法如图 3-10 所示。首先，把滚子中心看做尖顶从动件的尖顶，按照上面的方法求出一条轮廓曲线 β_0；然后以 β_0 上各点为中心，以滚子半径为半径，画一系列圆；最后作这些圆的包络线 β，它便是使用滚子从动件时凸轮的实际轮廓，而 β_0 称为凸轮的理论轮廓。由作图过程可知，滚子从动件凸轮基圆半径 r_b 应在理论轮廓上度量。

平底从动件的凸轮轮廓的绘制方法与上述相似。如图 3-11 所示，将平底与导路中心线的交点 A_0 视为尖顶从动件的尖顶，按照尖顶从动件凸轮轮廓绘制的方法，求出理论轮廓上一系列点 A_1、A_2、A_3、…；其次过这些点画出各个位置的平底 A_1B_1、A_2B_2、A_3B_3、…，然后作这些平底的包络线，便得到凸轮的实际轮廓曲线。图 3-11 中位置 1、6 分别是平底与凸轮轮廓相切点与导路中心距离的左最远位置和右最远位置。为了保证平底始终与轮廓接触，平底左侧长度应大于 m，右侧长度应大于 l。

三、偏置从动件盘形凸轮

当凸轮机构的构造不允许从动件轴线通过凸轮轴心时，或者为了获得较小的机构尺

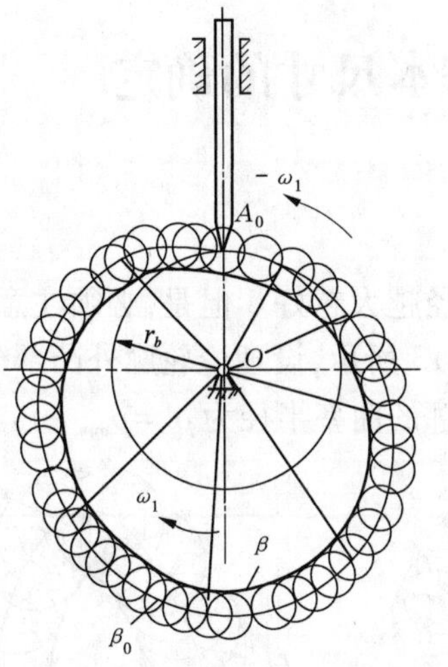

图 3-10　滚子直动从动件盘形凸轮

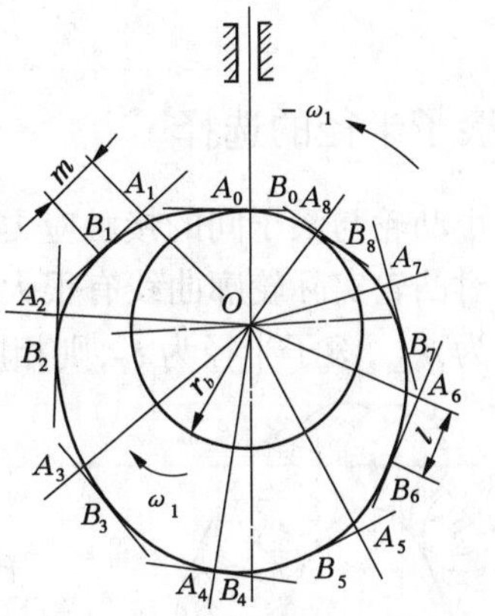

图 3-11　平底从动件盘形凸轮

寸，机械中有时采用偏置从动件盘形凸轮机构。此外，若为平底从动件，采用偏置的方法还可使从动件得到微小的转动，以减少平底与凸轮间的摩擦。

如图 3-12 所示，从动件导路的轴线与凸轮轴心 O 的距离称为偏距 e。从动件在反转运动中依次占据的位置，不再是由凸轮回转轴心 O 作出的径向线，而是始终与 O 保持一偏距 e 的直线。因此，若以凸轮回转中心 O 为圆心，以偏距 e 为半径作圆（称为偏距圆），则从动件在反转运动中依次占据的位置必然都是偏距圆的切线（图中 B_1A_1、B_2A_2、B_3A_3、…），从动件的位移（A_1A_1'、A_2A_2'、…）也应沿这些切线量取，这是与对心直动从动件不同的地方。因其余的作图步骤与尖顶对心直动从动件凸轮轮廓线的作法相同，此处不再重复。

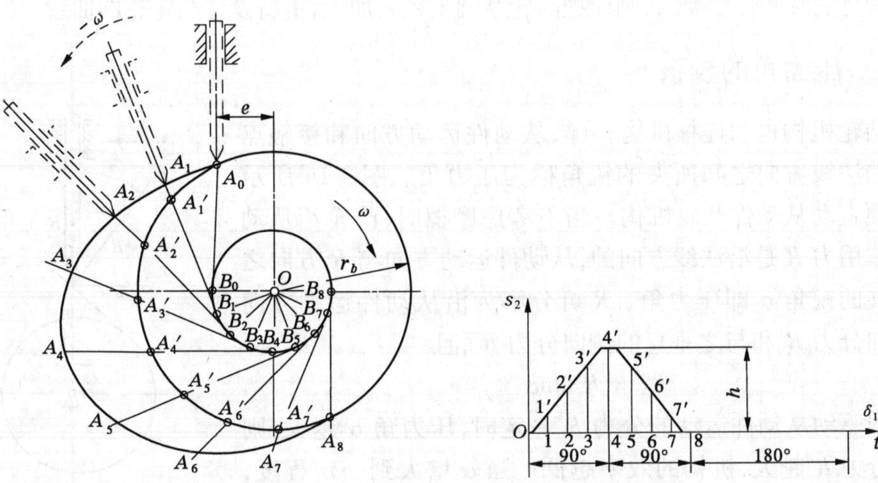

图 3-12　偏置从动件盘形凸轮

任务四　凸轮机构基本尺寸的确定

一、滚子半径的选择

从减小凸轮与滚子间的接触应力来看,滚子半径越大越好。但是,必须注意,滚子半径增大后对凸轮实际轮廓曲线有很大影响。如图3-13所示,设理论轮廓外凸部分的最小曲率半径为$\rho_{\min}$,滚子半径为r_T,则相应位置实际轮廓的曲率半径为$\rho' = \rho_{\min} - r_T$。

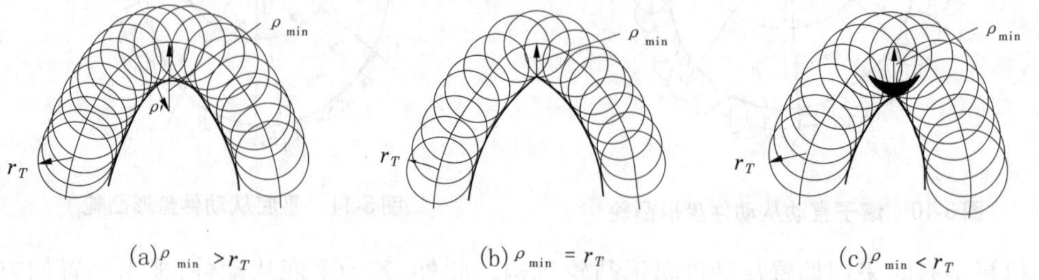

图3-13　滚子半径的选择

当$\rho_{\min} > r_T$时,如图3-13(a)所示,$\rho' > 0$,实际轮廓为一平滑曲线。

当$\rho_{\min} = r_T$时,如图3-13(b)所示,$\rho' = 0$,在凸轮实际轮廓曲线上产生了尖点,这种尖点极易磨损,磨损后就会改变原定的运动规律。

当$\rho_{\min} < r_T$时,如图3-13(c)所示,$\rho' < 0$,实际轮廓曲线发生相交,图中阴影部分的轮廓曲线在实际加工时将被切去,使这一部分运动规律无法实现。为了使凸轮轮廓在任何位置既不变尖更不相交,滚子半径必须小于理论轮廓外凸部分的最小曲率半径$\rho_{\min}$(理论轮廓内凹部分对滚子半径的选择没有影响)。通常取$r_T \leqslant 0.8\rho_{\min}$,若$\rho_{\min}$过小使滚子半径太小,导致不能满足安装和强度要求,则应把凸轮基圆半径r_b加大,重新设计凸轮轮廓曲线。

二、压力角的校核

凸轮机构也和连杆机构一样,从动件运动方向和接触点轮廓的法线方向之间所夹的锐角称为压力角。图3-14所示为尖顶直动从动件凸轮机构。当不考虑摩擦时,凸轮给从动件的作用力R是沿法线方向的,从动件运动方向与R方向之间所夹的锐角α即压力角。R可分解为沿从动件运动方向的轴向分力R'和与之垂直的侧向分力R'',且

$$R'' = R'\tan\alpha$$

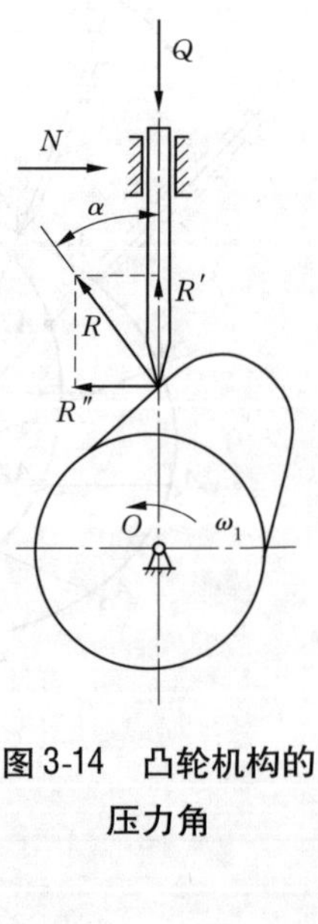

图3-14　凸轮机构的压力角

当驱动从动件运动的分力R'一定时,压力角α越大,则侧向分力R''越大,机构的效率越低。当α增大到一定程度,使R''所引起的摩擦阻力大于轴向分力R'时,无论凸轮加给从动件的作用力多大,从动件都不能运动,这种现象称为自锁。由以上分析可以看出,为了保证凸轮机构正常工作并具有一

定的传动效率，必须对压力角加以限制。凸轮轮廓曲线上各点的压力角是变化的，在设计时应使最大压力角不超过许用值。通常对直动从动件凸轮机构取许用压力角$[\alpha]=30°$，对摆动从动件凸轮机构建议取$[\alpha]=45°$。常见的依靠外力维持接触的凸轮机构，其从动件是在弹簧或重力作用下返回的，回程不会出现自锁。因此，对于这类凸轮机构通常只需对推程的压力角进行校核。

在设计凸轮机构时，通常是首先根据结构需要初步选定基圆半径，然后用图解法或解析法设计凸轮轮廓。为确保运动性能，必须对轮廓各处的压力角进行校核，检验最大压力角是否在许用范围之内。用图解法检验时，可在凸轮理论轮廓曲线比较陡的地方取若干点（如图3-15中的B_1、B_2等点），作出过这些点的法线和从动件的运动方向线，求出它们之间所夹的锐角α_1、α_2……若其中最大值超过许用压力角，则应考虑修改设计，可采用加大凸轮基圆半径或将对心凸轮机构改为偏置凸轮机构的方法。

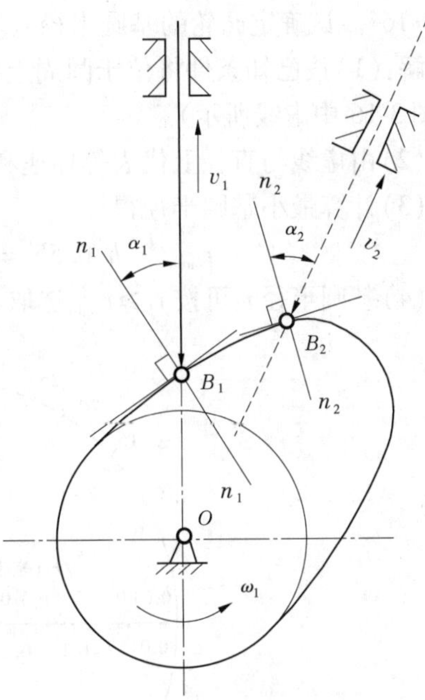

图3-15　检验最大压力角

三、基圆半径的选择

设计凸轮轮廓时，首先应确定凸轮的基圆半径r_b。由前述可知基圆半径r_b的大小，不但直接影响凸轮的结构尺寸，而且还影响到从动件的运动是否“失真”和凸轮机构的传力性能。因此，对凸轮基圆的选取必须给予足够重视。

目前，凸轮基圆半径的选取常用如下两种方法。

（一）根据凸轮的结构确定r_b

当凸轮与轴做成一体（凸轮轴）时

$$r_b = r + r_T + (2 \sim 5)\,\text{mm} \tag{3-7}$$

当凸轮装在轴上时

$$r_b = (1.5 \sim 1.7)r + r_T + (2 \sim 5)\,\text{mm} \tag{3-8}$$

式中：r为凸轮轴的半径，mm；r_T为从动件滚子的半径，mm。

若凸轮机构为非滚子从动件，在计算基圆半径时，式(3-7)和式(3-8)中的r_T可不计。

（二）根据$\alpha_{max} \leqslant [\alpha]$确定基圆最小半径$r_{bmin}$

图3-16所示为工程上常用的诺模图，图中上半圆的标尺代表凸轮转角δ_0，下半圆的标尺为最大压力角α_{max}，直径的标尺为代表从动件规律的h/r_b值（h为从动件的行程，r_b为基圆半径）。下面举例说明该图的使用方法。

【实训例3-4】　设计一对心直动尖端从动件盘形凸轮机构，已知凸轮的推程运动角为$\delta_t=175°$，从动件在推程中按等加速和等减速规律运动，行程$h=18$ mm，最大压力角

$\alpha_{max}=16°$。试确定凸轮的基圆半径 r_b。

解:(1)按已知条件将位于圆周上的标尺为 $\delta_0=175°$、$\alpha_{max}=16°$ 的两点,以直线相连(如图3-16中虚线所示)。

(2)由虚线与直径上代表等加速和等减速运动规律的标尺的交点得 $h/r_b=0.55$。

(3)计算最小基圆半径得

$$r_{b\min}=h/0.55=18/0.55\ (\mathrm{mm})=32.7\ \mathrm{mm}$$

(4)基圆半径 r_b 可按 $r_b\geqslant r_{b\min}$ 选取。

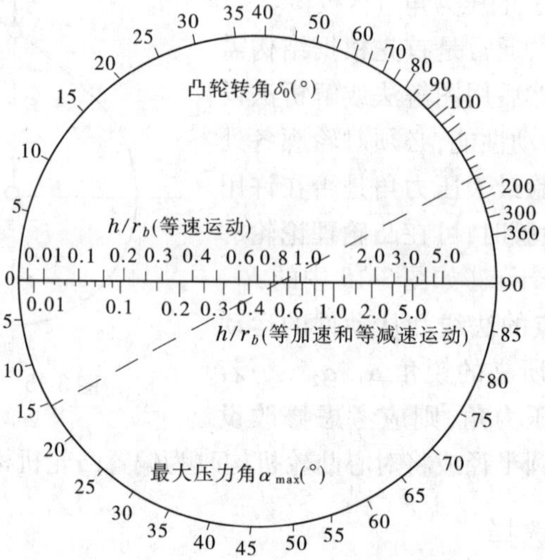

图3-16 求凸轮基圆半径的诺模图

习题三

3-1 图3-17为一个偏置直动从动件盘形凸轮机构,已知 AB 段为凸轮的推程轮廓线,试在图上标注推程运动角 δ_t。

3-2 图3-18为一个偏置直动从动件盘形凸轮机构,已知凸轮为一以 O 为中心的圆盘,问轮廓上 D 点与尖顶接触时其压力角为多少?试作图加以表示。

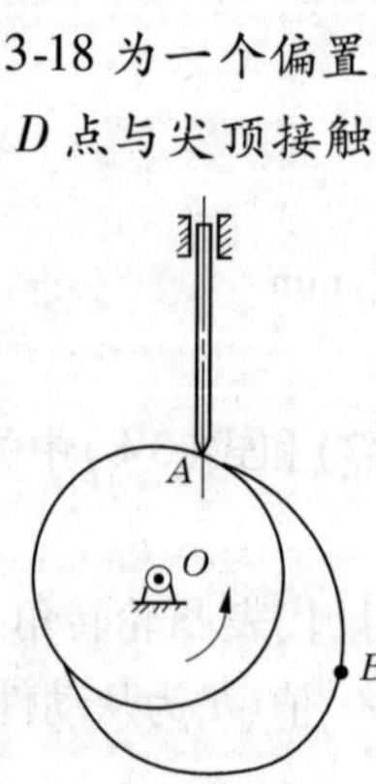

图3-17

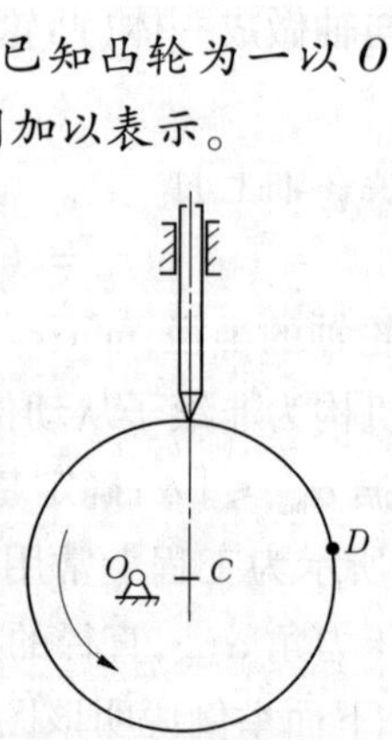

图3-18

实训三　设计盘形凸轮轮廓

1. 实训目的

初步了解和掌握计算机辅助设计在凸轮轮廓设计中的应用。

2. 实训内容和要求

(1)已知从动件的运动规律如下：$\delta_t=180°$，$\delta_s=30°$，$\delta_h=120°$，$\delta_s'=30°$，从动件在推程中以余弦加速度上升，在回程中以等加速等减速下降，行程 $h=30$ mm。试用图解法绘制从动件的位移曲线。(要求推程运动角和回程运动角各分为 6 等份。)

(2)设计一平底直动从动件盘形凸轮机构。已知凸轮以等角速度 ω_1 逆时针方向回转，凸轮的基圆半径 $r_b=30$ mm，从动件升程 $h=30$ mm，$\delta_t=120°$，$\delta_s=30°$，$\delta_h=90°$，$\delta_s'=120°$，从动件在推程和回程均作简谐运动。试绘出凸轮的轮廓曲线。

(3)设计一对心直动尖顶从动件盘形凸轮机构，已知凸轮的基圆半径 $r_b=40$ mm，凸轮逆时针等速回转。推程中，凸轮转过 150°时，从动件等速上升 40 mm；凸轮继续转过 30°时，从动件保持不动。回程中，凸轮转过 120°时，从动件以简谐运动规律回到原处；凸轮再转过 60°时，从动件保持不动。试绘制从动件的位移曲线及凸轮的轮廓曲线。

(4)一对心直动滚子从动件盘形凸轮机构，基圆半径 $r_b=30$ mm，滚轮半径 3 mm，凸轮逆时针回转。已知从动件运动规律如下：当凸轮转过 180°时，从动件以简谐运动规律上升 40 mm；当凸轮接着转过 60°时，从动件停歇不动；当凸轮再转过 120°时，从动件以等加速运动规律回到原处。试确定推程的最大压力角。

3. 实训过程

(1)参考实训例 3-2 作推程位移曲线；参考实训例 3-1 作回程位移曲线。

(2)参考实训例 3-2 作位移曲线；参考实训例 3-3 作凸轮理论轮廓曲线，参考图 3-11 所示作平底的包络线，便得到凸轮的实际轮廓曲线。

(3)按题目要求参考图 3-6 作推程位移曲线；参考实训例 3-2 作回程位移曲线；参考实训例 3-3 作凸轮轮廓曲线。

(4)参考实训例 3-2 作推程位移曲线；参考实训例 3-1 作回程位移曲线；参考实训例 3-3作凸轮理论轮廓曲线；在凸轮理论轮廓曲线比较陡的地方取若干点(如图 3-15 中的 B_1、B_2 等点)，作出过这些点的法线和从动件的运动方向线，求出它们之间所夹的锐角 α_1、α_2、…从这些锐角中选出最大者。

项目四　螺纹连接与螺旋传动

案例导入:一部机器是由很多零部件连接成一个整体的,螺纹连接是最常用的连接方式;螺旋千斤顶是应用最普遍的传动螺纹,滚珠丝杆是近年来在机床上日益广泛应用的新型传动螺纹。

任务一　螺　纹

一、螺纹的分类、特点和应用

螺纹有外螺纹和内螺纹之分,共同组成螺纹副使用。起连接作用的螺纹称为连接螺纹,起传动作用的螺纹称为传动螺纹。按螺纹的旋向可分为左旋和右旋,常用的为右旋螺纹。螺纹的螺旋线数分单线、双线及多线,连接螺纹一般用单线。螺纹又分为米制和英制两类,我国除管螺纹外,一般都采用米制螺纹。

常用螺纹的类型主要有普通螺纹、管螺纹、矩形螺纹、梯形螺纹、锯齿形螺纹。前两种主要用于连接,后三种主要用于传动,除矩形螺纹外其他已标准化。标准螺纹的基本尺寸可查阅有关标准。常用螺纹的类型、特点和应用见表4-1。

表4-1　常用螺纹的类型、特点和应用

类型		型　图	特点和应用
连接螺纹	普通螺纹	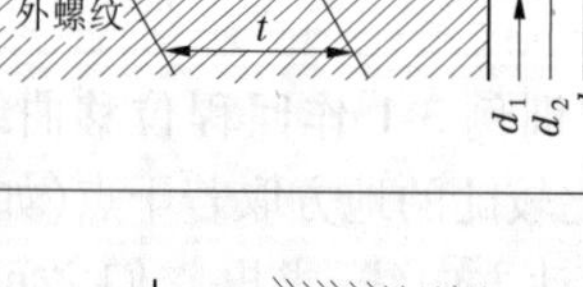	牙型角 $\alpha=60°$,当量摩擦系数大,自锁性能好。螺牙根部较厚、强度高,应用广泛。同一公称直径,按螺距大小分为粗牙和细牙,常用粗牙。细牙的螺距和升角小,自锁性能较好,但不耐磨易滑扣,常用于薄壁零件或受动载荷和要求紧密性的连接,还可用于微调机构等
	圆柱管螺纹	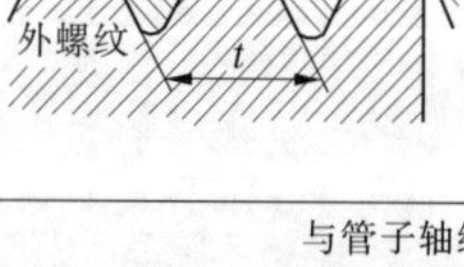	牙型角 $\alpha=55°$,公称直径近似为管子孔径,以英寸为单位,螺距以每英寸的牙数表示。牙顶牙底呈圆弧,牙高较小。螺纹副的内外螺纹间没有间隙,连接紧密,常用于低压的水、煤气、润滑或电线管路系统中的连接
	圆锥管螺纹	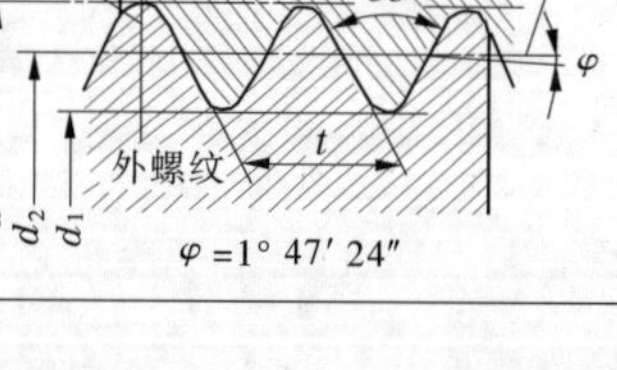	牙型角 $\alpha=55°$,与圆柱管螺纹相似,但螺纹分布在1∶16的圆锥管壁上。旋紧后,依靠螺纹牙的变形使连接更为紧密,主要用于高温、高压条件下工作的管子连接。如汽车、工程机械、航空机械,机床的燃料、油、水、气输送管路系统

续表 4-1

类型		型　图	特点和应用
传动螺纹	矩形螺纹	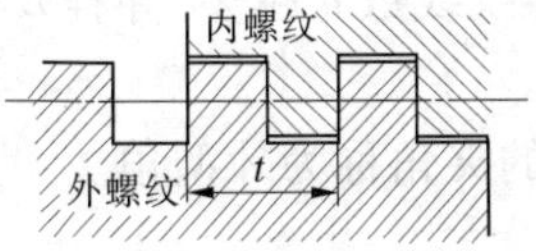	螺纹牙的剖面多为正方形，牙厚为螺距的一半，牙根强度较低。因其摩擦系数较小，效率较其他螺纹为高，故多用于传动。但难以精确加工，磨损后松动、间隙难以补偿，对中性差，常用梯形螺纹代替
	梯形螺纹	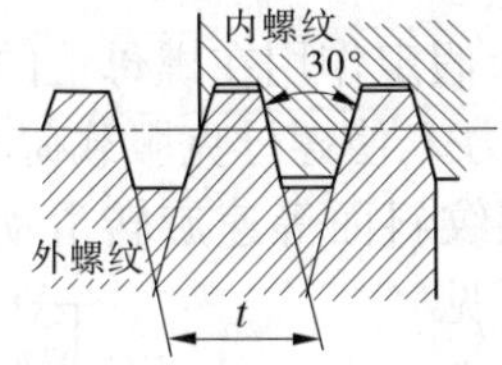	牙型角 $\alpha = 30°$，效率虽较矩形螺纹低，但加工较易，对中性好，牙根强度较高，用剖分螺母时，磨损后可以调整间隙，故多用于传动
	锯齿形螺纹	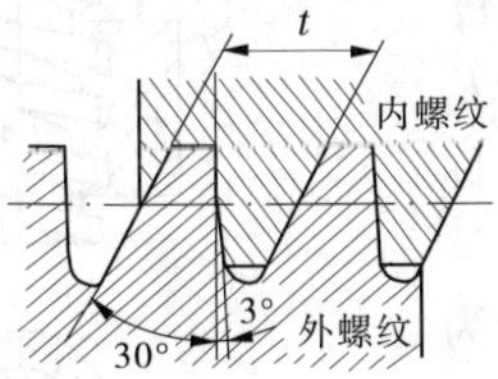	工作面的牙边倾斜角为 3°，便于铣制；另一边为 30°，以保证螺纹牙有足够的强度。它兼有矩形螺纹效率高和梯形螺纹牙根强度高的优点，但只能用于承受单向载荷的传动

二、螺纹的主要参数

圆柱普通螺纹的主要参数见图 4-1。

(1) 大径 d。它是与外螺纹牙顶或内螺纹牙底相重合的假想圆柱的直径，一般定为螺纹的公称直径。

(2) 小径 d_1。它是与外螺纹牙底或内螺纹牙顶相重合的假想圆柱的直径，一般取为外螺纹的危险剖面的计算直径。

(3) 中径 d_2。它是一个假想圆柱的直径，该圆柱的母线通过牙型上沟槽和凸起宽度相等的地方。

对于矩形螺纹，$d_2 = 0.5(d + d_1)$，其中 $d \approx 1.25d_1$。

(4) 螺距 P。相邻螺牙在中径线上对应两点间的轴向距离称为螺距 P。

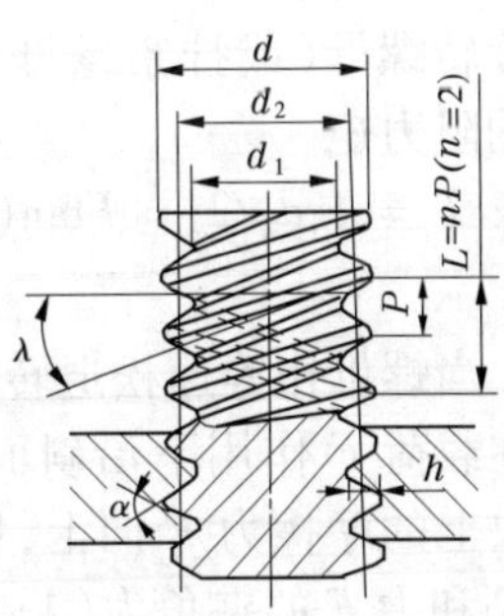

图 4-1　螺纹的主要参数

(5) 导程 L 和螺纹线数 n。导程是同一螺纹线上的相邻牙在中径线上对应两点间的轴向距离。导程和螺纹线数的关系为

$$L = nP \tag{4-1}$$

其中单线螺纹 $n = 1$，双线螺纹 $n = 2$，其余类推。

(6) 升角 λ。在中径圆柱上螺旋线的切线与垂直于螺纹轴线的平面间的夹角称为升

角,其计算式为

$$\tan\lambda = \frac{L}{\pi d_2} = \frac{nP}{\pi d_2} \tag{4-2}$$

显然,在公称直径 d 和螺距 P 相同的条件下,螺纹线数 n 越多,导程 L 将成倍增加,升角 λ 也相应增大,传动效率也将提高。

(7)牙型角 α。在轴向剖面内螺纹牙型两侧边的夹角称为牙型角。

三、螺纹副的受力分析、效率和自锁

(一)矩形螺纹(牙型角 $\alpha = 0°$)

矩形螺纹副的受力情况见图4-2,为了便于分析,假定作用在螺母上的轴向载荷 F 集中作用于中径 d_2 的圆周上的一点。给螺母加一水平力 F_t 使螺母克服载荷 F 作转动,这种转动可看成是一滑块在水平力 F_t 的推动下沿螺杆螺纹斜面等速旋转滑动。将螺纹沿中径 d_2 展开,则相当于滑块沿斜面等速向上滑动,见图4-3(a),斜面倾角 λ 称为螺纹升角。作用于螺母上的力有外载荷 F、水平力 F_t、螺杆斜面法向反力 N 和摩擦力 $F_f = fN$(f 为摩擦系数),法向反力 N 和摩擦力 F_f 的合力 R 称为螺杆对螺母的总反力,R 和 N 的夹角称为摩擦角,用 ρ 表示。由几何关系可知 $\tan\rho = F_f/N = fN/N = f$,或 $\rho = \arctan f$。外载荷 F 与总反力 R 的夹角为 $(\lambda + \rho)$。显然,作用于螺母上的三个力 F、F_t、R 是平衡的,即可构成力封闭三角形,如图4-3(b)所示。由此得

$$F_t = F\tan(\lambda + \rho) \tag{4-3}$$

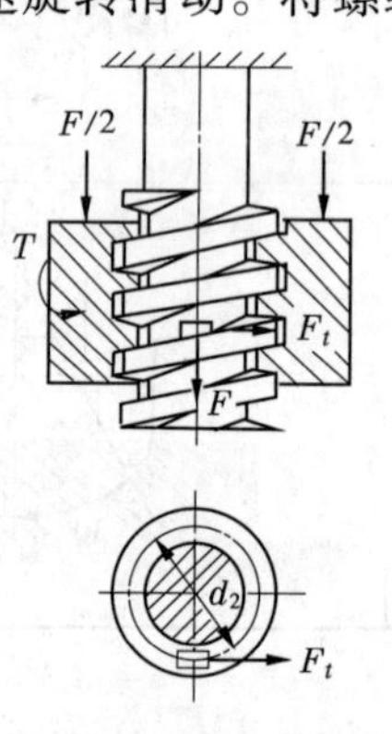

图4-2 螺纹副受力情况

F_t 相当于旋转螺母时必须在螺纹中径 d_2 处施加的圆周力,它对螺纹轴心线的力矩,即为旋转螺母(或拧紧螺母)所需克服螺纹副中的阻力矩

$$T = F_t d_2/2 = F\tan(\lambda + \rho)\, d_2/2 \tag{4-4}$$

当螺母作等速松退转动时,则相当于滑块在载荷 F 作用下沿斜面等速下滑。这时滑块上的摩擦力 F_f 向上,见图4-3(c),总反力 R 和力 F 的夹角为 $(\lambda - \rho)$。由力封闭三角形图4-3(d)可知

$$F_t = F\tan(\lambda - \rho) \tag{4-5}$$

由此可见,若 $\lambda < \rho$,则 F_t 为负值,这就表明要使滑块沿斜面下滑,就必须给螺母施加一个与拧紧方向相反的力矩,否则,无论轴向载荷 F 有多大,滑块(相当于螺母)都不会在其作用下自行下滑(松退),这种现象称为自锁。于是,螺纹副的自锁条件为

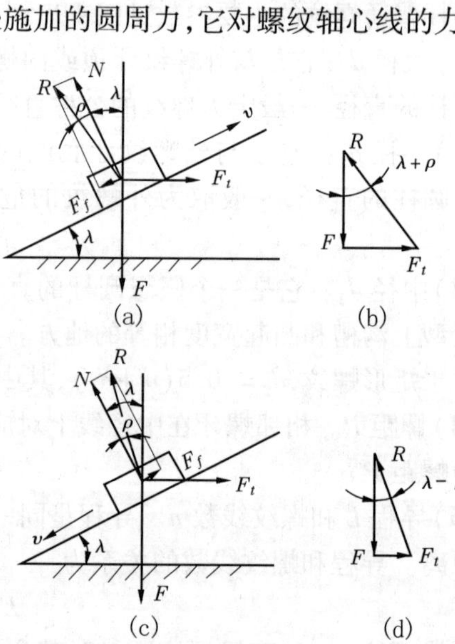

图4-3 滑块沿斜面等速滑动的受力情况

$$\lambda \leqslant \rho \tag{4-6}$$

旋转螺母一周，螺母走过的位移为 πd_2，螺母克服载荷 F 提升一个导程 L，需要输入的功为 $W_1 = F_t\pi d_2 = F\tan(\lambda+\rho)\pi d_2$，所做的有效功为 $W_2 = FL = F\pi d_2\tan\lambda$，所以矩形螺纹副效率为

$$\eta = \frac{W_2}{W_1} = \frac{F\pi d_2\tan\lambda}{F\tan(\lambda+\rho)\pi d_2} = \frac{\tan\lambda}{\tan(\lambda+\rho)} \tag{4-7}$$

由式(4-7)知，升角 λ 越小，效率越低。

(二)三角形螺纹(牙型角 $\alpha \neq 0°$)

三角形螺纹副相对转动时，可以看成是楔形斜面滑动，见图 4-4(b)。在力 F 的作用下，螺纹副的法向反力 $N' = F/\cos\gamma$，图 4-5(b)中摩擦力 $F_f = 2fN'/2 = fF/\cos\gamma$，其中 γ 为螺纹工作面的牙边倾斜角，如图 4-4(a)所示，故在相同的 F 和 f 的情况下，$F'_f > F_f$。设 $f_v = f/\cos\gamma$，称为当量摩擦系数，相应的摩擦角 $\rho_v = \arctan f_v$。因此，各力之间的关系和效率公式等与矩形螺纹分析相似，只须将上述各式中的 ρ 换为 ρ_v 即可，此时得

$$F_t = F\tan(\lambda+\rho_v) \tag{4-8}$$

$$T = F\tan(\lambda+\rho_v)\ d_2/2 \tag{4-9}$$

$$\lambda \leqslant \rho_v \tag{4-10}$$

$$\eta = \frac{\tan\lambda}{\tan(\lambda+\rho_v)} \tag{4-11}$$

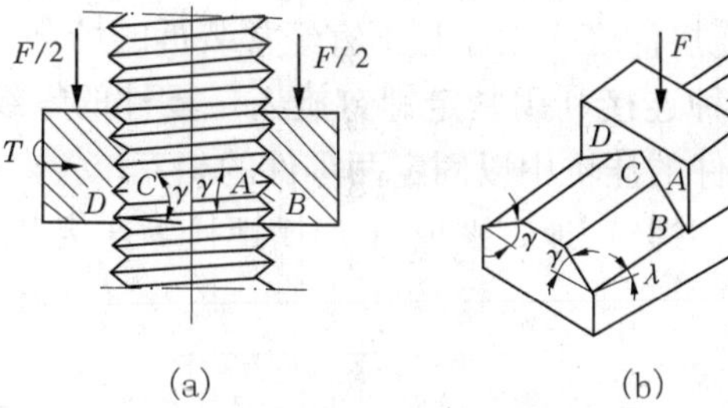

图 4-4　三角螺纹副的受力分析

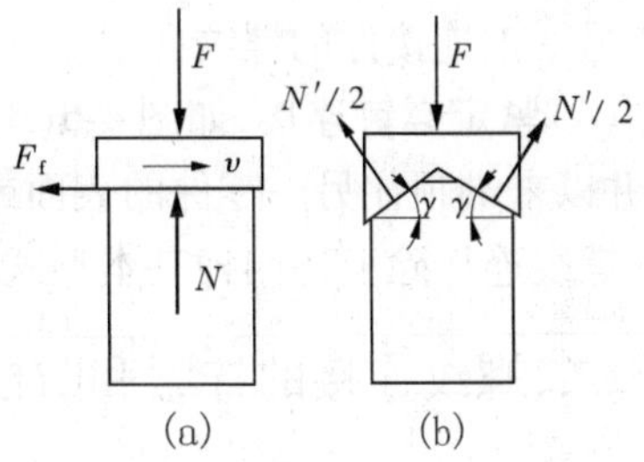

图 4-5　平面与楔形面摩擦力的比较

由此可见，螺纹工作面的牙边倾斜角 γ 越大，则 f_v、ρ_v 也越大，在其他条件相同的情况下，这种螺纹副的效率越低，越易于自锁。三角螺纹 γ 角大(米制三角螺纹 $\gamma = 30°$)，容易自锁，故多用于连接。

任务二　螺纹连接的主要类型和使用

一、螺纹连接的主要类型

螺纹连接的基本型式如图 4-6 所示。

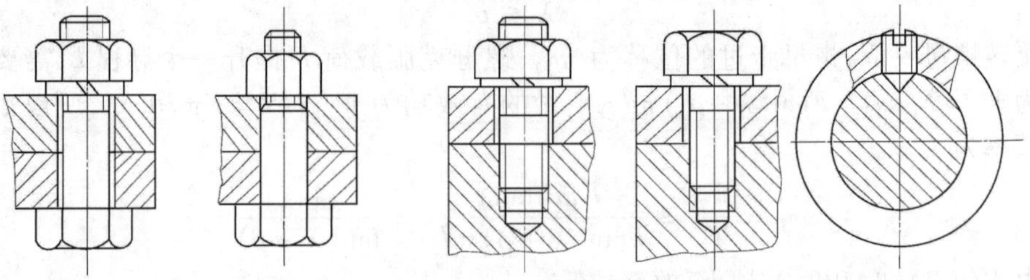

图4-6　螺纹连接的基本型式

(1)螺栓连接。图4-6(a)所示的螺栓连接是将螺栓穿过被连接件的孔(螺栓与孔之间留有间隙),然后拧紧螺母,即将被连接件连接起来。由于被连接件的孔无须切制螺纹,所以结构简单,装拆方便,应用广泛。铰制孔用螺栓,如图4-6(b)所示,一般用于利用螺栓杆承受横向载荷或固定被连接件相互位置的场合。这时,孔与螺栓杆之间没有间隙,常采用基孔制过渡配合。

(2)双头螺柱连接,如图4-6(c)所示。这种连接是利用双头螺柱的一端旋紧在被连接件的螺纹孔中,另一端则穿过另一被连接件的孔,拧紧螺母后将被连接件连接起来。这种连接通常用于被连接件之一太厚不便穿孔,结构要求紧凑或需要经常装拆的场合。

(3)螺钉连接,如图4-6(d)所示。这种连接不需要螺母,将螺钉穿过被连接件的孔并旋入另一被连接件的螺纹孔中。它适用于被连接件之一太厚且不宜经常装拆的场合。

(4)紧定螺钉连接,如图4-6(e)所示。这种连接利用紧定螺钉旋入一零件的螺纹孔中,并以末端顶住另一零件的表面或顶入该零件的洼坑中以固定两零件的相互位置。

螺纹连接除上述四种基本型式外,还有吊环螺钉、地脚螺栓、T形槽螺栓等连接型式。

二、螺纹连接的拧紧和防松

(一)螺纹连接的拧紧

绝大多数螺纹连接在装配时需要拧紧,使连接在承受工作载荷之前,预先受到力的作用,这个预加的作用力称为预紧力。预紧是为了增大连接的紧密性和可靠性。此外,适当地提高预紧力还能提高螺栓的疲劳强度。拧紧时,用扳手施加拧紧力矩 T,以克服螺纹副中的阻力矩 T_1 和螺母支撑面上的摩擦阻力矩 T_2,故拧紧力矩 $T = T_1 + T_2$。

对于M10~M68的粗牙普通螺纹,无润滑时可取

$$T \approx 0.2F'd \tag{4-12}$$

式中:F'为预紧力,N;d为螺纹公称直径,mm。

为了保证预紧力 F'不致过小或过大,可在拧紧过程中控制拧紧力矩 T 的大小,其方法有采用测力矩扳手(见图4-7(a))或定力矩扳手(见图4-7(b)),必要时测定螺栓伸长量等。

(二)螺纹连接的防松

在静载荷作用下,连接螺纹的升角较小,故能满足自锁条件。但在受冲击、振动或变载荷以及温度变化大时,连接有可能自动松脱,这就容易发生事故。因此,设计螺纹连接时必须考虑防松的问题。常用的防松方法见表4-2。

表 4-2　常用的防松方法

利用摩擦力防松	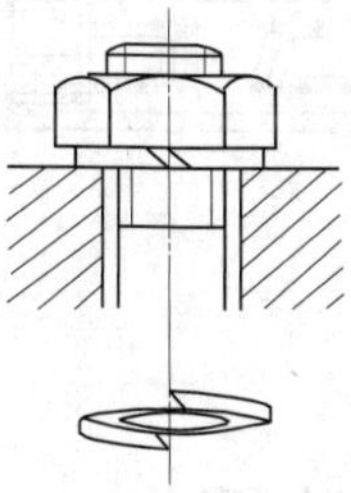	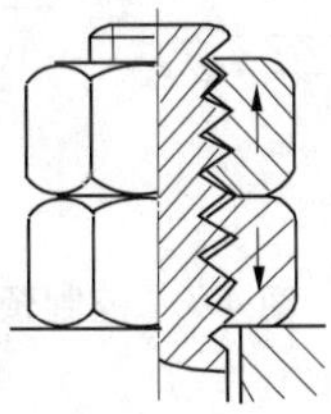	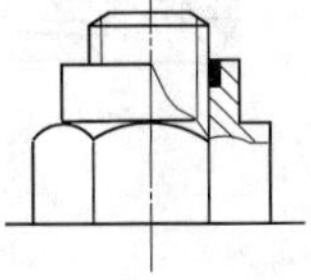
	弹簧垫圈式:材料为弹簧钢,装配后垫圈被压平,靠错开的刃口分别切入螺母和被连接件以及弹力保持的预紧力防松	对顶螺母:利用两螺母对顶预紧使螺纹旋合部分(此处在工作中几乎不变形)始终受到附加的预拉力及摩擦力而防松	自锁螺母:螺母尾部做得弹性较大(开槽或镶弹性材料),且螺纹中径比螺杆稍小,旋合后产生附加径向压力而防松
用专门防松元件防松	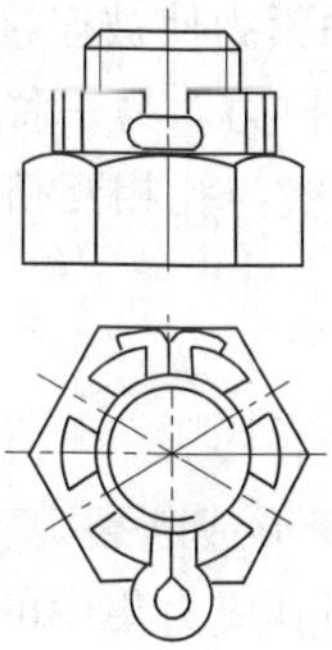	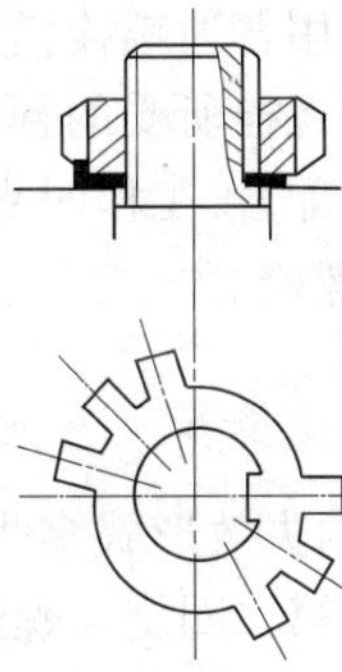	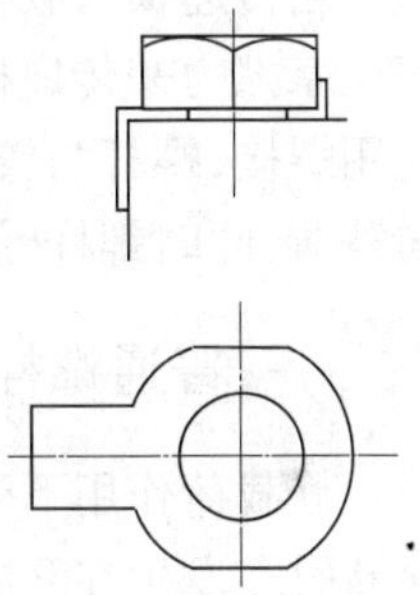
	槽型螺母与开口销:螺母尾部开槽,拧紧后用开口销穿过螺母槽和螺栓的径向孔而可靠防松	圆螺母与止动垫圈:垫圈内舌嵌入螺栓的轴向槽内,拧紧螺母后将垫圈外舌之一褶嵌入螺母的一个槽内	单耳止动垫圈:在螺母拧紧后将垫圈一端褶起扣压到螺母的侧平面上,另一端褶下扣紧被连接件
其他方法防松	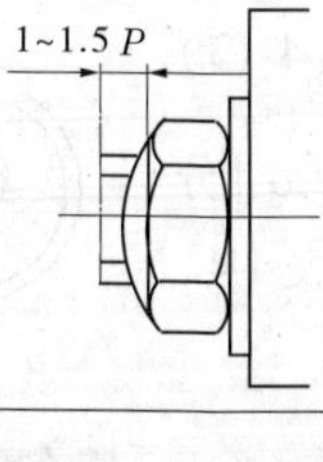	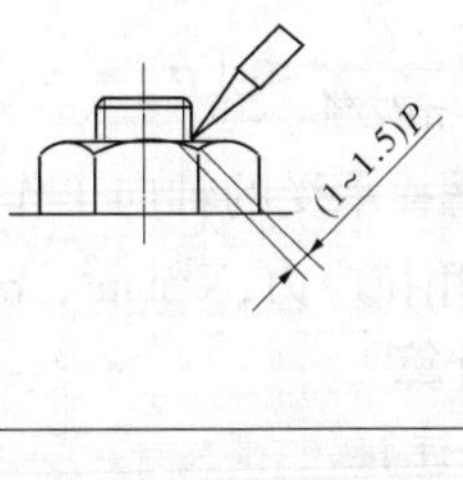	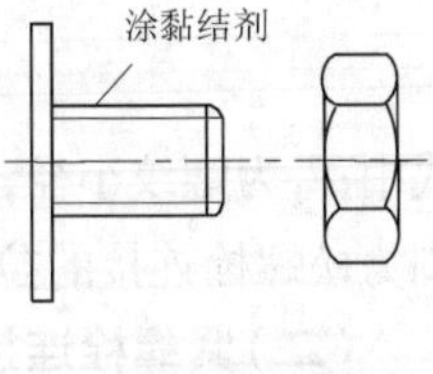
	端铆:拧紧后螺栓露出 1 ~ 1.5个螺距,打压这部分螺栓头使螺纹变大成永久性防松	冲点、焊点:拧紧后在螺栓和螺母的骑缝处用样冲冲打或用焊具点焊 2 ~3 点成永久性防松	黏结剂:用厌氧性黏结剂涂于螺纹旋合表面,拧紧螺母后自行固化获得良好的防松效果

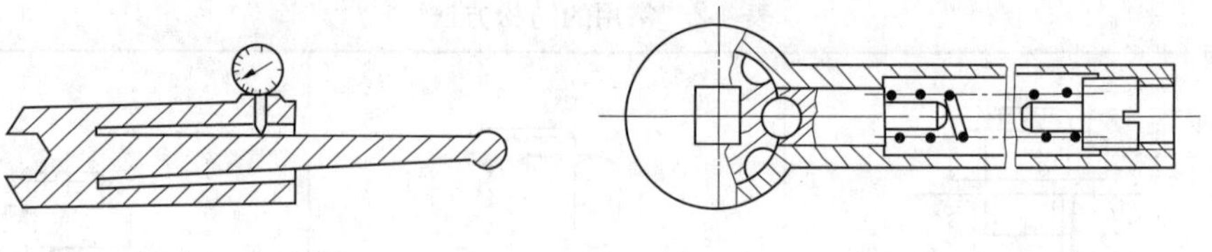

(a)　　(b)

图 4-7　控制预紧力扳手

任务三　螺栓连接的强度计算

本任务主要讨论单个螺栓连接的强度计算，它也适用于双头螺柱和螺钉连接。

螺栓连接的受载形式很多，它所传递的载荷主要有两类：一类为外载荷沿螺栓轴线方向，称轴向载荷；一类为外载荷垂直于螺栓轴线方向，称横向载荷。

对螺栓来讲，当传递轴向载荷时，螺栓受的是轴向拉力，故称受拉螺栓。可分为不预紧的松连接和有预紧的紧连接。

当传递横向载荷时，一种是采用普通螺栓，靠螺栓连接的预紧力使被连接件接合面间产生摩擦力来传递横向载荷，此时螺栓所受的预紧力仍为轴向拉力。另一种是采用铰制孔用螺栓，螺杆与铰制孔间是过渡配合，工作时靠螺杆受剪，杆壁与孔相互挤压来传递横向载荷，此时螺杆受剪，故称受剪螺栓。

一、普通螺栓的强度计算

静载荷作用下受拉螺栓常见的失效形式多为螺纹的塑性变形或断裂。实践表明，螺栓断裂多发生在开始传力的第一、第二圈旋合螺纹的牙根处，因其应力集中的影响较大。

在设计螺栓连接时，一般选用的都是标准螺纹零件，其各部分主要尺寸已按等强度条件在标准中作出规定，因此螺栓的强度计算主要是求出或校核螺纹危险剖面的尺寸，即螺纹小径 d_1。螺栓的其他尺寸及螺母的高度和垫圈的尺寸等，均按标准选定。

(一)松螺栓连接的强度计算

图 4-8 所示起重吊钩为松螺栓连接的实例。如已知螺杆所受最大拉力为 F，则螺纹部分的强度条件为

$$\sigma = \frac{F}{\pi d_1^2/4} \leqslant [\sigma] \tag{4-13}$$

式中：d_1 为螺纹小径，mm；F 为螺栓承受的轴向工作载荷，N；σ 和$[\sigma]$分别为松螺栓连接的拉应力和许用拉应力，N/mm²，$[\sigma]$可查表 4-3、表 4-4。

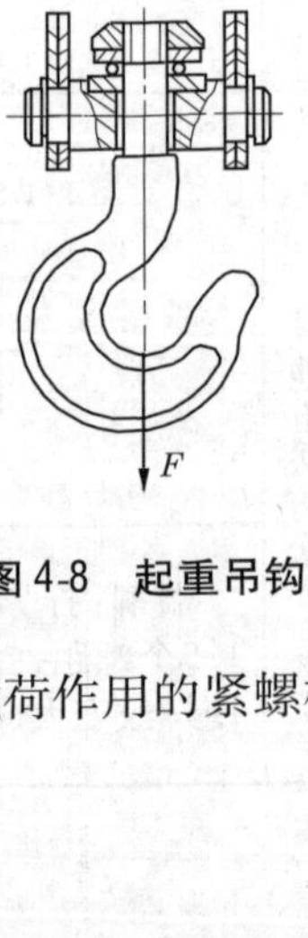

图 4-8　起重吊钩

(二)紧螺栓连接的强度计算

1. 只受预紧力作用的螺栓连接

1) 预紧力的计算

图 4-9 所示为只受预紧力的紧螺栓连接。其中图 4-9(a)为受横向载荷作用的紧螺栓连接，图 4-9(b)为受转矩作用的紧螺栓连接。

表 4-3　螺纹紧固件常用材料的力学性能　（单位：N/mm^2）

钢　号	Q215	Q235	35	45	40Cr
强度极限 σ_b	340 ~ 420	375 ~ 500	540	650	750 ~ 1 000
屈服极限 σ_S	220	240	320	360	650 ~ 900

表 4-4　螺纹连接的许用应力和安全系数

连接情况	受载情况	许用应力和安全系数
松连接	静载荷	$[\sigma]=\sigma_S/s$，$s=1.2\sim1.7$
紧连接	静载荷	$[\sigma]=\sigma_S/s$，s 取值：控制预紧力时 $s=1.2\sim1.5$，不严格控制预紧力时 s 查表 4-5
铰制孔用螺栓连接	静载荷	$[\tau]=\sigma_S/2.5$ 连接件为钢时 $[\sigma]_P=\sigma_S/1.25$，连接件为铁时 $[\sigma]_P=\sigma_S/(2\sim2.5)$
	变载荷	$[\tau]=\sigma_S/(3.5\sim5)$ $[\sigma]_P$ 按静载荷的 $[\sigma]_P$ 值降低 20% ~ 30%

表 4-5　紧螺栓连接的安全系数（静载不控制预紧力时）

材　料	螺　栓		
	M6 ~ M16	M16 ~ M30	M30 ~ M60
碳　钢	4 ~ 3	3 ~ 2	2 ~ 1.3
合金钢	5 ~ 4	4 ~ 2.5	2.5

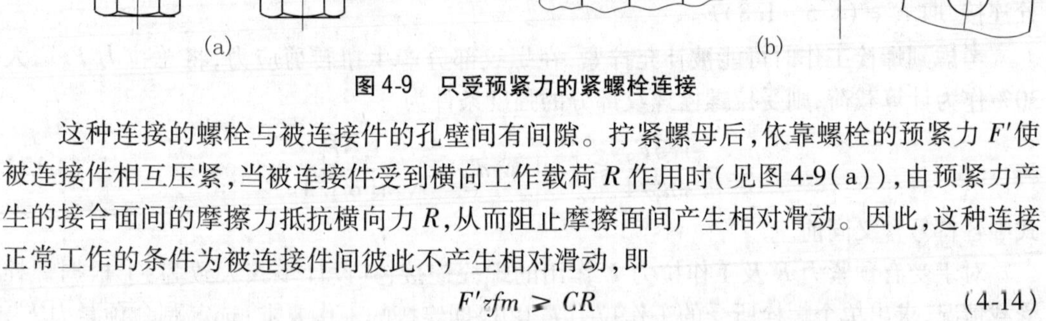

图 4-9　只受预紧力的紧螺栓连接

这种连接的螺栓与被连接件的孔壁间有间隙。拧紧螺母后，依靠螺栓的预紧力 F' 使被连接件相互压紧，当被连接件受到横向工作载荷 R 作用时（见图 4-9（a）），由预紧力产生的接合面间的摩擦力抵抗横向力 R，从而阻止摩擦面间产生相对滑动。因此，这种连接正常工作的条件为被连接件间彼此不产生相对滑动，即

$$F'zfm \geqslant CR \tag{4-14}$$

式中：f 为被连接件接合面间的摩擦系数，钢或铸铁零件干燥表面取 $f=0.10\sim0.16$；

m 为被连接件接合面的对数;z 为连接螺栓的数目:C 为连接的可靠性系数,通常取 $C=1.1\sim1.3$。

图4-9(b)所示受转矩作用的紧螺栓连接的预紧力按式(4-14)计算时,应将转矩转化为横向载荷 R,$R=2\,000T/D_0$,D_0 为螺栓所分布圆周的直径,mm;T 为传递的转矩,N·m。

2)螺栓的强度计算

预紧螺栓连接在拧紧螺母时,螺栓杆除沿轴向受预紧力 F' 的拉伸作用外,还受螺纹力矩 T(见式(4-9))的扭转作用。F' 和 T 将分别使螺纹部分产生拉应力 σ 及扭转剪应力 τ,因一般螺栓采用塑性材料,故可用第四强度理论求其相当应力。螺纹部分的强度条件为

$$\sigma = 1.3\frac{F'}{\pi d_1^2/4} \leqslant [\sigma] \tag{4-15}$$

式中:F' 为螺栓承受的预紧力,N;d_1 为螺纹小径,mm;σ 和 $[\sigma]$ 分别为紧螺栓连接的拉应力和许用拉应力,N/mm²,$[\sigma]$ 可查表4-3、表4-4。

比较式(4-13)和式(4-15)可知,考虑扭转剪应力的影响,相当于把螺栓的轴向拉力增大30%后按纯拉伸来计算螺栓的强度。

2. 受预紧力和轴向静工作拉力的螺栓连接

这种连接比较常见,图4-10所示汽缸盖螺栓连接就是典型的实例。由于螺栓和被连接件都是弹性体,在受有预紧力 F' 的基础上,因受到两者弹性变形的相互制约,故总拉力 F_0 并不等于预紧力 F' 与工作拉力 F 之和,它们的受力关系属不静定问题。根据静力平衡条件和变形协调条件,可求出各力之间的关系式。

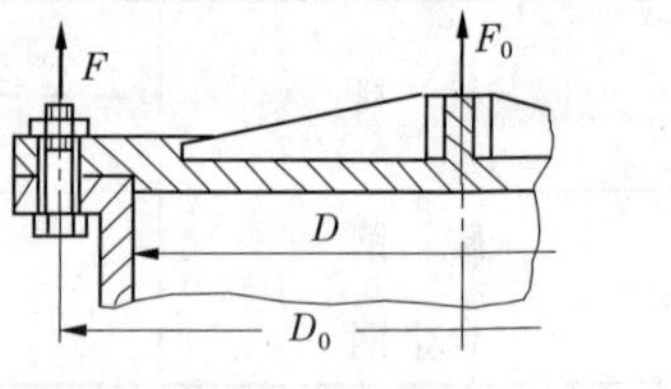

图4-10　汽缸盖螺栓连接受力情况

$$\left.\begin{aligned} F_0 &= F' + \frac{c_1}{c_1+c_2}F \\ F' &= F'' + \left(1-\frac{c_1}{c_1+c_2}\right)F \end{aligned}\right\} \tag{4-16}$$

式中:$c_1/(c_1+c_2)$ 称为螺栓的相对刚度,其大小与连接的材料、结构形式、尺寸大小、载荷作用方式等有关,一般设计时对于钢制被连接件可取:金属垫(或无垫)0.2~0.3、皮革垫0.7、铜皮石棉垫0.8、橡胶垫0.9;F' 为螺栓拧紧后所受的预紧力;F'' 为螺栓受载变形后的剩余预紧力,应大于零。实际使用时一般取 $F_0=F''+F$,而 $F''=KF$,具体为:当工作拉力 F 无变化时取 $F''=(0.2\sim0.6)F$;当 F 有变化时取 $F''=(0.6\sim1.0)F$;对要求紧密性的螺栓连接,取 $F''=(1.5\sim1.8)F$。

考虑到螺栓工作时可能被补充拧紧,在螺纹部分产生扭转剪应力,将总拉力 F_0 增大30%作为计算载荷,则受拉螺栓螺纹部分的强度条件为

$$\sigma = \frac{1.3F_0}{\pi d_1^2/4} \leqslant [\sigma] \text{ 或 } d_1 \geqslant \sqrt{\frac{1.3F_0}{\pi[\sigma]/4}} \tag{4-17}$$

式中各符号含义同前。

对于受有预紧力 F' 及工作拉力 F 作用的螺栓连接,其设计步骤大致为:①根据螺栓受载情况,求出单个螺栓所受的工作拉力 F;②根据连接的工作要求,选定剩余预紧力 F'',

并按式(4-16)求得所需的预紧力 F';③按式(4-16)计算螺栓的总拉力 F_0;④按式(4-17)计算螺栓小径 d_1,查阅螺纹标准,确定螺纹公称直径 d。此外,若轴向载荷在 $0 \sim F$ 之间周期性变化,则螺栓的总拉力 F_0将在 $F' \sim [F' + Fc_1/(c_1 + c_2)]$之间变化。受轴向变载荷螺栓的简化计算仍可按式(4-17)进行,但连接螺栓的许用应力$[\sigma]$应另参考有关手册选取。

二、铰制孔用螺栓连接的强度计算

如图 4-11 所示,这种连接是将螺栓穿过被连接件上的铰制孔并与之过渡配合。其受力形式为:在被连接件的接合面处螺栓杆受剪切,螺栓杆表面与孔壁之间受挤压。因此,应分别按挤压强度和抗剪强度计算。

这种连接所受的预紧力很小,所以在计算中不考虑预紧力和螺纹摩擦力矩的影响。

螺栓杆与孔壁的挤压强度条件为

$$\sigma_P = \frac{F_S}{d_0\delta} \leqslant [\sigma]_P \tag{4-18}$$

螺栓杆的抗剪强度条件为

$$\tau = \frac{F_S}{m\pi d_0^2/4} \leqslant [\tau] \tag{4-19}$$

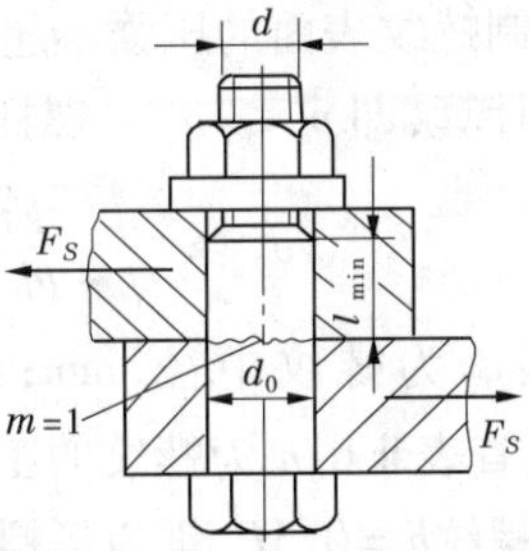

图 4-11　铰制螺纹孔受力情况

式中:F_S为单个螺栓所受的横向工作载荷,N;δ 为螺栓杆与孔壁挤压面的最小高度,mm;d_0为螺栓剪切面的直径,mm;m 为螺栓受剪面数;$[\sigma]_P$为螺栓和孔壁材料中较弱者的许用挤压应力,N/mm², 查表 4-3、表 4-4;$[\tau]$为螺栓材料的许用剪切应力,N/mm²,查表4-3、表4-4。

任务四　螺旋传动

螺旋传动由螺杆和螺母组成,主要用来将旋转运动变换为直线运动。按其螺旋副(又称螺纹副)中摩擦性质的不同一般分为两类:①螺旋副作相对运动时产生滑动摩擦的滑动螺旋传动;②螺旋副作相对运动时产生滚动摩擦的滚动螺旋传动。

一、螺旋传动机构的组成和类型

螺旋传动按其用途和受力情况分为如下三类:

(1)传力螺旋。它主要用来传递轴向力,要求用较小的力矩转动螺杆(或螺母)而使螺母(或螺杆)产生直线移动和较大的轴向力,例如,螺旋千斤顶(见图 4-12)和螺旋压力机的螺旋等。

(2)传导螺旋。它主要用来传递轴向力,要求具有较高的传动精度,例如车床刀架和进给机构的螺旋等。

(3)调整螺旋。它主要用来调整和固定零件或工件的相互位置,不经常传动,受力也不大,如车床尾座和卡盘头的螺旋等。

这些螺旋传动一般采用梯形螺纹、锯齿形螺纹或矩形螺纹,其主要特点是结构简单,运转平稳无噪声,便于制造,易于自锁,但传动效率较低,摩擦和磨损较大等。

二、滑动螺旋传动的设计计算

(一)根据耐磨性计算螺杆直径

螺母所用的材料一般比螺杆的材料软,所以磨损主要发生在螺母的螺纹表面。影响螺纹磨损的因素很多,目前尚缺乏完善的计算方法,故通常用限制螺纹表面的压强不超过材料的许用压强来进行计算,即 $p \leqslant [p]$。螺杆直径可按下式计算

$$d_2 \geqslant \sqrt{\frac{FP}{\pi \Psi h[p]}} \tag{4-20}$$

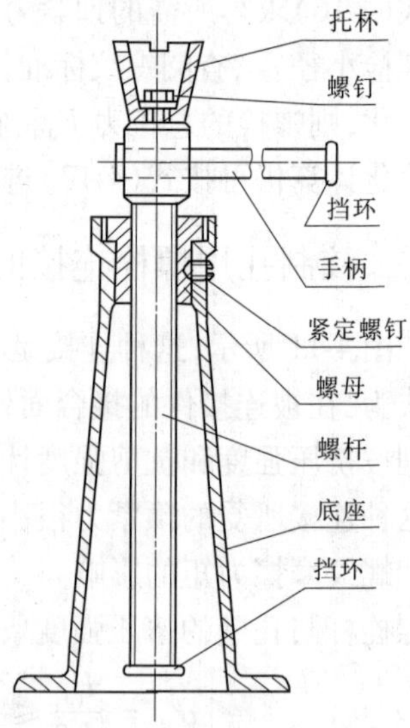

图 4-12　螺旋千斤顶

式中:d_2 为螺纹中径,mm;$[p]$ 为许用压强,N/mm^2,查表 4-6;h 为螺纹的工作高度,mm,对矩形、梯形螺纹 $h = 0.5P$,锯齿形螺纹 $h = 0.75P$;P 为螺距,mm;Ψ 为螺母高度系数,对整体螺母取 $\Psi = 1.5 \sim 2.5$,剖分式螺母或受载较大的取 $\Psi = 2.5 \sim 3.5$,对传动精度较高、载荷较大、要求寿命较长的取 $\Psi = 4$;F 为轴向载荷,N。

对梯形、矩形螺纹,将 $h = 0.5P$ 代入式(4-20)得:$d_2 \geqslant 0.8\sqrt{\frac{F}{\Psi[p]}}$。

对锯齿形螺纹,将 $h = 0.75P$ 代入式(4-20)得:$d_2 \geqslant 0.65\sqrt{\frac{F}{\Psi[p]}}$。

表 4-6　滑动螺旋传动的许用压强$[p]$

螺纹副材料	滑动速度(m/min)	许用压强(N/mm^2)	螺纹副材料	滑动速度(m/min)	许用压强(N/mm^2)
铜对青铜	低速	18 ~ 25	钢对铸铁	<2.4	13 ~ 18
	<3.0	11 ~ 18		6 ~ 12	4 ~ 7
	6 ~ 12	7 ~ 10	钢对钢	低速	7.5 ~ 13
	>15	1 ~ 2			
钢对耐磨铸铁	6 ~ 12	6 ~ 8	淬火钢对青铜	6 ~ 12	10 ~ 13

注:$\Psi < 2.5$ 或人力驱动时,$[p]$可提高约 20%;螺母为剖分式时,$[p]$应降低 15% ~ 20%。

根据公式算得螺纹中径 d_2 后,应按标准选取相应的公称直径 d 及螺距 P。由于圈数愈多各圈受力愈不均匀,所以螺纹圈数一般不宜超过 10 圈。

(二)螺纹牙的强度计算

为降低摩擦系数,螺母通常采用较软的材料,故螺纹牙的强度计算主要是计算螺母螺纹牙的剪切和弯曲强度。如图 4-13 所示,螺母上一圈螺纹牙展开后,可看做是悬臂梁,在载荷的作用下,螺纹牙根部 $c—c$ 处受弯曲和剪切作用,其抗剪强度条件为

$$\tau = \frac{F}{z\pi db} \leqslant [\tau] \quad (\mathrm{N/mm^2}) \qquad (4\text{-}21)$$

弯曲强度条件为

$$\sigma_b = \frac{M}{W} = \frac{Fh/2}{\pi dzb^2/6} = \frac{3Fh}{\pi dzb^2} \leqslant [\sigma]_b \quad (4\text{-}22)$$

式中：F 为轴向载荷，N；h 为螺纹的工作高度，mm；d 为螺母螺纹大径，mm；z 为螺纹工作圈数；b 为螺纹牙根部宽度，mm，矩形螺纹 $b=0.5P$、锯齿形螺纹 $b=0.74P$、梯形螺纹 $b=0.65P$；$[\tau]$、$[\sigma]_b$分别为许用剪切应力和弯曲应力，N/mm²，可由表4-7查得。

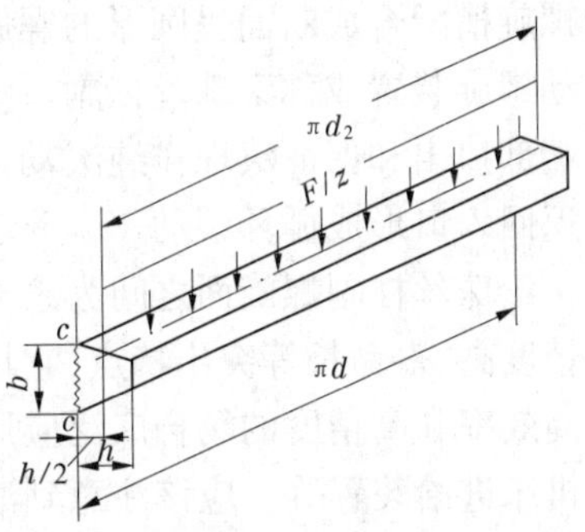

图4-13　螺纹上一圈纹牙展开后的受力分析

(三)螺杆的强度计算

螺杆工作时有压力或拉力和转矩 T。根据第四强度理论可求出危险截面的强度条件为

$$\sigma_e = \sqrt{\sigma^2 + 3\tau^2} = \sqrt{\left(\frac{4F}{\pi d_1^2}\right)^2 + 3\left(\frac{T}{0.2d_1^3}\right)^2} \leqslant [\sigma] \qquad (4\text{-}23)$$

式中：$[\sigma]$为许用应力，N/mm²，见表4-7；T 为转矩，N·mm；其他符号含义同前。

表4-7　螺杆和螺母的许用应力　（单位：N/mm²）

项目	许用应力		
螺杆	$[\sigma]=\sigma_S/(3\sim5)$		
螺母	材料	$[\sigma]_b$	$[\tau]$
	青铜	40～60	30～40
	铸铁	45～55	40
	耐磨铸铁	50～60	40
	钢	$(1\sim1.2)[\sigma]$	$0.6[\sigma]$

(四)螺杆的稳定性计算

对于长径比大的受压螺杆，承受轴向力过大时，螺杆就会因失稳而破坏，故需进行稳定性验算。其校核计算式为

$$F_C/F \geqslant 2.5 \sim 4 \qquad (4\text{-}24)$$

式中：F_C为螺杆的临界压力，具体值可查有关手册。

(五)自锁性验算

对于要求自锁的螺旋传动，应根据式(4-6)验算其自锁性。

三、滚动螺旋传动

(一)滚珠丝杠副的结构、使用及主要参数

1. 滚珠丝杠副的组成及特点

如图4-14所示，滚珠丝杠副主要由丝杠1、螺母3、滚珠4和反向器2组成。在丝杠外圆和螺母内孔上分别开出断面呈半圆形的螺旋槽，丝杠与螺母内孔用间隙配合，两构件上

的螺旋槽配合成断面呈圆形的螺旋通道,在此通道中充入钢珠就使两构件连接起来,构成滚动螺旋装置或称滚珠丝杠副。滚珠丝杠副螺旋面的摩擦为滚动摩擦。为防止滚珠从滚道端部掉出和保证滚珠作纯滚动,还设置有滚珠回程引导装置(又称反向器),使滚珠得以返回入口形成循环滚动。

滚珠丝杠副螺旋面之间为滚动摩擦,具有摩阻小、效率高、轴向刚度大、运动平稳、传动精度高、寿命长等突出特点,它早已在汽车和拖拉机的转向机构中得到应用。目前在要求高效率和高精度的场合广泛应用,例如飞机机翼和起落架的控制、水闸的升降机构和数控机床进给装置等。应该注意到滚珠丝杠副逆传效率高(可达到80%以上)、不自锁对使用带来的影响,例如用普通丝杠副提吊重物在半途暂停时,因普通丝杠副的自锁使重物不会靠重力自动下移,但换成滚珠丝杠副就要采取措施防止重物自动下移。

2. 滚珠丝杠副的典型结构类型

(1)滚珠的循环方式。分为内循环和外循环两种,外循环方式的滚珠返回时离开丝杠螺纹滚道,在螺母的体内或体外循环滚动。根据滚珠返回的结构分为螺旋槽式、插管式(见图4-14)、端盖式三种。内循环方式的滚珠在整个循环过程中始终与丝杠表面接触,如图4-15所示,其特点是滚珠循环回程短,流畅性好、效率高,螺母径向尺寸小,但反向器加工困难、装配不便。

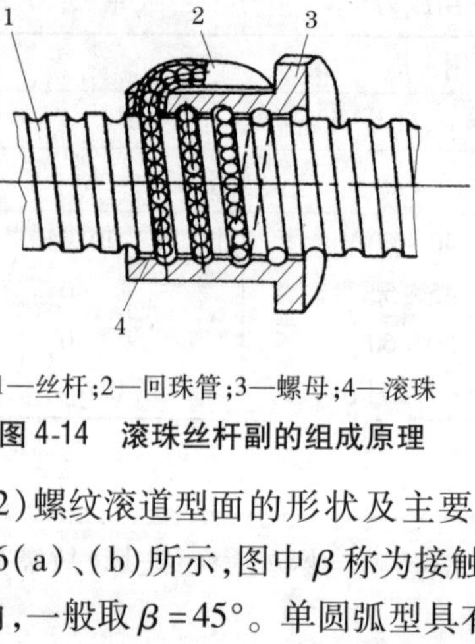

1—丝杆;2—回珠管;3—螺母;4—滚珠

图4-14 滚珠丝杆副的组成原理

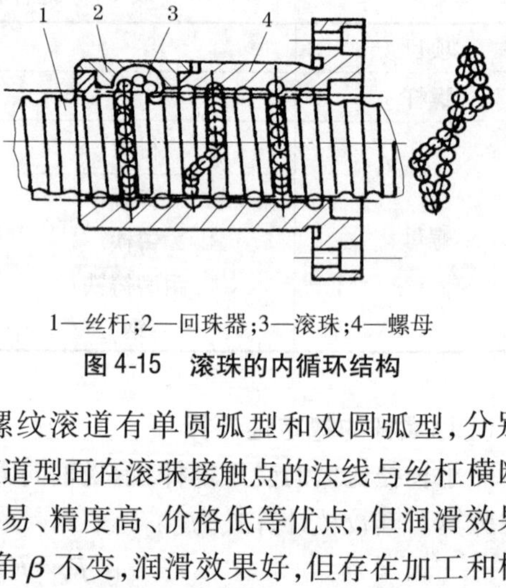

1—丝杆;2—回珠器;3—滚珠;4—螺母

图4-15 滚珠的内循环结构

(2)螺纹滚道型面的形状及主要尺寸。螺纹滚道有单圆弧型和双圆弧型,分别如图4-16(a)、(b)所示,图中β称为接触角,是滚道型面在滚珠接触点的法线与丝杠横断面的夹角,一般取$\beta=45°$。单圆弧型具有加工容易、精度高、价格低等优点,但润滑效果稍差,工作中接触角β易变化。双圆弧型的接触角β不变,润滑效果好,但存在加工和检验麻烦、价格高等缺点。

3. 滚珠丝杠副的主要尺寸参数

滚珠丝杠副的主要尺寸参数如图4-17所示,在GB/T 17587.2—1998(等效于国际标准ISO 3408—2—1991)中对公称直径和基本导程已作了规定。

(1)公称直径d_0。指滚珠与螺纹滚道在理论接触角状态时包络滚珠中心的圆柱直径。系列尺寸:6,8,10,12,16,20,25,32,40,50,63,80,100, 125, 160,200。

(2)基本导程l_0。丝杠相对于螺母转过一周时螺母基准点的轴向位移。系列尺寸:1,2.5, 3, 4, 5, 6,8,10,12,16,20,25,32,40。

(3)行程l。丝杠相对于螺母转过某一任意角度时螺母基准点的轴向位移。

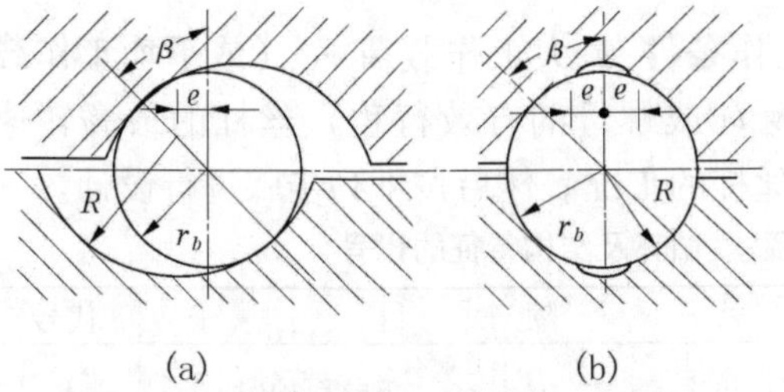

图 4-16　螺纹滚道型面的形状及主要尺寸

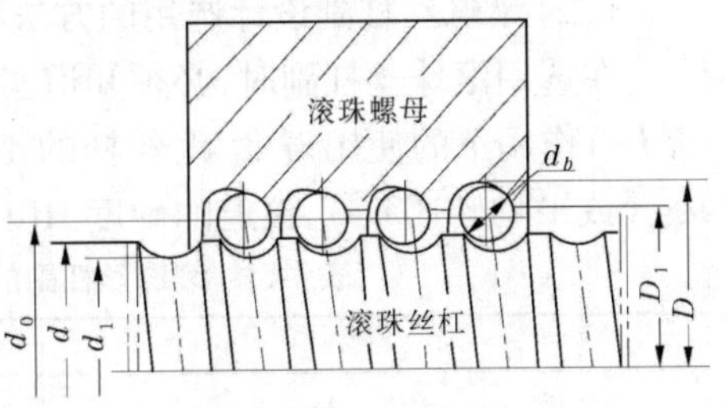

图 4-17　滚珠丝杠副的主要尺寸参数

(4)滚珠直径 d_b。一般取 $d_b \approx 0.6l_0$。

此外,还有丝杠螺纹大径 d、小径 d_1 和螺纹全长 l_s,螺母螺纹大径 D 和小径 D_1 等。

4. 滚珠丝杠副的轴向间隙调整和预紧方法

(1)单螺母式。采用单螺母式滚珠丝杠副的轴向间隙调整比较困难,目前采用的有两种:①变导程螺母法,滚珠螺母体内的两列滚珠之间在轴向制作一个导程突变量 Δl_0,使两列滚珠产生轴向错位而实现预紧;②增大滚珠直径法,采用滚珠直径与滚道直径相等或略微大几个微米,实现无间隙或预紧的目的。

(2)双螺母式。总的调整方法是安装时设法改变两个螺母的相对轴向距离,使各自的滚珠紧靠到滚道的不同侧面上,从而消除滚珠丝杠副的轴向间隙。根据结构可分为齿差预紧式、垫片(端盖)预紧式、螺旋预紧式三种。

5. 滚珠丝杠副的精度等级和标注方法

(1)滚珠丝杠副的精度等级。我国滚珠丝杠副的精度标准几经修订,目前采用的国家标准 GB/T 17587.3—2017(等效于国际标准 ISO 3408—3—2006)将滚珠丝杠副的精度等级分为 0、1、2*、3、4*、5、7、10 共八个标准公差等级(国际标准 ISO 3408—3—2006 中未列有 2、4 两个标准公差等级,因我国使用较多,国家标准中保留了 2、4 两个标准公差等级),各级精度依次递减,T0 级最高,T10 级最低,带 * 号的标准公差等级为不优先采用的标准公差等级。一般精度要求时用 T4 ~ T5 级,较高精度要求时采用 T3 以上级,T7 ~ T10 级用在精度要求不高而要求传动效率高的场合。

(2)滚珠丝杠副的标注方法。滚珠丝杠副根据其结构、规格、精度和螺纹旋向等特征,用汉语拼音字母、数字和文字按下列格式进行标注:

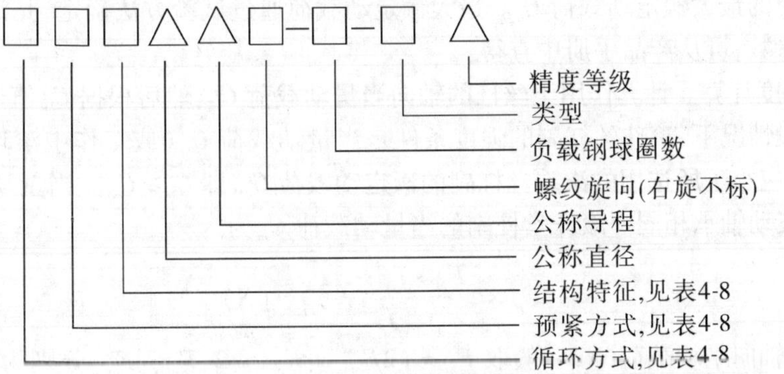

(二)滚珠丝杠副设计选用的方法和步骤

在选用滚珠丝杠副时,必须知道实际的工作条件:最大工作载荷 F_{max}(或平均工作载荷 F_m)作用下的使用寿命 T、丝杠的工作长度 l(或螺母的有效行程)、丝杠的最高转速 n_{max}(或平均转速 n_m)、滚道的硬度 HRC 值及丝杠的工况。然后按下列步骤进行设计。

表 4-8　滚珠丝杠副的旋向、预紧、循环及结构特征的代号

项目		代号	项目			代号
结构特征	导珠管埋入式	M	预紧方式	单螺母	变导程预紧	B
	导珠管凸出式	T			增大钢球直径预紧	Z
内循环方式	浮动式	F			无预紧	W
	固定式	G		双螺母	齿差预紧	C
外循环方式	插管式	C			螺帽预紧	L
螺纹旋向	左旋(右旋不标)	LH			垫片预紧	D

1. 滚珠丝杠副结构的选择

根据防尘防护条件以及对调整间隙、预紧的要求,可选择适当的结构形式。例如,当允许有间隙存在时(如垂直运动),可选用具有单圆弧型螺纹滚道的单螺母滚珠丝杠副;当必须有预紧或在使用过程中因磨损而需要定期调整时,应采用双螺母预紧的齿差预紧式结构;当具备良好的防尘条件,且只需在装配时调整间隙及预紧力时,可采用结构简单的双螺母调整预紧式结构。

2. 强度计算(承载能力选择)

(1)强度计算的原则。滚珠丝杠在工作过程中承受轴向载荷,使得滚珠和滚道型面间产生接触应力,对滚道型面上某一点来说,是交变接触应力。在这种交变应力的作用下,经过一定的应力循环次数后,滚道或滚道型面产生疲劳损伤,从而使滚珠丝杠丧失工作性能,这是滚珠丝杠副破坏的主要形式。因此,滚珠丝杠副的强度计算原则与滚动轴承相似,即防止疲劳点蚀。在设计滚珠丝杠副时,必须保证它在一定的轴向载荷作用下,在回转 10^6 转后,滚道和滚珠不应有点蚀的现象发生,此时所承受的轴向载荷称为这种滚珠丝杠能承受的最大额定动载荷 C_o。最大额定动载荷通过试验方法确定,是滚珠丝杠副的一项性能参数,可从产品手册中查得。

(2)强度计算。计算作用于丝杠的轴向当量动载荷 C_m,然后根据 C_m 值选择丝杠副的型号。一般情况下,滚珠丝杠副的强度条件是当量动载荷 C_m(或工作中滚珠丝杠副的最大动载荷)应小于所选用的滚珠丝杠副的额定动载荷 C_o,即 $C_o \geq C_m$。当量动载荷 C_m 的计算方法与滚动轴承相同。滚珠丝杠副的当量动载荷 C_m 为

$$C_m = \frac{F_m \cdot f_w \cdot \sqrt[3]{L_h}}{f_a} \quad (\mathrm{N}) \tag{4-25}$$

式中:F_m 为轴向平均载荷,N,一般取 $F_m = (2F_{max} + F_{min})/2$,$F_{max}$、$F_{min}$ 分别为丝杠最大、最小工作载荷,N;L_h 为滚珠丝杠寿命系数,10^6 r,$L_h = 60 n_m T \times 10^{-6}$,$n_m$ 为平均转速,r/min,

$n_m=(n_{max}+n_{min})/2$，n_{max}、n_{min}分别为丝杠的最高、最低转速，r/min，T为丝杠使用寿命，h，普通机械可取 $T=5\ 000\sim10\ 000$ h，数控机床可取 $T=15\ 000$ h；f_w为载荷系数，平稳或轻度冲击取1～1.2，中等冲击取1.2～1.5，较大冲击或振动时取1.5～2.5；f_a为精度系数，1、2、3级丝杠 $f_a=1$，4、5、7级丝杠 $f_a=0.9$。

如果滚珠丝杠是在低速（$n\leqslant10$ r/min）情况下工作，若最大接触应力超过材料的弹性极限则会产生塑性变形，塑性变形超过一定的限度就要破坏滚珠丝杠的正常工作。一般允许其塑性变形量不超过滚球直径 d_b的1/10 000。产生此变形时，作用在丝杠副上的载荷称为额定静载荷 C_{oa}。在此状态下工作的丝杠无需计算其当量动载荷 C_m 而只考虑其额定静载荷 C_{oa}是否充分超过了最大工作载荷 F_{max}，一般 $C_{oa}/F_{max}=2\sim3$。

（3）确定型号。从滚珠丝杠系列中找出额定动载荷 C_o大于当量动载荷 C_m，并与其值相近的丝杠副，初选几个滚珠丝杠副的型号及有关参数。再根据具体工作类型、循环方式、预紧方法及结构特征等方面的要求，从初选的几个型号中挑选出比较合适的公称直径 d_o、导程 l_0 及负荷钢球圈数，确定某一型号。

3. 校核计算

根据所选出的型号，列出（或算出）其主要参数的数值，验算其刚度及稳定性等是否满足要求。如不满足要求，则需另选其他型号，再作上述的计算和验算，直至满足要求为止。

（1）刚度计算。对于传递扭矩大且精度要求高的滚珠丝杠，应校核其刚度，即验算滚珠丝杠满载时的变形量。

滚珠丝杠在轴向力的作用下，将产生变形（伸长或缩短），在扭矩的作用下将产生扭转而引起丝杠导程的变化，从而影响传动精度及定位精度，故应验算满载时的变形量。其验算公式如下：滚珠丝杠在最大工作负载 F_{max}和扭矩 T 共同作用下，所引起的每一导程的变形量为

$$\Delta l=\pm\frac{F_{max}l_0}{EA}\pm\frac{Tl_0^2}{2\pi IE}\leqslant[\Delta l]\quad(\text{mm})\tag{4-26}$$

式中：E 为丝杠材料的弹性模量，钢质材料取 $E=2.1\times10^5$ MPa；A 为丝杠的最小截面面积，mm^2；T 为扭矩，N·mm；I 为丝杠小径 d_1 的惯性矩，$I=\pi d_1{}^4/64$；l_0为丝杠的基本导程，mm；$[\Delta l]$为丝杠每一导程所允许的变形量，在丝杠副精度标准中一般规定每一弹性变形所允许的基本导程误差值；±，拉伸时用“+”，压缩时用“-”。

（2）压杆稳定性计算。对于细长受压的滚珠丝杠，应该校核其压杆稳定性。即在给定的支撑条件下承受最大轴向压缩载荷时，是否会产生纵向弯曲。

由材料力学公式

$$F_k=f_k\pi^2EI/(Kl^2)\geqslant F_{max}\quad(\text{N})\tag{4-27}$$

式中：F_k为实际承受载荷的能力；f_k为压杆稳定的支撑系数，丝杠两端均用双向推力球轴承时 $f_k=4$，两端均为单向推力球轴承时 $f_k=1$，一端为双向推力球轴承另一端为简支时 $f_k=2$，一端为双向推力球轴承另一端为自由式时 $f_k=0.25$；K 为压杆稳定安全系数，一般取2.5～4，垂直安装时取小值；l 为丝杆的工作长度，mm；其他符号含义同前。

如果 $F_k<F_{max}$，则丝杠失去稳定易发生翘曲。两端装推力轴承与向心轴承时，丝杠一般不会发生失稳现象。

习题四

4-1 试证明具有自锁性的螺旋传动,其效率恒小于 50%。

4-2 试计算 M20、M20 × 1.5 螺纹的升角,并指出哪种螺纹的自锁性较好。

4-3 如图 4-18 所示,一升降机构承受载荷 Q 为 100 kN,采用梯形螺纹,$d=70$ mm,$d_2=65$ mm,$P=10$ mm,线数 $n=4$。支撑面采用推力球轴承,升降台采用滚轮导向,它们的摩擦阻力近似为零。试计算:

(1)工作台稳定上升时的效率,已知螺旋副当量摩擦系数为 0.01。

(2)稳定上升时加于螺杆上的力矩。

(3)工作台上升速度 800 mm/min,试按稳定运转条件求螺杆所需转速和功率。

(4)欲使工作台在载荷 Q 作用下等速下降,加于螺杆上的制动力矩应为多少?

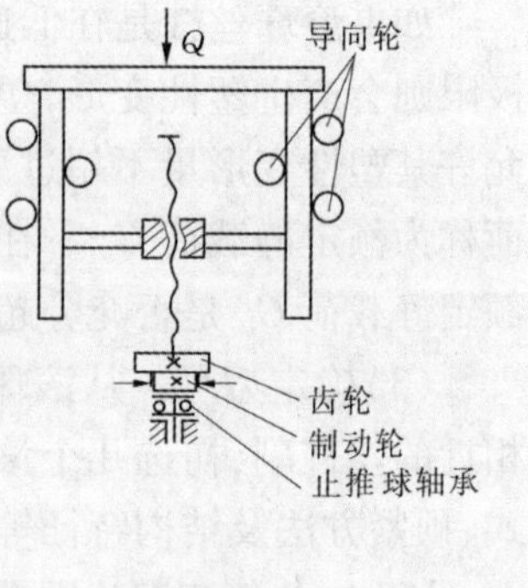

图 4-18

4-4 如图 4-19 所示,用两个 M10 的螺钉固定一牵曳钩,若螺钉材料为 Q235 钢,装配时控制预紧力,接合面摩擦系数 $f=0.15$,求其允许的牵曳力。

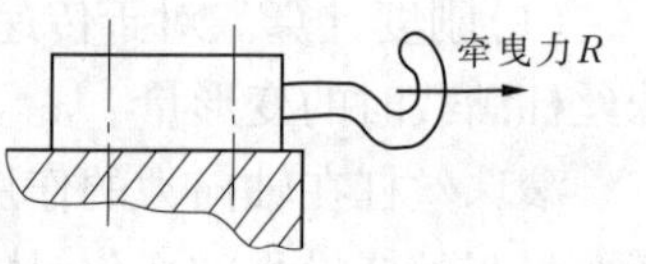

图 4-19

4-5 如图 4-20 所示,一凸缘联轴器,设计允许传递的最大静转矩为 $T=1\ 500$ N · m,材料为 HT250。联轴器用 4 个材料为 45 钢的M16 铰制孔螺栓连成一体,试选取合适的螺栓长度,并校核其剪切强度和挤压强度。

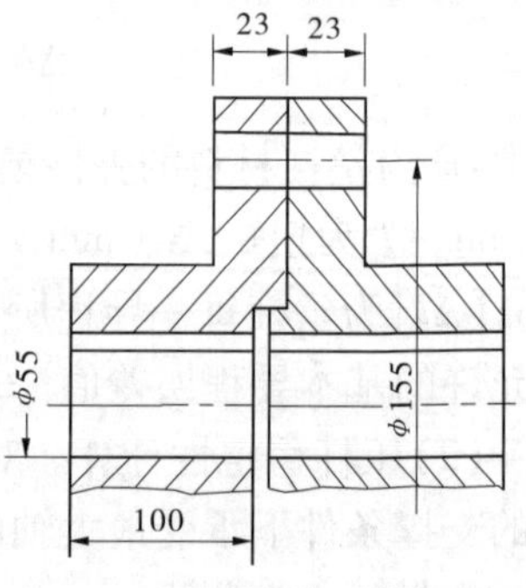

图 4-20

4-6 题 4-5 中凸缘联轴器若采用 M16 螺栓连成一体,以摩擦力来传递转矩,螺栓材料为 45 钢,接合面摩擦系数 $f=0.15$,安装时不控制预紧力,试确定螺栓数(螺栓数常取偶数)。

4-7 如图 4-21 所示,一钢制液压油缸,油压 $p=3$ N/mm^2,油缸内径 $D=160$ mm。为保证气密性,螺柱间距 l 不得大于 4.5d(螺纹大径),试计算此油缸的螺柱连接和螺柱分布圆直径 D_0。

4-8 如图 4-22 所示,一托架用 4 个螺栓固定在钢柱上,已知静载荷 $F=3$ kN,距离 $l=150$ mm,接合面摩擦系数 $f=0.2$,试设计此螺栓连接。提示:在 F 作用下托架不应滑移;在翻转力矩 Fl 作用下,托架有绕螺栓组形心轴线 O—O 翻转的趋势,此时接合面不应出现缝隙。

4-9 试计算一起重器的螺杆和螺母的主要尺寸,已知起重量 $Q=30$ kN,最大举起高度 $l=550$ mm,螺杆用 45 号钢,螺母用铝铁青铜 ZQAl 9-4。

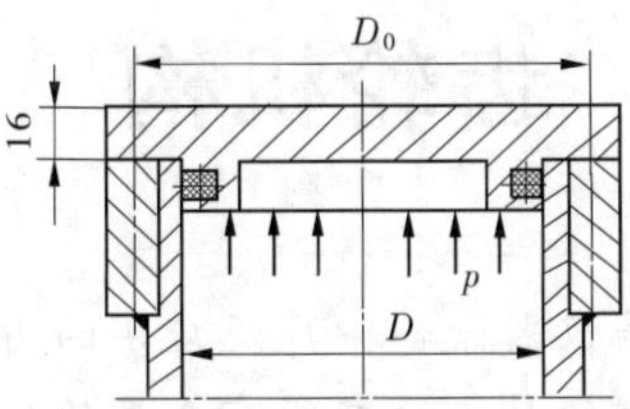

图 4-21

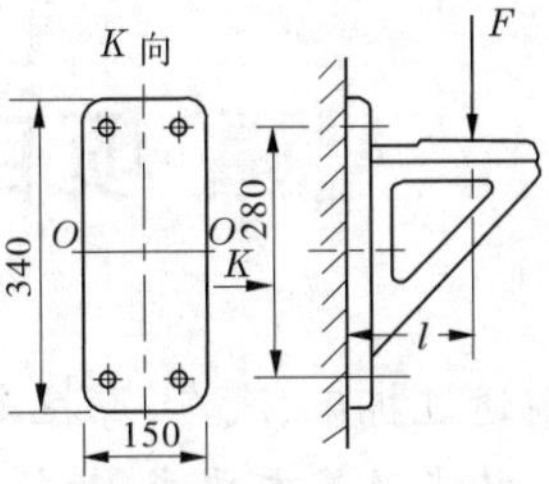

图 4-22

实训四　测量螺纹中径

1. 实训目的

(1)掌握螺纹中径的测量方法。

(2)了解螺纹千分尺的结构原理和使用。

2. 实训内容和要求

用螺纹千分尺测量螺纹中径。

3. 实训过程

(1)了解螺纹千分尺。螺纹千分尺是专门用于测量螺纹中径的,测量头的形状做成与螺纹牙形相吻合的形状,结构如图 4-23 所示。

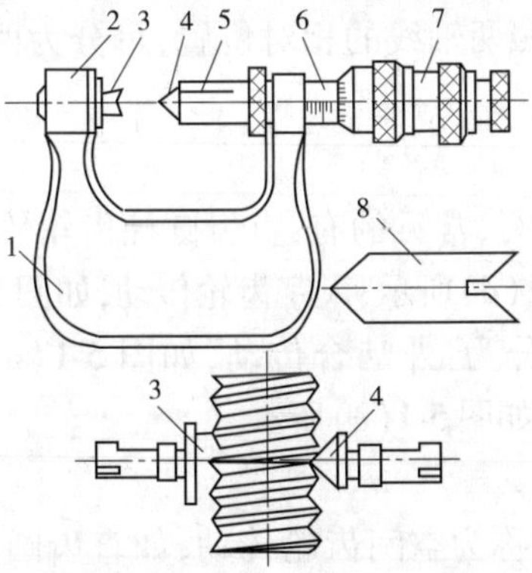

1—螺纹千分尺的弓;2—架砧;3—V 形测量头;4—圆锥形测量头;

5—主量杆;6—内套筒;7—外套筒;8—校对样板

图 4-23　用螺纹千分尺测量螺纹中径

(2)根据被测螺纹的螺距,选取一对测量头。

(3)装上测量头并校准千分尺的零位。

(4)将被测螺纹放入两测量头之间,找正中径部位。

(5)分别在同一截面相互垂直的两个方向上测量中径,取它们的平均值作为螺纹的实际中径。

项目五　齿轮机构

案例导入:通过机床、汽车、摩托车、手表等仪器设备中广泛应用的齿轮传动,引入齿轮传动的类型、特点及基本要求,齿轮传动啮合的特点。在所有众多的齿轮机构中,直齿圆柱齿轮机构是最基本也是最常用的一种,本项目以直齿圆柱齿轮为研究的重点。

任务一　齿轮机构的齿廓啮合基本规律、特点和类型

一、齿轮机构的特点和类型

齿轮传动是近代机械传动中用得最多的传动形式之一。它不仅可用于传递运动,如各种仪表机构,而且可用于传递动力,如常见的各种减速装置、机床传动系统等。

同其他传动形式比较,它具有下列优点:①能保证传动比恒定不变;②适用的载荷与速度范围很广,传递的功率可由很小到几万千瓦,圆周速度可达25 m/s;③结构紧凑;④效率高,一般效率 $\eta=0.94\sim0.99$;⑤工作可靠且寿命长。其主要缺点是:①对制造及安装精度要求较高;②当两轴间距离较远时,采用齿轮传动较笨重。

齿轮的分类方法很多,按照两轴线的相对位置,可分为两类:平面齿轮传动和空间齿轮传动。

(一)平面齿轮传动

该传动的两轮轴线相互平行,常见的有:直齿圆柱齿轮传动,如图5-1(a)、(b)、(c)所示;斜齿圆柱齿轮传动,如图5-1(d)所示;人字齿轮传动,如图5-1(e)所示。此外,按啮合方式区分,前两种齿轮传动又可分为:外啮合传动,如图5-1(a)、(d)所示;内啮合传动,如图5-1(b)所示;齿轮齿条传动,如图5-1(c)所示。

(二)空间齿轮传动

两轴线不平行的齿轮传动称为空间齿轮传动,如直齿圆锥齿轮传动(见图5-2(a))、交错轴斜齿轮传动(见图5-2(b))、蜗杆传动(见图5-2(c))。

另外,齿轮传动按照齿轮的圆周速度可分为:①低速传动,$v<3$ m/s;②中速传动,$v=3\sim15$ m/s;③高速传动,$v>15$ m/s。按齿轮的工作情况可以分为:①开式齿轮传动;②闭式齿轮传动。

二、齿轮啮合的基本规律

齿轮传动最基本的要求是其瞬时传动比必须恒定不变。否则,当主动轮以等速度回转时,从动轮的角速度为变数,因而产生惯性力,影响齿轮的寿命,同时也引起振动,影响其工作精度。

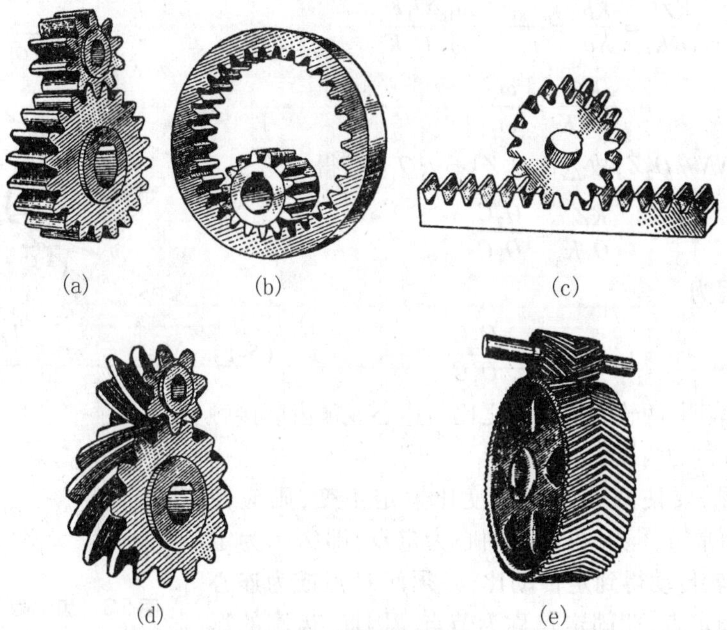

图 5-1　平面齿轮传动

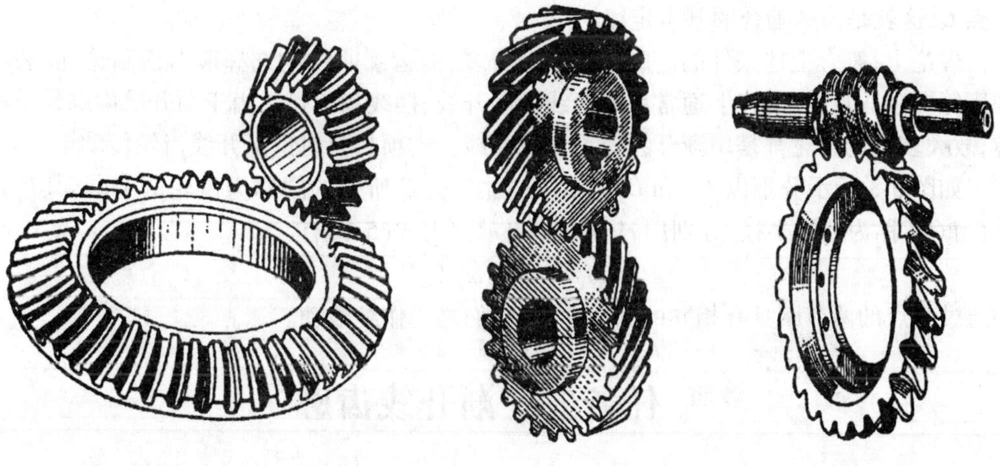

图 5-2　空间齿轮传动

要满足这一基本要求,则齿轮的齿廓曲线必须符合一定的条件。

图 5-3 所示为两啮合齿轮的齿廓 C_1 和 C_2 在 K 点接触的情况,设两轮的角速度分别为 ω_1 和 ω_2,则齿廓 C_1 上 K 点的速度 $v_{K1}=\omega_1 O_1K$,齿廓 C_2 上 K 点的速度 $v_{K2}=\omega_2 O_2K$。

过 K 点作两齿廓的公法线 NN 与两轮中心连线 O_1O_2 交于 C 点,为保证两轮连续和平稳的运动,v_{K1} 与 v_{K2} 在公法线上的分速度应相等,否则两齿廓将互相嵌入或分离,即

$$v_{K1}\cos\alpha_{K1} = v_{K2}\cos\alpha_{K2}$$

过 O_2 作 O_2Z 平行于 NN,与 O_1K 的延长线交于 Z 点,因 $\triangle Kab \backsim \triangle KO_2Z$,于是有

$$\frac{KZ}{O_2K}=\frac{Kb}{Ka}=\frac{v_{K1}}{v_{K2}}=\frac{\omega_1}{\omega_2}\frac{O_1K}{O_2K}$$

经整理有

$$\frac{KZ}{O_1K}=\frac{\omega_1}{\omega_2}$$

又因为 $NN /\!/ O_2Z$,故 $\triangle O_1O_2Z \backsim \triangle O_1CK$,得

$$\frac{KZ}{O_1K}=\frac{O_2C}{O_1C}$$

故传动比可写为

$$i_{12}=\frac{\omega_1}{\omega_2}=\frac{O_2C}{O_1C} \tag{5-1}$$

式(5-1)表明,两轮的角速度之比与连心线被齿廓接触点的公法线分得的两线段成反比。

由此可见,要使两轮的角速度比恒定不变,则应使 O_2C/O_1C 恒为常数,但因两轮的轴心为定点,即 O_1O_2 为定长,故欲使齿轮传动得到定传动比,必须使 C 点成为连心线上的一个固定点,此固定点称为节点。因此,齿廓的形状必须符合下述条件:不论轮齿齿廓在哪个位置接触,过接触点所作齿廓公法线均须通过节点 C,这就是齿廓啮合的基本定律。

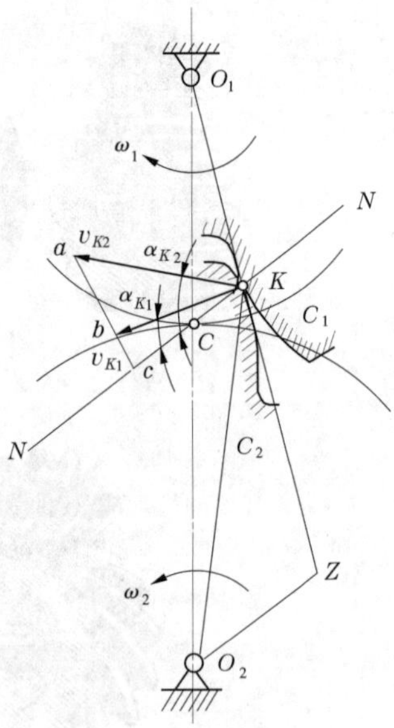

图 5-3　齿廓啮合基本定律

理论上,符合上述条件的齿廓曲线有无穷多,但齿廓曲线的选择应考虑制造、安装和强度等要求。目前,工程上通常用的曲线为渐开线、摆线和圆弧。由于渐开线齿廓易于制造,故大多数的齿轮都是用渐开线作为齿廓曲线。本项目只讨论渐开线齿轮传动。

如图 5-3 所示分别以 O_1 和 O_2 为圆心,过节点 C 所作的圆称为齿轮的节圆,其半径 O_1C 和 O_2C 称为节圆半径,分别用 r'_1 和 r'_2 表示。由式(5-1)有

$$\omega_1\ O_1C=\omega_2\ O_2C$$

即通过节点的两节圆具有相同的圆周速度,它们之间作纯滚动。

任务二　渐开线齿廓

一、渐开线的形成和性质

当一条直线 L 沿一圆周作纯滚动时,此直线上任一点 K 的轨迹即称为该圆的渐开线,如图 5-4 所示。该圆称为渐开线的基圆,基圆半径以 r_b 表示,该直线 L 称为渐开线的发生线。

根据渐开线形成过程可知它具有下列特性:

(1)因发生线在基圆上作无滑动的纯滚动,故发生线所滚过的一段长度必等于基圆上被滚过的圆弧的长度。

(2)当发生线沿基圆作纯滚动时,N 点为速度瞬心,K 点的速度垂直于 NK,且与渐开线 K 点的切线方向一致,所以发生线即渐开线在 K 点的法线。又因 NK 线切于基圆,所以渐

开线上任一点的法线必与基圆相切。此外，N 点为渐开线上 K 点的曲率中心，线段 NK 为渐开线上 K 点的曲率半径。显然，渐开线愈接近基圆部分，其曲率半径愈小，即曲率愈大。

(3)渐开线的形状完全决定于基圆的大小。基圆大小相同时，所形成的渐开线相同。基圆愈大渐开线愈平直，当基圆半径为无穷大时，渐开线就变成一条与发生线垂直的直线(齿条的齿廓)。

(4)基圆以内无渐开线。齿轮啮合传动时，渐开线上任一点法线方向的压力 F_n(即渐开线在该点的法线)和该点速度方向 v_K 之间所夹锐角称为该点的压力角 α_K。由图5-4可知

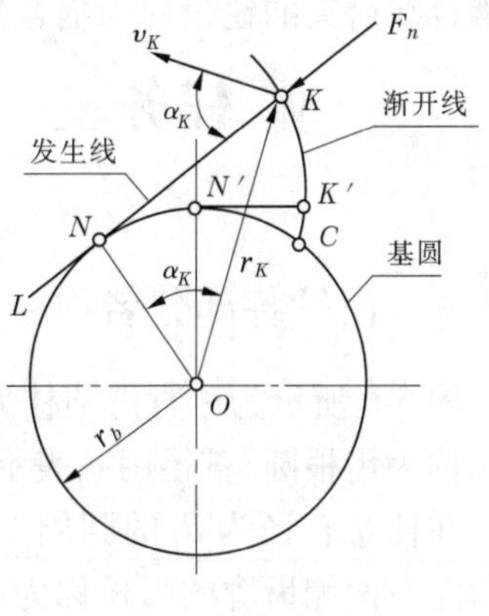

图5-4　渐开线的形成

$$\cos\alpha_K = \frac{ON}{OK} = \frac{r_b}{r_K} \tag{5-2}$$

式(5-2)表明，渐开线上各点的压力角 α_K 的大小随 K 点的位置而异，K 点距圆心愈远，其压力角愈大，反之则压力角愈小；基圆上的压力角为零。

二、渐开线齿廓啮合特点

(一)中心距可分性

图5-5所示为两渐开线齿轮的外啮合情况，节点为 C，两齿轮的基圆半径分别为 r_{b1} 和 r_{b2}，与两基圆的内公切线 N_1N_2 构成一对相似三角形 $\triangle O_1N_1C$ 和 $\triangle O_2N_2C$，由相似三角形的性质和式(5-1)知两齿轮的传动比为

$$i_{12} = \frac{\omega_1}{\omega_2} = \frac{O_2C}{O_1C} = \frac{r_{b2}}{r_{b1}} \tag{5-3}$$

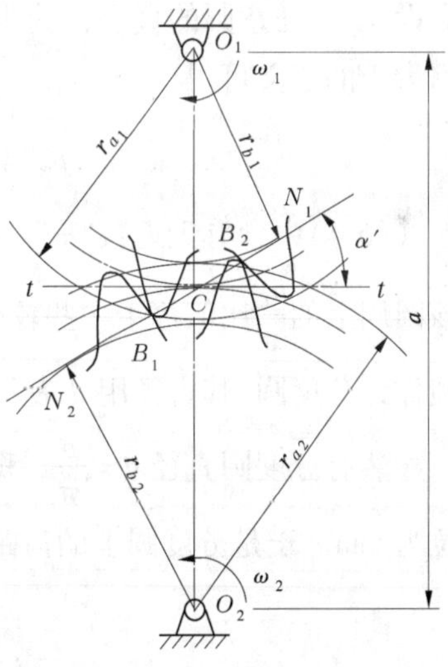

图5-5　渐开线齿轮的啮合

可见渐开线齿轮的传动比取决于两齿轮基圆半径的大小，当一对渐开线齿轮制成后，两齿轮的基圆半径就确定了。即使安装后两齿轮中心距稍有变化，由于两齿轮基圆半径不变，所以传动比仍保持不变。渐开线齿轮这种不因中心距变化而改变传动比的特性称为中心距可分性。这一特性可补偿齿轮制造和安装方面的误差，是渐开线齿轮传动的一个重要优点。

(二)啮合线为直线

两齿轮啮合时，其接触点的轨迹称为啮合线，由渐开线特性可知，两渐开线齿廓在任何位置接触时，过接触点所作两齿廓的公法线即为两基圆的内公切线 N_1N_2，故接触点的轨迹必然在内公切线上，所以其啮合线是唯一直线。过节点 C 作两节圆的公切线 $t\,t$，它

与啮合线所夹的锐角称为啮合角,通常用 α' 来表示。

任务三　渐开线标准齿轮各部分名称、参数和几何尺寸

一、齿轮各部分名称

图 5-6 所示为一直齿圆柱齿轮的一部分,相邻两齿的空间称为齿间。齿间底部连成的圆称为齿根圆,直径用 d_f 表示。连接齿轮各齿顶的圆称为齿顶圆,直径用 d_a 表示。

在任意直径为 d_K 的圆周上,一个轮齿左右两侧齿廓的弧长称为该圆上的齿厚,用 s_K 表示;而一齿间的弧长称为该圆上的齿槽宽,用 e_K 表示;相邻两齿对应点之间的弧长称为该圆上的齿距,用 p_K 表示,$p_K = e_K + s_K$。

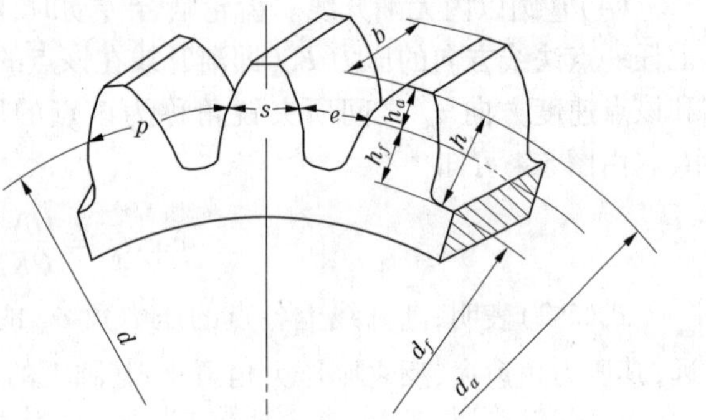

图 5-6　齿轮的几何尺寸

二、主要参数

设 d_K 为任意圆的直径,z 为齿数,根据齿距的定义可得

$$p_K = \frac{\pi d_K}{z} \quad 或 \quad d_K = \frac{p_K}{\pi} z \tag{5-4}$$

式(5-4)中含有无理数"π",为了便于设计、制造及互换使用,在齿轮上取一基准圆,使该圆周上的 $\frac{p_K}{\pi}$ 比值等于一些较简单的数值,并使该圆上的压力角等于规定的某一数值,该圆称为分度圆,其直径用 d 表示,分度圆上的压力角以 α 表示之,我国采用 20°为标准值。显然有分度圆直径 $d = \frac{p}{\pi} z$,我们把比值 p/π 规定为标准值,用 m 来表示,称为模数,单位为 mm。于是分度圆上的齿距 p 和直径 d 分别为

$$p = \pi m \quad (\text{mm}) \tag{5-5}$$

$$d = mz \quad (\text{mm}) \tag{5-6}$$

模数是齿轮尺寸计算中的一个基本参数,模数愈大,则齿距愈大,轮齿也就愈大,轮齿的抗弯能力愈强。齿轮模数已标准化,我国常用的标准模数见表 5-1。

表 5-1　常用的标准模数 m(摘自 GB/T 1357—2008)

第一系列	1	1.25	1.5	2	2.5	3	4	5	6
	8	10	12	16	20	25	32	40	50
第二系列	1.75	2.25	2.75	(3.25)	3.5	(3.75)	4.5	5.5	7
	9	(11)	14	18	22	28	36	45	

注:1. 本表适用于渐开线圆柱齿轮,对斜齿轮是指法向模数;优先采用第一系列,括号内的尽量不用。

2. 圆锥齿轮大端模数除了可在上表中选取外,还可选 1.125、1.375 等。

对于任一轮齿，其齿顶圆与分度圆间的部分称为齿顶部分，它沿半径方向的高度称为齿顶高，用 h_a 表示；而齿根圆与分度圆间的部分称为齿根部分，它沿半径方向的高度称为齿根高，用 h_f 表示；齿顶圆与齿根圆间沿半径方向的高度称为全齿高，用 h 表示，因此

$$h = h_a + h_f \tag{5-7}$$

设计中，将模数 m 作为齿轮各部分几何尺寸的计算基础，因此齿顶高可表示为 $h_a = h_a^* m$，齿根高可表示为 $h_f = (h_a^* + c^*)m$，其中，h_a^* 称为齿顶高系数，c^* 称为顶隙系数。它们有两种标准数值

正常齿：$h_a^* = 1, c^* = 0.25$；

短　齿：$h_a^* = 0.8,\ c^* = 0.3$。

凡模数、压力角、齿顶高系数与顶隙系数等于标准数值，且分度圆上齿厚与齿槽宽相等的齿轮称为标准齿轮。因此，对于标准齿轮

$$s = e = \frac{p}{2} = \frac{\pi m}{2} \tag{5-8}$$

对于一对模数、压力角相等的标准齿轮，由于其分度圆上的齿厚与齿槽宽相等，因此正确安装时分度圆与节圆重合，可看成两轮的分度圆相切作纯滚动。标准齿轮的这种安装称为标准安装，其中心距称为标准中心距。

对于单个齿轮而言，节圆、啮合角都是不存在的，只有当一对齿轮互相啮合时，节圆和啮合角才有意义。这时，节圆可能和分度圆重合，也可能不重合，须视两齿轮的安装是否正确而定。对于正确安装的一对齿轮，其啮合角 α' 等于分度圆上的压力角 α。

三、标准直齿圆柱齿轮的几何尺寸

标准直齿圆柱齿轮的几何尺寸按表 5-2 进行计算。

表 5-2　标准直齿圆柱齿轮各部分尺寸的几何关系

名称	符号	公式		
		外齿轮	内齿轮	齿条
模数	m	强度计算后获得		
分度圆直径	d	$d = mz$		
齿顶高	h_a	$h_a = h_a{}^* m$		
齿根高	h_f	$h_f = (h_a{}^* + c^*)m$		
全齿高	h	$h = (2h_a{}^* + c^*)m$		
齿顶圆直径	d_a	$d_a = (z + 2h_a^*)m$	$d_a = (z - 2h_a^*)m$	∞
齿根圆直径	d_f	$d_f = (z - 2h_a^* - 2c^*)m$	$d_f = (z + 2h_a^* + 2c^*)m$	∞
中心距	a	$a = (d_1 + d_2)/2$	$a = (d_1 - d_2)/2$	∞
基圆直径	d_b	$d_b = d\cos\alpha$		∞
齿距	p	$p = \pi m$		
齿厚	s	$s = \pi m/2$		
齿槽宽	e	$e = \pi m/2$		

【例5-1】 已知一正常齿制的标准直齿圆柱齿轮,齿数 $z_1=20$,模数 $m=2$ mm,拟将该齿轮作某外啮合传动的主动齿轮,现须配一从动齿轮,要求传动比 $i=3.5$,试计算从动齿轮的几何尺寸及两轮的中心距。

解:根据给定的传动比 i,可计算从动轮的齿数

$$z_2 = iz_1 = 3.5\times 20 = 70$$

已知齿轮的齿数 z_2 及模数 m,由表5-2所列公式可以计算从动轮各部分尺寸。

分度圆直径 $d_2 = mz_2 = 2\times 70 = 140\ (\text{mm})$

齿顶圆直径 $d_{a2} = (z_2 + 2h_a^*)\,m = (70+2\times 1)\times 2 = 144\ (\text{mm})$

齿根圆直径 $d_{f2} = (z_2 - 2h_a^* - 2c^*)\,m = (70-2\times 1-2\times 0.25)\times 2 = 135\ (\text{mm})$

全齿高 $h_2 = (2h_a^* + c^*)m = (2\times 1+0.25)\times 2 = 4.5\ (\text{mm})$

中心距 $a = \dfrac{d_1+d_2}{2} = \dfrac{m}{2}(z_1+z_2) = \dfrac{2}{2}(20+70) = 90\ (\text{mm})$

任务四 渐开线标准直齿圆柱齿轮的啮合传动

一、正确啮合条件

为保证齿轮传动时各对齿之间能平稳传递运动,在齿对交替过程中不发生冲击,必须符合正确啮合条件。

一对渐开线齿轮的正确啮合条件为:①两齿轮的模数必须相等;②两齿轮分度圆上的压力角必须相等。

这样,一对齿轮的传动比可写成

$$i = \frac{\omega_1}{\omega_2} = \frac{n_1}{n_2} = \frac{d'_2}{d'_1} = \frac{d_2}{d_1} = \frac{z_2}{z_1} \tag{5-9}$$

二、标准中心距

正确安装的渐开线齿轮,理论上应为无齿侧间隙啮合,即一轮节圆上的齿槽宽与另一轮节圆齿厚相等。标准齿轮正确安装时齿轮的分度圆与节圆重合,啮合角 $\alpha'=\alpha=20°$。

一对外啮合齿轮的中心距为

$$a = \frac{d'_1+d'_2}{2} = \frac{d_1+d_2}{2} = \frac{m}{2}(z_1+z_2) \tag{5-10}$$

一对内啮合齿轮的中心距为

$$a = \frac{d'_2-d'_1}{2} = \frac{d_2-d_1}{2} = \frac{m}{2}(z_2-z_1) \tag{5-11}$$

由于渐开线齿廓具有可分性,两轮中心距略大于正确安装中心距时仍能保持瞬时传动比恒定不变,但齿侧出现间隙,反转时会有冲击。

三、连续传动条件

若要一对渐开线齿轮连续不断地传动,就必须使前一对齿终止啮合之前后续的一对齿及时进入啮合。如图5-7所示为一对互相啮合的齿轮,设齿轮1为主动,齿轮2为从动。开始啮合时,主动齿轮1的齿根部分与从动齿轮2的齿顶部分在K'点开始接触。随着两齿轮继续啮合转动,啮合点的位置沿啮合线N_1N_2向下移动,齿轮2齿廓上的接触点由齿顶向齿根移动,而齿轮1齿廓上的接触点则由齿根向齿顶移动。当两齿廓的啮合点移至K点时,则两齿廓啮合终止。

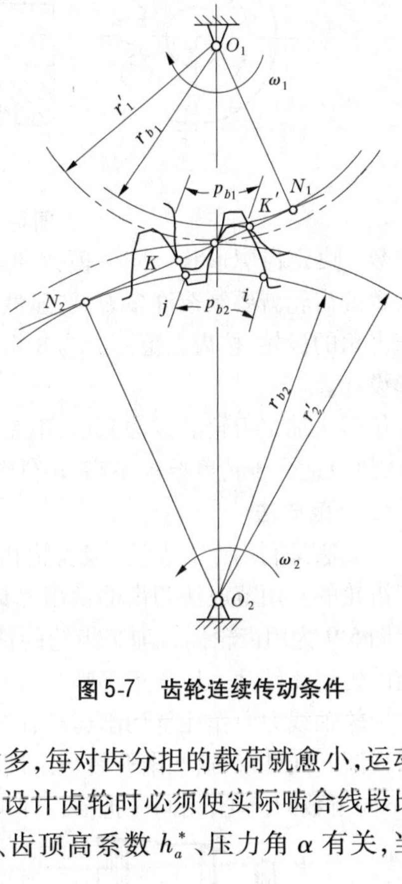

图5-7 齿轮连续传动条件

由此可见,线段KK'为啮合点的实际轨迹,故KK'称为实际啮合线段。因基圆内无渐开线,故线段N_1N_2为理论上可能的最大啮合线段,所以被称为理论啮合线段 。

显然,要保证一对渐开线齿轮连续不断地啮合传动,必须使前一对轮齿尚未在K点脱离啮合之前,后一对轮齿及时到达K'点进入啮合。要保证这一点必须使$KK' \geqslant p_b$,即实际啮合线段必须大于或等于齿轮的基圆齿距。这就是连续传动的条件,通常我们把这个条件用KK'与p_b的比值表示,称为重合度,用ε表示。即

$$\varepsilon = \frac{KK'}{p_b} \geqslant 1 \qquad (5\text{-}12)$$

重合度愈大,表明同时参与啮合的轮齿对数愈多,每对齿分担的载荷就愈小,运动愈平稳。由于制造齿轮时齿廓必然有少量的误差,故设计齿轮时必须使实际啮合线段比基圆齿距大,即重合度大于1。重合度主要与齿数z、齿顶高系数h_a^*、压力角α有关,当取$h_a^* = 1, \alpha = 20°, z = 12 \sim \infty$时,$\varepsilon = 1.699 \sim 1.982$。

任务五 渐开线齿廓的根切现象

一、齿轮的加工方法

齿轮的加工方法很多,如铸造法、冲压法、热轧法、切削法等。其中最常用的还是切削加工。按切削齿廓的原理不同,可分为仿形法和范成法。

(一)仿形法

仿形法是铣床上用与齿槽形状相同的盘形铣刀或指形铣刀(见图5-8(a)、(b)),逐个切去齿槽,从而得到渐开线齿廓。

由于渐开线齿廓形状取决于基圆大小,而基圆直径$d_b = mz\cos\alpha$,即模数m、压力角α

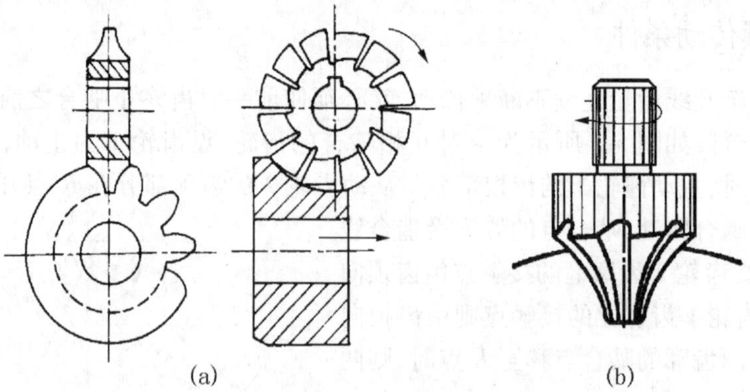

图 5-8　仿形法加工齿轮

和齿数 z 决定齿廓形状。同一模数和压力角的齿轮,齿数不同,齿形就不同,这样加工不同齿数的齿轮就要制造许多刀具,显然这是不可能的。为了减少铣刀数量,对于同一模数和压力角的齿轮,按齿数范围分为 8 组,每组用一把刀具来加工,刀具形状按范围内最少齿形设计。

仿形法加工齿轮的方法简单,不需要专用的齿轮加工机床,但是,生产效率低,加工精度低,故只适合于精度要求不高、单件或小批量生产。

(二)范成法

范成法是利用一对齿轮(或齿轮和齿条)互相啮合时,其共轭齿廓互为包络的原理来加工齿轮的。用范成法切齿的常用刀具有三种:齿轮插刀、齿条插刀及滚刀。

图 5-9 为用齿轮插刀加工齿轮的情况,具有渐开线齿形的齿轮插刀和被切齿轮都按规定的传动比转动。根据正确啮合条件,被切齿轮的模数和压力角与插刀相同。插刀沿被切齿轮轴线方向作往复切削运动,同时模仿一对齿轮啮合传动,插刀在被切齿轮上切出一系列渐开线外形,这些渐开线包络即为被切齿轮的渐开线齿廓。切制相同模数和压力角、不同齿数的齿轮,用同一把插刀即可。

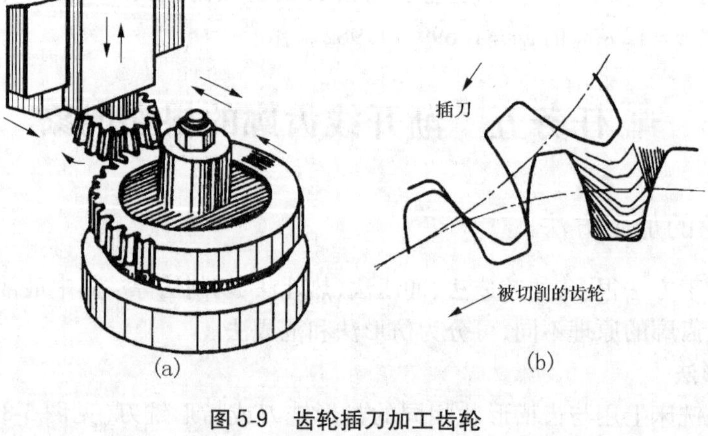

图 5-9　齿轮插刀加工齿轮

图 5-10 为用齿条插刀加工齿轮的情况。当齿轮插刀的齿数增至无穷多时,其基圆半径变为无穷大,渐开线齿廓为直线齿廓,齿轮插刀便变为齿条插刀,其加工原理与齿轮插

刀切削齿轮相同。用齿条插刀加工所得的轮齿齿廓也为刀刃在各个位置的包络线。由于齿条插刀的齿廓为直线，比齿轮插刀制造容易，精度高，但因为齿条插刀长度有限，每次移动全长后要求复位，所以生产效率低。

图 5-11 为用齿轮滚刀加工轮齿的情况。滚刀是蜗杆形状的铣刀，它的纵剖面为具有直线齿廓的齿条，当滚刀转动时，相当于齿条在移动，按范成法原理加工齿轮，它们的包络线形成被切齿轮的渐开线齿廓。

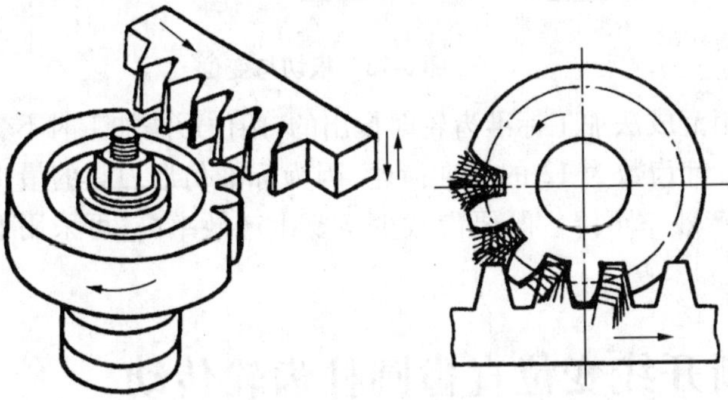

(a)　　(b)

图 5-10　齿条插刀加工齿轮

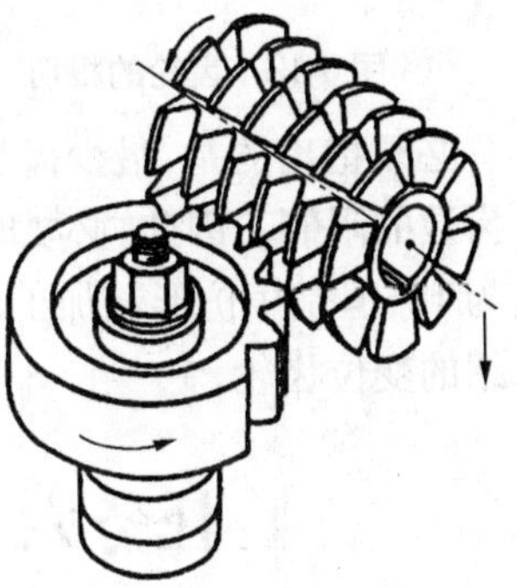

图 5-11　滚刀加工轮齿

由于滚刀加工是连续切削，而插刀加工有进刀和退刀，是间断切削，所以滚刀加工生产效率较高，是目前应用最为广泛的加工方法。但是在切削时，被切齿廓略有误差，因此加工精度略低。

二、根切现象和最少齿数

用范成法加工齿轮时，如果齿轮的齿数太少，则切削刀具的齿顶就会切去轮齿根部的一部分，这种现象称为根切，如图 5-12 所示。

发生根切会使轮齿的弯曲强度降低，并使重合度减小，传动时出现冲击噪声，故应设法避免根切的发生。

加工齿轮的刀具通常都是标准刀具，为什么还会发生根切呢？图 5-13 所示为用齿条插刀加工标准齿轮的情况，N_1 点为轮坯基圆与啮合线的切点，即啮合的极限点，刀具的顶线超出了 N_1（图中虚线位置）。显然，当刀具完成一个行程的切削后，N_1 点到刀具顶线的部分齿廓会被切掉而发生根切。因此，要避免根切就必须使刀具顶线不超出 N_1 点。经几何推导可得不发生根切的条件为

$$z \geqslant 2h_a^* / \sin^2\alpha$$

即最少齿数为

$$z_{\min} = \frac{2h_a^*}{\sin^2\alpha} \tag{5-13}$$

显然，为了避免根切，则齿数 z 不得少于某一最少限度。用范成法加工齿轮时，对于各种标准刀具最少齿数的数值为：

当 $h_a^* = 1$、$\alpha = 20°$ 时，$z_{\min} = 17$；当 $h_a^* = 0.8$、$\alpha = 20°$ 时，$z_{\min} = 14$。

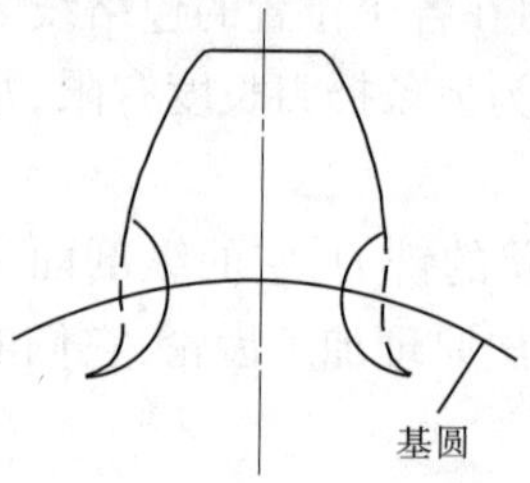

图 5-12　齿轮的根切

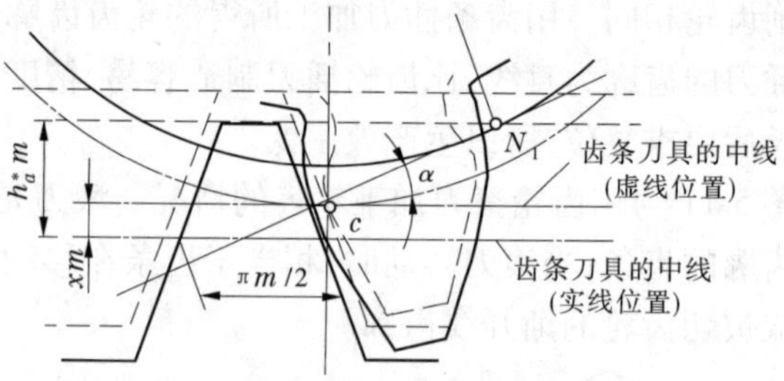

图 5-13　根切与变位

必须指出的是,最少齿数是用范成法加工标准齿轮时提出的,用仿形法加工时不受最少齿数的限制。因此,必要时可设计齿数为 12 的标准齿轮,因为标准仿形刀具的最少齿数为 12,但是用仿形法加工使生产效率下降。既要齿数少又要生产效率高,可采用下面介绍的变位齿轮。

任务六　渐开线变位直齿圆柱齿轮传动

一、变位齿轮的概念

用齿条型刀具加工齿轮时,若刀具的分度线(又称中线)与轮坯的分度圆相切,称为标准安装,这样加工出来的齿轮为标准齿轮。标准齿轮有许多优点,因而得到广泛应用。但在实际应用中也暴露出如下主要缺点:①不得少于最少齿数,否则用范成法加工时会产生根切;②两齿轮啮合只能按标准中心距安装;③小齿轮的齿根厚度小于大齿轮的,小齿轮更容易损坏。

若加工齿轮时,不采用标准安装,而是将刀具相对于轮坯中心向外移出或向内移近一段距离,则刀具的中线不再与轮坯的分度圆相切,如图 5-13 所示。刀具移动的距离 xm 称为变位量,其中 m 为模数,x 为变位系数,并规定刀具相对于轮坯中心向外移出的变位系数为正,反之为负。对应于 $x>0$、$x=0$ 及 $x<0$ 的变位分别称为正变位、零变位和负变位,如图 5-14 所示。这种用改变刀具与轮坯相对位置来加工齿轮的方法称为变位修正法,采用变位修正法加工出来的齿轮称为变位齿轮。

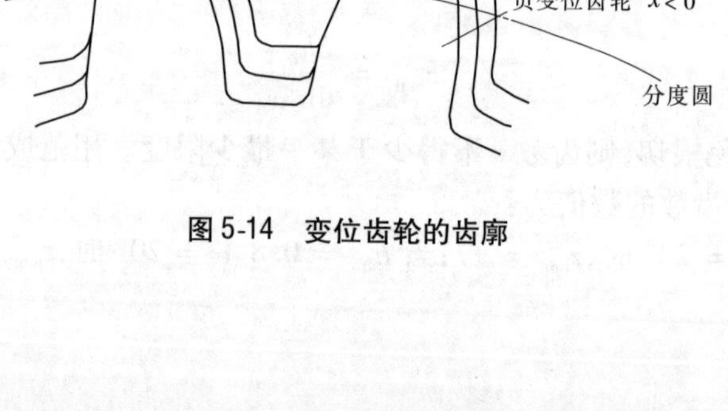

图 5-14　变位齿轮的齿廓

二、变位齿轮的类型和特点

根据相互啮合两齿轮的总变位系数 $x_\Sigma = x_1 + x_2$ 的不同，变位齿轮可分为以下三种类型。

（一）零传动（$x_\Sigma = 0$）

（1）标准齿轮传动。标准齿轮传动可视为变位系数为零的变位齿轮，由于两齿轮的变位系数 $x_1 + x_2 = 0$，为了避免根切，两齿轮齿数均需大于 z_{min}。

（2）高变位齿轮传动。两齿轮的变位系数为一正一负，且绝对值相等，即 $x_1 + x_2 = 0$。为了防止小齿轮根切和增加根部齿厚，小齿轮应采用正变位，而大齿轮采用负变位。为使两齿轮都不产生根切，必须使 $z_1 + z_2 \geqslant 2z_{min}$。

（二）正传动（$x_\Sigma > 0$）

正传动变位齿轮的中心距大于标准中心距，即 $a' > a$，当 $z_1 + z_2 < 2z_{min}$ 时，必须采用正传动，其他场合为了改善传动质量也可以采用正传动。

（三）负传动（$x_\Sigma < 0$）

负传动变位齿轮的中心距小于标准中心距，即 $a' < a$。负传动时，要求两轮齿数和大于两倍最少齿数。

采用正传动和负传动可以实现非标准中心距传动。由于这两种变位齿轮传动的节圆与分度圆不重合，啮合角不等于压力角，即 $\alpha' \neq \alpha$，所以这两种变位又称为角度变位。

变位齿轮传动与标准齿轮传动相比，有如下优点：①可以制出齿数小于 z_{min} 而无根切的小齿轮，从而可以减小齿轮机构的尺寸和重量；②合理选择两轮的变位系数，使大小齿轮的强度接近并降低两齿轮齿根部位的磨损，从而提高了传动的承载能力和耐磨性能；③等移距变位齿轮传动能保持标准中心距，故可取代标准齿轮传动并改善传动质量。主要缺点是：互换性差，必须成对设计、制造和使用；重合度略为降低。由于变位齿轮与标准齿轮相比具有很多优点，而且并不增加设计制造难度，因此变位齿轮在机械制造中得到广泛应用。

三、变位直齿圆柱齿轮的几何尺寸

变位直齿圆柱齿轮的几何尺寸按表 5-3 进行计算。

表 5-3　变位直齿圆柱齿轮计算公式

名称	符号	高变位齿轮传动	角变位齿轮传动
变位系数	x	$x_1 = -x_2 \neq 0$ $x_\Sigma = x_1 + x_2 = 0$	$x_\Sigma = x_1 + x_2 \neq 0$
分度圆直径	d	$d = mz$	
啮合角	α'	$\alpha' = \alpha$	$\mathrm{inv}\alpha' = \mathrm{inv}\alpha + \frac{2(x_1 + x_2)}{z_1 + z_2}\tan\alpha$

续表 5-3

名称	符号	高变位齿轮传动	角变位齿轮传动
节圆直径	d'	$d' = d$	$d' = d\dfrac{\cos\alpha}{\cos\alpha'}$
中心距	a	$a = \dfrac{1}{2}(d_1 + d_2)$	$a' = \dfrac{1}{2}(d'_1 + d'_2)$
齿顶降低系数	σ	$\sigma = 0$	$\sigma = x_1 + x_2 - \dfrac{a' - a}{m}$
齿顶高	h_a	$h_a = (h_a^* + x)m$	$h_a = (h_a^* + x - \sigma)m$
齿根高	h_f	$h_f = (h_a^* + c^* - x)m$	$h_f = (h_a^* + c^* - x)m$
全齿高	h	$h = (2h_a{}^* + c^*)m$	$h = (2h_a^* + c^* - \sigma)m$
齿顶圆直径	d_a	$d_a = (z + 2h_a^* + 2x)m$	$d_a = (z + 2h_a^* + 2x - 2\sigma)m$
齿根圆直径	d_f	$d_f = (z - 2h_a^* - 2c^* + 2x)m$	$d_f = (z - 2h_a^* - 2c^* + 2x)m$

注:直齿圆柱齿轮最小变位系数 $x_{\min} = (17 - z)/17$。

任务七　平行轴斜齿圆柱齿轮传动

一、齿廓曲面的形成及啮合特点

前面讨论直齿圆柱齿轮时,仅就垂直于轮轴的一个剖面加以研究,但实际齿轮齿廓侧面的形成如图 5-15(a)所示,发生面 s 沿母线切于齿轮的基圆柱上。当这一发生面在基圆柱上作纯滚动时,其上任一平行于母线的直线 AA 将展出一渐开线曲面,此曲面即为齿轮的齿侧面,它与轮轴垂直面的交线即为渐开线。当一对齿轮啮合时,两轮的齿将沿直线接触,其轨迹即为两轮的啮合面。直齿圆柱齿轮的缺点为重合度低,容易引起冲击、振动,对制造误差的影响比较敏感,不适合于高速、大功率传动的场合。因此,在高速、大功率传动以及要求传动平稳性较高的场合,常采用斜齿圆柱齿轮。

斜齿轮齿面的形成原理与直齿轮相似,不同的是形成渐开面的直线 AA 与母线不平行,偏斜了一个角度 β_b,如图 5-15(b)所示。发生面 s 在基圆柱上作纯滚动时,直线 AA 上的任一点的轨迹都是渐开线,这一系列的渐开线就形成了斜齿轮的齿廓曲面。显然,这个齿廓曲面与垂直于轴线的端面的交线(端面齿廓)仍然是渐开线。将偏斜了 β_b 的直线 AA 在基圆柱上全面接触,形成螺旋线 ZZ,ZZ 在空间形成的曲面为渐开螺旋面。偏斜的角度 β_b 称为基圆上的螺旋角。当 $\beta_b = 0$ 时成了直齿轮,可见直齿轮是斜齿轮的特例。

二、主要参数及几何尺寸

斜齿圆柱齿轮齿形有端面和法面之称。

法面是指垂直于轮齿螺旋线方向的平面。轮齿的法面齿形与刀具齿形相同,故国际上规定法面参数(m_n,α_n)为标准参数。

端面是指垂直于轴线的平面。端面齿形与直齿轮相同,故可以采用直齿轮的几何尺

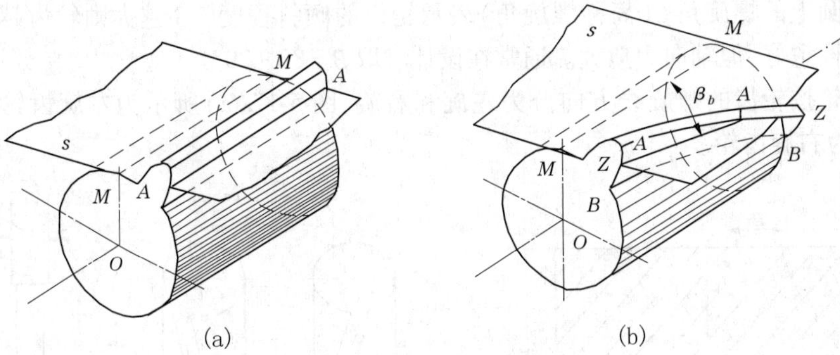

图 5-15　圆柱齿轮的形成

寸计算公式计算斜齿轮的几何尺寸。表 5-4 为外啮合标准斜齿圆柱齿轮各部分的几何尺寸。应注意:端面参数(m_t,α_t)为非标准值,为了计算斜齿轮的几何尺寸,必须掌握法面参数和端面参数间的换算关系。

表 5-4　外啮合标准斜齿圆柱齿轮各部分的几何尺寸计算公式

名称	代号	公　式
法向模数	m_n	由强度计算获得
分度圆直径	d	$d_1 = m_t z_1 = \dfrac{m_n z_1}{\cos\beta}$; $d_2 = m_t z_2 = \dfrac{m_n z_2}{\cos\beta}$
齿顶高	h_a	$h_a = h_{an}^* m_n = m_n \qquad (h_{an}^* = 1)$
齿根高	h_f	$h_f = (h_{an}^* + c_n^*) m_n = 1.25 m_n \qquad (c_n^* = 0.25)$
全齿高	h	$h = h_a + h_f = 2.25 m_n$
齿顶圆直径	d_a	$d_{a1} = d_1 + 2h_a$; $d_{a2} = d_2 + 2h_a$
齿根圆直径	d_f	$d_{f1} = d_1 - 2h_f$; $d_{f2} = d_2 - 2h_f$
中心距	a	$a = \dfrac{d_1 + d_2}{2} = \dfrac{m_t(z_1 + z_2)}{2} = \dfrac{m_n(z_1 + z_2)}{2\cos\beta}$

图 5-16 为斜齿圆柱齿轮分度圆的展开图,由图可知,端面齿距 p_t 和法面齿距 p_n 的关系为

$$p_t = \frac{p_n}{\cos\beta} \tag{5-14}$$

由于端面模数为 $m_t = p_t/\pi$,法面模数为 $m_n = p_n/\pi$,故

$$m_t = \frac{m_n}{\cos\beta} \tag{5-15}$$

式中:β 为分度圆上的螺旋角。

与模数类似,斜齿轮分度圆上的端面压力角 α_t 与法面压力角 α_n 间的关系为

$$\tan\alpha_t = \frac{\tan\alpha_n}{\cos\beta} \tag{5-16}$$

分度圆上的螺旋角 β(简称螺旋角)表示轮齿的倾斜程度。β 越大则轮齿越倾斜,传动的平稳性愈好,但轴向力愈大。通常在设计时取 $\beta = 8° \sim 20°$。

斜齿轮按轮齿的螺旋线方向分为左旋和右旋,图 5-17(a)所示为左旋齿轮,图 5-17(b)所示为右旋齿轮。

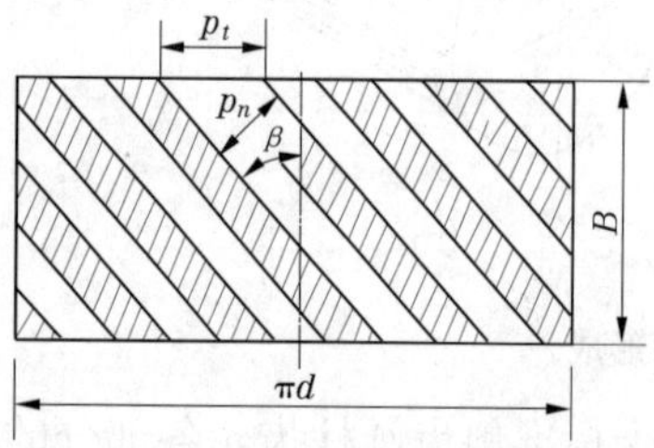

图 5-16　斜齿圆柱齿轮分度圆展开面

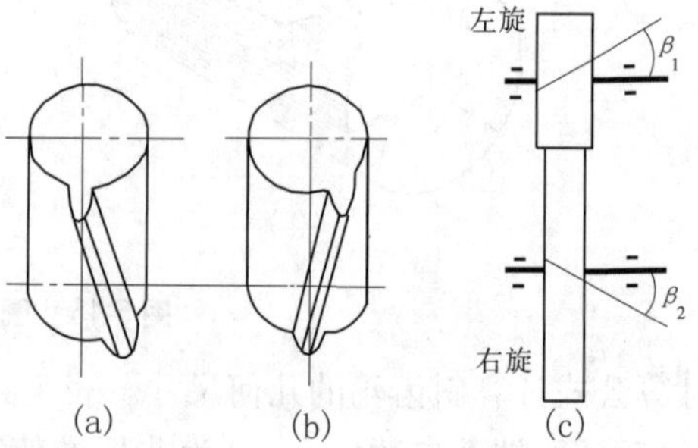

图 5-17　斜齿圆柱齿轮的旋向

三、正确啮合条件

一对斜齿圆柱齿轮的正确啮合条件为

$$\left.\begin{aligned} m_{n1} &= m_{n2} = m_n \\ \alpha_{n1} &= \alpha_{n2} = \alpha_n \\ \beta_1 &= -\beta_2 \end{aligned}\right\}$$

由于斜齿圆柱齿轮的齿与轮轴的方向成一螺旋角,所以使齿轮传动的啮合弧增大了 $e = b\tan\beta$。如与斜齿轮端面齿廓相同的直齿圆柱齿轮的重合度为 ε_α,则斜齿圆柱齿轮的重合度 $\varepsilon_\gamma = \varepsilon_\alpha + \varepsilon_\beta$,斜齿轮比直齿轮重合度增加部分为

$$\varepsilon_\beta = \frac{b\tan\beta}{p_t} = \frac{b\sin\beta}{p_n} = \frac{z\Psi_d}{\pi}\tan\beta \tag{5-17}$$

式中:b 为齿宽;Ψ_d 为齿宽系数。当 $z = 17$、$\Psi_d = 1$、$\beta = 7° \sim 20°$时,$\varepsilon_\beta = 0.664 \sim 1.970$。

四、当量齿数

为了选择盘形铣刀及进行强度计算,必须知道和斜齿圆柱齿轮法面齿形相当的直齿圆柱齿轮,其齿数称为当量齿数。下面研究当量齿数 z_v 与实际齿数 z 及螺旋角 β 之间的关系。

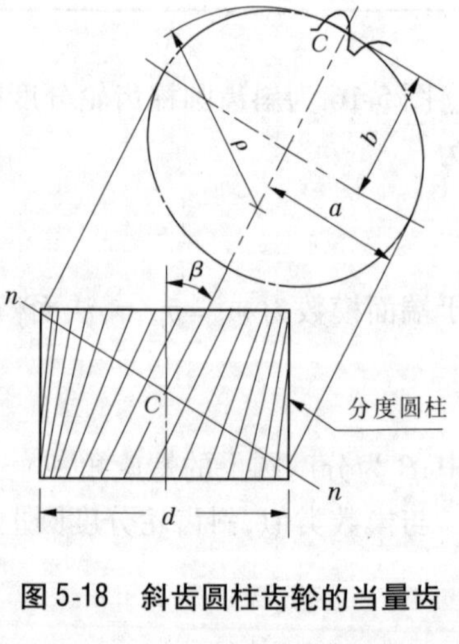

图 5-18　斜齿圆柱齿轮的当量齿

如图 5-18 所示,过斜齿圆柱齿轮任一轮齿上的节点 C 作法向截面,则此法面与斜齿圆柱齿轮分度圆的交线为一椭圆,其长半轴为 $a = d/(2\cos\beta)$,短半轴为 $b = d/2$,该椭圆在 C 点的曲率半径为

$$\rho = \frac{a^2}{b} = \frac{d}{2\cos^2\beta}$$

若以 ρ 为半径作一圆,此圆即为与斜齿圆柱齿

轮相当的直齿圆柱齿轮的分度圆,此直齿圆柱齿轮称为当量齿轮。当量齿轮上的齿数称为当量齿数,其值为

$$z_v = \frac{2\pi\rho}{p_n} = \frac{\pi d}{p_n\cos^2\beta} = \frac{\pi z m_t}{p_t\cos^3\beta} = \frac{z}{\cos^3\beta} \tag{5-18}$$

斜齿圆柱齿轮不产生根切的最少齿数 $z_{\min}$ 可由直齿圆柱齿轮最少齿数 $z_{v\min}$ 来确定,即

$$z_{\min} = z_{v\min}\cos^3\beta$$

【例 5-2】 为改装某设备,需配一对斜齿圆柱齿轮传动。已知传动比 $i = 3.5$,法向模数 $m_n = 2$ mm,中心距 $a = 92$ mm。试计算该对齿轮的几何尺寸。

解:(1)先选定小齿轮的齿数 $z_1 = 20$,则大齿轮齿数 $z_2 = iz_1 = 3.5 \times 20 = 70$。

(2)知道齿数、法向模数及中心距,可由下式计算斜齿轮的分度圆螺旋角

$$a = \frac{m_n(z_1 + z_2)}{2\cos\beta}$$

$$\cos\beta = \frac{m_n(z_1 + z_2)}{2a} = \frac{2 \times (20 + 70)}{2 \times 92} = 0.978\ 260$$

$$\beta = 11°58'7''$$

(3)按表 5-4 中的公式计算其他几何尺寸。

分度圆直径

$$d_1 = \frac{z_1 m_n}{\cos\beta} = \frac{20 \times 2}{\cos 11°58'7''} = 40.89\ (\text{mm})$$

$$d_2 = \frac{z_2 m_n}{\cos\beta} = \frac{70 \times 2}{\cos 11°58'7''} = 143.11\ (\text{mm})$$

齿顶圆直径

$$d_{a1} = d_1 + 2m_n = 40.89 + 2 \times 2 = 44.89\ (\text{mm})$$

$$d_{a2} = d_2 + 2m_n = 143.11 + 2 \times 2 = 147.11\ (\text{mm})$$

齿根圆直径

$$d_{f1} = d_1 - 2.5m_n = 40.89 - 2.5 \times 2 = 35.89\ (\text{mm})$$

$$d_{f2} = d_2 - 2.5m_n = 143.11 - 2.5 \times 2 = 138.11\ (\text{mm})$$

任务八　直齿圆锥齿轮传动

一、传动比和几何尺寸计算

圆锥齿轮主要用于几何轴线相交的两轴间的传动,其运动可以看成是两个圆锥形摩擦轮相切作纯滚动,该圆锥即节圆锥。与圆柱齿轮相似,圆锥齿轮也分为分度圆锥、齿顶圆锥和齿根圆锥等。但和圆柱齿轮不同的是,轮齿的厚度沿锥顶方向逐渐减小。锥齿轮的轮齿也有直齿和斜齿两种,本书只讨论直齿圆锥齿轮。圆锥齿轮传动中,两轴的夹角 Σ 一般可以为任意角,但通常为 90°。当两轴的夹角 $\Sigma = 90°$ 时,其传动比为

$$i = \frac{n_1}{n_2} = \frac{d_2}{d_1} = \frac{z_2}{z_1} = \cot\delta_1 = \frac{1}{\tan\delta_1} \tag{5-19}$$

因此,传动比一定时,两锥齿轮的节锥角也一定。

如图 5-19 所示,直齿圆锥齿轮的参数和几何尺寸均以大端为标准,大端应取标准模数和标准压力角,即 $\alpha = 20°$。对标准齿形取齿高系数 $h_a^* = 1$、顶隙系数 $c^* = 0.2$。渐开线圆锥齿轮的几何尺寸按表 5-5 计算。

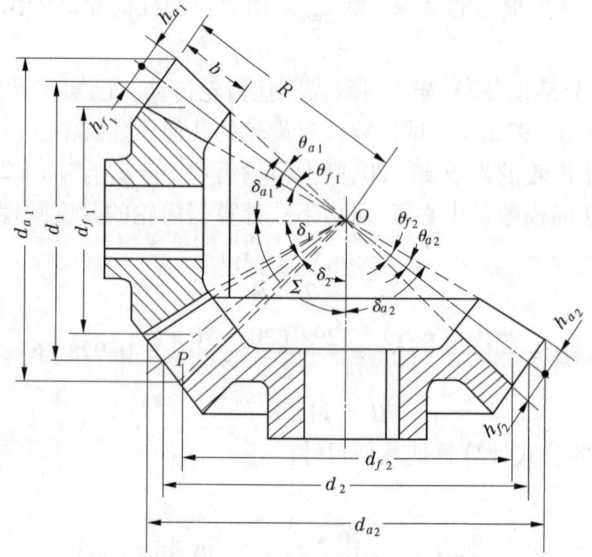

图 5-19　圆锥齿轮的基本尺寸

表 5-5　渐开线圆锥齿轮的几何尺寸计算公式

名称	代号	计算公式	
		小齿轮	大齿轮
锥距	R	$R = \dfrac{d_1}{2\sin\delta_1} = \dfrac{d_2}{2\sin\delta_2} = \dfrac{m}{2}\sqrt{z_1^2 + z_2^2}$	
齿顶角	θ_a	$\tan\theta_a = h_a/R$	
齿根角	θ_f	$\tan\theta_f = h_f/R$	
顶锥角	δ_a	$\delta_{a1} = \delta_1 + \theta_a$	$\delta_{a2} = \delta_2 + \theta_a$
根锥角	δ_f	$\delta_{f1} = \delta_1 - \theta_f$	$\delta_{f2} = \delta_2 - \theta_f$
齿顶圆直径	d_a	$d_{a1} = d_1 + 2h_a\cos\delta_1$	$d_{a2} = d_2 + 2h_a\cos\delta_2$
齿根圆直径	d_f	$d_{f1} = d_1 - 2h_f\cos\delta_1$	$d_{f2} = d_2 - 2h_f\cos\delta_2$
齿宽	b	$b = \Psi_R R$(一般 $\Psi_R = 0.2 \sim 0.3$,常用 $\Psi_R = 0.3$)	
齿数	z	z_1	$z_2 = iz_1$
分度圆锥角	δ	$\cot\delta_1 = i$	$\tan\delta_2 = i$
分度圆直径	d	$d_1 = mz_1$	$d_2 = mz_2$
模数	m	由强度计算确定,按表 5-1 取值	
齿顶高	h_a	$h_a = h_a^* m = m\ (h_a^* = 1)$	
齿根高	h_f	$h_f = (h_a^* + c^*)m = 1.2m\ (c^* = 0.2)$	
全齿高	h	$h = h_a + h_f = 2.2m$	

二、背锥与当量齿数

从理论上讲，锥齿轮的齿廓应为球面上的渐开线。但由于球面不能展开成平面，锥齿轮的设计制造有许多困难，故采用近似方法。由图 5-20 可知，自 A（或 B）点和 C 点分别作 OA（或 OB）和 OC 的垂线交于 O_1（或 O_2）点，以 OO_1（或 OO_2）为轴线的圆锥 ACO_1（或 BCO_2）称为该齿轮的背锥。将背锥展开成平面时，其形状为一扇形。此扇形的半径以 r_v 表示，把这个扇形当做以 O 为中心的圆柱齿轮的节圆的一部分，以锥齿轮大端模数为模数，并取标准压力角，即可画出该锥齿轮大端的近似齿廓。

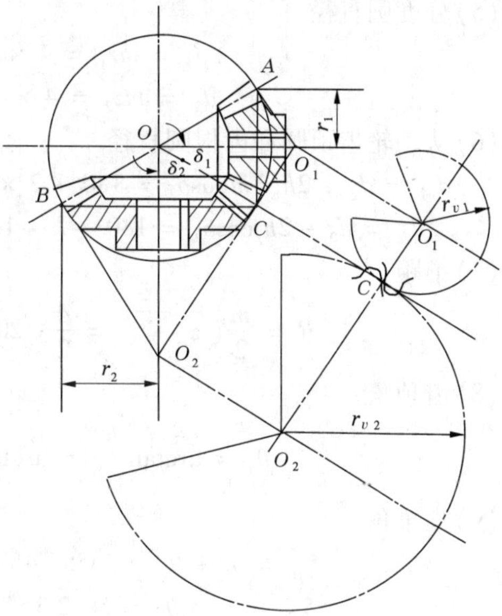

图 5-20　背锥及当量齿数

这一扇形齿轮的齿数 z 即为该锥齿轮的实际齿数，若将此扇形补足成为完整的圆柱齿轮，则它的齿数将增加为 z_v。z_v 称为该锥齿轮的当量齿数。该圆柱齿轮称为锥齿轮的当量齿轮。因

$$r_v = \frac{d}{2\cos\delta} = \frac{mz}{2\cos\delta} \text{ 及 } r_v = \frac{mz_v}{2}$$

故

$$z_v = \frac{z}{\cos\delta}$$

即

$$\left.\begin{aligned} z_{v1} &= \frac{z_1}{\cos\delta_1} \\ z_{v2} &= \frac{z_2}{\cos\delta_2} \end{aligned}\right\} \tag{5-20}$$

锥齿轮不产生根切的最少齿数 $z_{\min}$ 可由当量齿轮的最少齿数 $z_{v\min}$ 来确定，即

$$z_{\min} = z_{v\min}\cos\delta \tag{5-21}$$

【例 5-3】　某车间进行机床技术改造，需要一传递两垂直相交轴运动的齿轮机构，要求传动比 $i = 2.25$。现有一标准直齿圆锥齿轮，齿数 $z = 20$，测得大端齿顶圆直径 $d_a \approx 87.31$ mm、齿根圆直径 $d_f \approx 71.23$ mm，拟将该齿轮作为主动轮。试求两锥齿轮的主要尺寸。

解：(1) 依题意知：$z_1 = 20$、$d_{a1} = 87.31$ mm、$d_{f1} = 71.23$ mm、$\Sigma = 90°$。

(2) 由传动比 i 计算从动轮齿数

$$z_2 = iz_1 = 2.25 \times 20 = 45$$

(3) 分度圆锥角

$$\cot\delta_1 = i = 2.25$$

$$\delta_1 = \text{arccot}2.25 = 23°57'45''$$

$$\delta_2 = \Sigma - \delta_1 = 90° - 23°57'45'' = 66°2'15''$$

(4)模数。将 $d_1 = mz_1 = 20m$ 代入

$$d_1 = d_{a1} - 2h_a^* m\cos\delta_1 = 87.31 - 2 \times 1 \times m \times \cos 23°57'45''$$

得 $m = 4$ mm。

(5)分度圆直径

$$d_1 = mz_1 = 4 \times 20 = 80\ (\text{mm})$$

$$d_2 = mz_2 = 4 \times 45 = 180\ (\text{mm})$$

(6)从动轮齿顶圆和齿根圆直径

$$d_{a2} = d_2 + 2h_a^* m\cos\delta_2 = 180 + 2 \times 1 \times 4\cos 66°2'15'' = 183.25\ (\text{mm})$$

$$d_{f2} = d_2 - 2h_f\cos\delta_2 = 180 - 2 \times 1.2 \times 4\cos 66°2'15'' = 176.10\ (\text{mm})$$

(7)锥距

$$R = \frac{m}{2}\sqrt{z_1^2 + z_2^2} = \frac{4}{2}\sqrt{20^2 + 45^2} = 98.49\ (\text{mm})$$

(8)齿顶角

$$\theta_a = \arctan\frac{h_a}{R} = \arctan\frac{4}{98.49} = 2°19'33''$$

(9)顶锥角

$$\delta_{a1} = \delta_1 + \theta_a = 23°57'45'' + 2°19'33'' = 26°17'18''$$

$$\delta_{a2} = \delta_2 + \theta_a = 66°2'15'' + 2°19'33'' = 68°21'48''$$

(10)当量齿数

$$z_{v1} = \frac{z_1}{\cos\delta_1} = \frac{20}{\cos 23°57'45''} = 21.89$$

$$z_{v2} = \frac{z_2}{\cos\delta_2} = \frac{45}{\cos 66°2'15''} = 110.80$$

习题五

5-1　齿轮传动的最基本要求是什么？齿廓的形状符合什么条件才能满足上述要求？

5-2　分度圆和节圆、压力角和啮合角有何区别？

5-3　斜齿圆柱齿轮和直齿圆锥齿轮的当量齿数的含义是什么？它们与实际齿数有何关系？

5-4　某直齿圆柱齿轮传动的小齿轮已丢失，但已知与之相配的大齿轮为标准齿轮，其齿数 $z_2 = 52$，齿顶圆直径 $d_{a2} = 135$ mm，标准安装中心距 $a = 112.5$ mm。试求丢失的小齿轮的齿数、模数、分度圆直径、齿顶圆直径、齿根圆直径。

5-5　现有一对标准直齿圆柱外齿轮，已知模数 $m = 2.5$ mm，齿数 $z_1 = 23$，$z_2 = 57$，求传动比、分度圆直径、齿顶圆直径、齿根圆直径、基圆直径、中心距，分度圆上的齿距、齿厚、齿槽宽，渐开线在分度圆处的曲率半径和齿顶圆处的压力角。

5-6　用范成法加工齿数 $z = 12$ 的正常齿制直齿圆柱齿轮时，为了不产生根切，其最小变位系数为多少？若选取的变位系数小于或大于此值，会对齿轮的分度圆齿厚和齿顶

齿厚产生什么影响?

5-7 测得一直齿圆锥齿轮($\Sigma=90°$)传动的 $z_1=18$,$z_2=54$,$d_{a1}=58.7$ mm,试计算分度圆锥角 δ_1、δ_2,大端模数 m,分度圆直径 d_1、d_2,锥距 R 及顶锥角 δ_a。

实训五 渐开线齿廓的范成实训

1. 实训目的

(1)掌握范成法加工渐开线齿廓的原理。

(2)了解齿轮的根切现象及采用变位修正避免根切的方法。

(3)了解变位后对轮齿尺寸产生的影响。

2. 实训内容及要求

利用齿轮范成仪在图纸上绘制出渐开线齿廓。

3. 实训过程

(1)了解齿轮范成仪的构造和原理。如图 5-21 所示,齿轮范成仪相当于用齿条型刀具加工齿轮的机床,待加工齿轮的纸坯与刀具模型都安装在范成仪上,由范成仪来保证刀具与轮坯的相对运动。在对滚中的刀具与轮坯的各个对应位置,依次用铅笔在纸上描绘出刀具的刀刃廓线,每次所描下的刀刃廓线相当于齿坯在该位置被刀刃所切去的部分,这样就能清楚地观察到刀刃廓线逐渐包络出待加工齿轮的渐开线齿廓,形成轮齿切削加工的全过程。

(2)制作轮坯。①按照指导教师给出的齿轮参数,计算齿轮的几何尺寸并在绘图纸上绘出标准齿轮的齿根圆、基圆、分度圆、齿顶圆,以及变位齿轮的齿根圆、齿顶圆(变位系数 x 值由指导教师给出,或按最小变位系数确定);②用剪刀沿比齿顶圆稍大一些的圆周剪下得到轮坯。

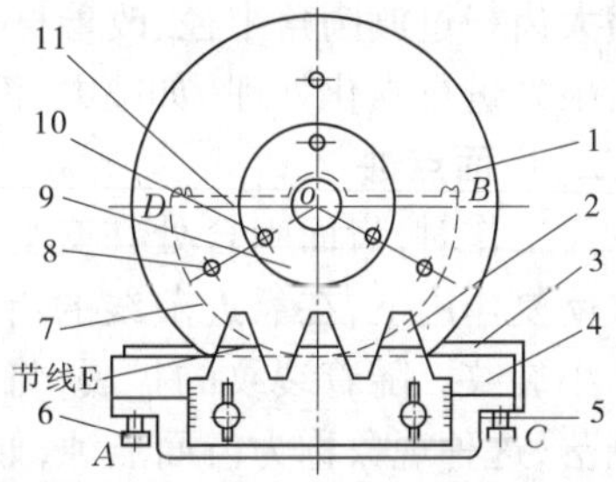

1—图纸托盘;2—齿条刀具;3—机架;
4—溜板;5—锁紧螺母;6—调节螺钉;
7—钢丝;8—定位销;9—压板;
10—锁紧螺母;11—圆盘

图 5-21 齿轮范成仪结构示意图

(3)绘制标准齿轮齿廓。①将轮坯装到图纸托盘上;②调整齿条刀具的径向位置,使刀具分度线与轮坯的分度圆相切;③将齿条刀具推至左边(或右边)极限位置,用笔在轮坯上画出齿条刀具的齿廓曲线,然后向右(或左)每次移动刀具 3 ~5 mm 画一次齿廓曲线,直到绘出 2 ~3 个完整的齿廓为止。这些齿廓的包络线即为标准渐开线齿轮的齿廓。

(4)绘制变位齿轮齿廓。①将轮坯相对齿条刀具转动 120°,重新安装轮坯;②调整刀具径向位置,使齿条刀具的分度线相对于绘制标准齿轮的位置下移 xm 距离(正变位)或上移 xm 距离(负变位);③按绘制标准齿轮齿廓的方法,绘出 2 ~3 个完整齿的变位齿轮齿廓。

项目六 齿轮传动

案例导入:通过对减速器的设计,导入齿轮传动设计计算的重要性,提出齿轮传动的类型和基本要求、啮合特点、选型、材料及热处理方法,从齿轮传动的失效形式引出强度的设计准则和计算方法。

任务一 齿轮传动的失效形式和设计准则

一、齿轮传动的失效形式

齿轮传动是靠齿与齿的啮合进行工作的,轮齿是齿轮直接参与工作的部分,所以齿轮的失效主要发生在轮齿上。主要的失效形式有轮齿折断、齿面点蚀、齿面磨损、齿面胶合以及塑性变形等。

(一)轮齿折断

轮齿折断通常有两种情况:一种是多次重复的弯曲应力和应力集中造成的疲劳折断;另一种是突然产生严重过载或冲击载荷作用引起的过载折断。尤其是脆性材料(铸铁、淬火钢等)制成的齿轮更容易发生轮齿折断。两种折断均起始于轮齿受拉应力的一侧,如图 6-1 所示。

增大齿根过渡圆角半径、改善材料的力学性能、降低表面粗糙度以减小应力集中,以及对齿根处进行强化处理(如喷丸、滚挤压)等,均可提高轮齿的抗折断能力。

(二)齿面点蚀

轮齿工作时,齿面啮合处在交变接触应力的多次反复作用下,在靠近节线的齿面上会产生若干小裂纹。随着裂纹的扩展,将导致小块金属剥落,这种现象称为齿面点蚀,如图 6-2 所示。齿面点蚀的继续扩展会影响传动的平稳性,并产生振动和噪声,导致齿轮不能正常工作。

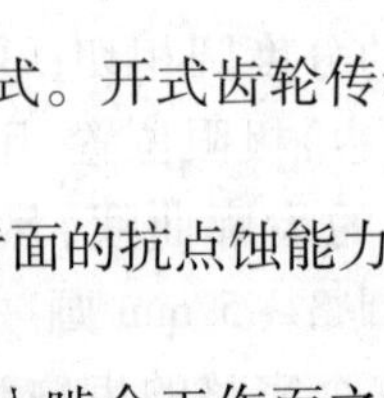

图 6-1 轮齿折断

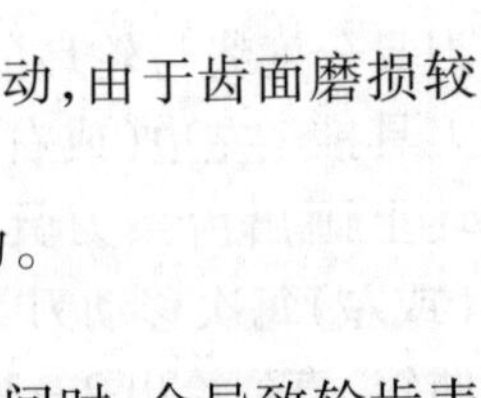

图 6-2 齿面点蚀

点蚀是润滑良好的闭式齿轮传动常见的失效形式。开式齿轮传动,由于齿面磨损较快,很少出现点蚀。

提高齿面硬度和降低表面粗糙度值,均可提高齿面的抗点蚀能力。

(三)齿面磨损

轮齿啮合时,相对滑动,特别是外界硬质微粒进入啮合工作面之间时,会导致轮齿表面磨损。齿面逐渐磨损后,将失去正确的齿形(见图 6-3),严重时导致轮齿过薄而折断,齿面磨损是开式齿轮传动的主要失效形式。

为了减少磨损,重要的齿轮传动应采用闭式传动,并注意润滑。

(四)齿面胶合

在高速重载的齿轮传动中,齿面间的压力大,温升高,润滑效果差,当瞬时温度过高时，将使两齿面局部熔融、金属相互粘连，当两齿面作相对运动时，粘住的地方被撕破，从而在齿面上沿着滑动方向形成带状或大面积的伤痕（见图6-4）。低速重载的传动不易形成油膜，摩擦发热虽不大，但也可能因重载而出现冷胶合。

采用黏度较大或抗胶合性能好的润滑油，降低表面粗糙度以形成良好的润滑条件，提高齿面硬度等均可增强齿面的抗胶合能力。

（五）齿面塑性变形

硬度较低的软齿面齿轮，在低速重载时，由于齿面压力过大，在摩擦力作用下，齿面金属产生塑性流动而失去原来的齿形（见图6-5）。

图6-3　齿面磨损

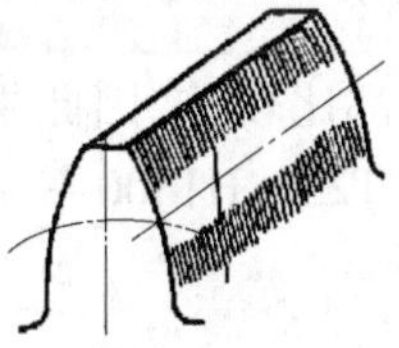

图6-4　齿面胶合

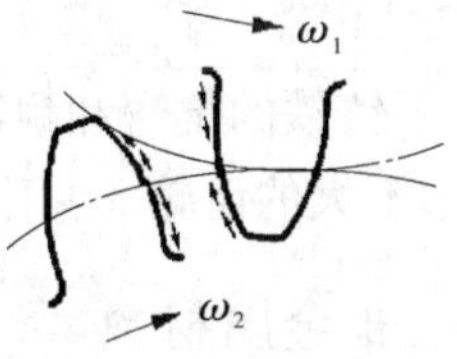

图6-5　齿面塑性变形

提高齿面硬度和采用黏度较高的润滑油，均有助于防止或减轻齿面塑性变形。

二、设计准则

齿轮传动的失效形式不大可能同时发生，但却是互相影响的。例如齿面的点蚀会加剧齿面的磨损，而严重的磨损又会导致轮齿折断。在一定条件下，由于上述前两种失效形式是主要的，因此设计齿轮传动时，应根据实际工作条件分析其可能发生的主要失效形式，以确定相应的设计准则。

对于软齿面（硬度≤350HBS）的闭式齿轮传动，润滑条件良好，齿面点蚀将是主要的失效形式，在设计时，通常按齿面接触疲劳强度设计，再按齿根弯曲疲劳强度校核。

对于硬齿面（硬度＞350HBS）的闭式齿轮传动，抗点蚀能力较强，轮齿折断的可能性大，在设计计算时，通常按齿根弯曲疲劳强度设计，再按齿面接触疲劳强度校核。

开式齿轮传动，主要失效形式是齿面磨损。但由于磨损的机理比较复杂，目前尚无成熟的设计计算方法，故只能按齿根弯曲疲劳强度计算，用增大模数10%～20%的办法来考虑磨损的影响。

任务二　齿轮常用材料及热处理

由轮齿失效形式可知，选择齿轮材料时，应考虑以下要求：轮齿的表面应有足够的硬度和耐磨性，在循环载荷和冲击载荷作用下，应有足够的弯曲强度。即齿面要硬，齿芯要韧，并具有良好的加工性和热处理性。

制造齿轮的材料主要是各种钢材，其次是铸铁，还有其他非金属材料。

一、钢

钢材可分为锻钢和铸钢两类，只有尺寸较大（d ＞400～600 mm）、结构形状复杂的齿轮宜用铸钢,一般都用锻钢制造齿轮。

软齿面齿轮多经调质或正火处理后切齿,常用45、40Cr等。因齿面硬度不高,易制造,成本低,故应用广,常用于对尺寸和重量无严格限制的场合。

由于在啮合过程中,小齿轮的轮齿接触次数比大齿轮多,因此当两齿轮的材料和齿面硬度都相同时,一般小齿轮的寿命较短。为了使大、小齿轮的寿命接近,应使小齿轮的齿面硬度比大齿轮的高出30~50HBS。对于高速、重载或重要的齿轮传动,可采用硬齿面齿轮组合,齿面硬度可大致相同。

二、铸铁

由于铸铁的抗弯和耐冲击性能都比较差,因此主要用于制造低速、不重要的开式传动、功率不大的齿轮。常用材料有HT250、HT300等。

三、非金属材料

对高速、轻载而又要求低噪声的齿轮传动,也可采用非金属材料,如夹布胶木、尼龙等。常用的齿轮材料热处理方法、硬度和应用举例见表6-1。

表6-1 常用的齿轮材料热处理方法、硬度和应用举例

材料	牌号	热处理方法	硬度		应用举例
			齿芯 HBS	齿面 HRC	
优质碳素钢	35	正火	150~180		低速轻载的齿轮或中速中载的大齿轮
	45		162~217		
	50		180~220		
	45	调质	217~255		
合金钢	35SiMn		217~269		
	40Cr		241~286		
优质碳素钢	35	表面淬火	180~210	40~45	高速中载、无剧烈冲击的齿轮,如机床变速箱中的齿轮
	45		217~255	40~50	
合金钢	40Cr		241~286	48~55	
	20Cr	渗碳淬火		56~62	高速中载、承受冲击载荷的齿轮,如汽车、拖拉机中的重要齿轮
	20CrMnTi			56~62	
	38CrMoAlA	氮化	229	>850 HV	载荷平稳、润滑良好的齿轮
铸钢	ZG45	正火	163~197		重型机械中的低速齿轮
	ZG55		179~207		
球墨铸铁	QT700-2		225~305		可用来代替铸钢
	QT600-2		229~302		
灰铸铁	HT250		170~241		低速中载、不受冲击的齿轮,如机床操纵机构的齿轮
	HT300		187~255		

注:正火、调质及铸件的齿面硬度与齿芯硬度相近。

任务三　齿轮传动精度简介

一、精度等级

圆柱齿轮标准(GB/T 10095—2008)中规定了13个精度等级,第0级精度最高,第12级最低。一般机械中常用7~8级。高速、分度等要求高的齿轮传动用6级,对精度要求不高的低速齿轮可用9级。

常用的齿轮精度等级与圆周速度的关系及使用范围见表6-2。

表6-2　齿轮传动精度等级

精度等级	齿面硬度HBS	圆周速度 v(m/s)			应用举例
		直齿圆柱齿轮	斜齿圆柱齿轮	直齿圆锥齿轮	
6	≤350	≤18	≤36	≤9	高速重载的齿轮传动,如机床、汽车中的重要齿轮,分度机构的齿轮,高速减速器的齿轮等
	>350	≤15	≤30		
7	≤350	≤12	≤25	≤6	高速中载或中速重载的齿轮传动,如标准系列减速器的齿轮,机床和汽车变速箱中的齿轮等
	>350	≤10	≤20		
8	≤350	≤6	≤12	≤3	一般机械中的齿轮传动,如机床、汽车和拖拉机中的一般齿轮,起重机械中的齿轮,农业机械中的重要齿轮等
	>350	≤5	≤9		
9	≤350	≤4	≤8	≤2.5	低速重载的齿轮,低精度机械中的齿轮等
	>350	≤3	≤6		

二、齿侧间隙

考虑到齿轮制造以及工作时轮齿变形和受热膨胀,同时为了便于润滑,需要有一定的齿侧间隙。合适的侧隙可通过适当的齿厚极限偏差和中心距极限偏差来保证,齿轮副的实际中心距越大,齿厚越小,则侧隙越大。

任务四　标准直齿圆柱齿轮传动的强度计算

一、轮齿的受力分析

图6-6所示为齿轮啮合传动时主动齿轮的受力情况,不考虑摩擦力时,轮齿所受总作用力 F_n将沿着啮合线方向,F_n称为法向力。F_n在分度圆上可分解为切于分度圆的圆周力

F_{t1}和沿半径方向并指向轮心的径向力 F_{r1}。

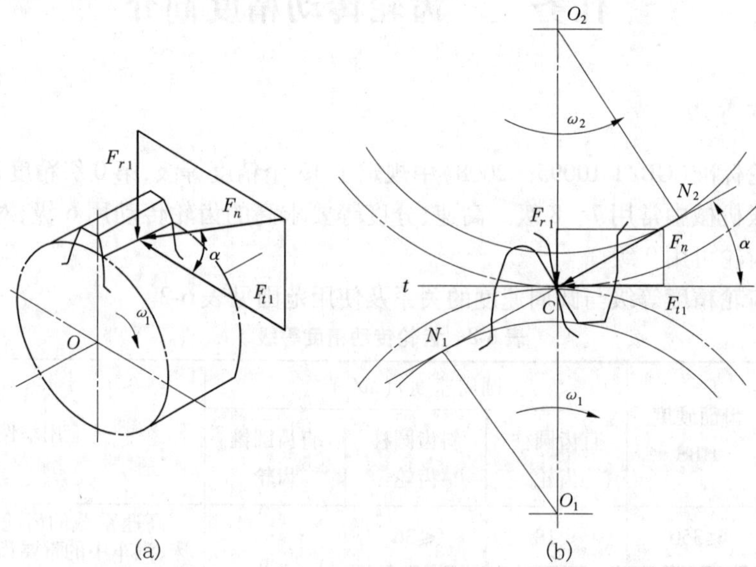

图 6-6　直齿圆柱齿轮传动的受力分析

$$\left.\begin{aligned} &\text{圆周力} \quad F_{t1} = \frac{2T_1}{d_1} \\ &\text{径向力} \quad F_{r1} = F_{t1}\tan\alpha \\ &\text{法向力} \quad F_n = \frac{F_{t1}}{\cos\alpha} \end{aligned}\right\} \qquad (6\text{-}1)$$

式中:d_1为主动轮分度圆直径,mm;α 为分度圆压力角,标准齿轮 $\alpha = 20°$。

设计时可根据主动轮传递的功率 P_1(kW)及转速 n_1(r/min),由下式求主动轮力矩

$$T_1 = 9.55 \times 10^6 \times \frac{P_1}{n_1} \quad (\text{N} \cdot \text{mm}) \qquad (6\text{-}2)$$

根据作用力与反作用力原理,$F_{t1} = -F_{t2}$,F_{t1}是主动轮上的工作阻力,故其方向与主动轮的转向相反,F_{t2}是从动轮上的驱动力,其方向与从动轮的转向相同。

同理,$F_{r1} = -F_{r2}$,其方向指向各自的轮心。

二、载荷与载荷系数

由上述求得的法向力 F_n 为理想状况下的名义载荷。由于各种因素的影响,齿轮工作时实际所承受的载荷通常大于名义载荷。因此,在强度计算中,用载荷系数 K 考虑各种影响载荷的因素,以计算载荷 F_{nc} 代替名义载荷 F_n。其计算公式为

$$F_{nc} = KF_n \qquad (6\text{-}3)$$

式中:K 为载荷系数,见表 6-3。

表 6-3 载荷系数 K

原动机	工作机的载荷特性		
	均匀、轻微冲击	中等冲击	大冲击
电动机	1.0～1.2	1.2～1.6	1.6～1.8
多缸内燃机	1.2～1.6	1.6～1.8	1.8～2.1
单缸内燃机	1.6～1.8	1.8～2.0	2.1～2.4

三、齿根弯曲疲劳强度计算

齿根处的弯曲强度最弱。计算时设全部载荷由一对齿承担，且载荷作用于齿顶，将轮齿看做悬臂梁，其危险截面可用30°切线法确定，即作与轮齿对称中心线成30°夹角并与齿根过渡曲线相切的两条直线，连接两切点的截面即为齿根的危险截面，如图 6-7 所示。运用材料力学的方法，可得轮齿弯曲强度校核的公式为

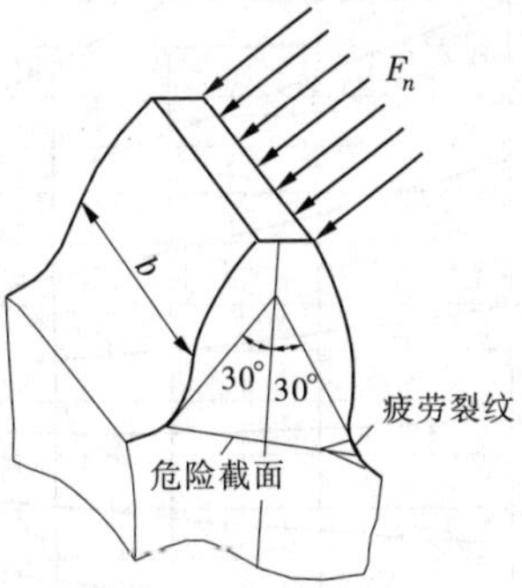

图 6-7 危险截面位置及应力

$$\sigma_F = \frac{2KT_1}{bmd_1}Y_{FS} \leqslant [\sigma_F]$$

或

$$\sigma_F = \frac{2KT_1}{\Psi_d z_1^2 m^3}Y_{FS} \leqslant [\sigma_F] \tag{6-4}$$

由式(6-4)得计算模数 m 的设计公式

$$m \geqslant \sqrt[3]{\frac{2KT_1 \cdot Y_{FS}}{\Psi_d z_1^2 \cdot [\sigma_F]}} \tag{6-5}$$

式中：$\Psi_d = b/d_1$ 称齿宽系数（b 为大齿轮宽度），由表 6-4 查取；Y_{FS}称为齿形系数，由图 6-8 查取；$[\sigma_F]$为弯曲许用应力，由式(6-8)计算。

表 6-4 齿宽系数 $\Psi_d = b/d_1$

齿轮相对轴承位置	齿面硬度	
	≤350HBS	>350HBS
对称布置	0.8～1.4	0.4～0.9
非对称布置	0.6～1.2	0.3～0.6
悬臂布置	0.3～0.4	0.2～0.25

注：直齿轮取较小值，斜齿轮取较大值；载荷稳定、轴刚性大时取较大值。

四、齿面接触疲劳强度计算

齿面接触疲劳强度计算是为了防止齿间发生疲劳点蚀的一种计算方法，它的实质是使齿面节线处所产生的最大接触应力小于齿轮的许用接触应力，齿面接触应力的计算公

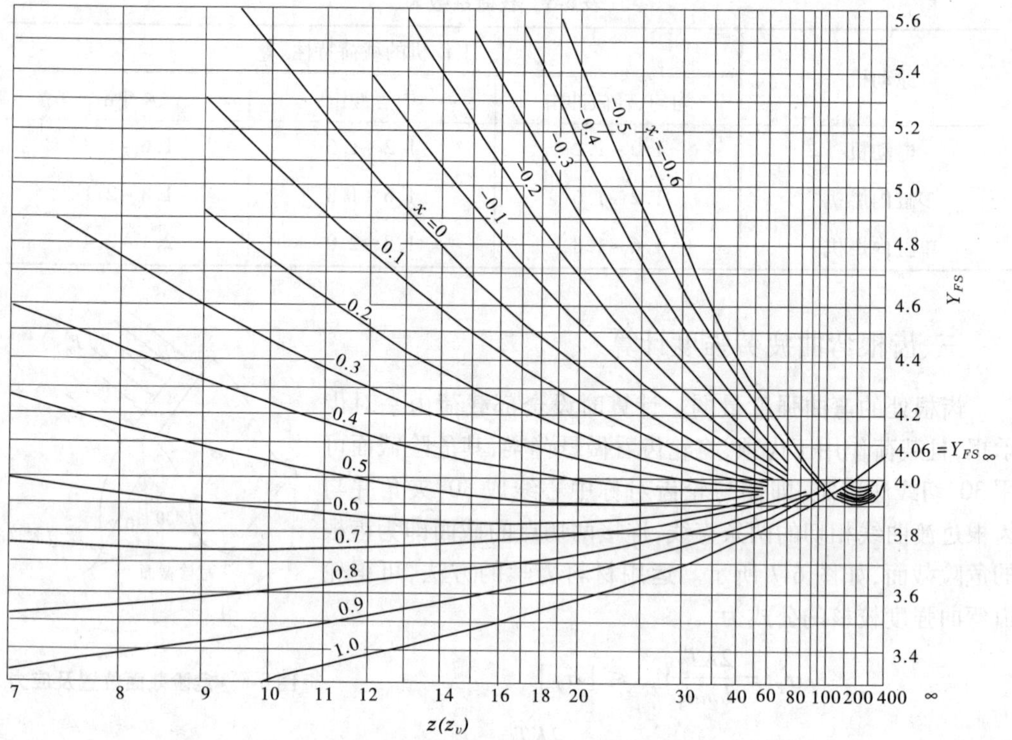

图 6-8　外齿轮齿形系数 Y_{FS}

式是以弹性力学中的赫兹公式为依据的,对于渐开线标准直齿圆柱齿轮传动,其齿面接触疲劳强度的校核公式为

$$\sigma_H = Z_E Z_H \sqrt{\frac{2KT_1(u \pm 1)}{bd_1^2 u}} \leqslant [\sigma_H]$$

或

$$\sigma_H = Z_E Z_H \sqrt{\frac{2KT_1(u \pm 1)}{\Psi_d d_1^3 u}} \leqslant [\sigma_H] \tag{6-6}$$

将式(6-6)变换得齿面接触疲劳强度的设计公式

$$d_1 \geqslant \sqrt[3]{\frac{2KT_1}{\Psi_d}\left(\frac{Z_E Z_H}{[\sigma_H]}\right)^2 \frac{u \pm 1}{u}} \tag{6-7}$$

式中:"±"分别用于外啮合、内啮合齿轮;Z_E为齿轮材料弹性系数,见表 6-5;Z_H为节点区域系数,标准直齿轮正确安装时 $Z_H = 2.5$;$[\sigma_H]$为两齿轮中较小的许用接触应力,由式(6-9)计算;u 为齿数比,即大齿轮齿数与小齿轮齿数之比。

表 6-5　齿轮材料弹性系数 Z_E　　(单位:$\sqrt{\mathrm{N/mm^2}}$)

小齿轮材料	大齿轮材料			
	钢	铸钢	铸铁	球墨铸铁
钢	189.8	188.9	165.4	181.4
铸钢	188.9	188.0	161.4	180.5

五、设计参数的选择及许用应力

(一)主要参数的选择

(1)齿数 z。对于软齿面的闭式传动,在满足弯曲疲劳强度的条件下,宜采用较多齿数,一般取 $z_1 = 20 \sim 40$。因为当中心距确定后,齿数多,则重合度大,可提高传动的平稳性。对于硬齿面的闭式传动,首先应具有足够大的模数以保证齿根弯曲强度,为减小传动尺寸,宜取较少齿数,但要避免发生根切,一般取 $z_1 = 17 \sim 20$。

(2)模数 m。模数影响轮齿的抗弯强度,一般在满足轮齿弯曲疲劳强度条件下,宜取较小模数,以增大齿数,减少切齿量。

(3)齿宽系数 Ψ_d。齿宽系数是大齿轮齿宽 b 和小齿轮分度圆直径 d_1 之比,增大齿宽系数,可减小齿轮传动装置的径向尺寸,降低齿轮的圆周速度。但是齿宽越大,载荷分布越不均匀。为便于装配和调整,常将小齿轮齿宽加大 5 ~ 10 mm,但设计计算时按大齿轮齿宽计算。

(二)许用应力

一般的齿轮传动,其弯曲疲劳许用应力为

$$[\sigma_F] = \frac{\sigma_{F\lim}}{S_F} Y_N \tag{6-8}$$

接触疲劳许用应力为

$$[\sigma_H] = \frac{\sigma_{H\lim}}{S_H} Z_N \tag{6-9}$$

式中:$\sigma_{F\lim}$ 为齿轮单向受载时的弯曲疲劳极限,可查图 6-9 得到;$\sigma_{H\lim}$ 为接触疲劳极限,查图 6-10,由于实验齿轮的材质、热处理等性能的差异,实验值有一定的离散性,故图示数据为中间值,受对称循环变应力的齿轮(如惰轮、行星轮),应将图中查得数值乘以 0.7;S_F、S_H 为疲劳强度的最小安全系数,通常 $S_F = 1$、$S_H = 1$,对于损坏后会引起严重后果的,可取 $S_F = 1.5$、$S_H = 1.25 \sim 1.35$;Y_N、Z_N 为寿命系数,用以考虑当齿轮应力循环次数 $N < N_0$ 时,许用应力的提高系数,其值分别查图 6-11、图 6-12。

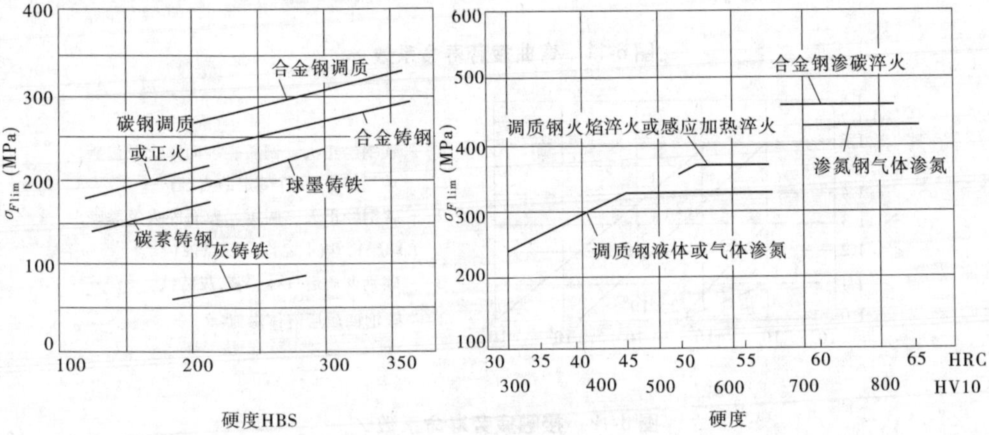

图 6-9　齿轮材料的 $\sigma_{F\lim}$

图 6-11、图 6-12 中横坐标为应力循环次数 N,按下式计算

$$N = 60njL_h$$

式中:n 为齿轮转速,r/min;j 为齿轮每转一周,同一侧齿面啮合的次数;L_h 为齿轮在设计期限内的总工作时数,h。

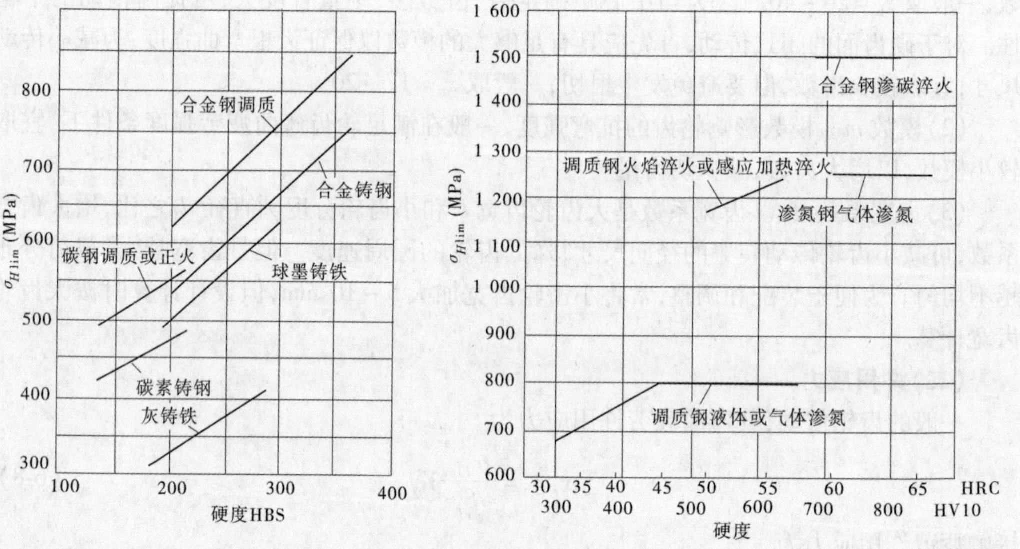

图 6-10　齿轮材料的 $\sigma_{H\lim}$

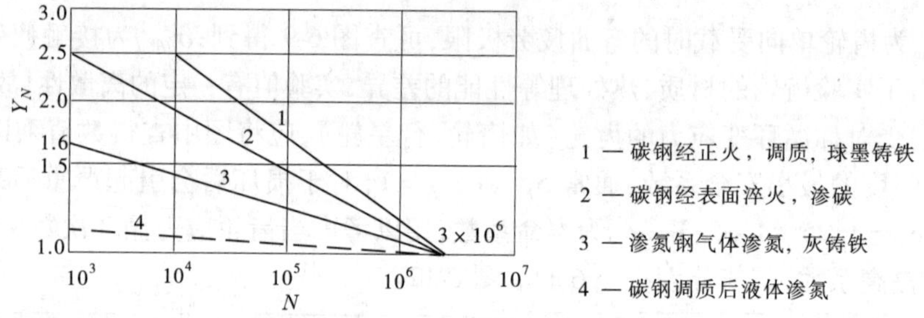

图 6-11　弯曲疲劳寿命系数 Y_N

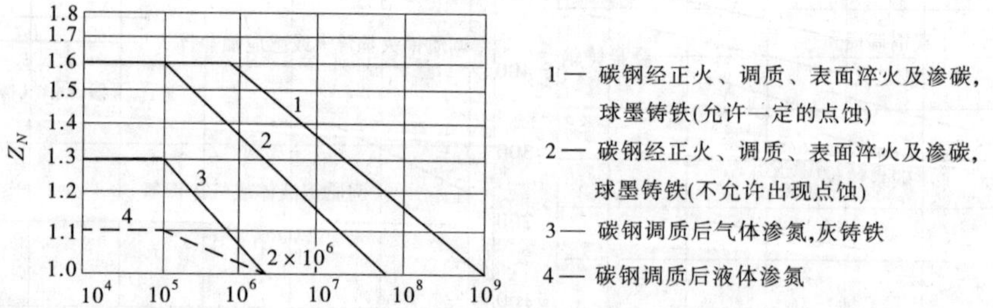

图 6-12　接触疲劳寿命系数 Z_N

【实训例 6-1】　设计一带式运输机减速器直齿圆柱齿轮传动,已知 $i=4$, $n_1=750$ r/min,

传递功率 $P=5$ kW，工作平稳，单向传动，单班工作制，每班 8 h，工作期限 10 年。

解：实训过程和结果如表 6-6 所示。

表 6-6　实训例 6-1 实训过程

计 算 与 说 明	结果
1. 选择齿轮精度等级。运输机是一般工作机械，速度不高，故用 8 级精度	8 级精度
2. 选材与热处理。该齿轮传动无特殊要求，为制造方便，采用软齿面，大小齿轮均用 45 钢，小齿轮调质处理，齿面硬度 217～255 HBS，大齿轮正火处理，齿面硬度 162～217 HBS	小齿轮 45 钢调质处理、大齿轮正火处理
3. 按齿面接触疲劳强度设计。该传动为闭式软齿面，主要失效形式为疲劳点蚀，故按齿面接触疲劳强度设计，再按齿根弯曲疲劳强度校核 设计公式为：$d_1 \geqslant \sqrt[3]{\dfrac{2KT_1}{\Psi_d}\left(\dfrac{Z_E Z_H}{[\sigma_H]}\right)^2 \dfrac{u \pm 1}{u}}$ (1) 载荷系数 K，按表 6-3 取 $K=1.2$ (2) 转矩 $T_1 = 9.55\times10^6\times\dfrac{P_1}{n_1} = 9.55\times10^6\times\dfrac{5}{750} = 63\ 666.7$ (N·mm)	$T_1 =$ 63 666.7 N·mm
(3) 接触疲劳许用应力 $[\sigma_H] = \dfrac{\sigma_{H\lim}}{S_H}Z_N$ 按齿面硬度中间值查图 6-10 得 $\sigma_{H\lim1}=600$ MPa，$\sigma_{H\lim2}=550$ MPa 按一年工作 300 天计算，应力循环次数 $N_1 = 60njL_h = 60\times750\times1\times10\times300\times8 = 1.08\times10^9$ $N_2 = \dfrac{N_1}{i} = \dfrac{1.08\times10^9}{4} = 2.7\times10^8$ 由图 6-12 得接触疲劳寿命系数 $Z_{N1}=1$，$Z_{N2}=1.08$　($N_1 > N_0, N_0 = 10^9$) 按一般可靠性要求，取 $S_H=1$，则 $[\sigma_{H1}] = \dfrac{600\times1}{1} = 600$ (MPa) $[\sigma_{H2}] = \dfrac{550\times1.08}{1} = 594$ (MPa) 取 $[\sigma_H]=594$ MPa	$[\sigma_H]=594$ MPa
(4) 计算小齿轮分度圆直径 d_1。查表 6-4 按齿轮相对轴承对称布置取 $\Psi_d = 1.08, Z_H = 2.5$ 查表 6-5 得　$Z_E = 189.8\sqrt{\text{N/mm}^2}$ 将以上参数代入下式 $d_1 \geqslant \sqrt[3]{\dfrac{2KT_1}{\Psi_d}\left(\dfrac{Z_E Z_H}{[\sigma_H]}\right)^2 \dfrac{u\pm1}{u}}$ $= \sqrt[3]{\dfrac{2\times1.2\times63\ 666.7}{1.08}\times\left(\dfrac{189.8\times2.5}{594}\right)^2\times\dfrac{4+1}{4}} = 48.3$ (mm) 取 $d_1=50$ mm	$d_1=50$ mm
(5) 计算圆周速度 $v = \dfrac{n_1\pi d_1}{60\times1\ 000} = \dfrac{750\times3.14\times50}{60\times1\ 000} = 1.96$ (m/s) 因 $v < 6$ m/s，故取 8 级精度合适	8 级精度合适

续表 6-6

计 算 与 说 明	结果
4. 确定主要参数 (1)齿数。取 $z_1=20$,则 $z_2=z_1 i=20\times4=80$ (2)模数。$m=d_1/z_1=50/20=2.5$ (mm),正好是标准模数第二系列上的数值 (3)分度圆直径　$d_1=z_1 m=20\times2.5=50$ (mm) $d_2=z_2 m=80\times2.5=200$ (mm) (4)中心距　$a=(d_1+d_2)/2=(50+200)/2=125$ (mm) (5)齿宽　$b=\Psi_d d_1=1.08\times50=54$ (mm) 取 $b=60$ mm,$b_2=b=60$ mm,则$b_1=b_2+5=65$ (mm)	$z_1=20$　$z_2=80$ $m=2.5$ $d_1=50$ mm $d_2=200$ mm $a=125$ mm $b_2=60$ mm $b_1=65$ mm
5. 校核弯曲疲劳强度 (1)齿形系数 Y_{FS},由图 6-8 得:$Y_{FS1}=4.35$,$Y_{FS2}=3.97$ (2)弯曲疲劳许用应力:$[\sigma_F]=\dfrac{\sigma_{F\lim}}{S_F}Y_N$ 按齿面硬度中间值查图 6-9 得:$\sigma_{F\lim1}=240$ MPa,$\sigma_{F\lim2}=220$ MPa 由图 6-11 得弯曲疲劳寿命系数:$Y_{N1}=1$　($N_0=3\times10^6$, $N_1>N_0$) $Y_{N2}=1$　($N_0=3\times10^6$,$N_2>N_0$) 按一般可靠性要求,取弯曲疲劳安全系数 $S_F=1$,则 $[\sigma_{F1}]=\dfrac{\sigma_{F\lim1}}{S_F}Y_{N1}=240$ MPa,$[\sigma_{F2}]=\dfrac{\sigma_{F\lim2}}{S_F}Y_{N2}=220$ MPa (3)校核计算 $\sigma_{F1}=\dfrac{2KT_1}{bmd_1}Y_{FS1}=\dfrac{2\times1.2\times63\ 666.7}{60\times2.5\times50}\times4.35$ $=88.6\ (\text{MPa})<[\sigma_{F1}]$ $\sigma_{F2}=\sigma_{F1}Y_{FS2}/Y_{FS1}$ $=81(\text{MPa})<[\sigma_{F2}]$	$[\sigma_{F1}]=240$ MPa $[\sigma_{F2}]=220$ MPa 弯曲强度足够
6. 结构设计(略)	

任务五　标准斜齿圆柱齿轮传动的强度计算

一、轮齿的受力分析

图 6-13 所示为斜齿圆柱齿轮传动的受力情况,当主动齿轮上作用转矩 T_1时,若忽略接触面的摩擦力,齿轮上的法向力 F_n作用在垂直于齿面的法向平面,将 F_n在分度圆上分解为相互垂直的三个分力,即圆周力 F_t、径向力 F_r和轴向力 F_a,各力的大小为

$$\left.\begin{aligned}F_t&=2T_1/d_1\\F_r&=F_t\tan\alpha_n/\cos\beta\\F_a&=F_t\tan\beta\\F_n&=F_t/(\cos\alpha_n\cos\beta)\end{aligned}\right\}\tag{6-10}$$

式中:β 为分度圆螺旋角;α_n 为法向压力角,标准齿轮 $\alpha_n=20°$。

圆周力和径向力方向的判断与直齿圆柱齿轮相同。轴向力 F_a的方向取决于齿轮的回

转方向和轮齿的旋向,可用“主动轮左、右手定则”来判断。即当主动轮是右旋时所受轴向力的方向用右手判断,四指沿齿轮旋转方向握轴,伸直大拇指,大拇指所指即为主动轮所受轴向力的方向。从动轮所受轴向力与主动轮的大小相等、方向相反,如图6-13(b)所示。

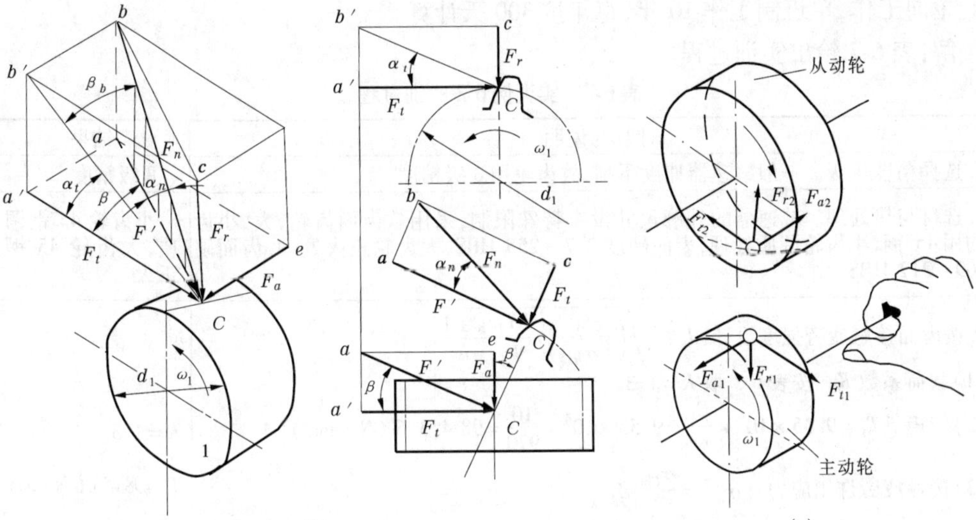

(a)　(b)

图6-13　斜齿圆柱齿轮传动的受力分析

二、齿根弯曲疲劳强度计算

斜齿轮的强度计算与直齿轮相似,但斜齿轮齿面上的接触线是倾斜的,故轮齿往往是局部折断,其计算按法平面当量直齿轮进行,以法向参数为依据。另外,斜齿圆柱齿轮接触线较长、重合度增大,故其计算公式与直齿轮的公式有所不同。具体如下

$$\sigma_F = \frac{1.6KT_1\cos\beta}{bm_n^2 z_1}Y_{FS} \leqslant [\sigma_F] \tag{6-11}$$

或

$$m_n \geqslant \sqrt[3]{\frac{1.6KT_1\cos^2\beta \cdot Y_{FS}}{\Psi_d z_1^2[\sigma_F]}} \tag{6-12}$$

式中:Y_{FS}为齿形系数,应根据当量齿数z_v查图6-8,其中$z_v = z/\cos^3\beta$;β为斜齿轮螺旋角,一般$\beta = 8° \sim 20°$;其他符号代表的意义、单位及确定方法均与直齿圆柱齿轮相同。

三、齿面接触疲劳强度计算

斜齿圆柱齿轮传动的齿面接触疲劳强度,也按齿轮上的法平面当量直齿圆柱齿轮计算。一对钢制斜齿圆柱齿轮传动的计算公式如下

$$\sigma_H = Z_E Z_H Z_\beta\sqrt{\frac{2KT_1(u \pm 1)}{bd_1^2 u}} \approx 650\sqrt{\frac{KT_1(u \pm 1)}{bd_1^2 u}} \leqslant [\sigma_H] \tag{6-13}$$

或

$$d_1 \geqslant \sqrt[3]{\left(\frac{650}{[\sigma_H]}\right)^2\frac{KT_1}{\Psi_d}\frac{u \pm 1}{u}} \tag{6-14}$$

式中:Z_β为螺旋角系数,考虑螺旋角造成接触线倾斜而对接触强度产生的影响,

$Z_\beta=\sqrt{\cos\beta}$;其余各符号所代表的意义、单位及确定方法均与直齿圆柱齿轮相同。

【实训例 6-2】 试设计一单级减速器中的标准斜齿圆柱齿轮传动,已知主动轴由电动机直接驱动,功率 $P=10$ kW,转速 $n_1=970$ r/min ,传动比 $i=4.6$,工作载荷有中等冲击。单向工作,单班制工作 10 年,每年按 300 天计算。

解:表 6-7 给出实训过程。

表 6-7 实训例 6-2 实训过程

计算与说明	结果
1. 选择精度等级。一般减速器速度不高,故齿轮用 8 级精度	8 级精度
2. 选材与热处理。减速器的外廓尺寸没有特殊限制,采用软齿面齿轮,大、小齿轮均用 45 钢,小齿轮调质处理,齿面硬度 217 ~ 255 HBS,大齿轮正火处理,齿面硬度169 ~ 217 HBS	小齿轮 45 钢调质,大齿轮 45 钢正火
3. 按齿面接触疲劳强度设计:$d_1\geqslant\sqrt[3]{\left(\frac{650}{[\sigma_H]}\right)^2\frac{KT_1}{\Psi_d}\frac{u\pm1}{u}}$ (1)载荷系数 K。按表 6-3 取 $K=1.3$ (2)转矩。$T_1=9.55\times10^6\times\frac{P_1}{n_1}=9.55\times10^6\times\frac{10}{970}=98\,453.6$ (N · mm) (3)接触疲劳许用应力:$[\sigma_H]=\frac{\sigma_{H\lim}}{S_H}Z_N$ 按齿面硬度中间值查图 6-10 得:$\sigma_{H\lim1}=600$ MPa,$\sigma_{H\lim2}=550$ MPa 应力循环次数 $N_1=60njL_h=60\times970\times1\times10\times300\times8=1.39\times10^9$ $N_2=\frac{N_1}{i}=\frac{1.39\times10^9}{4.6}=3.036\times10^8$ 查图 6-12 得接触疲劳寿命系数 $Z_{N1}=1$、$Z_{N2}=1.08$ ($N_0=10^9,N_1>N_0$) 按一般可靠性要求,取 $S_H=1$,则 $[\sigma_{H1}]=\frac{600\times1}{1}=600$ (MPa) $[\sigma_{H2}]=\frac{550\times1.08}{1}=594$ (MPa) 查表 6-4 取 $\Psi_d=1.1$;查表 6-5 得 $Z_E=189.8\sqrt{\text{N/mm}^2}$ (4)计算小齿轮分度圆直径 $d_1\geqslant\sqrt[3]{\left(\frac{650}{[\sigma_H]}\right)^2\frac{KT_1}{\Psi_d}\frac{u\pm1}{u}}$ $=\sqrt[3]{\left(\frac{650}{594}\right)^2\times\frac{1.3\times98\,453.6}{1.1}\times\frac{4.6+1}{4.6}}=55.35$ (mm)	$K=1.3$ $T_1=98\,453.6$ N · mm $[\sigma_H]=594$ MPa 取 $d_1=60$ mm
4. 确定主要参数 (1)齿数。取 $z_1=20$,则 $z_2=z_1i=20\times4.6=92$ (2)初选螺旋角。$\beta_0=15°$ (3)确定模数。$m_n=d_1\cos\beta_0/z_1=55.35\times\cos15°/20=2.67$ (mm) 查表,取标准值 $m_n=2.75$ mm (4)计算中心距 a 。 $d_2=d_1\,i=55.35\times4.6=254.61$ (mm) 初定中心距 $a_0=(d_1+d_2)/2=(55.35+254.61)/2=154.98$ (mm) 圆整取 $a=160$ mm (5)计算螺旋角 β 。$\cos\beta=m_n(z_1+z_2)/(2a)=2.75\times(20+92)/(2\times160)=0.962\,5$,则 $\beta=15°44'26''$,β 在 8° ~ 20°的范围内,故合适 (6)计算主要尺寸 分度圆直径 $d_1=m_n\,z_1/\cos\beta=2.75\times20\,/\,0.962\,5=57.14$ (mm) $d_2=m_n\,z_2/\cos\beta=2.75\times92\,/\,0.962\,5=262.86$ (mm) 齿宽 $b=\Psi_d\,d_1=1.1\times57.14=62.85$ (mm) 取 $b=65$ mm,$b_2=b=65$ mm,则 $b_1=b_2+5=70$ (mm)	$z_1=20$ $z_2=92$ $m_n=2.75$ mm $a=160$ mm $\beta=15°44'26''$ $d_1=57.14$ mm $d_2=262.86$ mm $b_2=65$ mm $b_1=70$ mm

续表 6-7

计算与说明	结果
5. 验算圆周速度 v_1。$v_1=\pi n_1 d_1/(60\times 1\,000)$ $=3.14\times 970\times 57.14/(60\times 1\,000)=2.90\ (\mathrm{m/s})$ 因 $v<6$ m/s，故取 8 级精度合适	8 级齿轮精度合适
6. 校核弯曲疲劳强度。$\sigma_F=\dfrac{1.6KT_1\cos\beta}{bm_n^2 z_1}Y_{FS}$ (1)齿形系数 Y_{FS}。$z_{v1}=z_1/\cos^3\beta=20/0.962\,5^3=22.4$ $z_{v2}=z_2/\cos^3\beta=92/0.962\,5^3=103.2$ 由图 6-8 得：$LY_{FS1}=4.31, Y_{FS2}=3.93$ (2)弯曲疲劳许用应力。按齿面硬度中间值查图 6-9 得 $\sigma_{F\lim1}=240\ \mathrm{MPa}, \sigma_{F\lim2}=220\ \mathrm{MPa}$ 由图 6-11 得：$Y_{N1}=1$，$Y_{N2}=1$，取 $S_F=1$，则 $[\sigma_{F1}]=240\ \mathrm{MPa}, [\sigma_{F2}]=220\ \mathrm{MPa}$ $\sigma_{F1}=\dfrac{1.6KT_1\cos\beta}{bm_n^2 z_1}Y_{FS}$ $=\dfrac{1.6\times 1.3\times 98\,453.6\times 0.962\,5}{65\times 2.75^2\times 20}\times 4.31=86.41\ (\mathrm{MPa})<[\sigma_{F1}]$ $\sigma_{F2}=\sigma_{F1}Y_{FS2}/Y_{FS1}=78.79\ \mathrm{MPa}<[\sigma_{F1}]$	$[\sigma_{F1}]=240$ MPa $[\sigma_{F2}]=220$ MPa 强度足够
7. 结构设计(略)	

任务六 标准直齿圆锥齿轮传动的强度计算

一、轮齿受力分析

一对直齿圆锥齿轮啮合传动时，如果不考虑摩擦力的影响，轮齿间的作用力可以近似简化为作用于齿宽中点节线的集中载荷 F_n，其方向垂直于工作齿面。如图 6-14 所示为主动锥齿轮的受力情况，轮齿间的法向作用力 F_n 可分解为三个互相垂直的分力：圆周力 F_{t1}、径向力 F_{r1} 和轴向力 F_{a1}。各力的大小为

$$\left.\begin{aligned} F_{t1} &= \frac{2T_1}{d_{m1}} \\ F_{r1} &= F'\cos\delta_1 = F_{t1}\tan\alpha\cos\delta_1 \\ F_{a1} &= F'\sin\delta_1 = F_{t1}\tan\alpha\sin\delta_1 \\ F_n &= \frac{F_{t1}}{\cos\alpha} \end{aligned}\right\} \tag{6-15}$$

式中：d_{m1} 为主动锥齿轮分度圆锥上齿宽中点处的直径，也称分度圆锥的平均直径，可根据锥距 R、齿宽 b 和分度圆直径 d_1 确定，即

$$d_{m1} = (1-0.5\Psi_R)d_1 \tag{6-16}$$

式中：$\Psi_R=b/R$ 称齿宽系数，通常取 $\Psi_R=0.25\sim 0.35$。

圆周力的方向在主动轮上与回转方向相反，在从动轮上与回转方向相同；径向力的方

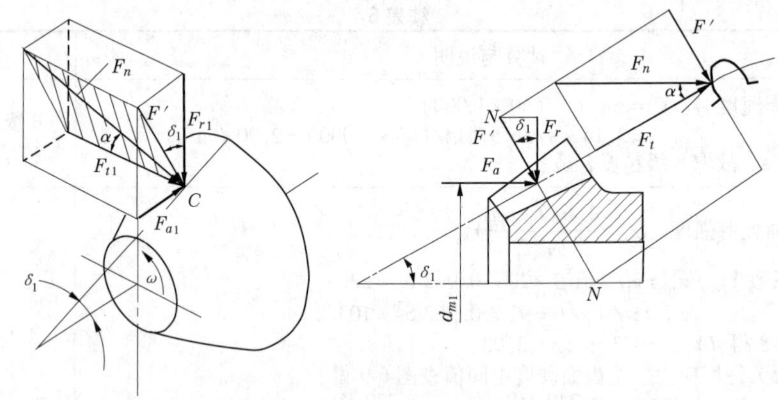

图 6-14 直齿圆锥齿轮的受力分析

向分别指向各自的轮心;轴向力的方向分别指向大端。根据作用力与反作用力的原理得主、从动轮上三个分力之间的关系:$F_{t1}=-F_{t2}$、$F_{r1}=-F_{a2}$、$F_{a1}=-F_{r2}$,负号表示方向相反。

二、齿面接触疲劳强度计算

直齿圆锥齿轮的失效形式及强度计算的依据与直齿圆柱齿轮基本相同,可近似按齿宽中点的一对当量直齿圆柱齿轮来考虑。将当量齿轮有关参数代入直齿圆柱齿轮齿面接触疲劳强度计算公式,则得圆锥齿轮齿面接触疲劳强度的计算公式分别为

$$\sigma_H = Z_E Z_H \sqrt{\frac{4.7KT_1}{\Psi_R(1-0.5\Psi_R)^2 d_1^3 u}} \leqslant [\sigma_H] \tag{6-17}$$

$$d_1 \geqslant \sqrt[3]{\frac{4.7KT_1}{\Psi_R(1-0.5\Psi_R)^2 u}\left(\frac{Z_E Z_H}{[\sigma_H]}\right)^2} \tag{6-18}$$

式中:Z_E为齿轮材料弹性系数,见表6-5;Z_H为节点啮合系数,标准齿轮正确安装时$Z_H=2.5$;$[\sigma_H]$为许用应力,确定方法与直齿圆柱齿轮相同。

三、齿根弯曲疲劳强度计算

将当量齿轮有关参数代入直齿圆柱齿轮齿根弯曲疲劳强度计算公式,则得圆锥齿轮齿根弯曲疲劳强度的计算公式为

$$\sigma_F = \frac{4.7KT_1}{\Psi_R(1-0.5\Psi_R)^2 z_1^2 m^3 \sqrt{u^2+1}} Y_{FS} \leqslant [\sigma_F] \tag{6-19}$$

$$m \geqslant \sqrt[3]{\frac{4.7KT_1}{\Psi_R(1-0.5\Psi_R)^2 z_1^2 [\sigma_F]\sqrt{u^2+1}} Y_{FS}} \tag{6-20}$$

式中:Y_{FS}为齿形系数,应根据当量齿数$z_v(z_v=z/\cos\delta)$由图6-8查得;$[\sigma_F]$为许用弯曲应力,确定方法与直齿圆柱齿轮相同。

任务七　齿轮的结构设计

通过齿轮传动的强度计算，确定齿数、模数、螺旋角、分度圆直径等主要参数和尺寸后，还要通过结构设计确定齿圈、轮辐、轮毂等的结构形式及尺寸大小。齿轮的结构形式主要依据齿轮的尺寸、材料、加工工艺、经济性等因素而定，各部分尺寸由经验公式求得。

一、齿轮轴和盘式齿轮

较小的钢制圆柱齿轮，其齿根圆至键槽底部的距离 $\delta \leqslant 2m$（m 为模数），或圆锥齿轮小端齿根圆至键槽底部的距离 $\delta \leqslant 1.6m$（m 为大端模数）时（见图 6-15），齿轮和轴做成一体，称为齿轮轴（见图 6-16）。

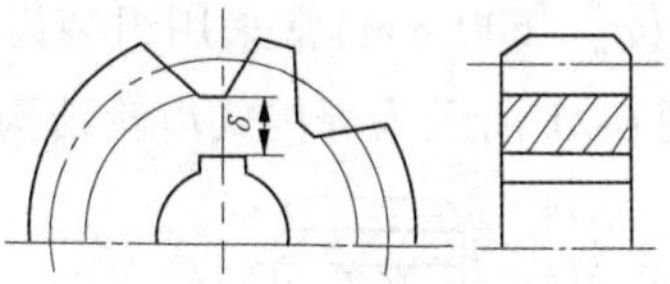

图 6-15　齿轮结构尺寸 δ

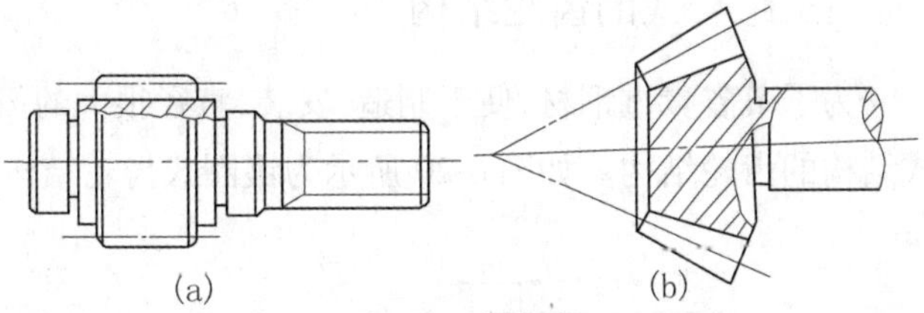

图 6-16　齿轮轴

齿轮轴的刚度较好，但制造较复杂，齿轮损坏时轴将同时报废，故直径较大的齿轮应把齿轮和轴分开制造。

当齿顶圆直径 $d_a \leqslant 200$ mm，且 δ 超过上述尺寸时，可做成盘式结构的齿轮，如图 6-17 所示。

二、腹板式和轮辐式齿轮

齿顶圆直径 $d_a \leqslant 500$ mm 的较大尺寸的齿轮，为减轻重量、节省材料，可做成腹板式的结构，如图 6-18 所示。

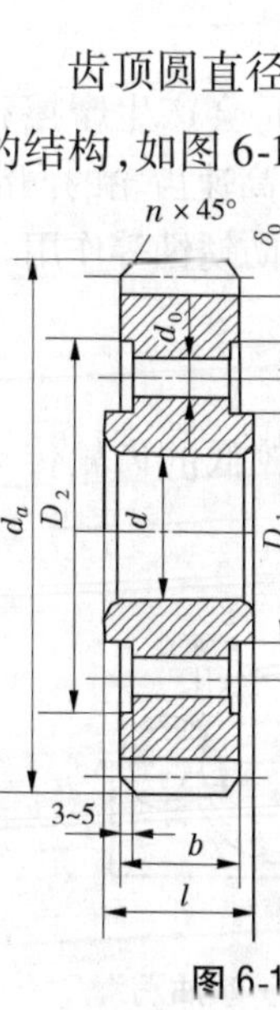

适用条件：$d_a \leqslant 200$ mm

$D_1 = 1.6d$

$d_0 = 0.2(D_2 - D_1)$

$\delta_0 = 2.5m_n$，但不小于 8 mm

$1.5d > l \geqslant b$

$D_0 = 0.5(D_2 + D_1)$

当 $d_0 < 10$ mm 时可不必制孔

$n = 0.5m_n$

图 6-17　盘式齿轮

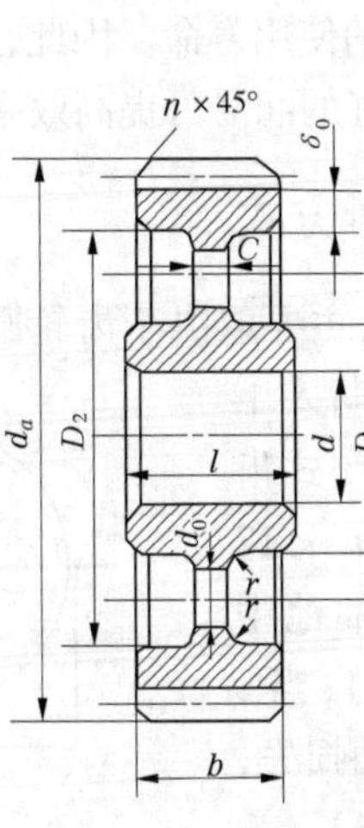

适用条件：$d_a \leqslant 500$ mm

锻钢

$\delta_0 = (2.5\sim4)m_n$，但不小于 8 mm

$d_0 = 0.25(D_2 - D_1)$

$D_0 = 0.5(D_2 + D_1)$

$C = 0.3b$（自由锻）

$C = 0.2b$（模段锻），但不小于 8 mm

$r \approx 0.5C$

$n = 0.5m_n$

$D_1 = 1.6d$

图 6-18　腹板式齿轮

齿顶圆直径 $d_a \geqslant 400$ mm 时常用铸铁或铸钢制成轮辐式,如图 6-19 所示。

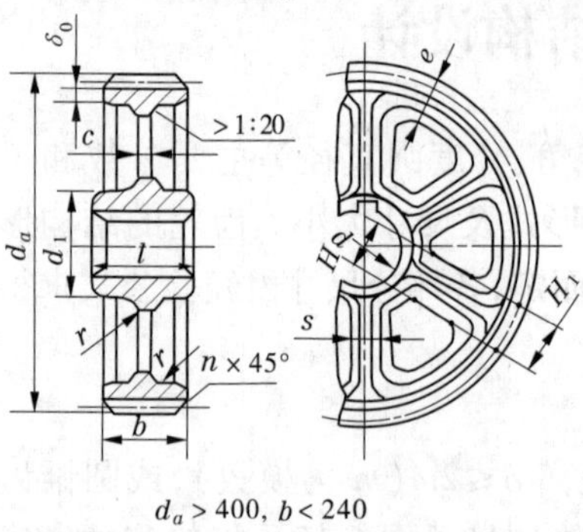

$d_1=1.6d$(铸钢),$d_1=1.8d$(铸铁)

$1.5d>l\geqslant b$

$\delta_0=(3\sim4)m_t$,但不小于 8 mm

$H=0.8d$(铸钢),$H=0.9d$(铸铁)

$H_1=0.8H$

$c=(1\sim1.3)\delta_0$,$s=0.8c$

$e=(1\sim1.2)\delta_0$,$n=0.5m_t$,$r\approx0.5c$

图 6-19　轮辐式齿轮

三、组合式的齿轮结构

为了节省贵重钢材,便于制造、安装,直径很大的齿轮($d_a>600$ mm)常采用组装齿圈式结构的齿轮结构。如图 6-20 所示为镶圈式齿轮结构,图 6-21 所示为焊接式齿轮结构。

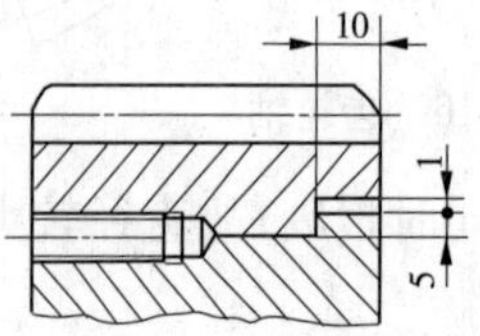

图 6-20　镶圈式齿轮结构

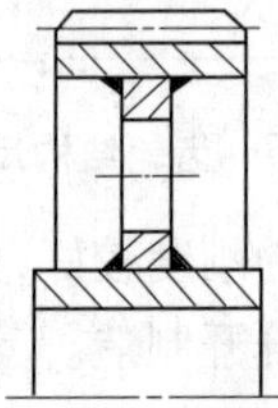

图 6-21　焊接式齿轮结构

任务八　齿轮传动的润滑

齿轮啮合传动时,相啮合的齿面间既有相对滑动,又承受较高的压力,会产生摩擦和磨损,造成发热,影响齿轮的使用寿命。因此,必须考虑齿轮的润滑,特别是高速齿轮的润滑更应给予足够的重视。良好的润滑可提高效率,减少磨损,还可以起散热及防锈蚀等作用。

一、齿轮传动的润滑方式

齿轮传动的润滑方式,主要取决于齿轮圆周速度的大小。对于速度较低的齿轮传动或开式齿轮传动,采用定期人工加润滑油或润滑脂。对于闭式齿轮传动,当齿轮圆周速度 $v<12$ m/s 时,采用大齿轮浸入油池中进行浸油润滑(见图 6-22);当 $v>12$ m/s 时,为了避免搅油损失,常采用喷油润滑(见图 6-23)。

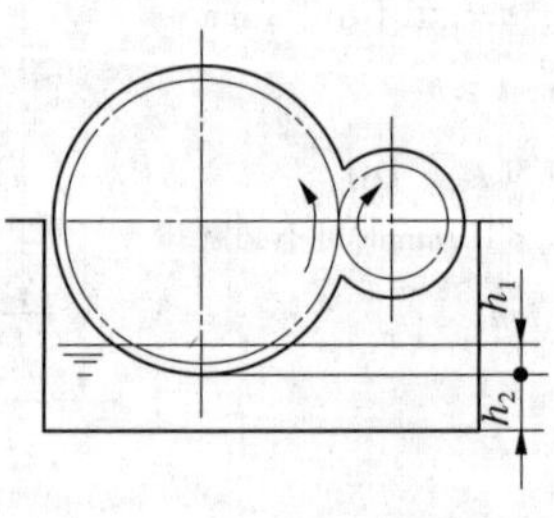

图 6-22　浸油润滑

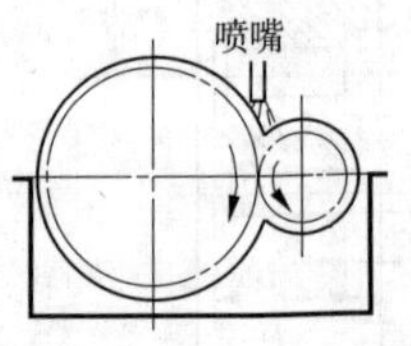

图 6-23　喷油润滑

二、齿轮润滑油的选择

齿轮传动的润滑剂多采用润滑油，润滑油的黏度通常根据齿轮的承载情况和圆周速度来选取（见表6-8）。速度不高的开式齿轮也可采用脂润滑。按选定的润滑油黏度即可确定润滑油的牌号。

表6-8　齿轮润滑油黏度选择　（单位：mm^2/s）

齿轮材料	强度极限 σ_b (N/mm^2)	圆周速度 v(m/s)						
		<0.5	0.5~1	1~2.5	2.5~5	5~12.5	12.5~25	>25
铸铁、青铜	—	320	320	150	100	68	46	—
钢	450~1 000	460	320	220	150	100	68	46
钢	1 000~1 250	460	460	320	220	150	100	68
钢	1 250~1 600	1 000	460	460	320	220	150	100
渗碳或表面淬火钢		1 000	460	460	320	220	150	100

习题六

6-1　齿轮传动常见的失效形式有哪些？产生的原因是什么？如何提高齿轮抗失效能力？

6-2　一般使用的闭式硬齿面、闭式软齿面和开式齿轮传动的设计计算准则是什么？

6-3　在设计软齿面齿轮传动时，为什么常使小齿轮的齿面硬度高于大齿轮齿面硬度30~50 HBS？

6-4　图6-24所示为两级斜齿圆柱齿轮减速器和一对开式锥齿轮所组成的传动系统。已知：动力由Ⅰ轴输入，转动方向如图所示。为使Ⅱ轴和Ⅲ轴上的轴向力尽可能小，试确定减速器中各斜齿轮轮齿的旋向。

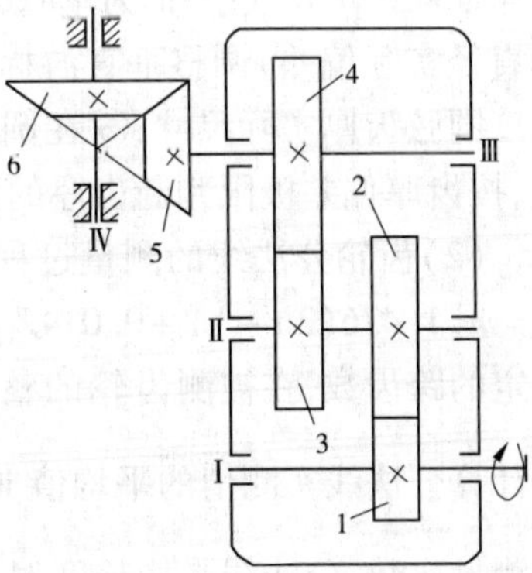

图6-24

6-5　一对标准斜齿圆柱齿轮传动，已知 $z_1=25$，$z_2=75$，$m_n=5$ mm，$\alpha=20°$，$\beta=9°6'51''$。①试计算该对齿轮传动的中心距 a；②若要将中心距改为255 mm，而齿数和模数不变，则应将 β 改为多少才可满足要求？

6-6　已知一对直齿圆锥齿轮传动，模数 $m=4$ mm，齿数 $z_1=20$，$z_2=40$，齿宽 $b=25$ mm，小锥齿轮上的功率 $P=2$ kW，转速 $n=250$ r/min，试计算作用在轮齿上的各分力大小。

6-7　现有一对由电动机驱动的闭式直齿圆锥齿轮传动（$\Sigma=90°$），已知小锥齿轮传递功率 $P=10$ kW，转速 $n_1=960$ r/min，大端模数 $m=4$ mm，齿数 $z_1=24$，$z_2=96$，齿宽 $b=60$ mm；小锥齿轮悬臂布置，单向运转，载荷中等冲击；小齿轮45钢调质，硬度为

240 HBS,大齿轮45钢正火,硬度为200 HBS,试校核齿轮强度。

实训六　齿轮的传动设计及参数测量

1. 实训目的

(1)通过测量和计算,了解齿厚偏差的定义,掌握常用量具测定渐开线直齿圆柱齿轮基本参数的方法,加深理解齿轮各参数之间的相互关系和渐开线的性质。

(2)公法线是指齿轮卡尺跨过 n 个齿所量得的齿廓间的法向距离,通过齿轮公法线长度测量,加深理解公法线长度变动及平均长度偏差的含义。

(3)掌握齿轮传动的设计计算。

2. 实训内容和要求

(1)用齿轮卡尺测量齿轮分度圆齿厚偏差。

(2)用公法线千分尺测量齿轮公法线平均长度偏差与公法线长度变动。

(3)试设计一用于皮带输送机的减速器中的一对直齿圆柱齿轮。已知传递的功率 $P=10$ kW,原动机为电动机,其转速 $n_1=960$ r/min,传动比 $i=4$;单向传动,工作平稳;单班制工作,使用寿命10年。

(4)设计一电动机驱动的两级标准斜齿圆柱齿轮减速器的高速级齿轮传动。已知传递功率 $P=4$ kW,主动小齿轮转速 $n_1=960$ r/min,传动比 $i=3$;工作时有中等冲击,单向运转;两班制,使用5年。

3. 实训过程

(1)测量齿轮分度圆齿厚偏差的过程。①测量齿顶圆实际直径;②计算或查表求出分度圆弦齿高和弦齿厚的理论值:$h_f=m[1+\frac{Z}{2}(1-\cos\frac{90°}{Z})]$,$S_f=mz\sin\frac{90°}{Z}$;③按修正值 $h'=h_f+\Delta D_e/2$(式中:h'为垂直游标尺实际调整值,h_f 为公称分度圆弦齿高,ΔD_e 为齿顶圆直径实际偏差)调整垂直游标尺;④使垂直游标尺与齿顶接触定位,用水平游标尺测量分度圆弦齿厚实际尺寸;⑤在圆周上均匀选择若干个齿进行测量,并计算各齿的齿厚偏差,按齿厚偏差极限判断齿厚的合格性。

(2)齿轮公法线的测量过程。①计算公法线公称长度 W 和跨齿数 n,$n=Z/9+0.5$,$W=m[1.476(2n-1)+0.014Z]$(式中:Z 为被测齿轮齿数,m 为齿轮模数);②按上述所确定的跨齿数,在被测齿轮的整个圆周上进行测量,记下每次测量结果 W_1、W_2、…、W_N;③计算公法线实测值的平均值 W_m 及平均长度偏差 ΔE_w,$W_m=\frac{W_1+W_2+\cdots+W_N}{N}$,式中 N 为测量次数,公法线平均长度偏差 ΔE_w 是指在齿轮一周内,公法线长度平均值与公称值之差:$\Delta E_w=W_m-W$;④计算公法线长度变动 ΔF_w,公法线长度变动是指在齿轮一周范围内,实际公法线最大值与最小值之差:$\Delta F_w=W_{max}-W_{min}$;⑤按技术要求判定 ΔE_w 及 ΔF_w 的合格性。

(3)直齿圆柱齿轮传动设计过程。参考实训例6-1。

(4)标准斜齿圆柱齿轮传动设计过程。参考实训例6-2。

项目七　蜗杆传动

案例导入：卷扬机、带式运输机等起重类机械，要求用低速大扭矩、小功率大传动比、防止负载反传等传动装置，这是齿轮传动难以胜任的。蜗杆传动具有传动比大、结构紧凑、不可逆传等优点，在机床、冶金、矿山、起重运输机械中得到广泛应用。

任务一　蜗杆传动的类型和特点

蜗杆传动由蜗杆、蜗轮和机架组成，用来传递空间两交错轴的运动和动力，如图 7-1 所示。通常两轴交错角为 90°，蜗杆为主动件。

一、蜗杆传动的类型

如图 7-2 所示，根据蜗杆的形状，蜗杆传动可分为圆柱蜗杆传动(见图(a))、环面蜗杆传动(见图(b))和锥面蜗杆传动(见图(c))。

圆柱蜗杆传动，按蜗杆轴面齿型又可分为普通蜗杆传动和圆弧齿圆柱蜗杆传动。

普通蜗杆传动多用直母线刀刃的车刀在车床上切制，可分为阿基米德蜗杆(ZA 型)、渐开线蜗杆(ZI 型)和法面直齿廓蜗杆(ZN 型)等几种。

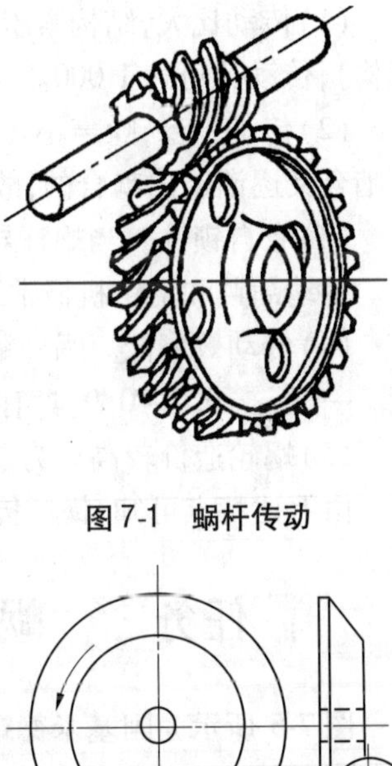

图 7-1　蜗杆传动

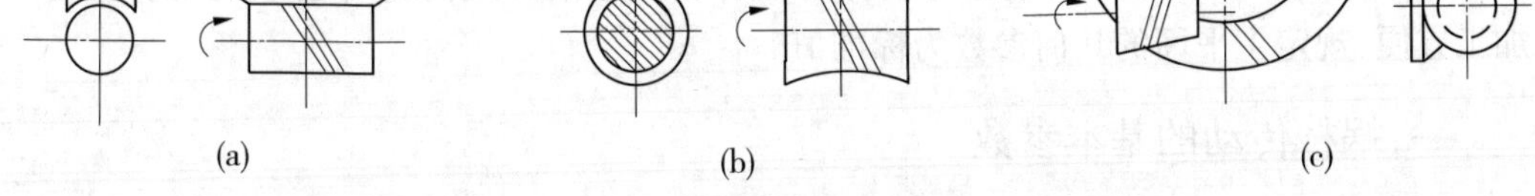

图 7-2　蜗杆传动的类型

如图 7-3 所示，车制阿基米德蜗杆时刀刃顶平面通过蜗杆轴线。该蜗杆轴向齿廓为直线，端面齿廓为阿基米德螺旋线。阿基米德蜗杆易车削难磨削，通常在无需磨削加工情况下被采用，广泛用于转速较低的场合。

如图 7-4 所示，车制渐开线蜗杆时，刀刃顶平面与基圆柱相切，两把刀具分别切出左、右侧螺旋面。该蜗杆轴向齿廓为外凸曲线，端面齿廓为渐开线。渐开线蜗杆可在专用机床上磨削，制造精度较高，可用于转速较高、功率较大的传动。

蜗杆传动类型很多,本项目仅讨论目前应用最为广泛的阿基米德蜗杆传动。

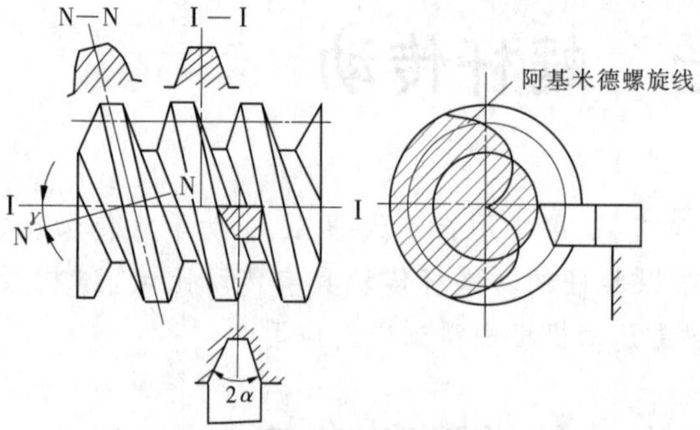

图7-3　阿基米德蜗杆

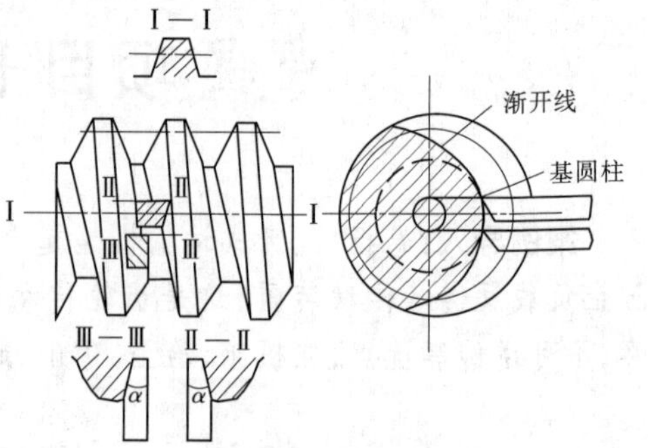

图7-4　渐开线蜗杆

二、蜗杆传动的特点

(1)传动比大,结构紧凑。单级传动比一般为10~40(<80),只传动运动时(如分度机构),传动比可达1 000。

(2)传动平稳,噪声小。由于蜗杆上的齿是连续的螺旋齿,蜗轮轮齿和蜗杆是逐渐进入啮合又逐渐退出啮合的,故传动平稳,噪声小。

(3)有自锁性。当蜗杆导程角小于当量摩擦角时,蜗轮不能带动蜗杆转动,呈自锁状态。手动葫芦和浇铸机械常采用蜗杆传动以满足自锁要求。

(4)传动效率低。蜗杆蜗轮啮合处有较大的相对滑动,摩擦剧烈,发热量大,故效率低。一般$\eta=0.7\sim0.9$,具有自锁性能的蜗杆效率仅0.4。

(5)蜗轮造价较高。为了减摩和耐磨,蜗轮常用青铜制造,材料成本较高。

由上述特点可知,蜗杆传动适用于传动比大、传递功率不大、两轴空间交错的场合。

任务二　蜗杆传动的基本参数和几何尺寸计算

图7-5所示为阿基米德蜗杆传动,通过蜗杆轴线并垂直于蜗轮轴线的平面称为主平面(中间平面)。在主平面上蜗轮与蜗杆的啮合相当于渐开线齿轮与齿条的啮合。为了加工方便,规定主平面的几何参数为标准值。

一、蜗杆传动的基本参数

(一)蜗杆头数z_1、蜗轮齿数z_2和传动比i

蜗杆头数z_1,即为蜗杆螺旋线的数目。蜗杆的头数一般取$z_1=1\sim6$。当传动比大于40或要求自锁时取$z_1=1$;当传动功率较大时,为提高传动效率取较大值,但蜗杆头数过多,加工精度难以保证。

蜗轮的齿数一般取$z_2=27\sim80$。z_2过少将产生根切;z_2过大,蜗轮直径增大,与之相应的蜗杆长度增加,刚度减小。

蜗杆传动的传动比i等于蜗杆与蜗轮转速之比。当蜗杆回转一周时,蜗轮被蜗杆推

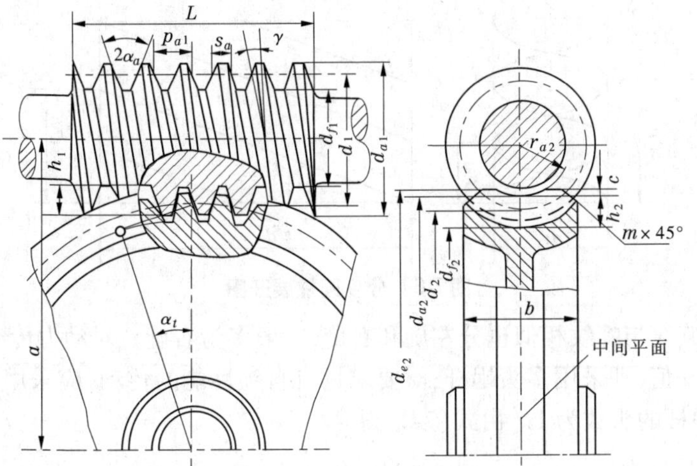

图 7-5　阿基米德蜗杆传动的几何尺寸

动转过 z_1 个齿(或 z_1/z_2 周),因此传动比为

$$i = \frac{n_1}{n_2} = \frac{z_2}{z_1} \tag{7-1}$$

式中:n_1、n_2 分别为蜗杆和蜗轮的转速,r/min。

在蜗杆传动设计中,传动比的公称值按下列数值选取:5、7.5、10、12.5、15、20、25、30、40、50、60、70、80。其中,10、20、40、80 为基本传动比,应优先选用。z_1、z_2 可根据传动比 i 按表 7-1 选取。

表 7-1　z_1 和 z_2 的推荐值

i	7～8	9～13	14～24	25～27	28～40	>40
z_1	4	3～4	2～3	2～3	1～2	1
z_2	28～32	27～52	28～72	50～81	28～80	>40

(二)模数 m 和压力角 α

由于蜗杆传动在主平面内相当于渐开线齿轮与齿条的啮合,而主平面是蜗杆的轴向平面又是蜗轮的端面(见图 7-5),与齿轮传动相同,为保证轮齿的正确啮合,蜗杆的轴向模数 m_{a1} 应等于蜗轮的端面模数 m_{t2};蜗杆的轴向压力角 α_{a1} 应等于蜗轮的端面压力角 α_{t2};蜗杆分度圆导程角 γ 应等于蜗轮分度圆螺旋角 β,且两者螺旋方向相同。即

$$m_{a1} = m_{t2} = m$$

$$\alpha_{a1} = \alpha_{t2} = \alpha$$

$$\gamma = \beta$$

(三)蜗杆的分度圆直径 d_1 和导程角 γ

如图 7-6 所示,将蜗杆分度圆柱展开,其螺旋线与端平面的夹角 γ 称为蜗杆的导程角,可得

$$\tan\gamma = \frac{z_1 p_{a1}}{\pi d_1} = \frac{z_1 m}{d_1} \tag{7-2}$$

式中:p_{a1} 为蜗杆轴向齿距,mm;d_1 为蜗杆分度圆直径,mm。

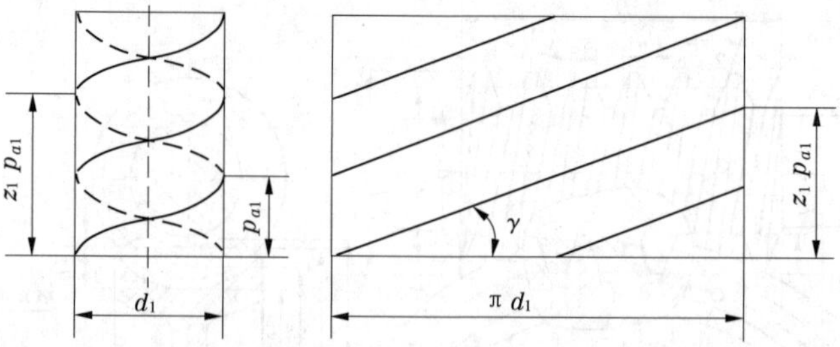

图 7-6　分度圆柱展开图

蜗杆的螺旋线与螺纹相似也分左旋和右旋，一般多为右旋。对动力传动，为提高效率应采用较大的 γ 值，即采用多头蜗杆；对要求具有自锁性能的传动，应采用 $\gamma<3°30''$的蜗杆传动，此时蜗杆的头数为 1。由式(7-2)得

$$d_1 = m\frac{z_1}{\tan\gamma} = mq \tag{7-3}$$

式中：$q=\dfrac{z_1}{\tan\gamma}$称为蜗杆的直径系数，当 m 一定时，q 值增大，则蜗杆直径 d_1 增大，蜗杆的刚度提高。小模数蜗杆一般有较大的 q 值，以使蜗杆有足够的刚度。

蜗杆与蜗轮正确啮合，加工蜗轮的滚刀直径和齿形参数必须与相应的蜗杆相同，为限制蜗轮滚刀的数量，d_1 亦标准化。d_1 与 m 有一定的匹配，如表 7-2 所示。

表 7-2　蜗杆基本参数($\Sigma=90°$)(摘自 GB/T 10085—88)

模数 m (mm)	分度圆直径 d_1 (mm)	蜗杆头数 z_1	直径系数 q	m^2d_1 (mm^3)	模数 m (mm)	分度圆直径 d_1 (mm)	蜗杆头数 z_1	直径系数 q	m^2d_1 (mm^3)
1	18	1	18.000	18	6.3	(80)	1,2,4	12.698	3 175
1.25	20	1	16.000	31.25		112	1	17.778	4 445
	22.4	1	17.920	35	8	(63)	1,2,4	7.875	4 032
1.6	20	1,2,4	12.500	51.2		80	1,2,4,6	10.000	5 376
	28	1	17.500	71.68		(100)	1,2,4	12.500	6 400
2	(18)	1,2,4	9.000	72		140	1	17.500	8 960
	22.4	1,2,4,6	11.200	89.6	10	(71)	1,2,4	7.100	7 100
	(28)	1,2,4	14.000	112		90	1,2,4,6	9.000	9 000
	35.5	1	17.750	142		(112)	1,2,4	11.200	11 200
2.5	(22.4)	1,2,4	8.960	140		160	1	16.000	16 000
	28	1,2,4,6	11.200	175	12.5	(90)	1,2,4	7.200	14 062
	(35.5)	1,2,4	14.200	221.9		112	1,2,4	8.960	17 500
	45	1	18.000	281		(140)	1,2,4	11.200	21 875
3.15	(28)	1,2,4	8.889	278		200	1	16.000	31 250
	35.5	1,2,4,6	11.27	352	16	(112)	1,2,4	7.000	28 672
	45	1,2,4	14.286	447.5		140	1,2,4	8.750	35 840
	56	1	17.778	556		(180)	1,2,4	11.250	46 080
4	(31.5)	1,2,4	7.875	504		250	1	15.625	64 000
	40	1,2,4,6	10.000	640	20	(140)	1,2,4	7.000	56 000
	(50)	1,2,4	12.500	800		160	1,2,4	8.000	64 000
	71	1	17.750	1 136		(224)	1,2,4	11.200	89 600
5	(40)	1,2,4	8.000	1 000		315	1	15.750	126 000
	50	1,2,4,6	10.000	1 250	25	(180)	1,2,4	7.200	112 500
	(63)	1,2,4	12.600	1 575		200	1,2,4	8.000	125 000
	90	1	18.000	2 250		(280)	1,2,4	11.200	175 000
6.3	(50)	1,2,4	7.936	1 985		400	1	16.000	250 000
	63	1,2,4,6	10.000	2 500					

注：1. 表中模数和分度圆直径仅列出了第一系列的较常用数据；

2. 括号内的数字尽可能不用。

（四）中心距 a

蜗杆传动中，当蜗杆节圆与蜗轮分度圆重合时称为标准传动，其中心距为

$$a = \frac{1}{2}(d_1 + d_2) \tag{7-4}$$

规定标准中心距为40、50、63、80、100、125、160、(180)、200、(225)、250、(280)、315、(355)、400、(450)、500。在蜗杆传动设计时中心距应按上述标准圆整。

二、蜗杆传动的几何尺寸计算

标准阿基米德蜗杆传动主要几何尺寸计算公式如表7-3所示。

表7-3　阿基米德蜗杆传动的几何尺寸计算公式

名　称	计　算　公　式	
	蜗　杆	蜗　轮
齿顶高和齿根高	$h_{a1} = h_{a2} = m, h_{f1} = h_{f2} = 1.2m$	
分度圆直径	$d_1 = mq$	$d_2 = mz_2$
齿顶圆直径	$d_{a1} = m(q+2)$	$d_{a2} = m(z_2+2)$
齿根圆直径	$d_{f1} = m(q-2.4)$	$d_{f2} = m(z_2-2.4)$
顶隙	$C = 0.2m$	
蜗杆轴向齿距、蜗轮端面齿距	$p_{a1} = p_{t2} = \pi m$	
蜗杆分度圆导程角 蜗轮分度圆螺旋角	$\gamma = \arctan(z_1/q)$	$\beta = \gamma$
中心距	$a = \frac{m}{2}(q+z_2)$	
蜗杆螺纹部分长度 蜗轮齿顶圆弧半径	$z_1 = 1、2$，$L \geqslant (11+0.06z_2)m$ $z_1 = 3、4$，$L \geqslant (12.5+0.09z_2)m$	$r_{a2} = a - \frac{1}{2}d_{a2}$
蜗轮外圆直径		$z_1 = 1$，$d_{e2} \leqslant d_{a2} + 2m$ $z_1 = 2、3$，$d_{e2} \leqslant d_{a2} + 1.5m$ $z_1 = 4 \sim 6$，$d_{e2} \leqslant d_{a2} + m$
蜗轮轮缘宽度		$z_1 = 1、2$，$b \leqslant 0.75d_{a1}$ $z_1 = 4 \sim 6$，$b \leqslant 0.67d_{a1}$

任务三　蜗杆传动的失效形式、设计准则、材料和结构

一、蜗杆传动的失效形式和设计准则

（一）齿面相对滑动速度 v_s

蜗杆传动中蜗杆的螺旋面和蜗轮齿面之间有较大的相对滑动，滑动速度 v_s 沿蜗杆螺旋线的切线方向。如图7-7所示，v_1 为蜗杆的圆周速度，v_2 为蜗轮的圆周速度，作速度三角形得

$$v_s = \sqrt{v_1^2 + v_2^2} = \frac{v_1}{\cos\gamma} \quad (7\text{-}5)$$

较大的滑动速度 v_s 对齿面的润滑情况、齿面的失效形式及传动效率都有很大的影响,其概略值如图 7-8 所示。

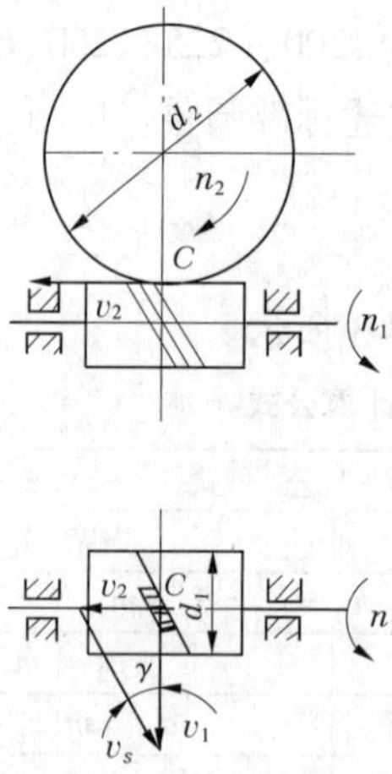

图 7-7　蜗杆传动滑动速度

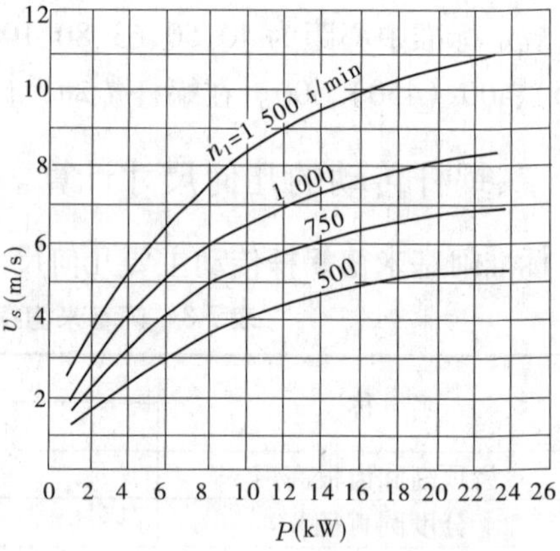

图 7-8　滑动速度 v_s 的概略值

(二)轮齿的失效形式和设计准则

蜗杆传动的失效形式与齿轮传动相似,有轮齿折断、齿面点蚀、齿面磨损和胶合等,但由于蜗杆、蜗轮的齿廓间相对滑动速度较大、发热量也大而且效率低,因此传动的主要失效形式为胶合、磨损和点蚀。由于蜗杆的齿是连续的螺旋线,且蜗杆的强度高于蜗轮,因而失效多发生在蜗轮轮齿上。在闭式传动中,蜗轮的主要失效形式是胶合与点蚀;在开式传动中,主要失效形式是磨损。

综上所述,蜗杆传动的设计准则为:闭式蜗杆传动按齿面接触疲劳强度设计,并校核齿根弯曲疲劳强度,为避免发生胶合失效,还必须作热平衡计算;对开式蜗杆传动通常只需按齿根弯曲疲劳强度设计。实践证明,闭式蜗杆传动,当载荷平稳无冲击时,蜗轮轮齿因弯曲强度不足而失效的情况多发生于齿数 $80 < z_2 < 100$ 时,所以在齿数少于以上数值时,弯曲强度校核可不考虑。

二、蜗杆、蜗轮的材料和结构

(一)蜗杆、蜗轮的材料选择

根据蜗杆传动的主要失效形式可知,蜗杆和蜗轮材料不仅要求有足够的强度,更重要的是,要具有良好的减摩性、耐磨性和抗胶合能力。

蜗杆一般用碳钢或合金钢制造。对高速重载传动常用 15Cr、20Cr、20CrMnTi 等,经渗碳淬火,表面硬度达到 56 ~ 62 HRC,需要磨削。对中速中载传动,蜗杆材料可用 45、40Cr、35SiMn 等,表面淬火,表面硬度 45 ~ 55 HRC,需要磨削。对速度不高、载荷不大的蜗杆,材料可用 45 钢调质或正火处理,调质硬度 220 ~ 270 HBS。

蜗轮材料可参考相对滑动速度 v_s 来选择。铸造锡青铜抗胶合性、耐磨性好,易加工,

允许的滑动速度 v_s 高，但强度较低，价格较贵。一般 ZCuSn10Pb1 允许滑动速度可达 25 m/s，ZCuSn5Pb5Zn5 常用于 $v_s<12$ m/s 的场合。铸铝青铜，如 ZCuAl10Fe3，其减摩性和抗胶合性比锡青铜差，但强度高，价格便宜，一般用于 $v_s \leqslant 4$ m/s 的传动。灰铸铁（HT150、HT200）用于 $v_s \leqslant 2$ m/s 的低速轻载传动。

（二）蜗杆、蜗轮的结构

蜗杆常和轴做成一体，称为蜗杆轴，如图 7-9 所示（只有 $d_f/d \geqslant 1.7$ 时才采用蜗杆齿圈套装在轴上的型式）。车制蜗杆需有退刀槽，$d = d_f - (2 \sim 4)$ mm，故刚性较差，如图 7-9(a) 所示；铣削蜗杆无退刀槽时，d 可大于 d_f，如图 7-9(b) 所示，刚性较好。

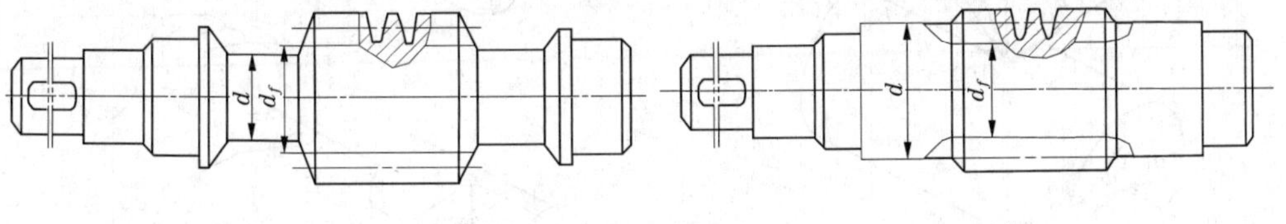

图 7-9　蜗杆轴结构

蜗轮结构分为整体式和组合式两种，如图 7-10 所示。图 7-10(a) 所示的整体式蜗轮用于铸铁蜗轮及直径小于 100 mm 的青铜蜗轮。图 7-10(b)、(c)、(d) 所示均为组合式结构，其中图 7-10(b) 所示为齿圈式蜗轮，轮芯用铸铁或铸钢制造，齿圈用青铜材料，两者采用过盈配合（H7/s6 或 H7/r6），并沿配合面安装 4～6 个紧定螺钉，该结构用于中等尺寸而且工作温度变化较小的场合。图 7-10(c) 所示为螺栓式蜗轮，齿圈和轮芯用普通螺栓或铰制孔螺栓连接，常用于尺寸较大的蜗轮。图 7-10(d) 所示为镶铸式蜗轮，将青铜轮缘铸在铸铁轮芯上然后切齿，适用于中等尺寸批量生产的蜗轮。

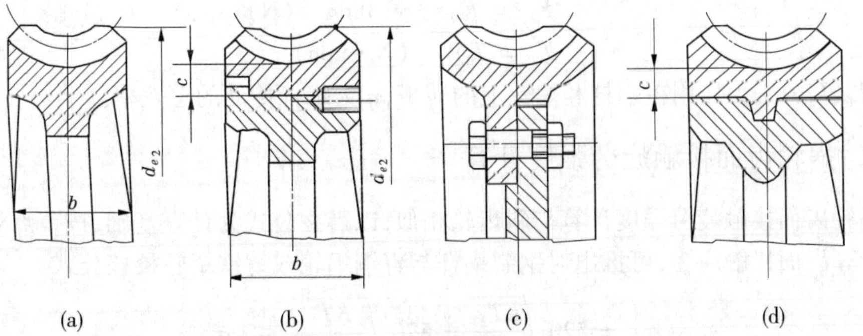

图 7-10　蜗轮结构

任务四　蜗杆传动的强度计算

一、蜗杆传动的受力分析

蜗杆传动受力分析与斜齿圆柱齿轮的受力分析相似，齿面上的法向力 F_n 可分解为三个相互垂直的分力：圆周力 F_t、轴向力 F_a、径向力 F_r，如图 7-11 所示。蜗杆为主动件，轴

向力 F_{a1} 的方向由左、右手定则确定。图 7-11 所示为右旋蜗杆,用右手四指指向蜗杆转向,拇指所指方向就是轴向力 F_{a1} 的方向。圆周力 F_{t1} 与主动蜗杆转向相反;径向力 F_{r1} 指向蜗杆中心。

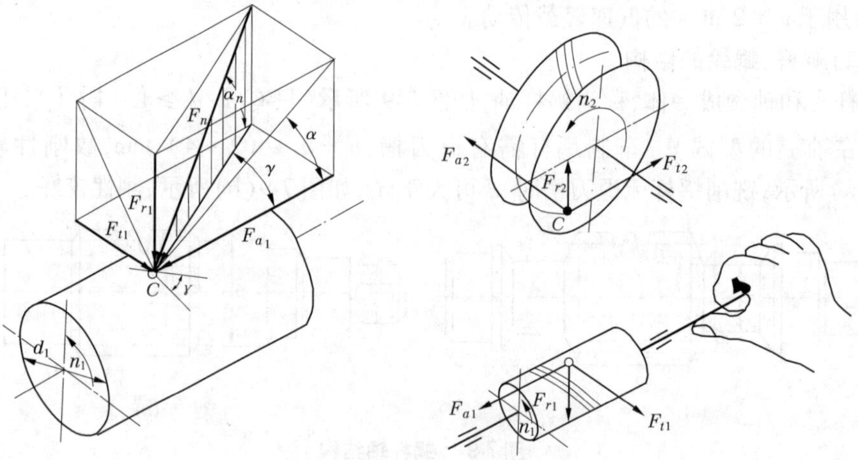

图 7-11　蜗杆传动受力分析

蜗轮受力方向由 F_{t1} 与 F_{a2}、F_{a1} 与 F_{t2}、F_{r1} 与 F_{r2} 的作用力与反作用力关系确定(见图 7-11)。各力的大小可按下式计算

$$F_{t1} = F_{a2} = \frac{2T_1}{d_1} \quad (\text{N}) \tag{7-6}$$

$$F_{a1} = F_{t2} = \frac{2T_2}{d_2} \quad (\text{N}) \tag{7-7}$$

$$F_{r1} = F_{r2} = F_{t2}\tan\alpha \quad (\text{N}) \tag{7-8}$$

$$T_2 = T_1 i\eta \quad (\text{N} \cdot \text{mm}) \tag{7-9}$$

式中:T_1、T_2 分别为作用在蜗杆和蜗轮上的转矩;η 为蜗杆传动的总效率。

二、蜗轮齿面接触疲劳强度计算

蜗轮齿面接触疲劳强度计算与斜齿轮相似,以赫兹公式为计算基础,按节点处的啮合条件计算齿面接触应力,可推出对钢制蜗杆与青铜蜗轮或铸铁蜗轮校核公式

$$\sigma_H = 520\sqrt{\frac{KT_2}{d_1 d_2^2}} = 520\sqrt{\frac{KT_2}{m^2 d_1 z_2^2}} \leqslant [\sigma_H] \tag{7-10}$$

设计公式为

$$m^2 d_1 \geqslant KT_2\left(\frac{520}{z_2[\sigma_H]}\right)^2 \tag{7-11}$$

式中:T_2 为蜗轮轴的转矩,N · mm;K 为载荷系数,$K = 1 \sim 1.5$,当载荷平稳、相对滑动速度较小时($v_s < 3$ m/s)取较小值,反之取较大值,严重冲击时取 $K = 1.5$;$[\sigma_H]$ 为蜗轮材料的许用接触应力,MPa,当蜗轮材料为锡青铜($\sigma_b < 300$ MPa)时,其主要失效形式为疲劳点蚀,$[\sigma_H] = Z_N[\sigma_{0H}]$,$[\sigma_{0H}]$ 为蜗轮材料的基本许用接触应力,如表 7-4 所示,Z_N 为寿命系数,$Z_N = \sqrt[8]{10^7/N}$,N 为应力循环次数,$N = 60n_2 L_h$,n_2 为蜗轮转速,r/min,L_h 为工作寿命,

h, $N>25\times10^7$ 时应取 $N=25\times10^7$, $N<2.6\times10^5$ 时应取 $N=2.6\times10^5$。当蜗轮的材料为铸铝青铜或铸铁($\sigma_b>300$ MPa)时，蜗轮的主要失效形式为胶合，许用应力与应力循环次数无关，其值如表 7-5 所示。

表 7-4　锡青铜蜗轮的基本许用接触应力 $[\sigma_{0H}]$ ($N=10^7$)　(单位：MPa)

蜗轮材料	铸造方法	适用的滑动速度 v_s (m/s)	蜗杆齿面硬度	
			≤350 HBS	>45 HRC
ZCuSn10Pb1	砂　型	≤12	180	200
	金属型	≤25	200	220
ZCuSn5Pb5Zn5	砂　型	≤10	110	125
	金属型	≤12	135	150

表 7-5　铸铝青铜及铸铁蜗轮的许用接触应力 $[\sigma_H]$　(单位：MPa)

蜗轮材料	蜗杆材料	滑动速度 v_s (m/s)						
		0.5	1	2	3	4	6	8
ZCuAl10Fe3	淬火钢	250	230	210	180	160	120	90
HT150, HT200	渗碳钢	130	115	90	—	—	—	—
HT150	调质钢	110	90	70	—	—	—	—

三、蜗轮轮齿的齿根弯曲疲劳强度计算

由于蜗轮轮齿的齿形比较复杂，要精确计算轮齿的弯曲应力比较困难，通常近似地将蜗轮看做斜齿轮按圆柱齿轮弯曲强度公式来计算，化简后齿根弯曲强度的校核公式为

$$\sigma_F=\frac{2.2KT_2}{d_1d_2m\cos\gamma}Y_{F2}\leqslant[\sigma_F] \tag{7-12}$$

设计公式为

$$m^2d_1\geqslant\frac{2.2KT_2}{z_2[\sigma_F]\cos\gamma}Y_{F2} \tag{7-13}$$

式中：Y_{F2} 为蜗轮的齿形系数，按蜗轮的实有齿数 z_2 查表 7-6 可得；$[\sigma_F]$ 为蜗轮材料的许用弯曲应力，$[\sigma_F]=Y_N[\sigma_{0F}]$，$[\sigma_{0F}]$ 为蜗轮材料的基本许用弯曲应力(如表 7-7 所示)，Y_N 为寿命系数，$Y_N=\sqrt[9]{10^6/N}$，$N=60n_2L_h$，当 $N>25\times10^7$ 时，取 $N=25\times10^7$，当 $N<10^5$ 时，取 $N=10^5$；其他符号含义同前。

表 7-6　蜗轮的齿形系数 Y_{F2} ($\alpha=20°$, $h_a^*=1$)

z_2	10	11	12	13	14	15	16	17	18	19	20	22	24	26
Y_{F2}	4.55	4.14	3.70	3.55	3.34	3.22	3.07	2.96	2.89	2.82	2.76	2.66	2.57	2.51
z_2	28	30	35	40	45	50	60	70	80	90	100	150	200	300
Y_{F2}	2.48	2.44	2.36	2.32	2.27	2.24	2.20	2.17	2.14	2.12	2.10	2.07	2.04	2.04

表 7-7　蜗轮材料的基本许用弯曲应力$[\sigma_{0F}]$($N=10^6$)　　(单位:MPa)

材　料	铸造方法	σ_b	σ_s	蜗杆硬度≤45 HRC		蜗杆硬度 >45 HRC	
				单向受载	双向受载	单向受载	双向受载
ZCuSn10Pb1	砂模	200	140	51	32	64	40
	金属模	250	150	58	40	73	50
ZCuSn5Pb5Zn5	砂模	180	90	37	29	46	36
	金属模	200	90	39	32	49	40
ZCuAl10Fe3	金属模	500	200	90	80	113	100
HT150	砂模	150	—	38	24	48	30
HT200	砂模	200	—	48	30	60	38

任务五　蜗杆传动的效率、润滑和热平衡计算

一、蜗杆传动的效率

闭式蜗杆传动的总效率 η 包括啮合效率 η_1、搅油效率 η_2 和轴承效率 η_3，即

$$\eta = \eta_1\eta_2\eta_3 \tag{7-14}$$

啮合效率 η_1 是总效率的主要部分，蜗杆为主动件时啮合效率按螺旋传动公式求出

$$\eta_1 = \frac{\tan\gamma}{\tan(\gamma + \rho_v)}$$

通常取 $\eta_2\eta_3 = 0.95 \sim 0.97$，故有

$$\eta = (0.95 \sim 0.97)\frac{\tan\gamma}{\tan(\gamma + \rho_v)} \tag{7-15}$$

式中：γ 为蜗杆螺旋升角(导程角)；ρ_v 为当量摩擦角，$\rho_v = \arctan f_v$，其值如表 7-8 所示。

在初步计算时，蜗杆的传动效率可近似取下列数值：

闭式传动：$z_1 = 1$、2、4、6 时，$\eta = 0.7 \sim 0.75$、$0.75 \sim 0.82$、$0.82 \sim 0.92$、$0.86 \sim 0.95$。

开式传动：$z_1 = 1$、2 时，$\eta = 0.60 \sim 0.70$。

二、蜗杆传动的润滑

润滑对蜗杆传动特别重要，因为润滑不良时，蜗杆传动的效率将显著降低，并会导致剧烈的磨损和胶合。通常采用黏度较大的润滑油，为提高其抗胶合能力，可加入油性添加剂以提高油膜的刚度，但青铜蜗轮不允许采用活性大的油性添加剂，以免被腐蚀。

闭式蜗杆传动的润滑油黏度和润滑方法可参考表 7-9 选择，开式传动则采用黏度较高的齿轮油或润滑脂进行润滑。闭式蜗杆传动用油池润滑，在 $v_s \leqslant 5$ m/s 时常采用蜗杆下置式，浸油深度约为一个齿高，但油面不得超过蜗杆轴承的最低滚动体中心，如图 7-12(a)、(b)所示；$v_s > 5$ m/s 时常用上置式，如图 7-12(c)所示，油面允许达到蜗轮半径 1/3 处。

表 7-8　当量摩擦系数 f_v 和当量摩擦角 ρ_v

滑动速度 v_s (m/s)	蜗轮材料									
	锡青铜				铝青铜		灰铸铁			
	蜗杆齿面硬度									
	≥45 HRC		<45 HRC		≥45 HRC		≥45 HRC		<45 HRC	
	f_v	ρ_v	f_v	ρ_v	f_v	ρ_v	f_v	ρ_v	f_v	ρ_v
0.01	0.110	6°17′	0.120	6°51′	0.180	10°12′	0.180	10°12′	0.190	10°45′
0.05	0.090	5°09′	0.100	5°43′	0.140	7°58′	0.140	7°58′	0.160	9°05′
0.10	0.080	4°34′	0.090	5°09′	0.130	7°24′	0.130	7°24′	0.140	7°58′
0.25	0.065	3°43′	0.075	4°17′	0.100	5°43′	0.100	5°43′	0.120	6°51′
0.50	0.055	3°09′	0.065	3°43′	0.090	5°09′	0.090	5°09′	0.100	5°43′
1.00	0.045	2°35′	0.055	3°09′	0.070	4°00′	0.070	4°00′	0.090	5°09′
1.50	0.040	2°17′	0.050	2°52′	0.065	3°43′	0.065	3°43′	0.080	4°34′
2.00	0.035	2°00′	0.045	2°35′	0.055	3°09′	0.055	3°09′	0.070	4°00′
2.50	0.030	1°43′	0.040	2°17′	0.050	2°52′				
3.00	0.028	1°36′	0.035	2°00′	0.045	2°35′				
4.00	0.024	1°22′	0.031	1°47′	0.040	2°17′				
5.00	0.022	1°16′	0.029	1°40′	0.035	2°00′				
8.00	0.018	1°02′	0.026	1°29′	0.030	1°43′				
10.0	0.016	0°55′	0.024	1°22′						
15.0	0.014	0°48′	0.020	1°09′						
24.0	0.013	0°45′								

注：对于硬度≥45 HRC 的蜗杆，ρ_v 值是指 $R_a < 0.32 \sim 1.25\ \mu m$，经跑合并充分润滑的情况。

表 7-9　蜗杆传动的润滑油黏度和润滑方法

滑动速度 v_s(m/s)	<1	<2.5	<5	5～10	10～15	15～25	>25
工作条件	重载	重载	中载	—	—	—	—
运动黏度 $v_{40\,℃}$(mm²/s)	1 000	680	320	220	150	100	68
润滑方法	浸油			浸油或喷油	喷油润滑，油压(MPa)		
					0.07	0.2	0.3

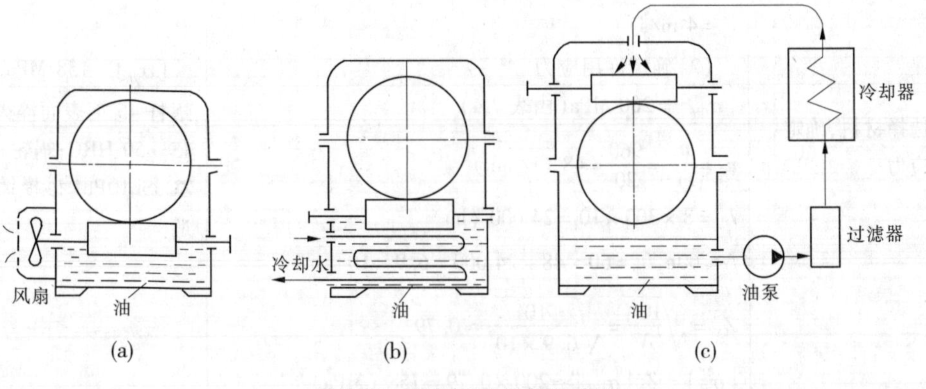

图 7-12　蜗杆传动的散热方法

三、蜗杆传动的热平衡计算

蜗杆传动效率低,发热量大,若产生的热量不能及时散逸,将使油温升高,油黏度下降,油膜破坏,磨损加剧,甚至产生胶合破坏。因此,对连续工作的蜗杆传动应进行热平衡计算。在单位时间内,蜗杆传动由于摩擦损耗产生的热量为

$$Q_1 = 1\,000P_1(1-\eta)$$

式中:P_1为蜗杆传动的输入功率,kW;η为蜗杆传动的效率。

自然冷却时单位时间内经箱体外壁散逸到周围空气中的热量为

$$Q_2 = K_S A(t_1 - t_0)$$

式中:K_S为散热系数,可取$K_S = 8 \sim 17$ W/(m^2·℃),通风良好时取大值;A为散热面积,m^2;t_1为箱体内的油温,一般取许用油温$[t_1] = 60 \sim 80$ ℃,最高不超过90 ℃;t_0为周围空气的温度,通常取$t_0 = 20$ ℃。

按热平衡条件$Q_1 = Q_2$,可得工作条件下的油温为

$$t_1 = \frac{1\,000(1-\eta)P_1}{K_S A} + t_0 \leqslant [t_1] \tag{7-16}$$

若工作温度超过许用温度,可采取下列措施:①在箱体壳外铸出散热片,增加散热面积A;②在蜗杆轴上装风扇,如图7-12(a)所示,以提高散热系数,此时$K_S = 20 \sim 28$ W/(m^2·℃);③加冷却装置,如在箱体油池内装蛇形冷却管,如图7-12(b)所示,或用循环油冷却,如图7-12(c)所示。

【实训例7-1】 设计用于带式运输机的一级闭式蜗杆传动,蜗杆轴输入功率$P_1 = 4$ kW,转速$n = 960$ r/min,传动比$i = 20$,连续单向运转,载荷平稳,一班制,预期寿命10年。

解:实训过程如表7-10所示:

表7-10　实训例7-1实训过程

计算项目	计算与说明	计算结果
1. 选择材料,确定许用应力	(1)选择材料 蜗杆:45号钢表面淬火45~50 HRC 蜗轮:ZCuSn10Pb1砂模铸造(由图7-8初估$v_s = 4$ m/s) (2)确定许用应力 $[\sigma_{0H}] = 200$ MPa(由表7-4) $n_2 = \frac{n_1}{i} = \frac{960}{20} = 48$ (r/min) $L_h = 8 \times 300 \times 10 = 24\,000$ (h) $N = 60n_2L_h = 60 \times 48 \times 24\,000 = 6.9 \times 10^7$ $Z_N = \sqrt[8]{\frac{10^7}{N}} = \sqrt[8]{\frac{10^7}{6.9 \times 10^7}} \approx 0.79$ $[\sigma_H] = Z_N[\sigma_{0H}] \approx 200 \times 0.79 = 158$ (MPa)	$[\sigma_H] = 158$ MPa 蜗杆45钢表面淬火45~50 HRC;蜗轮ZCuSn10Pb1砂模铸造

续表 7-10

计算项目		计算与说明	计算结果
2. 确定 z_1、z_2		$z_1=2$(由表 7-1),$z_2=iz_1=20\times2=40$	$z_1=2, z_2=40$
3. 计算蜗轮转矩 T_2		$T_2=9.55\times10^6\times(P_1\eta/n_2)$ $=9.55\times10^6\times(4\times0.8/48)$ $=6.37\times10^5$ (N · mm) (取 $\eta=0.8$)	$T_2=6.37\times10^5$ N · mm
4. 按齿面接触疲劳强度计算		$K=1.1$(工作载荷稳定、速度较低) $m^2d_1\geqslant KT_2\left(\frac{520}{z_2[\sigma_H]}\right)^2$ $=1.1\times6.37\times10^5\times\left(\frac{520}{40\times158}\right)^2$ $=4\ 744$ (mm³) 由表 7-2 取 $m^2d_1=5\ 376$ mm³ 得 $m=8$、$q=10$、$d_1=80$ mm,则 $d_2=mz_2=8\times40=320$ (mm) $\gamma=\arctan(z_1m/d_1)=\arctan(2\times8/80)=11.31°$	$m=8$ $q=10$ $d_1=80$ mm $d_2=320$ mm $\gamma=11.31°$
5. 校核齿根弯曲疲劳强度		(略)	
6. 验算传动效率 η		$v_1=\pi d_1n_1/(60\times1\ 000)$ $=3.14\times80\times960/(60\times1\ 000)=4.02$ (m/s) $v_s=v_1/\cos\gamma=4.02/\cos11.31°=4.1$ (m/s) 查表 7-8 得 $\rho_v=1°22'\approx1.36°$,则 $\eta=(0.95\sim0.97)\frac{\tan\gamma}{\tan(\gamma+\rho_v)}$ $=(0.95\sim0.97)\frac{\tan11.31°}{\tan(11.31°+1.36°)}$ $=0.84\sim0.86$	$\eta=0.84\sim0.86$ 与初估值 $\eta=0.8$ 相近
7. 几何尺寸计算(由表 7-3)	蜗杆	$d_1=80$ mm $d_{a1}=m(q+2)=8\times(10+2)=96$ (mm) $d_{f1}=m(q-2.4)=8\times(10-2.4)=60.8$ (mm) $p_{a1}=\pi m=3.14\times8=25.12$ (mm) $L\geqslant(11+0.06z_2)m$ $=(11+0.06\times40)\times8\approx107$ (mm)	$d_1=80$ mm $d_{a1}=96$ mm $d_{f1}-60.8$ mm $p_{a1}=25.12$ mm $L\geqslant107$ mm
	蜗轮	$d_2=mz_2=8\times40=320$ (mm) $d_{a2}=m(z_2+2)=8\times(40+2)=336$ (mm) $d_{f2}=m(z_2-2.4)=8\times(40-2.4)=300.8$ (mm) $d_{e2}=d_{a2}+1.5m=336+1.5\times8=348$ (mm) $b\leqslant0.75d_{a1}=0.75\times96=72$ (mm)	$d_2=320$ mm $d_{a2}=336$ mm $d_{f2}=300.8$ mm $d_{e2}=348$ mm $b\leqslant72$ mm
	中心距	$a=m(q+z_2)/2=8\times(10+40)/2=200$ (mm)	$a=200$ mm
8. 热平衡计算		取 $t_0=20$ ℃、$t_1=65$ ℃、$K_S=14$ W/(m² · ℃),则 $A=\frac{1\ 000(1-\eta)P_1}{K_S(t_1-t_0)}=\frac{1\ 000\times(1-0.8)\times4}{14\times(65-20)}$ ≈1.27 (m²)	所需散热面积: $A\approx1.27$ m²
9. 结构设计绘制工作图(略)			

习题七

7-1　蜗杆传动有何特点,适用于什么场合?

7-2　蜗杆传动的模数和压力角是在哪个平面上定义的?蜗杆传动正确啮合的条件是什么?

7-3　如何选择蜗杆的头数 z_1、蜗轮的齿数 z_2?

7-4　设计蜗杆传动时如何确定蜗杆的分度圆直径 d_1 和模数 m,为什么要规定 m 和 d_1 的对应标准值?

7-5　蜗杆传动的失效形式有哪几种?设计准则是什么?

7-6　蜗杆、蜗轮常用的材料有哪些?选择材料的主要依据是什么?

7-7　为什么蜗杆传动常采用青铜蜗轮而不采用钢制蜗轮?为什么青铜蜗轮常采用组合结构?

7-8　蜗杆传动的啮合效率与哪些因素有关?对于动力用蜗杆传动,为提高其效率常采取什么措施?

7-9　为什么对连续工作的闭式蜗杆传动要进行热平衡计算?若蜗杆传动的温度过高应采取哪些措施?

7-10　标出图 7-13 中未注明蜗杆或蜗轮的旋向及转向(蜗杆为主动件),并绘出蜗杆和蜗轮啮合点作用力的方向。

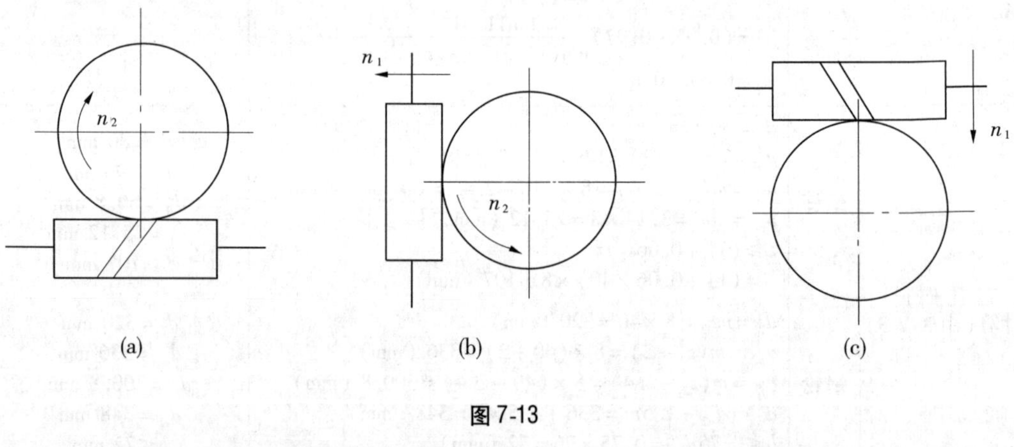

图 7-13

7-11　已知一蜗杆减速器中蜗杆的参数为 $z_1 = 2$ 右旋、$d_{a1} = 48$ mm、$p_{a1} = 12.56$ mm、中心距 $a = 100$ mm,试计算蜗轮的几何尺寸(d_2、z_2、d_{a2}、d_{f2}、β)。

7-12　一对阿基米德标准蜗轮机构,$z_1 = 2$,$z_2 = 50$,$m = 8$ mm,$q = 10$,求传动比 i_{12} 和中心距 a、蜗杆导程角 γ。

实训七　蜗杆传动设计及分析测量

1. 实训目的

(1)掌握按给定功率、转速、传动比和使用寿命进行蜗杆传动设计的方法,完成包含材料选择、载荷计算、强度及热平衡校核、几何尺寸确定等的设计。

(2)掌握通过简单分析测量蜗杆减速器的方法。

2. 实训内容与要求

(1)设计一电机驱动的单级闭式蜗杆减速器。已知电机功率 $P=3$ kW,转速 $n_1=1\ 440$ r/min,传动比 $i=24$,载荷平稳,单向运转,预期寿命 $L_h=15\ 000$ h。

(2)简单分析测量蜗杆减速器,确定蜗杆的模数、直径系数和分度圆直径。

3. 实训的过程

(1)蜗杆传动设计过程:参考实训例7-1。

(2)蜗杆减速器分析测量过程:①测量蜗轮蜗杆传动中心距、蜗杆顶圆直径和头数、蜗轮齿数;②计算确定蜗杆的模数、直径系数和分度圆直径。

项目八　带传动

案例导入:在实际生活中,缝纫机、洗衣机、拖拉机、机床等利用带传动的例子有许多,V带传动独有的缓冲吸振、过载打滑的特点是获得广泛应用的主要原因;同步带传动具有传动比恒定、效率高、不需润滑、噪声低等特点,主要用于计算机、数控机床、纺织机械、烟草机械等。

任务一　带传动的类型和特点

带传动由主动带轮1、从动带轮2和挠性带3组成,借助带与带轮之间的摩擦或啮合,将主动轮1的运动传给从动轮2,如图8-1所示。

一、带传动的类型

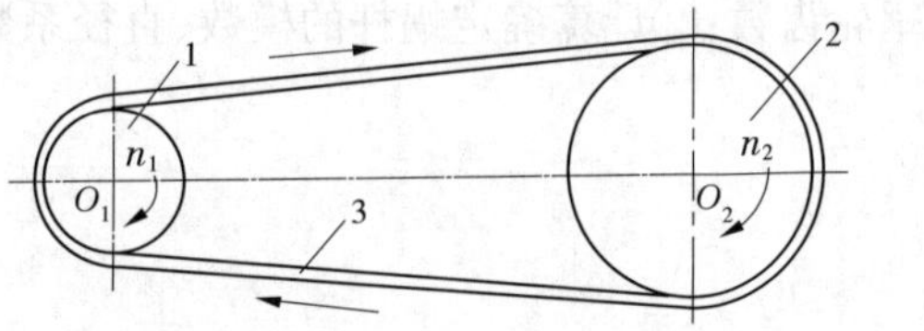

图8-1　带传动示意图

根据工作原理不同,带传动可分为摩擦带传动和啮合带传动两类。

(一)摩擦带传动

摩擦带传动是依靠带与带轮之间的摩擦力传递运动的。按带的横截面形状不同可分为四种类型,如图8-2所示。

(1)平带传动。平带的横截面为扁平矩形,如图8-2(a)所示。内表面与轮缘接触为工作面。常用的平带有普通平带(胶帆布带)、皮革平带和棉布带等,在高速传动中常使用麻织带和丝织带,其中以普通平带应用最广。平带适用于平行轴交叉传动和交错轴的半交叉传动。

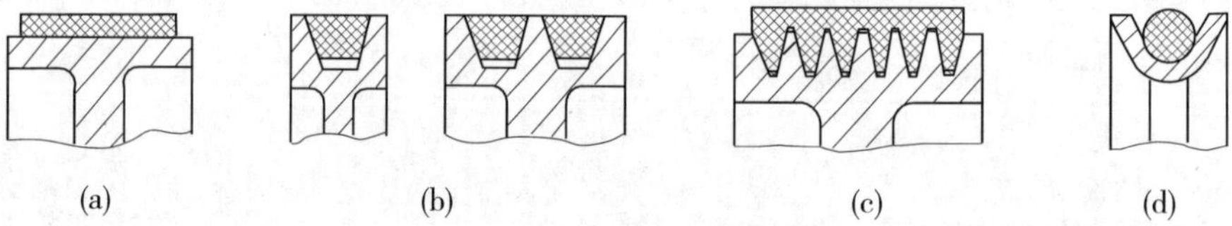

图8-2　带传动的类型

(2)V带传动。V带的横截面为梯形,两侧面为工作面,如图8-2(b)所示。工作时V带与带轮槽两侧面接触,在同样压力 F_Q 的作用下,V带传动的摩擦力约为平带传动的3倍,故能传递较大的载荷。

(3)多楔带传动。多楔带是若干V带的组合,如图8-2(c)所示,可避免多根V带长度不等、传力不均的缺点。

(4)圆形带传动。横截面为圆形,如图8-2(d)所示,常用皮革或棉绳制成,只用于小功率传动。

(二)啮合带传动

啮合带传动依靠带轮上的齿与带上的齿或孔啮合传递运动。啮合带传动有两种类型,如图8-3所示。

(1)同步齿形带传动。利用带的齿与带轮上的齿相啮合传递运动和动力,带与带轮间为啮合传动没有相对滑动,可保持主、从动轮线速度同步,如图8-3(a)所示。

(2)齿孔带传动。带上的孔与轮上的齿相啮合,同样可避免带与带轮之间的相对滑动,使主、从动轮保持同步运动,如图8-3(b)所示。

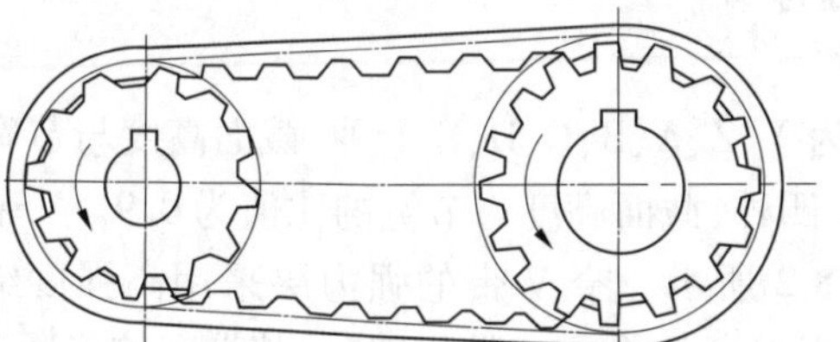

(a)同步齿形带传动

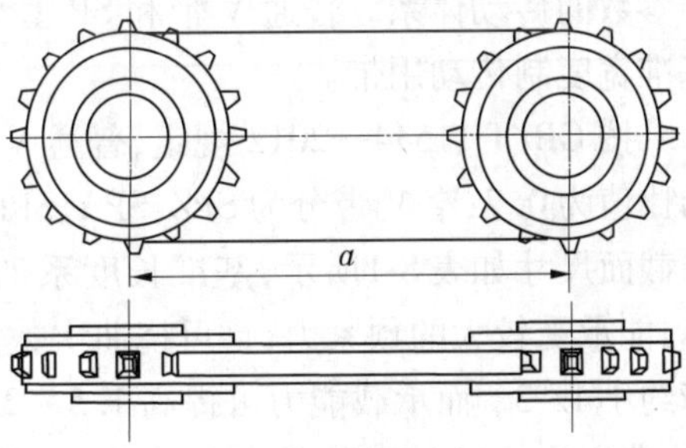

(b)齿孔带传动

图8-3　啮合带传动

二、带传动的特点

摩擦带传动具有以下特点:

(1)结构简单,适宜用于两轴中心距较大的场合。

(2)胶带富有弹性,能缓冲吸振,传动平稳,无噪声。

(3)过载时可产生打滑,能防止薄弱零件的损坏,起安全保护作用,但不能保持准确的传动比。

(4)传动带需张紧在带轮上,对轴和轴承的压力较大。

(5)外廓尺寸大,传动效率低(一般为0.94～0.96)。

根据上述特点,带传动多用于以下场合:①中、小功率传动(通常不大于100 kW);②原动机输出轴的第一级传动(工作速度一般为5～25 m/s);③传动比要求不十分准确的机械。

任务二　V带和带轮

一、带的构造和标准

标准V带都制成无接头的环形,其横截面由强力层1、伸张层2、压缩层3和包布层4构成,如图8-4所示。伸张层和压缩层均由胶料组成,包布层由胶帆布组成,强力层是承受载荷的主体,分为帘布结构(由胶帘布组成)和线绳结构(由胶线绳组成)两种。帘布结构抗拉强度高,一般用途的V带多采用这种结构。线绳结构比较柔软,弯曲疲劳强度较好,但拉伸强度低,常用于载荷不大、直径较小的带轮和转速较高的场合。V 带在规定张紧力下弯绕在带轮上时外层受拉伸变长,内层受压缩变短,两层之间存在一长度不变的中性层,沿中性层形成的面称为节面,如图 8-5 所示。节面的宽度称为节宽 b_p。节面的周长为带的基准长度 L_d。

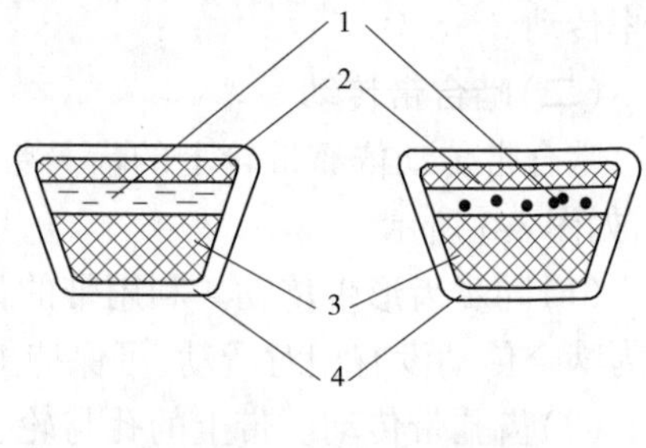

(a)帘布结构　(b)线绳结构

图 8-4　V 带剖面结构

V 带和带轮有两种尺寸制,即有效宽度制和基准宽度制。基准宽度制是以 V 带的节宽为特征参数的传动体系。普通 V 带和 SP 型窄 V 带为基准宽度制传动用带。

按 GB/T 11544—2012 规定,普通 V 带分为 Y、Z、A、B、C、D、E 七种,截面高度与节宽的比值为 0.7;窄 V 带分为 SPZ、SPA、SPB、SPC 四种,截面高度与节宽的比值为 0.9。V 带的截面尺寸如表 8-1所示,基准长度系列如表 8-2 所示。窄 V 带的强力层采用高强度绳芯,能承受较大的预紧力,且可挠曲次数增加,当带高与普通 V 带相同时,其带宽较普通 V 带约小1/ 3, 而承载能力可提高 1.5 ~2.5 倍。在传递相同功率时,带轮宽度和直径可减小,费用比普通 V 带降低 20% ~40% ,故应用日趋广泛。V 带的型号和标准长度都压印在胶带的外表面上,以供识别和选用。例:B2240 GB/T 11544—2012,表示 B 型 V 带,带的基准长度为 2 240 mm。

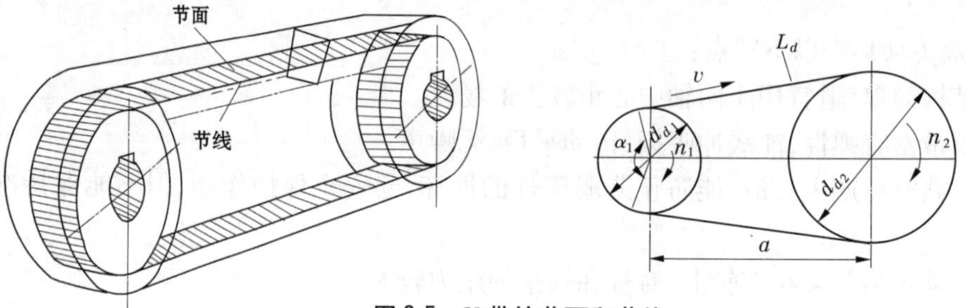

图 8-5　V 带的节面和节线

表 8-1　V 带的截面尺寸(摘自 GB/T 11544—2012)　(单位:mm)

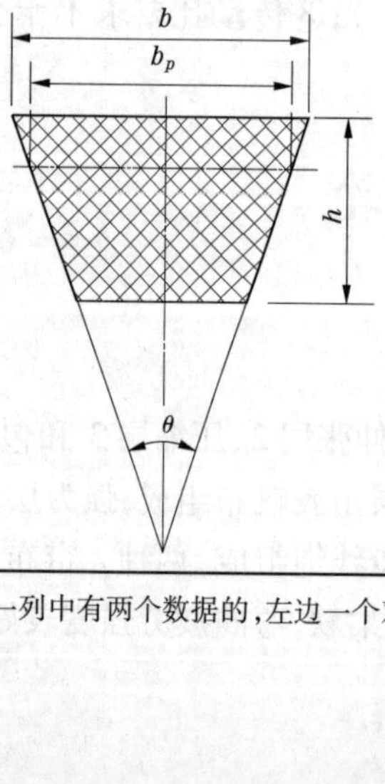

带型 普通 V 带	带型 窄 V 带	节宽 b_p	顶宽 b	高度 h	质量 q (kg/m)	楔角 θ
Y		5.3	6	4	0.03	
Z	SPZ	8.5	10	6　8	0.06　0.07	
A	SPA	11.0	13	8　10	0.11　0.12	
B	SPB	14.0	17	11　14	0.19　0.20	40°
C	SPC	19.0	22	14　18	0.33　0.37	
D		27.0	32	19	0.66	
E		32.0	38	23	1.02	

注:在一列中有两个数据的,左边一个对应普通 V 带,右边一个对应窄 V 带,下同。

表 8-2　V 带的基准长度系列及长度系数 K_L（摘自 GB/T 13575.1—2008）

Y		Z		A		B		C		D		E	
L_d	K_L	L_d	K_L	L_d	K_L	L_d	K_L	L_d	K_L	L_d	K_L	L_d	K_L
200	0.81	405	0.87	630	0.81	930	0.83	1 565	0.82	2 740	0.82	4 550	0.91
224	0.82	475	0.90	700	0.83	1 000	0.84	1 760	0.85	3 100	0.86	5 040	0.92
250	0.84	530	0.93	790	0.85	1 100	0.86	1 950	0.87	3 330	0.87	5 420	0.94
280	0.87	625	0.96	890	0.87	1 210	0.87	2 195	0.90	3 730	0.90	6 100	0.96
315	0.89	700	0.99	990	0.89	1 370	0.90	2 420	0.92	4 080	0.91	6 850	0.99
355	0.92	780	1.00	1 100	0.91	1 560	0.92	2 715	0.94	4 620	0.94	7 650	1.01
400	0.96	920	1.04	1 250	0.93	1 760	0.94	2 880	0.95	5 400	0.97	9 150	1.05
450	1.00	1 080	1.07	1 430	0.96	1 950	0.97	3 080	0.97	6 100	0.99	12 230	1.11
500	1.02	1 330	1.13	1 550	0.98	2 180	0.99	3 520	0.99	6 840	1.02	13 750	1.15
		1 420	1.14	1 640	0.99	2 300	1.01	4 060	1.02	7 620	1.05	15 280	1.17
		1 540	1.54	1 750	1.00	2 500	1.03	4 600	1.05	9 140	1.08	16 800	1.19
				1 940	1.02	2 700	1.04	5 380	1.08	10 700	1.13		
				2 050	1.04	2 870	1.05	6 100	1.11	12 200	1.16		
				2 200	1.06	3 200	1.07	6 815	1.14	13 700	1.19		
				2 300	1.07	3 600	1.09	7 600	1.17	15 200	1.21		
				2 480	1.09	4 060	1.13	9 100	1.21				
				2 700	1.10	4 430	1.15	10 700	1.24				
						4 820	1.17						
						5 370	1.20						
						6 070	1.24						

二、V 带轮的材料和结构

制造 V 带轮的材料可采用灰铸铁、钢、铝合金或工程塑料，以灰铸铁应用最为广泛。当带速 $v \leqslant 25$ m/s 时，采用 HT150；当 $v > 25$ m/s 时采用 HT200，速度更高的带轮可采用球墨铸铁或铸钢，也可采用钢板冲压后焊接带轮。小功率传动可采用铸铝或工程塑料。

带轮由轮缘、轮辐、轮毂三部分组成。

V 带轮按轮辐结构不同分为四种型式，如图 8-6 所示。

当带轮基准直径 $d_d \leqslant (2.5 \sim 3) d_0$（$d_0$ 为带轮轴直径）时可采用 S 型（实心带轮，见图 8-6(a)）；当 $d_d \leqslant 300$ mm 时可采用 P 型（腹板式带轮，见图 8-6(b)）；当 $d_d - d_1 \geqslant 100$ mm 时，可采用 H 型（孔板式带轮，见图 8-6(c)）；当 $d_d > 300$ mm 时可采用 E 型（轮辐式带轮，见图 8-6(d)）。每种型式根据轮毂相对腹板（轮辐）位置不同分为Ⅰ、Ⅱ、Ⅲ等几种，V 带轮的结构尺寸如表 8-3 所示。

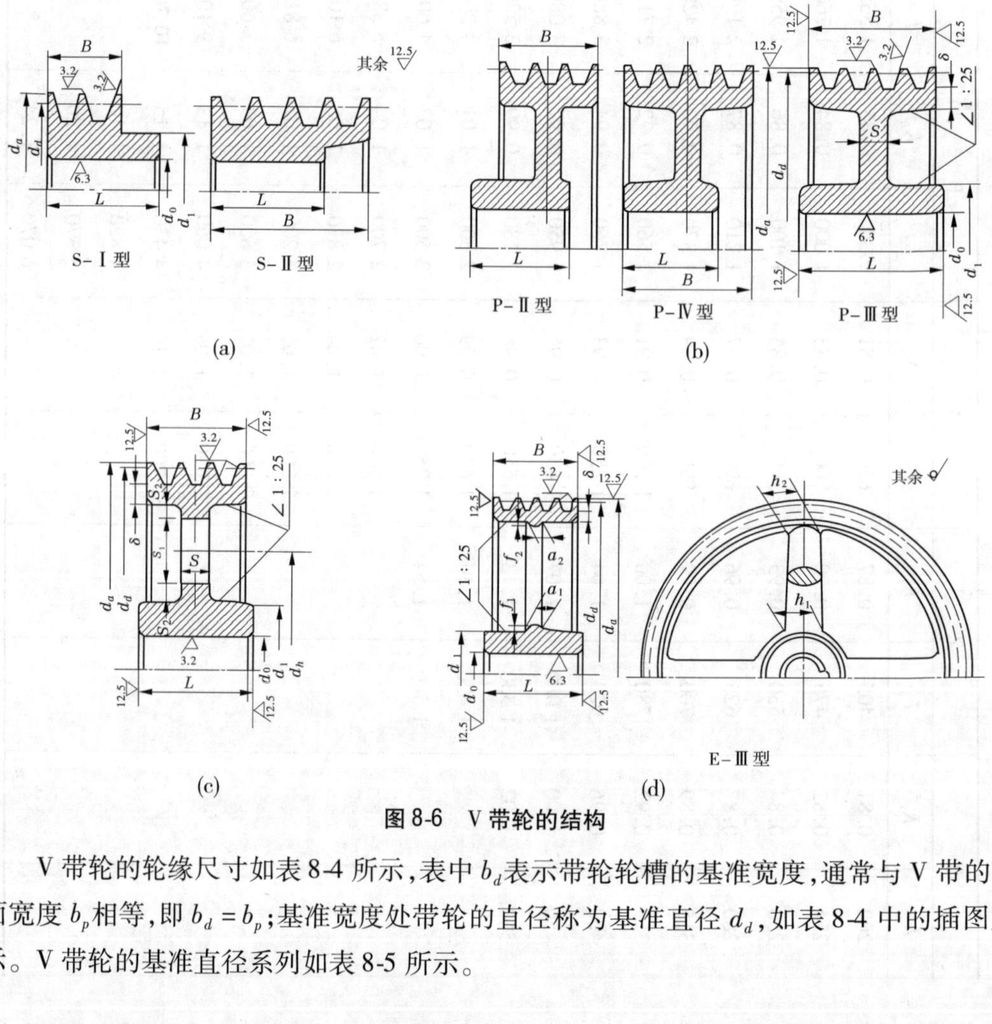

图 8-6　V 带轮的结构

V 带轮的轮缘尺寸如表 8-4 所示，表中 b_d 表示带轮轮槽的基准宽度，通常与 V 带的节面宽度 b_p 相等，即 $b_d = b_p$；基准宽度处带轮的直径称为基准直径 d_d，如表 8-4 中的插图所示。V 带轮的基准直径系列如表 8-5 所示。

表 8-3 V 带轮的结构尺寸

结构尺寸	计算用经验公式
d_1	$d_1=(1.8\sim2)d_0$，d_0为轴的直径
L	$L=(1.5\sim2)d_0$，当 $B<1.5d_0$时，$L=B$
d_k	$d_k=0.5[d_d-2(h_f+\delta)+d_1]$
S	型号：Y Z A B C D E $S_{\min}$：6 8 10 14 18 22 28
h_1	$h_1=290\sqrt[3]{P/(nm)}$，P 为功率，kW；n 为转速，r/min；m 为轮辐数
h_2、a_1、a_2、S_2、f_1、f_2	$h_2=0.8h_1$、$a_1=0.4h_1$、$a_2=0.8a_1$、$S_2\geqslant0.5S$、$f_1=0.2h_1$、$f_2=0.2h_2$

表 8-4 V 带轮的轮缘尺寸（摘自 GB/T 13575.1—2008） （单位：mm）

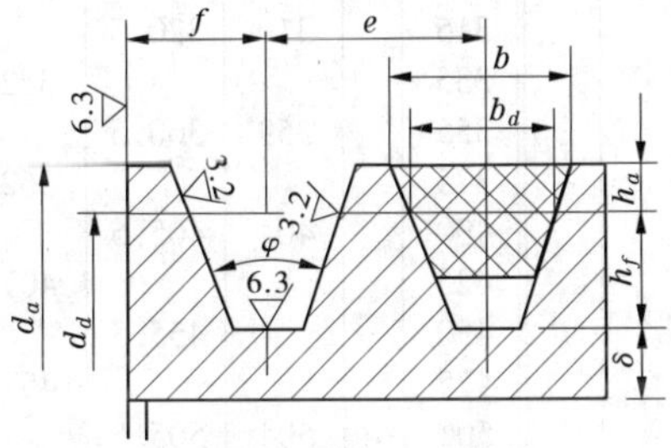

项目	符号	槽型 Y	Z SPZ	A SPA	B SPB	C SPC	D	E
基准宽度	b_d	5.3	8.5	11.0	14.0	19.0	27.0	32.0
基准线上槽深	$h_{a\min}$	1.6	2.0	2.75	3.5	4.8	8.1	9.6
基准线下槽深	$h_{f\min}$	4.7	7.0 9.0	8.7 11.0	10.8 14.0	14.3 19.0	19.9	23.4
槽间距	e	8 ±0.3	12 ±0.3	15 ±0.3	19 ±0.4	25.5 ±0.5	37 ±0.6	44.5 ±0.7
槽边距	$f_{\min}$	6	7	9	11.5	16	23	28
最小轮缘厚	$\delta_{\min}$	5	5.5	6	7.5	10	12	15
带轮宽	B	$B=(z-1)e+2f$ （z 为轮槽数）						
外径	d_a	$d_a=d_d+2h_a$						
轮槽角 φ 32°	相应的基准直径 d_d	≤60	—	—	—	—	—	—
轮槽角 φ 34°	相应的基准直径 d_d	—	≤80	≤118	≤190	≤315	—	—
轮槽角 φ 36°	相应的基准直径 d_d	>60	—	—	—	—	≤475	≤600
轮槽角 φ 38°	相应的基准直径 d_d	—	>80	>118	>190	>315	>475	>600
轮槽角 φ 偏差		±30′						

表 8-5 V带轮的基准直径系列(摘自 GB/T 13575.1—2008) (单位:mm)

基准直径 d_d (c_{11})	带型							基准直径 d_d (c_{11})	带型						
	Y	Z SPZ	A SPA	B SPB	C SPC	D	E		Y	Z SPZ	A SPA	B SPB	C SPC	D	E
	外径 d_a (h_{11})								外径 d_a (h_{11})						
20	23.2							160		164	165.5				
22.4	25.6							170				167			
25	28.2							180		184	185.5	177			
28	31.2							200		204	205.5	187			
31.5	34.7							212				207	*209.6		
35.5	38.7							224		228	229.5		*221.6		
40	43.2							236				231	233.6		
45	48.2							250		254	255.5		245.6		
50	53.2	*54						265				257	259.6		
56	59.2	*60						280		284	285.5				
63	66.2	67						300				287	289.6		
71	74.2	75						315		319	320.5		309.6		
75		79	*80.5					335				322	324.6		
80	83.2	84	*85.5					355		359	360.5		344.6	371.2	
85			*90.5					375				362	364.6	391.2	
90	93.2	94	95.5					400		404	405.5			416.2	
95			100.5					425				407	409.6	441.2	
100	103.2	104	105.5					450			455.5			466.2	
106			111.5					475				457	459.6	491.2	
112	115.2	116	117.5					500		504	505.5			516.2	519.2
118			123.5					530				507	509.6		549.2
125	128.2	129	130.5	*132				560			565.5			572.2	579.2
132		136	137.5	*139				600				567	569.6	616.2	619.2
140		144	145.5	147				630		634	635.5	607	609.6	646.2	649.2
150		154	155.5	157				670				637	639.6		689.2

注：* 只用于普通V带。

任务三　V带传动工作能力分析

一、带传动的受力分析

带以一定的预紧力套在带轮上,静止时带轮两边的拉力相等,均为预紧力 F_0,如图 8-7(a)所示。负载转动时,由于带与带轮接触面摩擦力的作用,带绕上主动轮的一边被拉紧,称为紧边,紧边的拉力由 F_0 增加到 F_1;另一边被放松,称为松边,拉力由 F_0 降至 F_2,如图 8-7(b)所示。紧边与松边拉力的差值($F_1 - F_2$)为带传动中起传递力矩作用的拉力,称为有效拉力 F,即

$$F = F_1 - F_2 \tag{8-1}$$

若带传递功率为 P(kW)、带速为 v(m/s),则

$$F = \frac{1\ 000P}{v} \quad (\mathrm{N}) \tag{8-2}$$

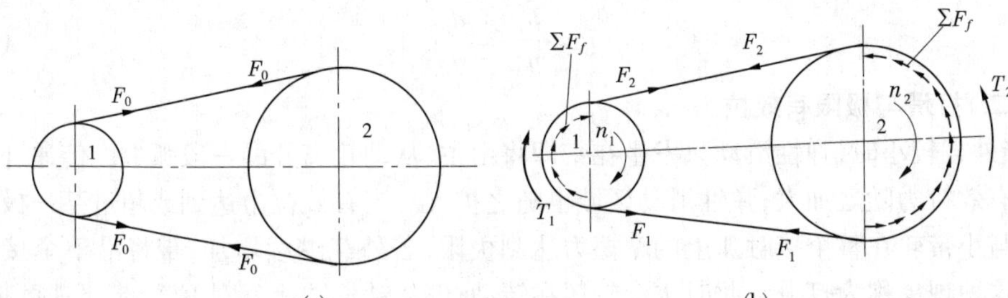

(a)　　　　(b)

图 8-7　带传动的受力分析

如果近似地认为工作前后胶带总长不变,则带的紧边拉力增量应等于松边拉力的减少量,即 $F_1 - F_0 = F_0 - F_2$,即

$$F_1 + F_2 = 2F_0 \tag{8-3}$$

由式(8-1)、式(8-3)得

$$\left.\begin{aligned} F_1 &= F_0 + F/2 \\ F_2 &= F_0 - F/2 \end{aligned}\right\} \tag{8-4}$$

二、带传动的应力分析

带在工作过程中主要承受拉应力、离心应力和弯曲应力三种应力。三种应力叠加后,最大应力发生在紧边绕入小带轮处,其值为

$$\sigma_{\max} = \sigma_1 + \sigma_{b1} + \sigma_c \leqslant [\sigma] \tag{8-5}$$

式中:$\sigma_1 = F_1/A$ 为紧边拉应力,MPa,A 为带的横截面面积,mm^2;σ_{b1} 为带绕过小带轮时发生弯曲而产生的弯曲应力,$\sigma_{b1} = Eh/d_d$,E 为带的弹性模量,MPa,h 为带的高度,mm,d_d 为带轮的基准直径,mm;σ_c 为带绕带轮作圆周运动产生的离心应力,$\sigma_c = qv/A$,q 为每米长带的质量,kg/m,见表 8-1。

在带的高度 h 一定的情况下,d_d 越小带的弯曲应力就越大。为防止过大的弯曲应力,对各种型号的 V 带都规定了最小带轮直径 $d_{d\min}$,如表 8-6 所示。

表 8-6　V 带轮的最小基准直径　(单位:mm)

型　号	Y	Z	SPZ	A	SPA	B	SPB	C	SPC	D	E
$d_{d\min}$	20	50	63	75	90	125	140	200	224	355	500

三、带的弹性滑动和打滑

(一)弹性滑动

由于带传动存在紧边和松边,在紧边时带被弹性拉长,到松边时又产生收缩,引起带在轮上发生微小局部滑动,这种现象称为弹性滑动。弹性滑动造成带的线速度略低于带轮的圆周速度,导致从动轮的圆周速度 v_2 低于主动轮的圆周速度 v_1,其速度降低率用相对滑动率 ε 表示。相对滑动率 $\varepsilon = 0.01 \sim 0.02$,故在一般计算中可不考虑,此时传动比计算公式可简化为

$$i = \frac{n_1}{n_2} = \frac{d_{d2}}{d_{d1}} \tag{8-6}$$

(二)打滑与极限有效拉力

当外载较小时,弹性滑动只发生在带即将由主、从动轮离开的一段弧上。传递外载增大时,有效拉力随之加大,弹性滑动区域也随之扩大。当有效拉力达到或超过某一极限值时,带与小带轮在整个接触弧上的摩擦力达到极限,若外载继续增加,带将沿整个接触弧滑动,这种现象称为打滑。此时主动轮还在转动,但从动轮转速急剧下降,带迅速磨损、发热而损坏,使传动失效。所以,必须避免打滑,在设计时应限制带的最大拉力。当带有打滑趋势时,带与带轮间的摩擦力达到极限值,即有效拉力达到最大值,这时可由欧拉公式推导得极限有效拉力为

$$F_{\lim} = F_1\left(1 - \frac{1}{e^{f\alpha}}\right) \tag{8-7}$$

式中:e为自然对数的底,e = 2.718…;f为摩擦系数(V带用当量摩擦系数f_v代替f,$f_v = f/\sin(\varphi/2)$);α为包角,即带与带轮接触弧对应的中心角,rad,因大带轮包角总是大于小带轮包角,故这里应取α为小带轮包角。

任务四 普通V带传动设计计算

一、设计准则和单根V带的额定功率

(一)设计准则

根据带传动工作能力分析可知,带传动的主要失效形式有:①带在带轮上打滑,不能传递动力;②带发生疲劳破坏(经历一定应力循环次数后发生拉断、撕裂、脱层)。因此,带传动的设计准则为:①带在传递规定功率时不发生打滑,即满足式(8-7);②具有一定的疲劳强度和寿命,即满足式(8-5)。

(二)单根V带所能传递的额定功率

经推导可得单根V带所能传递的额定功率为

$$P_0 = ([\sigma] - \sigma_{b1} - \sigma_c)(1 - 1/e^{f_v\alpha})Av10^{-3} \tag{8-8}$$

式中:v为带速,m/s;其他符号含义同前。

在特定带长、使用寿命、传动比($i=1$、$\alpha=180°$)以及在载荷平稳条件下,通过疲劳试验测得带的许用应力$[\sigma]$后,代入式(8-8)便可求出特定条件下的P_0值,见表8-7。

二、带传动设计步骤和参数选择

设计V带传动的原始数据为带传递的功率P,转速n_1、n_2(或传动比i)以及外廓尺寸的要求等。

设计内容有:确定带的型号、长度、根数,传动中心距、带轮直径以及带轮结构尺寸等。设计步骤一般有以下几步。

表 8-7　包角 $\alpha = 180°$、特定带长、工作平稳情况下，单根 V 带的额定功率 P_0　　（单位：kW）

型号	小带轮直径 d_{d1}（mm）	小带轮转速 n_1（r / min）												
		200	400	730	800	980	1 200	1 460	1 600	2 000	2 400	2 800	3 200	3 600
Z	56	—	0.06	0.11	0.12	0.14	0.17	0.19	0.20	0.25	0.30	0.33	0.35	0.37
	63	—	0.08	0.13	0.15	0.18	0.22	0.25	0.27	0.32	0.37	0.41	0.45	0.47
	71	—	0.09	0.17	0.20	0.23	0.27	0.31	0.33	0.39	0.46	0.50	0.54	0.58
	80	—	0.14	0.20	0.22	0.26	0.30	0.36	0.39	0.44	0.50	0.56	0.61	0.64
	90	—	0.14	0.22	0.24	0.28	0.33	0.37	0.40	0.48	0.54	0.60	0.64	0.68
A	75	0.16	0.27	0.42	0.45	0.52	0.60	0.68	0.73	0.84	0.92	1.00	1.04	1.08
	90	0.22	0.39	0.63	0.68	0.79	0.93	1.07	1.15	1.34	1.50	1.64	1.75	1.83
	100	0.26	0.47	0.77	0.83	0.97	1.14	1.32	1.42	1.66	1.87	2.05	2.19	2.28
	112	0.31	0.56	0.93	1.00	1.18	1.39	1.62	1.74	2.04	2.30	2.51	2.68	2.78
	125	0.37	0.67	1.11	1.19	1.40	1.66	1.93	2.07	2.44	2.74	2.98	3.16	3.26
	140	0.43	0.78	1.31	1.41	1.66	1.96	2.29	2.45	2.87	3.22	3.48	3.65	3.72
	160	0.51	0.94	1.56	1.69	2.00	2.36	2.74	2.94	3.42	3.80	4.06	4.19	4.17
B	125	0.48	0.84	1.34	1.44	1.67	1.93	2.20	2.33	2.64	2.85	2.96	2.94	2.80
	140	0.59	1.05	1.69	1.82	2.13	2.47	2.83	3.00	3.42	3.70	3.85	3.83	3.63
	160	0.74	1.32	2.16	2.32	2.72	3.17	3.64	3.86	4.40	4.75	4.89	4.80	4.46
	180	0.88	1.59	2.61	2.81	3.30	3.85	4.41	4.68	5.30	5.67	5.76	5.52	4.92
	200	1.02	1.85	3.06	3.30	3.86	4.50	5.15	5.46	6.13	6.47	6.43	5.95	4.98
	224	1.19	2.17	3.59	3.86	4.50	5.26	5.99	6.33	7.02	7.25	6.95	6.05	4.47
SPZ	63	0.20	0.35	0.56	0.60	0.70	0.81	0.93	1.00	1.17	1.32	1.45	1.56	1.66
	71	0.25	0.44	0.72	0.78	0.92	1.08	1.25	1.35	1.59	1.81	2.00	2.18	2.33
	75	0.28	0.49	0.79	0.87	1.02	1.21	1.41	1.52	1.79	2.04	2.27	2.48	2.65
	80	0.31	0.55	0.88	0.99	1.15	1.38	1.60	1.73	2.05	2.34	2.61	2.85	3.06
	90	0.37	0.67	1.12	1.21	1.44	1.70	1.98	2.14	2.55	2.93	3.26	3.57	3.84
	100	0.43	0.79	1.33	1.44	1.70	2.02	2.36	2.55	3.05	3.49	3.90	4.26	4.58
SPA	90	0.43	0.75	1.21	1.30	1.52	1.76	2.02	2.16	2.49	2.77	3.00	3.16	3.26
	100	0.53	0.94	1.54	1.65	1.93	2.27	2.61	2.80	3.27	3.67	3.99	4.25	4.42
	112	0.64	1.16	1.91	2.07	2.44	2.86	3.31	3.57	4.18	4.71	5.15	5.49	5.72
	125	0.77	1.40	2.33	2.52	2.98	3.5	4.06	4.38	5.15	5.80	6.34	6.76	7.03
	140	0.92	1.68	2.81	3.03	3.58	4.23	4.91	5.29	6.22	7.01	7.64	8.11	8.39
	160	1.11	2.04	3.42	3.70	4.38	5.17	6.01	6.47	7.60	8.53	9.24	9.72	9.94
SPB	140	1.08	1.92	3.13	3.35	3.92	4.55	5.21	5.54	6.31	6.86	7.15	7.17	6.89
	160	1.37	2.47	4.06	4.37	5.13	5.98	6.89	7.33	8.38	9.13	9.52	9.53	9.10
	180	1.65	3.01	4.99	5.37	6.31	7.38	8.50	9.05	10.34	11.21	11.62	11.43	10.77
	200	1.94	3.54	5.88	6.35	7.47	8.74	10.07	10.70	12.18	13.11	13.41	13.01	11.83
	224	2.28	4.18	6.97	7.52	8.83	10.33	11.86	12.59	14.21	15.10	15.14	14.22	—
	250	2.64	4.86	8.11	8.75	10.27	11.99	13.72	14.51	16.19	16.89	16.44	—	—

续表 8-7

型号	小带轮直径 d_{d1} (mm)	小带轮转速 n_1 (r/min)												
		200	400	730	800	980	1 200	1 460	1 600	2 000	2 400	2 800	3 200	3 600
SPC	224	2.90	5.19	8.38	8.99	10.39	11.89	13.26	13.81	14.58	14.01	—	—	—
	250	3.50	6.31	10.27	11.02	12.76	14.61	16.26	16.92	17.70	16.69	—	—	—
	280	4.18	7.59	12.40	13.31	15.40	17.60	19.49	20.20	20.75	18.86	—	—	—
	315	4.97	9.07	14.82	15.90	18.37	20.88	22.92	23.58	23.47	19.98	—	—	—
	355	5.87	10.72	17.50	18.76	21.55	24.34	26.32	26.80	25.37	19.22	—	—	—
	400	6.86	12.56	20.41	21.84	25.15	27.33	29.40	29.53	25.81	—	—	—	—
C	200	—	1.39	1.92	2.41	2.87	3.30	3.80	4.66	5.29	5.86	6.07	6.28	6.34
	224	—	1.70	2.37	2.99	3.58	4.12	4.78	5.89	6.71	7.47	7.75	8.00	8.05
	250	—	2.03	2.85	3.62	4.33	5.00	5.82	7.18	8.21	9.06	9.38	9.63	9.62
	280	—	2.42	3.40	4.32	5.19	6.00	6.99	8.65	9.81	10.74	11.06	11.22	11.04
	315	—	2.86	4.04	5.14	6.17	7.14	9.34	10.23	11.53	12.48	12.72	12.67	12.14
	400	—	3.91	5.54	7.06	8.52	9.82	11.52	13.67	15.04	15.51	15.24	14.08	11.95
D	355	3.01	5.31	7.35	9.24	10.90	12.39	14.04	16.30	17.25	16.70	15.63	12.97	—
	400	3.66	6.52	9.13	11.45	13.55	15.42	17.58	20.25	21.20	20.03	18.31	14.28	—
	450	4.37	7.90	11.02	13.85	16.40	18.67	21.12	24.16	24.84	22.42	19.59	13.34	—
	500	5.08	9.21	12.88	16.20	19.17	21.78	24.52	27.60	27.61	23.28	18.88	9.59	—
	560	5.91	10.76	15.07	18.95	22.38	25.32	28.28	31.00	29.67	22.08	15.13	—	—
E	500	6.21	10.86	14.96	18.55	21.65	24.21	26.62	28.52	25.53	16.25	—	—	—
	560	7.32	13.09	18.10	22.49	26.25	29.30	32.02	33.00	28.49	14.52	—	—	—
	630	8.75	15.65	21.69	26.95	31.36	34.83	37.64	37.14	29.17	—	—	—	—
	710	10.31	18.52	25.69	31.83	36.85	40.58	43.07	39.56	25.91	—	—	—	—
	800	12.05	21.70	30.05	37.05	42.53	46.26	47.79	39.08	16.46	—	—	—	—

(一)确定设计功率 P_c

设计功率 P_c 的计算公式为

$$P_c = K_A P \tag{8-9}$$

式中:P 为带传递的额定功率,kW;K_A 为工况系数,见表 8-8。

(二)选择 V 带的型号

根据设计功率 P_c 和主动轮转速 n_1,由图 8-8、图 8-9 选择带的型号。

(三)确定带轮的基准直径 d_{d1} 和 d_{d2}

小带轮直径 d_{d1} 应大于或等于表 8-6 所列的最小直径 $d_{d\min}$。d_{d1} 过小则带的弯曲应力较大,反之又使外廓尺寸增大。一般在工作位置允许的情况下,小带轮直径取得大些可减小弯曲应力,提高承载能力和延长带的使用寿命。由式(8-6)得

$$d_{d2} = \frac{n_1}{n_2} d_{d1}$$

表 8-8　工况系数 K_A

载荷性质	工作机	原动机					
		空、轻载启动			重载启动		
		每天工作时间(h)					
		<10	10~16	>16	<10	10~16	>16
载荷变动微小	液体搅拌机、鼓风机和通风机(≤7.5 kW)、离心式水泵和压缩机、轻型输送机	1.0	1.1	1.2	1.1	1.2	1.3
载荷变动小	带式输送机(不均匀负荷)、通风机(>7.5 kW)、转式水泵和压缩机(非离心式)、发电机、金属切削机床、旋转筛、锯木机和木工机械	1.1	1.2	1.3	1.2	1.3	1.4
载荷变动较大	制砖机、斗式提升机、往复式水泵和压缩机、起重机、磨粉机、冲剪机床、旋转筛、纺织机械、重载输送机	1.2	1.3	1.4	1.4	1.5	1.6
载荷变动很大	破碎机(旋转式、颚式等)、磨碎机(球磨、棒磨、管磨)	1.3	1.4	1.5	1.5	1.6	1.8

注:1. 空、轻载启动——电动机(交流启动、三角启动、直流并励),四缸以上的内燃机,装有离心式离合器、液力联轴器的动力机;

2. 重载启动——电动机(联机交流启动、直流复励或串励)、四缸以下的内燃机;

3. 反复启动、正反转频繁、工作条件恶劣等场合,K_A应乘以1.2。

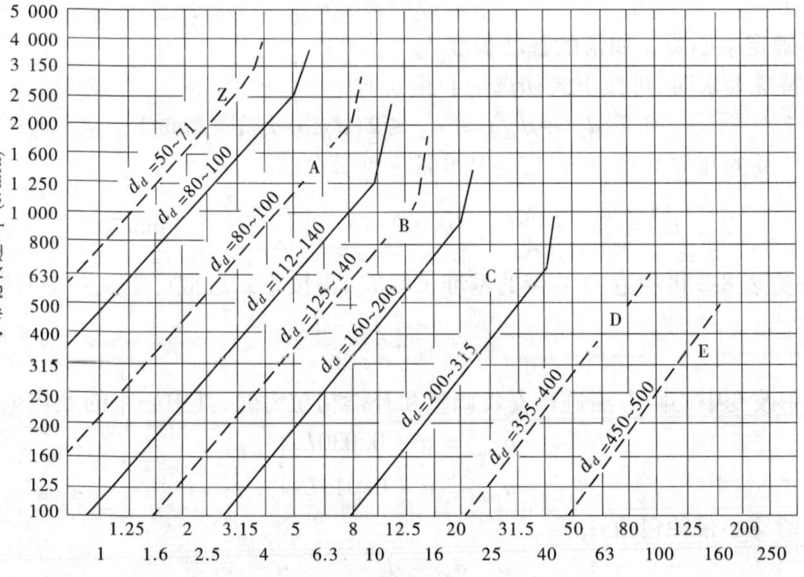

图 8-8　普通 V 带选型图

d_{d1}、d_{d2}均应符合带轮直径系列尺寸,见表 8-5。

(四)验算带速 v

$$v = \frac{\pi d_{d1} n_1}{60 \times 1\,000} \tag{8-10}$$

带速太高离心力增大,使带与带轮间的摩擦力减小,容易打滑;带速太低,传递功率一

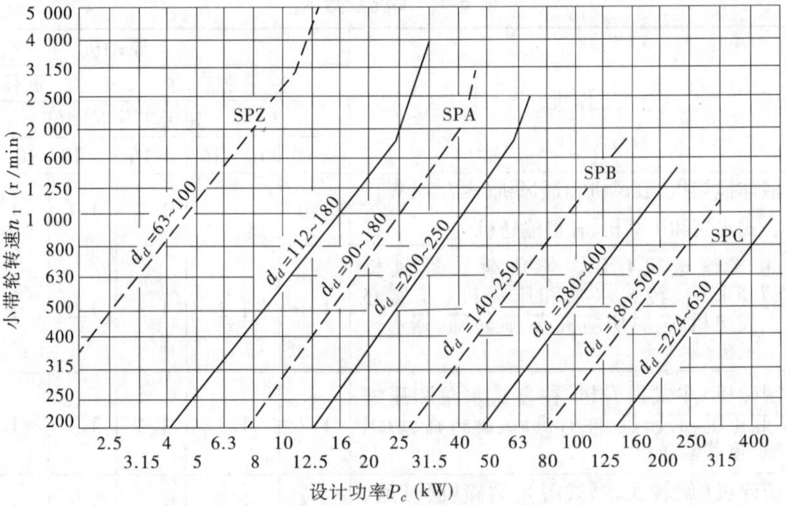

图 8-9 窄 V 带选型图

定时所需的有效拉力过大,也会打滑。一般应使

普通 V 带 $5\ m/s < v < 25\ m/s$

窄 V 带 $5\ m/s < v < 35\ m/s$

否则重选 d_{d1}。

(五)确定中心距 a 和带的基准长度 L_d

在无特殊要求时,可按下式初选中心距 a_0

$$0.7(d_{d1}+d_{d2}) \leqslant a_0 \leqslant 2(d_{d1}+d_{d2}) \quad (\text{mm}) \tag{8-11}$$

由带传动的几何关系,可得带的基准长度计算公式

$$L_0 = 2a_0 + \frac{\pi}{2}(d_{d1}+d_{d2}) + \frac{(d_{d2}-d_{d1})^2}{4a_0} \quad (\text{mm}) \tag{8-12}$$

按 L_0 查表 8-2 得相近的 V 带的基准长度 L_d,再按下式近似计算实际中心距

$$a \approx a_0 + \frac{L_d - L_0}{2} \tag{8-13}$$

当采用改变中心距方法进行安装调整和补偿初拉力时,其中心距的变化范围为

$$\left.\begin{aligned} a_{\max} &= a + 0.030L_d \\ a_{\min} &= a - 0.015L_d \end{aligned}\right\} \tag{8-14}$$

(六)验算小带轮包角 α_1

$$\alpha_1 \approx 180° - \frac{d_{d2}-d_{d1}}{a} \times 57.3° \geqslant 120° \tag{8-15}$$

α_1与传动比 i 有关,i 愈大$(d_{d2}-d_{d1})$值愈大,则 α_1 愈小。所以,V 带传动的传动比一般小于 7,推荐值为 2 ~5。传动比不变时,可用增大中心距 a 的方法增大 α_1。

(七)确定 V 带根数 z

$$z \geqslant \frac{P_c}{[P_0]} = \frac{P}{(P_0+\Delta P_0)K_\alpha K_L} \tag{8-16}$$

式中:z 应取整,为使带受力均匀,一般应使 $z<10$;P_c为设计功率,按式(8-9)计算;P_0为特

定条件下单根 V 带所能传递的功率，kW，查表 8-7；ΔP_0 为 $i>1$ 时的额定功率增量，kW，查表 8-9；K_α 为包角修正系数，考虑 $\alpha<180°$ 时对传动能力的影响，查表 8-10；K_L 为长度修正系数，考虑不是特定长度时对传动能力的影响。

（八）确定单根 V 带初拉力 F_0

$$F_0=\frac{500P_c}{zv}\left(\frac{2.5}{K_\alpha}-1\right)+qv^2 \tag{8-17}$$

表 8-9 考虑 $i\neq1$ 时，单根 V 带的额定功率增量 ΔP_0 （单位：kW）

型号	传动比 i	小带轮转速 n_1（r/min）												
		200	400	730	800	980	1 200	1 460	1 600	2 000	2 400	2 800	3 200	3 600
Z	1.00~1.01	—												
	1.02~1.04	—												0.02
	1.05~1.08	—		0.00										
	1.09~1.12	—												
	1.13~1.18	—												
	1.19~1.24	—					0.01					0.03		
	1.25~1.34	—												
	1.35~1.51	—						0.02						
	1.52~1.99	—										0.04		0.05
	≥2.0	—												
	带速 v（m/s）					5			10			15		
A	1.00~1.01	0.00												
	1.02~1.04						0.02	0.02	0.02	0.03	0.03	0.04	0.04	0.05
	1.05~1.08		0.01	0.02	0.02	0.03	0.03	0.04	0.04	0.06	0.07	0.08	0.09	0.10
	1.09~1.12		0.02	0.03	0.03	0.04	0.05	0.06	0.06	0.08	0.10	0.11	0.13	0.15
	1.13~1.18		0.02	0.04	0.04	0.05	0.07	0.08	0.09	0.11	0.13	0.15	0.17	0.19
	1.19~1.24		0.03	0.05	0.05	0.06	0.08	0.09	0.11	0.13	0.16	0.19	0.22	0.24
	1.25~1.34	0.02	0.03	0.06	0.06	0.07	0.10	0.11	0.13	0.16	0.19	0.23	0.26	0.29
	1.35~1.51	0.02	0.04	0.07	0.08	0.08	0.11	0.13	0.15	0.19	0.23	0.26	0.30	0.34
	1.52~1.99	0.02	0.01	0.08	0.09	0.10	0.13	0.15	0.17	0.22	0.26	0.30	0.34	0.39
	≥2.0	0.03	0.05	0.09	0.10	0.11	0.15	0.17	0.19	0.24	0.29	0.34	0.39	0.44
	带速 v（m/s）		5			10			15	20		25	30	
B	1.00~1.01	0.00	0.00	0.00	0.00	0.00	0.00	0.00	0.00	0.00	0.00	0.00	0.00	0.00
	1.02~1.04	0.01	0.01	0.02	0.03	0.03	0.04	0.05	0.06	0.07	0.08	0.10	0.11	0.13
	1.05~1.08	0.01	0.03	0.05	0.06	0.07	0.08	0.10	0.11	0.14	0.17	0.20	0.23	0.25
	1.09~1.12	0.02	0.04	0.07	0.08	0.10	0.13	0.15	0.17	0.21	0.25	0.29	0.34	0.38
	1.13~1.18	0.03	0.06	0.10	0.11	0.13	0.17	0.20	0.23	0.28	0.34	0.39	0.45	0.51
	1.19~1.24	0.04	0.07	0.12	0.14	0.17	0.21	0.25	0.28	0.35	0.42	0.49	0.56	0.63
	1.25~1.34	0.04	0.08	0.15	0.17	0.20	0.25	0.31	0.34	0.42	0.51	0.59	0.68	0.76
	1.35~1.51	0.05	0.10	0.17	0.20	0.23	0.30	0.36	0.39	0.49	0.59	0.69	0.79	0.89
	1.52~1.99	0.06	0.11	0.20	0.23	0.26	0.34	0.40	0.45	0.56	0.68	0.79	0.90	1.01
	≥2.0	0.06	0.13	0.22	0.25	0.30	0.38	0.46	0.51	0.63	0.76	0.89	1.01	1.14
	带速 v（m/s）	5	10			15	20		25	30	35	40		

续表 8-9

型号	传动比 i	小带轮转速 n_1 (r/min)												
		200	400	730	800	980	1 200	1 460	1 600	2 000	2 400	2 800	3 200	3 600
SPZ	1.00 ~ 1.01	0.00	0.00	0.00	0.00	0.00	0.00	0.00	0.00	0.00	0.00	0.00	0.00	0.00
	1.02 ~ 1.05	0.00	0.00	0.01	0.01	0.01	0.01	0.02	0.02	0.02	0.03	0.03	0.04	0.04
	1.06 ~ 1.11	0.01	0.01	0.02	0.03	0.03	0.04	0.05	0.05	0.07	0.08	0.09	0.11	0.12
	1.12 ~ 1.18	0.01	0.02	0.04	0.05	0.06	0.07	0.08	0.09	0.12	0.14	0.16	0.18	0.20
	1.19 ~ 1.26	0.02	0.03	0.06	0.06	0.08	0.09	0.11	0.13	0.16	0.19	0.22	0.25	0.28
	1.27 ~ 1.38	0.02	0.04	0.07	0.08	0.09	0.11	0.14	0.15	0.19	0.23	0.27	0.31	0.34
	1.39 ~ 1.57	0.02	0.04	0.08	0.09	0.11	0.13	0.16	0.18	0.22	0.27	0.31	0.36	0.40
	1.58 ~ 1.94	0.03	0.05	0.09	0.10	0.12	0.15	0.18	0.20	0.25	0.30	0.35	0.40	0.46
	1.95 ~ 3.38	0.03	0.06	0.10	0.11	0.13	0.16	0.20	0.22	0.27	0.33	0.38	0.44	0.49
	≥3.39	0.03	0.06	0.10	0.12	0.14	0.17	0.21	0.23	0.29	0.35	0.41	0.47	0.52
	带速 v(m/s)			5				10			15	20		
SPA	1.00 ~ 1.01	0.00	0.00	0.00	0.00	0.00	0.00	0.00	0.00	0.00	0.00	0.00	0.00	0.00
	1.02 ~ 1.05	0.00	0.01	0.02	0.02	0.03	0.03	0.04	0.04	0.05	0.06	0.07	0.08	0.10
	1.06 ~ 1.11	0.02	0.03	0.05	0.06	0.07	0.09	0.10	0.12	0.14	0.17	0.20	0.23	0.26
	1.12 ~ 1.18	0.03	0.05	0.09	0.10	0.12	0.15	0.18	0.20	0.25	0.30	0.35	0.40	0.45
	1.19 ~ 1.26	0.03	0.07	0.12	0.14	0.16	0.21	0.24	0.27	0.34	0.41	0.48	0.54	0.62
	1.27 ~ 1.38	0.04	0.08	0.15	0.17	0.20	0.25	0.30	0.33	0.41	0.50	0.58	0.66	0.75
	1.39 ~ 1.57	0.05	0.10	0.17	0.20	0.23	0.29	0.35	0.39	0.49	0.59	0.68	0.78	0.88
	1.58 ~ 1.94	0.05	0.11	0.19	0.22	0.26	0.33	0.40	0.44	0.55	0.66	0.77	0.88	0.99
	1.95 ~ 3.38	0.06	0.12	0.21	0.24	0.28	0.36	0.43	0.48	0.60	0.72	0.84	0.95	1.07
	≥3.39	0.06	0.13	0.22	0.25	0.30	0.38	0.46	0.51	0.63	0.76	0.89	1.01	1.14
	带速 v(m/s)			5			10	15			20	25	30	35
SPB	1.00 ~ 1.01	0.00	0.00	0.00	0.00	0.00	0.00	0.00	0.00	0.00	0.00	0.00	0.00	0.00
	1.02 ~ 1.05	0.01	0.02	0.04	0.04	0.05	0.07	0.08	0.09	0.11	0.13	0.15	0.17	0.20
	1.06 ~ 1.11	0.03	0.06	0.11	0.12	0.15	0.18	0.22	0.24	0.30	0.36	0.42	0.47	0.53
	1.12 ~ 1.18	0.05	0.10	0.19	0.21	0.25	0.31	0.38	0.41	0.52	0.62	0.72	0.83	0.93
	1.19 ~ 1.26	0.07	0.14	0.26	0.28	0.34	0.42	0.51	0.56	0.70	0.84	0.98	1.13	1.27
	1.27 ~ 1.38	0.09	0.17	0.31	0.34	0.42	0.51	0.62	0.68	0.85	1.02	1.19	1.36	1.53
	1.39 ~ 1.57	0.10	0.20	0.36	0.40	0.49	0.60	0.73	0.80	1.00	1.20	1.40	1.60	1.80
	1.58 ~ 1.94	0.11	0.22	0.41	0.45	0.55	0.68	0.82	0.90	1.13	1.35	1.58	1.81	2.03
	1.95 ~ 3.38	0.12	0.25	0.45	0.49	0.60	0.74	0.89	0.98	1.23	1.47	1.72	1.96	2.21
	≥3.39	0.13	0.26	0.47	0.52	0.64	0.78	0.95	1.04	1.30	1.56	1.82	2.08	2.34
	带速 v(m/s)		5	10		15		20	25	30	35	40		
SPC	1.00 ~ 1.01	0.00	0.00	0.00	0.00	0.00	0.00	0.00	0.00	0.00	0.00	—	—	—
	1.02 ~ 1.05	0.03	0.05	0.10	0.11	0.13	0.16	0.19	0.21	0.26	0.32	—	—	—
	1.06 ~ 1.11	0.07	0.14	0.26	0.29	0.35	0.43	0.53	0.58	0.72	0.86	—	—	—
	1.12 ~ 1.18	0.13	0.25	0.46	0.50	0.62	0.75	0.92	1.00	1.25	1.51	—	—	—
	1.19 ~ 1.26	0.17	0.34	0.62	0.68	0.84	1.02	1.24	1.36	1.71	2.05	—	—	—
	1.27 ~ 1.38	0.21	0.41	0.75	0.83	1.01	1.24	1.51	1.65	2.07	2.48	—	—	—
	1.39 ~ 1.57	0.24	0.49	0.89	0.97	1.19	1.46	1.77	1.94	2.43	2.92	—	—	—
	1.58 ~ 1.94	0.27	0.55	1.00	1.10	1.34	1.64	2.00	2.19	2.74	3.28	—	—	—
	1.95 ~ 3.38	0.30	0.59	1.08	1.19	1.46	1.78	2.17	2.38	2.97	3.57	—	—	—
	≥3.39	0.32	0.63	1.15	1.26	1.55	1.89	2.30	2.52	3.15	3.79	—	—	—
	带速 v (m/s)		10	15	20		25	30	35	40				

续表 8-9

型号	传动比 i	小带轮转速 n_1 (r/min)												
		100	200	300	400	500	600	730	980	1 200	1 460	1 600	1 800	2 000
C	1.00 ~ 1.01	—	0.00	0.00	0.00	0.00	0.00	0.00	0.00	0.00	0.00	0.00	0.00	0.00
	1.02 ~ 1.04	—	0.02	0.03	0.04	0.05	0.06	0.07	0.09	0.12	0.14	0.16	0.18	0.20
	1.05 ~ 1.08	—	0.04	0.06	0.08	0.10	0.12	0.14	0.19	0.24	0.28	0.31	0.35	0.39
	1.09 ~ 1.12	—	0.06	0.09	0.12	0.15	0.18	0.21	0.27	0.35	0.42	0.47	0.53	0.59
	1.13 ~ 1.18	—	0.08	0.12	0.16	0.20	0.24	0.27	0.37	0.47	0.58	0.63	0.71	0.78
	1.19 ~ 1.24	—	0.10	0.15	0.20	0.24	0.29	0.34	0.47	0.59	0.71	0.78	0.88	0.98
	1.25 ~ 1.34	—	0.12	0.18	0.23	0.29	0.35	0.41	0.56	0.70	0.85	0.94	1.06	1.17
	1.35 ~ 1.51	—	0.14	0.21	0.27	0.34	0.41	0.48	0.65	0.82	0.99	1.10	1.23	1.37
	1.52 ~ 1.99	—	0.16	0.24	0.31	0.39	0.47	0.55	0.74	0.94	1.14	1.25	1.41	1.57
	≥2.0	—	0.18	0.26	0.35	0.44	0.53	0.62	0.83	1.06	1.27	1.41	1.59	1.76
	带速 v(m/s)	5 10 15 20 25 30 35 40												
D	1.00 ~ 1.01	0.00	0.00	0.00	0.00	0.00	0.00	0.00	0.00	0.00	0.00	0.00	0.00	—
	1.02 ~ 1.04	0.03	0.07	0.10	0.14	0.17	0.21	0.24	0.33	0.42	0.51	0.56	0.63	—
	1.05 ~ 1.08	0.07	0.14	0.21	0.28	0.35	0.42	0.49	0.66	0.84	1.01	1.11	1.24	—
	1.09 ~ 1.12	0.10	0.21	0.31	0.42	0.52	0.62	0.73	0.99	1.25	1.51	1.67	1.88	—
	1.13 ~ 1.18	0.14	0.28	0.42	0.56	0.70	0.83	0.97	1.32	1.67	2.02	2.23	2.51	—
	1.19 ~ 1.24	0.17	0.35	0.52	0.70	0.87	1.04	1.22	1.60	2.09	2.52	2.78	3.13	—
	1.25 ~ 1.34	0.21	0.42	0.62	0.83	1.04	1.25	1.46	1.92	2.50	3.02	3.33	3.74	—
	1.35 ~ 1.51	0.24	0.49	0.73	0.97	1.22	1.46	1.70	2.31	2.92	3.52	3.89	4.98	—
	1.52 ~ 1.99	0.28	0.56	0.83	1.11	1.39	1.67	1.95	2.64	3.34	4.03	4.45	5.01	—
	≥2.0	0.31	0.63	0.94	1.25	1.56	1.88	2.19	2.97	3.75	4.53	5.00	5.62	—
	带速 v(m/s)	5 10 15 20 25 30 35 40												
E	1.00 ~ 1.01	0.00	0.00	0.00	0.00	0.00	0.00	0.00	0.00	0.00	0.00	—	—	—
	1.02 ~ 1.04	0.07	0.14	0.21	0.28	0.34	0.41	0.48	0.65	0.80	0.98	—	—	—
	1.05 ~ 1.08	0.14	0.28	0.41	0.55	0.64	0.83	0.97	1.29	1.61	1.95	—	—	—
	1.09 ~ 1.12	0.21	0.41	0.62	0.83	1.03	1.24	1.45	1.95	2.40	2.92	—	—	—
	1.13 ~ 1.18	0.28	0.55	0.83	1.00	1.38	1.65	1.93	2.62	3.21	3.90	—	—	—
	1.19 ~ 1.24	0.34	0.69	1.03	1.38	1.72	2.07	2.41	3.27	4.01	4.88	—	—	—
	1.25 ~ 1.34	0.41	0.83	1.24	1.65	2.07	2.48	2.89	3.92	4.81	5.85	—	—	—
	1.35 ~ 1.51	0.48	0.96	1.45	1.93	2.41	2.89	3.38	4.58	5.61	6.83	—	—	—
	1.52 ~ 1.99	0.55	1.10	1.65	2.20	2.76	3.31	3.86	5.23	6.41	7.80	—	—	—
	≥2.0	0.62	1.24	1.86	2.48	3.10	3.72	4.34	5.89	7.21	8.78	—	—	—
	带速 v(m/s)	5 10 15 20 25 30 35 40												

表 8-10 小带轮的包角修正系数 K_α

包角 α_1	180°	175°	170°	165°	160°	155°	150°	145°	140°	135°	130°	125°	120°	110°	100°	90°
K_α	1	0.99	0.98	0.96	0.95	0.93	0.92	0.91	0.89	0.88	0.86	0.84	0.80	0.78	0.74	0.69

(九)计算带对轴的压力 F_Q

$$F_Q = 2zF_0\sin(\alpha_1/2) \tag{8-18}$$

【实训例 8-1】 设计某机床上电动机与主轴箱的 V 带传动。已知:电动机额定功率 P =7.5 kW,转速 n_1 =1 440 r/min,传动比 i_{12} =2,中心距 a 为 800 mm 左右,三班制工作,开式传动。

解:实训过程如表 8-11 所示。

表 8-11　实训例 8-1 实训过程

计算项目	计算与说明	计算结果
1. 确定设计功率 P_c	由表 8-8 取 $K_A=1.3$ 得 $P_c=1.3\times7.5=9.75$ (kW)	$P_c=9.75$ kW
2. 选择带型号	根据 $P_c=9.75$ kW, $n_1=1\ 440$ r/min, 由图 8-8 选 A 型 V 带	选 A 型 V 带
3. 确定小带轮基准直径 d_{d1}	由图 8-8、表 8-5、表 8-6 取 $d_{d1}=140$ mm	$d_{d1}=140$ mm
4. 确定大带轮基准直径 d_{d2}	$d_{d2}=i_{12}d_{d1}=2\times140=280$ (mm) 由表 8-5 取 $d_{d2}=280$ mm	$d_{d2}=280$ mm
5. 验算带速 v	$v=\pi d_{d1}n_1/(60\times1\ 000)$ $=3.14\times140\times1\ 440/(60\times1\ 000)$ $=10.55$ (m/s) 5 m/s $< v <$ 25 m/s 符合要求	$v=10.55$ m/s 符合要求
6. 初定中心距 a_0	按要求取 $a_0=800$ mm	$a_0=800$ mm
7. 确定带的基准长度 L_d	$L_0=2a_0+\pi(d_{d1}+d_{d2})/2+(d_{d2}-d_{d1})^2/(4a_0)$ $=2\times800+3.14\times(140+280)/2+(280-140)^2/(4\times800)$ $=2\ 265.53$ (mm) 由表 8-2 取 $L_d=2\ 240$ (mm)	$L_d=2\ 240$ mm
8. 确定实际中心距 a	$a\approx a_0+(L_d-L_0)/2$ $=800+(2\ 240-2\ 265.53)/2=787.24$ (mm) 中心距变动调整范围: $a_{max}=a+0.03L_d=787.24+0.03\times2\ 240$ $=854.44$ (mm) $a_{min}=a-0.015L_d=787.24-0.015\times2\ 240$ $=753.64$ (mm)	$a=787.24$ mm $a_{max}=854.44$ mm $a_{min}=753.64$ mm
9. 验算小带轮包角 α_1	$\alpha_1=180°-\dfrac{d_{d2}-d_{d1}}{a}\times57.3°$ $=180°-\dfrac{280-140}{787.24}\times57.3°$ $=169.81°$ $\alpha_1>120°$合用	$\alpha_1=169.81°$ 合用
10. 确定单根 V 带的额定功率 P_0	根据 $d_{d1}=140$ mm, $n_1=1\ 440$ r/min, 由表 8-7 查得 A 型带 $P_0=2.27$ kW	$P_0=2.27$ kW
11. 确定额定功率增量 ΔP_0	由表 8-9 查得: $\Delta P_0=0.17$ kW	$\Delta P_0=0.17$ kW
12. 确定 V 带根数 z	$z\geqslant\dfrac{P_c}{[P_0]}=\dfrac{P_c}{(P_0+\Delta P_0)K_\alpha K_L}$ 由表 8-10 查得: $K_\alpha\approx0.98$ 由表 8-2 查得: $K_L=1.06$ $z\geqslant\dfrac{9.75}{(2.27+0.17)\times0.98\times1.06}=3.85$, 取 $z=4$ 根	z = 4 根
13. 确定单根 V 带的初拉力 F_0	$F_0=500\dfrac{P_c}{zv}\left(\dfrac{2.5}{K_\alpha}-1\right)+qv^2$ $=500\times\dfrac{9.75}{4\times10.55}\times\left(\dfrac{2.5}{0.98}-1\right)+0.11\times10.55^2$ ≈191.42 (N)	$F_0=191.42$ N
14. 计算带对轴的压力 F_Q	$F_Q=2zF_0\sin(\alpha_1/2)$ $=2\times4\times191.42\sin(169.81/2)\approx1\ 525.31$ (N)	$F_Q=1\ 525.31$ N
15. 确定带轮结构,绘工作图	(略)	

任务五　同步带传动

一、同步带传动的特点和应用

同步带是以细钢丝绳或玻璃纤维为强力层,外覆以聚氨酯或氯丁橡胶的环形带。由于带的强力层承载后变形小,且内周制成齿状使其与齿形的带轮相啮合,故带与带轮间无相对滑动,构成同步传动,如图 8-10 所示。

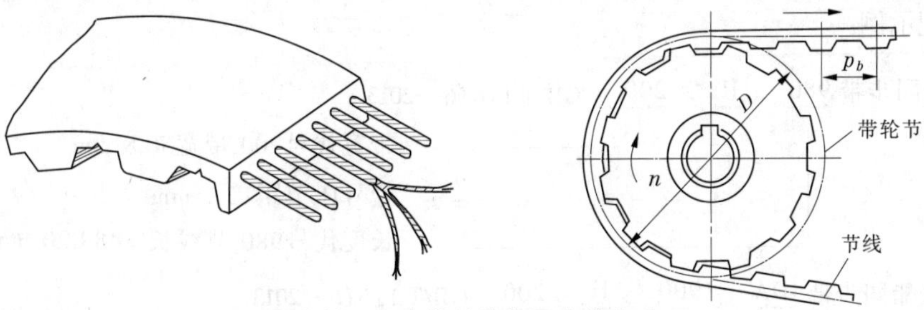

图 8-10　同步带结构与同步带传动

同步带传动具有传动比恒定、不打滑、效率高、初张力小、对轴及轴承的压力小、速度及功率范围广、不需润滑、耐油、耐磨损以及允许采用较小的带轮直径、较短的轴间距、较大的速比,使传动系统结构紧凑的特点。一般参数为:带速 $v \leqslant 50$ m/s,功率 $P \leqslant 100$ kW,速比 $i \leqslant 10$,效率 $\eta = 0.92 \sim 0.98$,工作温度 $-20 \sim 80$ ℃。

目前同步带传动主要用于中小功率要求速比准确的传动中,如计算机、数控机床、纺织机械、烟草机械等。

二、同步带的参数、类型和规格

(一)同步带的参数

(1)节距 p_b 与基本长度 L_p。在规定张紧力下,同步带相邻两齿对称中心线的距离,称为节距 p_b。同步带工作时保持原长度不变的周线称为节线,节线长度 L_p 为基本长度(公称长度),轮上相应的圆称为节圆。如图 8-10 所示,显然有 $L_p = p_b z$。

(2)模数 m。与齿轮一样,也规定模数 $m = p_b/\pi$。

(二)同步带的类型和规格

同步带分为梯形齿和圆弧齿两大类,如图 8-11 所示。目前梯形齿同步带应用较广,圆弧齿同步带因其承载能力和疲劳寿命高于梯形齿而应用日趋广泛。同步带按结构分为单面同步带和双面同步带两种型式。双面同步带按齿的排列不同又分为对称齿双面同步带(DA 型)和交错齿双面同步带(DB 型)两种,如图 8-12 所示。此外,还有特殊用途和特殊结构的同步带。本任务仅讨论单面梯形齿同步带。

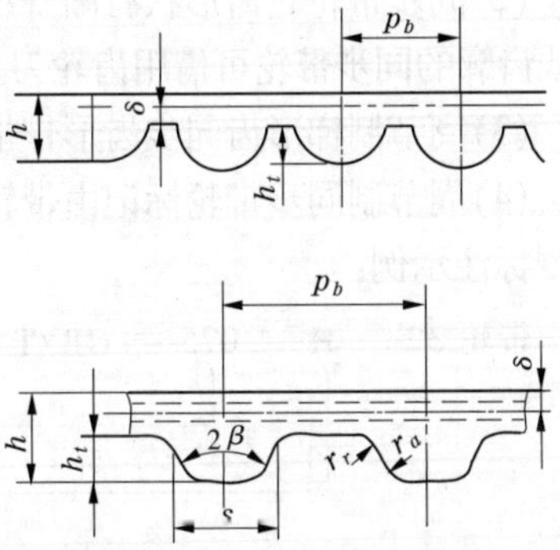

图 8-11　梯形齿和圆弧齿同步齿形

较常用的梯形齿同步齿形带有周节制和模数制两种,其中周节制梯形齿同步齿形带已列入国家标准,称为标准同步带。标准同步带按节距大小分为7种类型,带的齿形和带宽如表8-12所示,节线长度系列如表8-14所示。标准同步带的标记包括型号、节线长度代号、宽度代号和国标号。对称齿双面同步带在型号前加“DA”,交错齿双面同步带在型号前加“DB”。

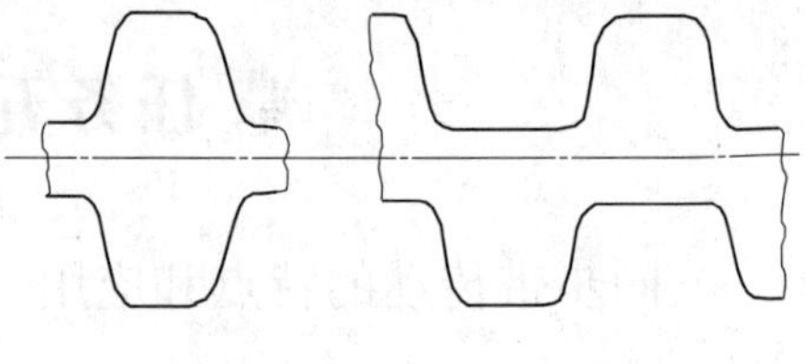

图8-12　对称齿双面同步带和交错齿双面同步带

标记示例:

橡胶同步带 980　H　200　GB/T 11616—2013

带宽代号200,带宽50.8 mm
型号H,节距12.7 mm
长度代号980,节线长2 489.20 mm

聚氨酯同步带 DA　900　H　200　GB/T 11616—2013

带宽代号200,带宽50.8 mm
型号H,节距12.7 mm
长度代号900,节线长2 286 mm
对称齿双面同步带

模数制梯形齿同步带以模数为基本参数,模数系列为1.5、2.5、3、4、5、7、10,齿形角2β为40°,其标记为:模数×齿数×宽度。例如,聚氨酯同步带2×45×25表示:模数$m=2$,齿数$z=45$,带宽$b_s=25$ mm的聚氨酯同步带。

三、同步带轮

(1)同步带轮的材料及轮辐、轮毂结构同V带轮。为防止齿形带工作时从带轮上脱落,一般推荐小带轮两边均有挡圈,而大带轮则无挡圈;或大小带轮均为单面挡圈,但挡圈各在不同侧,如表8-13所示。

(2)同步带轮轮齿形状有渐开线齿廓和直边齿廓两种(用于梯形齿同步齿形带),其中渐开线齿廓的同步带轮可借用齿轮刀具展成加工,齿廓具体尺寸请参阅有关手册。

(3)周节制梯形齿同步齿形带带轮的宽度如表8-13所示,直径如表8-15所示。

(4)周节制同步带轮标记由带轮齿数、带型号、轮宽代号和标准代号组成。

标注示例:

带轮 32　H　075　GB/T 11361—2008

轮宽代号075,轮宽19.1 mm
型号H,节距12.7 mm
带轮齿数32

表 8-12　周节制梯形齿同步齿形带的齿形与带宽　　　（单位:mm）

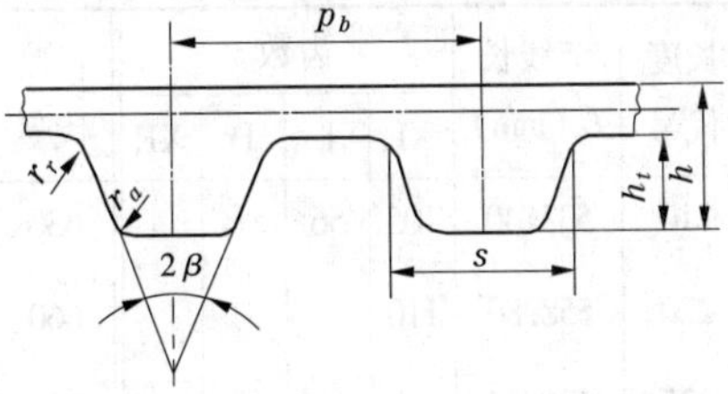

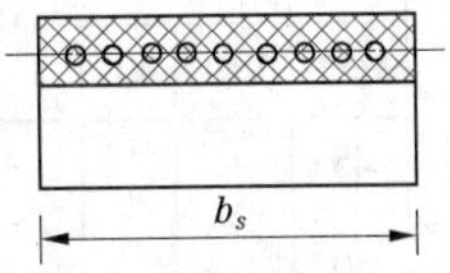

型号	节距 p_b	齿形角 2β(°)	齿根厚 s	齿高 h_t	带高 h	齿根圆角半径 r_r	齿顶圆角半径 r_a	带宽 b_s及代号			
MXL 最轻型	2.032	40	1.14	0.51	1.14	0.13	0.13	公称尺寸	3.0	4.8	6.4
								代号	012	019	025
XXL 超轻型	3.175	50	1.73	0.76	1.52	0.20	0.30	公称尺寸	3.0	4.8	6.4
								代号	012	019	025
XL 特轻型	5.080	50	2.57	1.27	2.3	0.38	0.38	公称尺寸	6.4	7.9	9.5
								代号	025	031	037
L 轻型	9.525	40	4.65	1.91	3.6	0.51	0.51	公称尺寸	12.7	19.1	25.4
								代号	050	075	100
H 重型	12.700	40	6.12	2.29	4.3	1.02	1.02	公称尺寸	19.1	25.4	38.1
								代号	075	100	150
								公称尺寸	50.8	76.2	—
								代号	200	300	—
XH 特重型	22.225	40	12.57	6.35	11.2	1.57	1.19	公称尺寸	50.8	76.2	101.6
								代号	200	300	400
XXH 超重型	31.750	40	19.05	9.53	15.7	2.29	1.52	公称尺寸	50.8	76.2	101.6
								代号	200	300	400
								公称尺寸	127	—	—
								代号	500	—	—

表 8-13　周节制梯形齿同步齿形带带轮的宽度（GB/T 11361—2008）　　　（单位:mm）

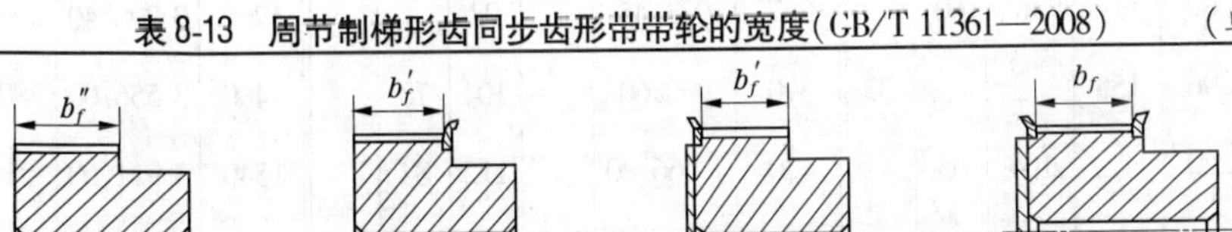

型号	轮宽代号	轮宽基本尺寸	b_f	b_f''	b_f'
MXL	012	3.0	3.8	5.6	4.7
	019	4.8	5.3	7.1	6.2
	025	6.4	7.1	8.9	8.0
XXL	012	3.0	3.8	5.6	4.7
	019	4.8	5.3	7.1	6.2
	025	6.4	7.1	8.9	8.0
XL	025	6.4	7.1	8.9	8.0
	031	7.9	8.6	10.4	9.5
	037	9.5	10.7	12.2	11.1
L	050	12.7	14.0	17.0	15.5
	075	19.1	20.3	23.3	21.8
	100	25.4	26.7	29.7	28.2

型号	轮宽代号	轮宽基本尺寸	b_f	b_f''	b_f'
H	075	19.1	20.3	24.8	22.6
	100	25.4	26.7	31.2	29.0
	150	38.1	39.4	43.9	41.7
	200	50.8	52.8	57.3	55.1
	300	76.2	79.0	83.5	81.3
XH	200	50.8	56.6	62.6	59.6
	300	76.2	83.8	89.8	86.9
	400	101.6	110.7	116.7	113.7
XXH	200	50.8	56.6	64.1	60.4
	300	76.2	83.8	91.3	87.3
	400	101.6	110.7	118.2	114.5
	500	127	137.7	145.2	141.5

表8-14　周节制梯形齿同步齿形带的节线长度、齿数(GB/T 11616—2013)

长度代号	节线长 L_p(mm)	齿数 z				长度代号	节线长 L_p(mm)	齿数 z				长度代号	节线长 L_p(mm)	齿数 z		
		MXL	XXL	XL	L			XL	L	H	XH			H	XH	XXH
36	91.44	45				210	533.40	105	56			630	1 600.20	126	72	
40	101.60	50				220	558.80	110				660	1 676.40	132		
44	111.76	55				225	571.50		60			700	1 778.00	140	80	56
48	121.92	60				230	584.20	115				750	1 905.00	150		
50	128.02	63				240	609.60	120	64	48		770	1 955.80		88	
56	142.24	70				250	635.00	125				800	2 032.00	160		64
60	152.40	75	48	30		255	647.70		68			840	2 133.60		96	
64	162.56	80				260	660.40	130				850	2 159.00	170		
70	177.80		56	35		270	685.80		72	54		900	2 286.00	180		72
72	182.88	90				285	723.90		76			980	2 489.20		112	
80	203.20	100	64	40		300	762.00		80	60		1000	2 540.00	200		80
88	223.52	110				322	819.15		86			1050	2 667.00	210		
90	228.60		72	45		328	833.12		87			1100	2 794.00	220		
100	254.00	125	80	50		330	838.20			66		1120	2 844.80		128	
110	279.40		88	55		345	876.30		92			1200	3 048.00			96
112	284.48	140				360	914.40			72		1250	3 175.00	250		
120	304.80		96	60		367	933.45		98			1260	3 200.40		144	
124	314.96	155			33	390	990.60		104	78		1400	3 556.00	280	160	112
130	330.20		104	65		420	1 066.80		112	84		1540	3 911.60		176	
140	355.60	175	112	70		450	1 143.00		120	90		1600	4 064.00			128
150	381.00		120	75	40	480	1 219.20		128	96		1700	4 318.00	340		
160	406.40	200	128	80		507	1 289.05				58	1750	4 445.00		200	
170	431.80			85		510	1 295.40		136	102		1800	4 572.00			144
180	457.20	225	144	90		540	1 371.60		144	108						
187	476.25				50	560	1 422.40				64					
190	482.60			95		570	1 447.80			114						
200	508.00	250	160	100		600	1 524.00		160	120						

表 8-15　周节制梯形齿同步齿形带带轮的直径(GB/T 11361—2013)　　(单位:mm)

带轮齿数 z_1、z_2	型号													
	MXL		XXL		XL		L		H		XH		XXH	
	节径 d	外径 d_0	节径 d	外径 d_0	节径 d	外径 d_0	节径 d	外径 d_0	节径 d	外径 d_0	节径 d	外径 d_0	节径 d	外径 d_0
10	6.47	5.96	10.11	9.60	16.17	15.66								
11	7.11	6.61	11.12	10.61	17.79	17.28								
12	7.76	7.25	12.13	11.62	19.40	18.90	36.38	35.62						
13	8.41	7.90	13.14	12.63	21.02	20.51	39.41	38.65						
14	9.06	8.55	14.15	13.64	22.64	22.13	42.45	41.69	56.60	55.23				
15	9.70	9.19	15.16	14.65	24.26	23.75	45.48	44.72	60.64	59.27				
16	10.35	9.84	16.17	15.66	25.87	25.36	48.51	47.75	64.68	63.31				
17	11.00	10.49	17.18	16.67	27.49	26.98	51.54	50.78	68.72	67.35				
18	11.64	11.13	18.19	17.68	29.11	28.60	54.57	53.81	72.77	71.39	127.34	124.55	181.91	178.86
19	12.29	11.78	19.20	18.69	30.72	30.22	57.61	56.84	76.81	75.44	134.41	131.62	192.02	188.97
20	12.94	12.43	20.21	19.70	32.34	31.83	60.64	59.88	80.85	79.48	141.49	138.69	202.13	199.08
(21)	13.58	13.07	21.22	20.72	33.96	33.45	63.67	62.91	84.89	83.52	148.56	145.77	212.23	209.18
22	14.23	13.72	22.23	21.73	35.57	35.07	66.70	65.94	88.94	87.56	155.64	152.84	222.34	219.29
(23)	14.88	14.37	23.24	22.74	37.19	36.68	69.73	68.97	92.98	91.61	162.71	159.92	232.45	229.40
(24)	15.52	15.02	24.26	23.75	38.81	38.30	72.77	72.00	97.02	95.65	169.79	166.99	242.55	239.50
25	16.17	15.66	25.27	24.76	40.43	39.32	75.80	75.04	101.06	99.69	176.86	174.07	252.66	249.61
(26)	16.82	16.31	26.28	25.77	42.04	41.53	78.83	78.07	105.11	103.73	183.94	181.14	262.76	259.72
(27)	17.46	16.96	27.29	26.78	43.66	43.15	81.86	81.10	109.15	107.78	191.01	188.22	272.87	269.82
28	18.11	17.60	28.30	27.79	45.28	44.77	84.89	84.13	113.19	111.82	198.08	195.29	282.98	279.93
(30)	19.40	18.90	30.32	29.81	48.51	48.00	90.96	90.20	121.28	119.90	212.23	209.44	303.19	300.14
32	20.70	20.19	32.34	31.83	51.74	51.24	97.02	96.26	129.36	127.99	226.38	223.59	323.40	320.35
36	23.29	22.78	36.38	35.87	58.21	57.70	109.15	108.39	145.53	144.16	254.68	251.89	363.83	360.78
40	25.37	25.36	40.43	39.92	64.68	64.17	121.28	120.51	161.70	160.33	282.98	280.18	404.25	401.21
48	31.05	30.54	48.51	48.00	77.62	77.11	145.53	144.77	194.04	192.67	339.57	336.78	485.10	482.06
60	38.81	38.30	60.64	60.13	97.02	96.51	181.91	181.15	242.55	241.18	424.27	421.67	606.38	603.33
72	46.57	46.06	72.77	72.26	116.43	115.92	218.30	217.53	291.06	289.69	509.36	506.57	727.66	724.61
84							254.68	253.92	339.57	338.20	594.25	591.46	848.93	845.88
96							291.06	290.30	338.08	386.71	679.15	676.35	970.21	967.16
120							363.83	363.07	485.10	483.73	848.93	846.14	1 212.76	1 209.71
156									630.64	629.26				

注:括号内数据尽量不采用。

四、同步带传动设计

已知条件:①传动功率;②小带轮和大带轮转速;③传动用途、载荷性质、外廓尺寸、原动机种类以及工作制度等。设计计算步骤如表 8-16 所示。

表 8-16　同步带传动设计

计算项目	符号	公式及数据	说明
1. 确定设计功率	P_c	$P_c=K_AP$	K_A为工况系数,见表 8-17;P 为传递的功率
2. 选择带型,确定节距	p_b	根据p_c和n_1由图 8-13 查取带型,由表 8-12 确定节距P_b	为使传动平稳,提高带的柔性以及增加啮合齿数,节距应尽可能取较小值。n_1为小带轮转速
3. 小带轮齿数、节圆直径	z_1 d_1	$z_1\geqslant z_{\min}$,$z_{\min}$见表 8-18 $d_1=z_1P_b/\pi$	带速 v 和安装尺寸允许时,z_1尽可能选用较大值,并取表 8-15 中的标准值
4. 大带轮齿数、节圆直径	z_2 d_2	$z_2=iz_1=z_1n_1/n_2$ $d_2=z_2P_b/\pi$	z_2取表 8-15 中的标准值
5. 带速	v	$v=\pi d_1n_1/(60\times1\,000)$	XL、L 型,$v_{\max}=50$ m/s; H 型,$v_{\max}=40$ m/s XH、XXH 型,$v_{\max}=30$ m/s 若带速超过上述范围,应重选 d_1
6. 初定中心距	a_0	$0.7(d_1+d_2)\leqslant a_0\leqslant2(d_1+d_2)$ 或按结构要求定	
7. 带的节线长及齿数	L_p、z	$L_{p0}\approx2a_0+\pi(d_1+d_2)/2+(d_2-d_1)^2/(4a_0)$	按表 8-14 取接近的标准值L_p及其齿数 z
8. 理论中心距	a	中心距可调时: $a\approx a_0+(L_p-L_{p0})/2$ 中心距不可调时: $a\approx(d_2-d_1)/2\cos(\alpha_1/2)$ $\mathrm{inv}(\alpha_1/2)=(L_p-\pi d_2)/(d_2-d_1)$ 中心距 a 的偏差见表 8-19	α_1为小带轮包角。$\mathrm{inv}(\alpha_1/2)$为$\alpha_1/2$角的渐开线函数。根据算出的$\mathrm{inv}(\alpha_1/2)$值,由渐开线函数表查得$\alpha_1/2$值,即可求得精确的 a 值。$d_1=d_2$时,无法用渐开线函数,此时,$a=p_b(z-z_1)/2$ 最好采用中心距可调结构
9. 小带轮啮合齿数	z_m	$z_m\approx\frac{z_1}{2}\left[1-\frac{p_b(z_2-z_1)}{\pi^2a}\right]\geqslant z_{m\min}$	对 MXL、XXL、XL 型 $z_{m\min}=4$,其他型 $z_{m\min}=6$
10. 基本额定功率	P_0	$P_0=\frac{(T_a-mv^2)v}{1\,000}$	T_a表示带宽为 b_{s0} 的许用工作拉力,N,见表 8-20;m 表示带宽为 b_{s0} 单位长度的带的质量,kg/m,见表 8-20
11. 带宽	b_s	$b_s=b_{s0}\sqrt[1.14]{\frac{P_c}{k_zP_0}}$	b_{s0}为选定型号的带的基准宽度,mm,见表 8-20;k_z为小带轮啮合齿数系数 z_m: ≥6, 5, 4, 3, 2 k_z: 1.00, 0.80, 0.60, 0.40, 0.20
12. 作用在轴上的力	F_R	$F_R=\frac{1\,000P_c}{v}$	

表 8-17　同步带的工况系数 K_A

工　作　机	原动机：交流电动机（普通转矩鼠笼式、同步电动机）、直流电动机（并激）、多缸内燃机			原动机：交流电动机（大转矩、大滑差率、单相、滑环）、直流电动机（复激、串激）、单缸内燃机		
每天运转时间(h)	3~5	8~10	16~24	3~5	8~10	16~24
电传打字机、计算机、复印机、录音机、照相机、放映机、计测仪器、医疗器械	1.0	1.2	1.4	1.2	1.4	1.6
清扫机械、办公机械、缝纫机、木工机械	1.2	1.4	1.6	1.4	1.6	1.8
轻载荷运输机、包装机、筛子	1.3	1.5	1.7	1.5	1.7	1.9
液体搅拌机、食品机械、印刷机械、造纸机械、洗衣机、钻床、车床、镗床	1.4	1.6	1.8	1.6	1.8	2.0
搅拌机（水泥、黏性体）、带式输送机、纺织机械、铣床、刨床、磨床、振动筛、离心压缩机、离心泵、齿轮泵、往复式压缩机	1.5	1.7	1.9	1.7	1.9	2.1
悬挂式输送机、洗衣机、离心鼓风机、发电机、励磁机、卷扬机、起重机、橡胶机械、纺织机械（织机、精纺、捻纱机）	1.6	1.8	2.0	1.8	2.0	2.2
离心分离机、球磨机、锤式粉碎机、螺旋输送机、造纸机械	1.7	1.9	2.1	1.9	2.1	2.3
陶土机械（硅、黏土搅拌）、矿山用混料机、强制送风机	1.8	2.0	2.2	2.0	2.2	2.4

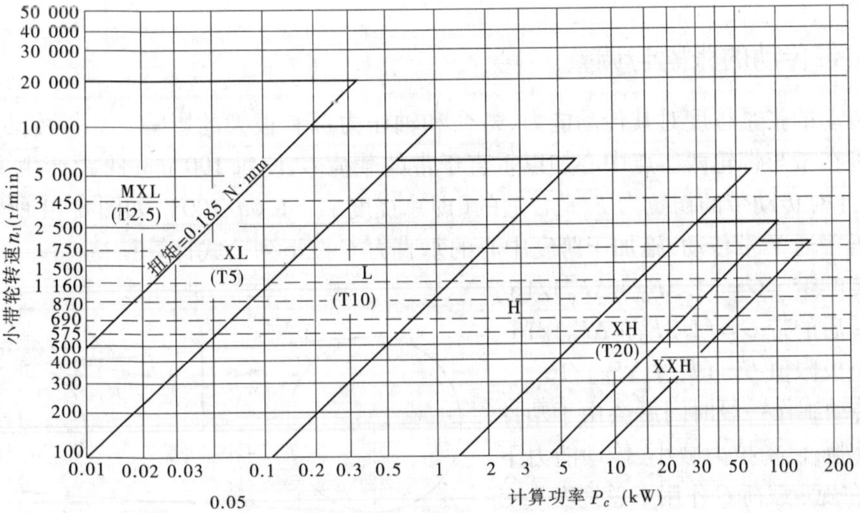

图 8-13　同步齿形带选型图

表 8-18　小带轮最少许用齿数 z_{min}(GB/T 11362—2008)

小带轮转速 n_1 (r / min)	带型号						
	MXL	XXL	XL	L	H	XH	XXH
	带轮最少许用齿数 z_{min}						
< 900	—	—	10	12	14	22	22
900 ~ 1 200	12	12	10	12	16	24	24
1 200 ~ 1 800	14	14	12	14	18	26	26
1 800 ~ 3 600	16	16	12	16	20	30	—
3 600 ~ 4 800	18	18	15	18	22	—	—

表 8-19　同步带传动中心距极限偏差　(单位:mm)

节线长 L_p	≤250	250 ~ 500	500 ~ 750	750 ~ 1 000	1 000 ~ 1 500	1 500 ~ 2 000	2 000 ~ 2 500	2 500 ~ 3 000	3 000 ~ 4 000	>4 000
Δa	±0.20	±0.25	±0.30	±0.35	±0.40	±0.45	±0.50	±0.55	±0.60	±0.70

表 8-20　同步带的基准宽度 b_{s0}、许用工作拉力 T_a 及带的质量 m

型　号	MXL	XXL	XL	L	H	XH	XXH
基准宽度 b_{s0}(mm)	6.4		9.5	25.4	76.2	101.6	127
许用工作拉力 T_a(N)	23.4	25.4	50	224	2 100	4 050	6 398
带的质量 m (kg/m)	0.007	0.010	0.022	0.095	0.448	1.484	2.473

任务六　带传动的安装、张紧和维护

一、带传动的张紧与调整

带传动的张紧程度对其传动能力、寿命和轴压力都有很大的影响。V 带传动初拉力的测定可在带与带轮两切点中心加以垂直于带的载荷 G,使每 100 mm 跨距产生 1.6 mm 的挠度,此时传动带的初拉力 F_0是合适的(即总挠度 $y=1.6a/100$),如图 8-14 所示。

对于普通 V 带传动,施加于跨度中心的垂直力 G 按下列公式计算:

新装的带　$G=(1.5F_0+\Delta F_0)/16$

运转后的带 $G=(1.3F_0+\Delta F_0)/16$

最小极限值 $G=(F_0+\Delta F_0)/16$

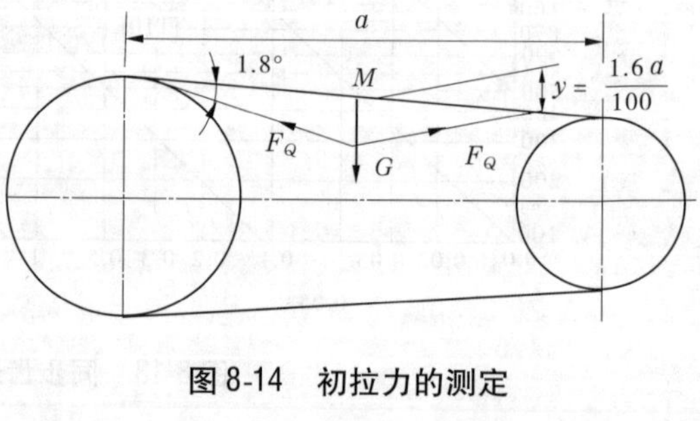

图 8-14　初拉力的测定

带传动工作一段时间后会由于塑性变形而松弛,使初拉力减小、传动能力下降,此时在规定载荷 G 作用下总挠度 y 变大,需要重新张紧。常用张紧方法有以下几种。

(一)调整中心距法

(1)定期张紧。如图 8-15 所示,将装有带轮的电动机 1 装在滑道 2 上,旋转调节螺钉 3 以增大或减小中心距,从而达到张紧或松开的目的。图 8-16 所示为把电动机 1 装在一摆动底座 2 上,通过调节螺钉 3 调节中心距达到张紧的目的。

(2)自动张紧。把电动机 1 装在如图 8-17 所示的摇摆架 2 上,利用电动机的自重,使电动机轴心绕铰点 A 摆动,拉大中心距以达到自动张紧的目的。

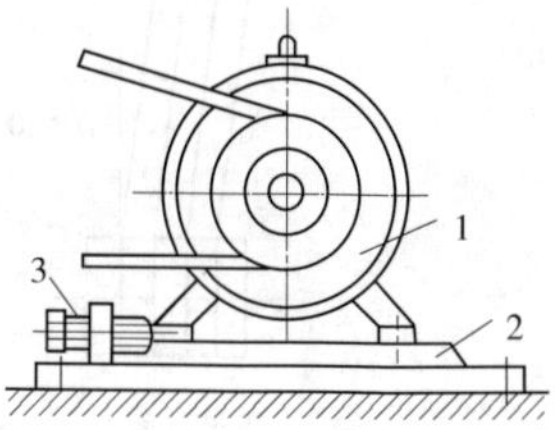

图 8-15　水平传动定期张紧装置

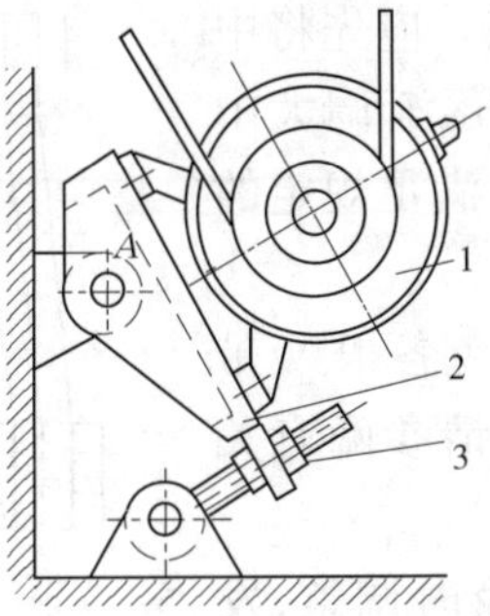

图 8-16　垂直传动定期张紧装置

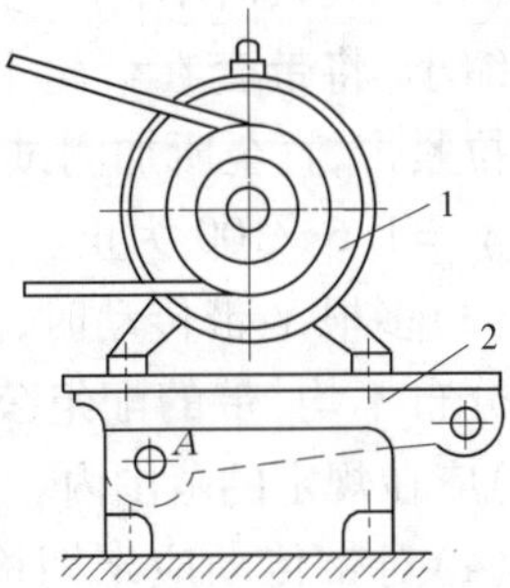

图 8-17　自动张紧装置

(二)张紧轮法

带传动的中心距不能调整时,可采用张紧轮法。如图 8-18(a)所示为定期张紧装置,定期调整张紧轮的位置可达到张紧的目的。图 8-18(b)所示为摆锤式自动张紧装置,依靠摆锤重力可使张紧轮自动张紧。

V 带和同步带张紧时,张紧轮一般放在带的松边内侧,并应尽量靠近大带轮一边,这样可使带只受单向弯曲,且小带轮的包角不致过分减小。

平带传动时,张紧轮一般应放在松边外侧,并尽量靠近小带轮处。这样小带轮包角可以增大,提高了平带的传动能力。

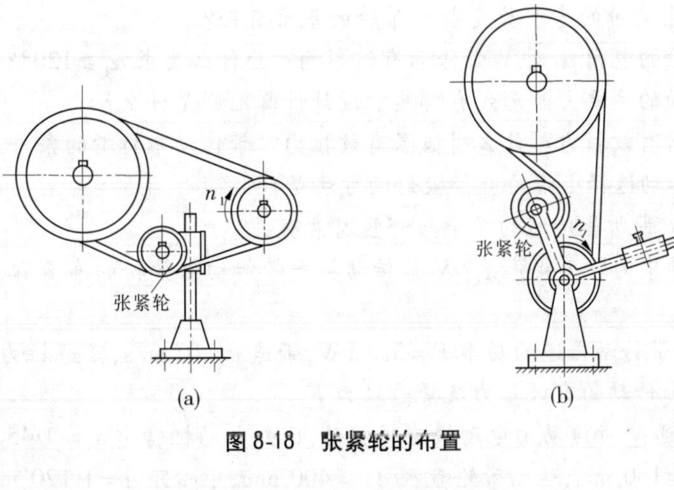

图 8-18　张紧轮的布置

二、带传动的安装与维护

正确的安装和维护是保证带传动正常工作、延长胶带使用寿命的有效措施，一般应注意以下几点：

(1)平行轴传动时各带轮的轴线必须保持规定的平行度。V带传动主、从动轮轮槽必须调整在同一平面内，误差不得超过20′，否则会引起V带的扭曲，使两侧面过早磨损。如图8-19所示。

(2)套装带时不得强行撬入。应先将中心距缩小，将带套在带轮上，再逐渐调大中心距拉紧带，直至所加测试力 G 满足规定的挠度 $y=1.6a/100$ 为止。

(3)多根V带传动时，为避免各根V带载荷分布不均，带的配组公差(请参阅有关手册)应在规定的范围内。

(4)对带传动应定期检查及时调整，发现损坏的V带应及时更换，新旧带、普通V带和窄V带、不同规格的V带均不能混合使用。

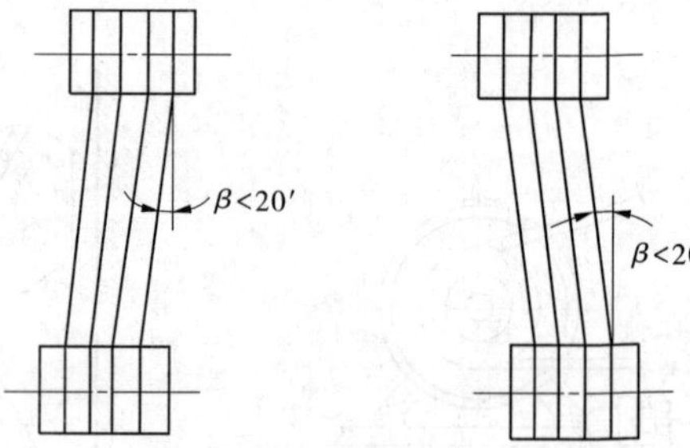

图8-19　带轮的安装位置

(5)带传动装置必须安装安全防护罩。这样既可防止绞伤人，又可以防止灰尘、油及其他杂物飞溅到带上影响传动。

习题八

8-1　摩擦带传动按胶带截面形状有哪几种？各有什么特点？为什么传递动力多采用V带传动？

8-2　按国标规定，普通V带横截面尺寸有哪几种？

8-3　什么是V带的基准长度和V带轮的基准直径？

8-4　小带轮的包角 α_1 对V带传动有何影响？为什么要求 $\alpha_1 \geqslant 120°$？

8-5　带传动的主要失效形式有哪些？设计计算准则是什么？

8-6　什么叫有效拉力？什么叫极限有效拉力？带传动不打滑的条件是什么？

8-7　V带传动选择小带轮直径较好的方法是什么？

8-8　单根V带所能传递的功率与哪些因素有关？

8-9　带传动中为什么要张紧？V带传动和平带传动张紧轮的布置位置有什么不同，为什么？

8-10　某V带传动传递的功率 $P=5.5$ kW，带速 $v=10$ m/s，紧边拉力 F_1 是松边拉力 F_2 的2倍，求该带传动的有效拉力及紧边拉力 F_1。

8-11　某普通V带传动由电动机直接驱动，已知电动机转速 $n_1=1\,450$ r/min，主动带轮基准直径 $d_{d1}=160$ mm，从动带轮直径 $d_{d2}=400$ mm，中心距 $a=1\,120$ mm，用两根B型

V 带传动，载荷平稳，两班制工作，试求该传动可传递的最大功率。

8-12 一带传动的中心距 $a=370$ mm，小带轮的节圆直径 $d_1=140$ mm，大带轮的节圆直径 $d_2=400$ mm，求传动带的节线长度和小带轮上的包角。

实训八 V 带传动设计及其安装调整

1. 实训目的

（1）熟练掌握 V 带传动设计方法。

（2）通过对实际带传动装置或模型演示的观察和具体操作，让学生进一步巩固和加深对带传动的理解；掌握带传动的安装、张紧及调整方法。

2. 实训的内容与要求

（1）已知：某带式运输机其异步电动机与齿轮减速器之间用普通 V 带传动，电动机额定功率 $P=5.5$ kW，转速 $n_1=960$ r/min，V 带传动比 $i_{12}=2.5$，运输机单向运转，载荷平稳，单班制工作，试设计此 V 带传动。（允许传动比误差 $\Delta i\leqslant\pm5\%$。）

（2）选择 3～5 种实际带传动装置，观察确定带传动的形式、带的材料和接头形式、带轮的结构类型、张紧及布置方式；通过尺寸测量确定 V 带的类型；具体拆装、检测和调整带传动。

3. 实训的过程

（1）V 带传动设计过程：参考实训例 8-1 进行。

（2）V 带传动观察、拆装、检测和调整过程：①观察带传动；②拆卸传动带，用游标卡尺测量 V 带的高和顶宽，对照表 8-1 确定 V 带的型号；③装复 V 带，测量中心距，按本项目任务六介绍的方法计算垂直力的大小及其对应的挠度值；④在带上施加垂直力，检测带的挠度，判断松紧是否合适；⑤调整并重新检测带的松紧度，直到合适为止。

项目九 链传动

案例导入:通过链式运输机和自行车上的链传动,导入滚子链传动的类型和特点,分析其运动特性,介绍滚子链及链轮的结构、设计计算的方法,并介绍链传动的布置、张紧和润滑方法。

任务一 链传动的特点和类型

一、链传动的类型

链传动是以链条为中间传动件的啮合传动。如图9-1所示链传动由主动链轮1、从动链轮2和绕在链轮上并与链轮啮合的链条3组成。

按照用途不同,链可分为起重链、牵引链和传动链三大类。起重链主要用于起重机械中提起重物,其工作速度 $v \leqslant 0.25$ m/s;牵引链主要用于链式输送机中移动重物,其工作速度 $v \leqslant 4$ m/s;传动链用于一般机械中传递运动和动力,通常其工作速度 $v \leqslant 15$ m/s。

传动链有齿形链和滚子链两种。齿形链是利用特定齿形的链片和链轮相啮合来实现传动的,如图9-2所示。齿形链传动平稳,噪声很小,故又称无声链传动。齿形链允许的工作速度可达40 m/s,但制造成本高,重量大,故多用于高速或运动精度要求较高的场合。本项目重点讨论应用最广泛的套筒滚子链传动。

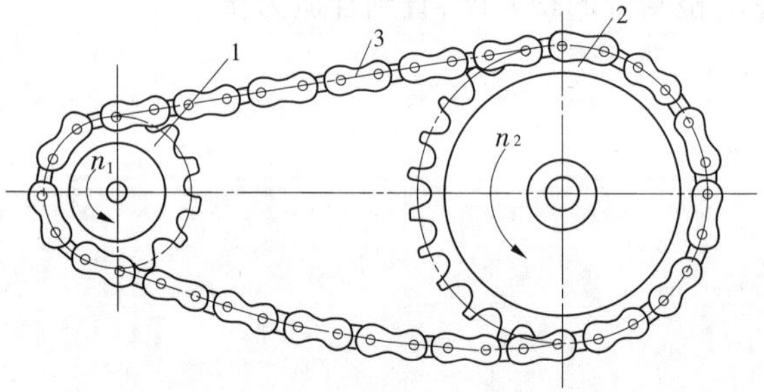

图9-1 链传动

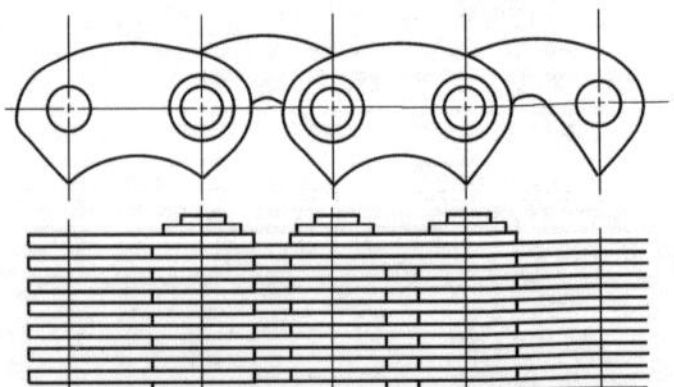

图9-2 齿形链

二、链传动的特点

(1)和带传动相比,链传动能保持平均传动比不变;传动效率高;张紧力小,因此作用在轴上的压力较小;能在低速重载和高温条件下及尘土飞扬的不良环境中工作。

(2)和齿轮传动相比,链传动可用于中心距较大的场合且制造精度较低。

(3)只能传递平行轴之间的同向运动,不能保持恒定的瞬时传动比,运动平稳性差,工作时有噪声。

通常链传动传递的功率 $P \leqslant 100$ kW，中心距 $a \leqslant 5 \sim 6$ m，传动比 $i \leqslant 8$，线速度 $v \leqslant 15$ m/s，广泛应用于农业机械、建筑工程机械、轻纺机械、石油机械等各种机械传动中。

任务二　滚子链和链轮

一、滚子链的结构和规格

滚子链由内链板1、套筒2、销轴3、外链板4和滚子5组成，如图9-3所示。内链板和套筒、外链板和销轴用过盈配合固定，构成内链节和外链节。销轴和套筒之间为间隙配合，构成铰链，将若干内外链节依次铰接形成链条。滚子松套在套筒上可自由转动，链轮轮齿与滚子之间的摩擦主要是滚动摩擦。链条上相邻两销轴中心的距离称为节距，用 p 表示，节距是链传动的重要参数。节距 p 越大，链的各部分尺寸和重量也越大，承载能力越高，且在链轮齿数一定时，链轮尺寸和重量随之增大。因此，设计时在保证承载能力的前提下，应尽量采取较小的节距。载荷较大时可选用双排链（见图9-4）或多排链，但排数一般不超过三排或四排，以免由于制造和安装误差的影响使各排链受载不均。

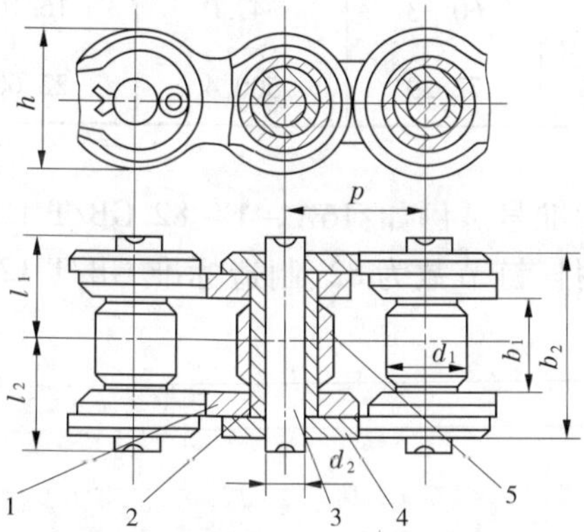

图9-3　滚子链

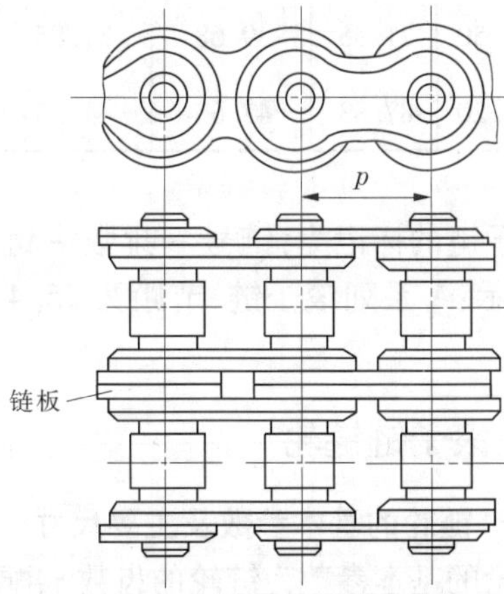

图9-4　双排滚子链

链条的长度用链节数表示，一般选用偶数链节，这样链的接头处可采用开口销或弹簧卡片来固定，如图9-5(a)、(b)所示，前者用于大节距链，后者用于小节距链。当链节为奇数时，需采用过渡链节，如图9-5(c)所示。由于过渡链节的链板受附加弯矩的作用，一般

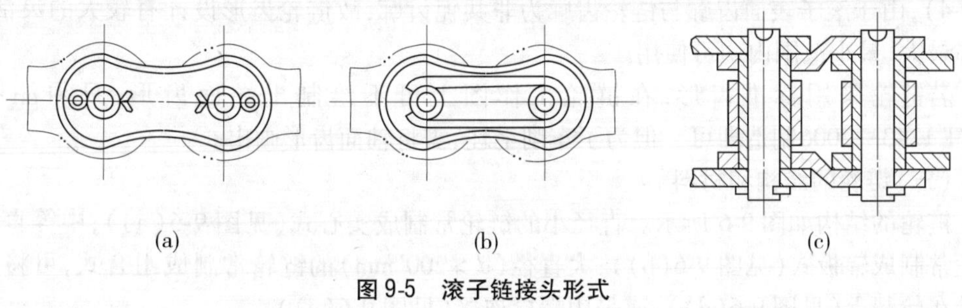

图9-5　滚子链接头形式

应避免采用。

GB/T 1243—2006 规定滚子链分为 A、B 系列,其中 A 系列较为常用,其主要参数如表 9-1所示。表中链号和相应的国际标准号一致,链号乘以 25.4/16 mm 即为节距值。

表 9-1　A 系列滚子链的基本参数和尺寸(GB/T 1243—2006)　(单位:mm)

链号	节距 p	排距 p_t	滚子外径 d_1	内链节内宽 b_1	销轴直径 d_2	内链板高度 h_2	单排极限拉伸载荷 F_Q(kN)	单排每米质量 q(kg/m)
08A	12.70	14.38	7.92	7.85	3.98	12.07	13.8	0.60
10A	15.875	18.11	10.16	9.40	5.09	15.09	21.8	1.00
12A	19.05	22.78	11.91	12.57	5.96	18.08	31.1	1.50
16A	25.40	29.29	15.88	15.75	7.94	24.13	55.6	2.60
20A	31.75	35.76	19.05	18.90	9.54	30.18	86.7	3.80
24A	38.10	45.44	22.23	25.22	11.11	36.20	124.6	5.60
28A	44.45	48.87	25.40	25.22	12.71	42.24	169.0	7.50
32A	50.80	58.55	28.58	31.55	14.29	48.26	222.4	10.10
40A	63.50	71.55	39.68	37.85	19.85	60.33	347.0	16.10
48A	76.20	87.83	47.63	47.35	23.81	72.39	500.4	22.60

滚子链的标记为:链号 - 排数 - 链节数 标准号。例如:16A - 1 - 82 GB/T 1243—2006 表示:A 系列滚子链、节距为 25.4 mm、单排、链节数为 82、制造标准 GB/T 1243—2006。

二、滚子链链轮

(一)链轮的基本参数及主要尺寸

链轮的基本参数为链轮的齿数 z、配用链条的节距 p、滚子外径 d_1 及排距 p_t。链轮的主要尺寸及计算公式如表 9-2 所示。

(二)链轮的齿形

链轮的齿形应能保证链节平稳而自由地进入和退出啮合,不易脱链,且形状简单便于加工。GB/T 1243—2006 规定了滚子链链轮的端面齿形(见表 9-3)和轴面齿形(见表 9-4),由于滚子表面齿廓与链轮齿廓为非共轭齿廓,故链轮齿形设计有较大的灵活性,即在最大、最小范围内均可使用。

若链轮采用标准齿形,在链轮工作图上可不绘制出端面齿形,只须注明按 GB/T 1243—2006制造即可。但为了车削毛坯,需将轴面齿形画出。

(三)链轮的结构和材料

链轮的结构如图 9-6 所示。直径小的链轮常制成实心式(见图 9-6(a));中等直径的链轮常制成辐板式(见图 9-6(b));大直径($d > 200$ mm)的链轮常制成组合式,可将齿圈焊接在轮毂上(见图 9-6(d)),或采用螺栓连接(见图 9-6(c))。

表 9-2　滚子链链轮主要尺寸

（单位：mm）

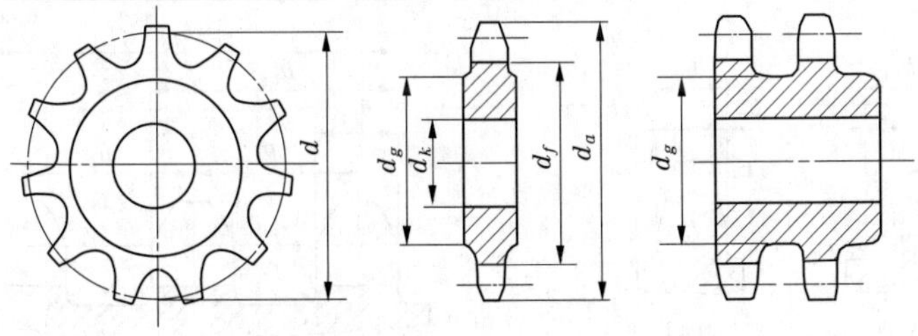

名称	代号	计算公式	备　注
分度圆直径	d	$d = p/\sin\dfrac{180^\circ}{z}$	
齿顶圆直径	d_a	$d_{a\max} = d + 1.25p - d_1$ $d_{a\min} = d + (1 - \dfrac{1.6}{z})p - d_1$	可在 $d_{a\max}$、$d_{a\min}$ 范围内任意选取，但选用 $d_{a\max}$ 时，应考虑采用展成法加工时有发生顶切的可能性
分度圆弦齿高	h_a	$h_{a\max} = (0.625 + \dfrac{0.8}{z})p - 0.5d_1$ $h_{a\min} = 0.5(p - d_1)$	h_a 是为简化放大齿形图的绘制而引入的辅助尺寸（见表 9-3） $h_{a\max}$ 相应于 $d_{a\max}$，$h_{a\min}$ 相应于 $d_{a\min}$
齿根圆直径	d_f	$d_f = d - d_1$	
齿侧凸缘（或排间槽）直径	d_g	$d_g \leqslant p\cot\dfrac{180^\circ}{z} - 1.04h_2 - 0.76$ h_2 为内链板高度（见表 9-1）	

注：d_a、d_g 值取整数，其他尺寸精确到 0.01 mm。

表 9-3　滚子链链轮的齿槽尺寸

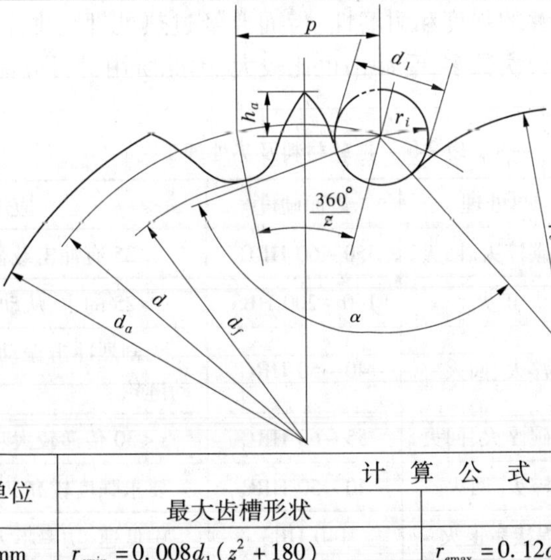

名称	单位	计算公式	
		最大齿槽形状	最小齿槽形状
齿面圆弧半径 r_e	mm	$r_{e\min} = 0.008d_1(z^2 + 180)$	$r_{e\max} = 0.12d_1(z + 2)$
齿沟圆弧半径 r_i	mm	$r_{i\max} = 0.505d_1 + 0.069 \times \sqrt[3]{d_1}$	$r_{i\min} = 0.505d_1$
齿沟角 α	（°）	$\alpha_{\min} = 120^\circ - \dfrac{90^\circ}{z}$	$\alpha_{\max} = 140^\circ - \dfrac{90^\circ}{z}$

注：链轮的实际齿槽形状，应在最大齿槽形状和最小齿槽形状范围内。

表 9-4　滚子链链轮轴向齿廓尺寸

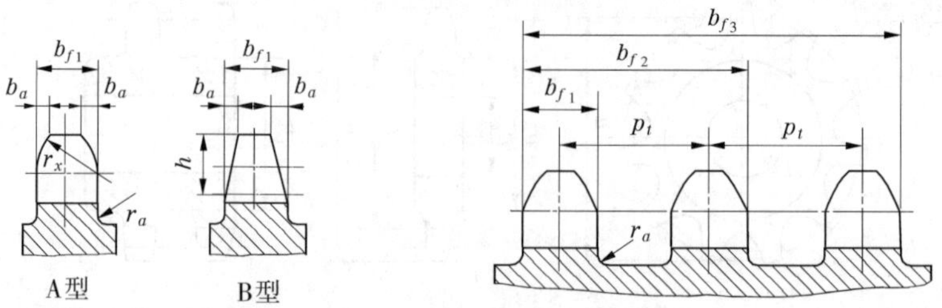

名称		代号	计算公式		备　注
			$p \leqslant 12.7$	$p > 12.7$	
齿宽	单排	b_{f1}	$0.93\ b_1$	$0.95\ b_1$	$p > 12.7$ 时,经制造厂同意亦可使用 $p \leqslant 12.7$ 时的齿宽 b_1 为内链节内宽(见表 9-1)
	双排、三排		$0.91\ b_1$	$0.93\ b_1$	
	四排以上		$0.88\ b_1$	$0.93\ b_1$	
倒角宽		b_a	$b_a = (0.1 \sim 0.15)p$		仅适用于 B 型
倒角半径		r_x	$r_x \geqslant p$		
倒角深		h	$h = 0.5p$		
圆角半径		r_a	$r_a \approx 0.04p$		
链轮齿总宽		b_{fm}	$b_{fm} = (m-1)p_t + b_{f1}$, m 为排数		

链轮的材料应有足够的强度和耐磨性,齿面要经过热处理。由于小链轮轮齿的啮合次数比大链轮轮齿的啮合次数多,受冲击也比较大,因此所用材料应优于大链轮。链轮材料及热处理工艺见表 9-5。

表 9-5　链轮材料及热处理工艺

材料	热处理	齿面硬度	应用范围
15、20	渗碳淬火、回火	50 ~ 60 HRC	$z \leqslant 25$ 有冲击载荷的链轮
35	正火	160 ~ 200 HBS	$z > 25$ 的主、从动链轮
45、50、45Mn、ZG310-570	淬火、回火	40 ~ 50 HRC	无剧烈冲击振动和要求耐磨的主、从动链轮
15Cr、20Cr	渗碳淬火、回火	55 ~ 60 HRC	$z < 30$ 传递较大功率的重要链轮
40Cr、35SiMn、35CrMo	淬火、回火	40 ~ 50 HRC	要求强度较高又要求耐磨的重要链轮
Q235-A、Q275	焊接后退火	140 HBS	中低速、功率不大的较大链轮
灰铸铁(不低于 HT200)	淬火、回火	260 ~ 280 HBS	$z > 50$ 的从动链轮及外形复杂或强度要求一般的链轮
夹布胶木			$P < 6$ kW,速度较高,要求传动平稳和噪声小的链轮

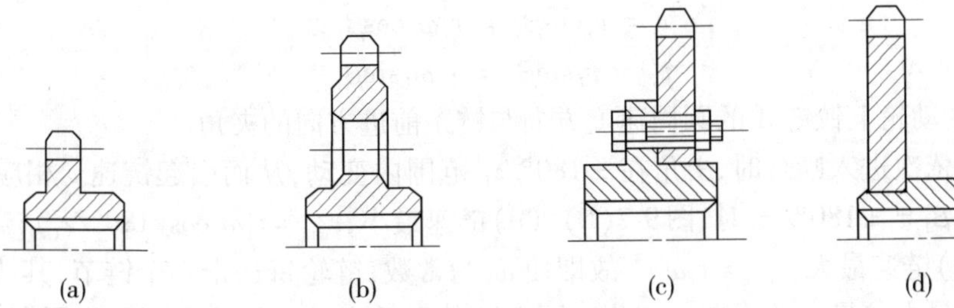

图 9-6　链轮的结构

任务三　链传动的传动比及运动的不均匀性

链传动的运动情况和绕在多边形轮子上的带很相似,如图 9-7 所示。多边形边长相当于链节距 p,边数相当于链轮的齿数 z。链轮每转过一周,链条转过的长度为 pz,当两链轮的转速分别为 n_1 和 n_2 时,链条的平均速度为

$$v = \frac{z_1 p n_1}{60 \times 1\,000} = \frac{z_2 p n_2}{60 \times 1\,000} \quad (\mathrm{m/s}) \tag{9-1}$$

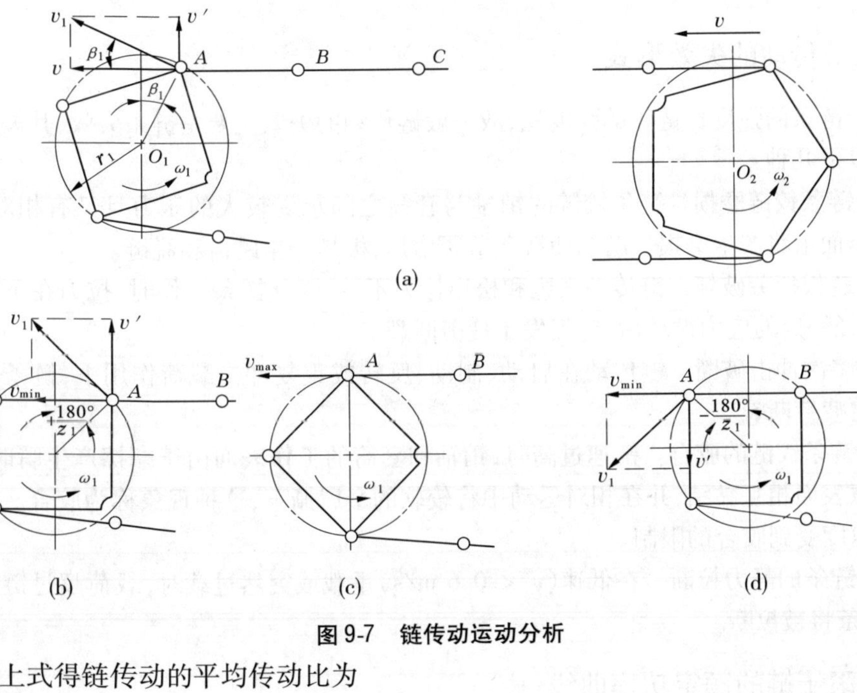

图 9-7　链传动运动分析

由上式得链传动的平均传动比为

$$i_{12} = \frac{n_1}{n_2} = \frac{z_2}{z_1} \tag{9-2}$$

虽然链传动的平均速度和平均传动比不变,但它们的瞬时值却是周期性变化的。为便于分析,设链的紧边(主动边)在传动时总处于水平位置,图 9-7(a)中铰链已进入啮合。主动轮以角速度 ω_1 回转,其圆周速度 $v_1 = r_1\omega_1$,将其分解为沿链条前进方向的分速度 v 和垂直方向的分速度 v',则

$$v = v_1\cos\beta_1 = r_1\omega_1\cos\beta_1 \tag{9-3}$$

$$v' = v_1\sin\beta_1 = r_1\omega_1\sin\beta_1 \tag{9-4}$$

式中:β_1为主动轮上铰链 A 的圆周速度方向与链条前进方向的夹角。

当链节依次进入啮合时,β_1角在 $\pm 180°/z_1$ 范围内变动,从而引起链速 v 相应作周期性变化。当$\beta_1 = \pm 180°/z_1$时,图9-7(b)、(d)链速最小,$v_{min} = r_1\omega_1\cos(180°/z_1)$;当$\beta_1 = 0°$时,图9-7(c)链速最大,$v_{max} = r_1\omega_1$。故即使$\omega_1$为常数,链轮每送走一个链节,其链速 v 也经历最小—最大—最小的周期性变化。同理链条在垂直方向的速度 v' 也作周期性变化,使链条上下抖动。

用同样的方法对从动轮进行分析可知,从动轮角速度ω_2也是变化的,故链传动的瞬时传动比($i_{12} = \omega_1/\omega_2$)也是变化的。

链速和传动比的变化使链传动中产生加速度,从而产生附加动载荷,引起冲击振动,故链传动不适合高速传动。为减小动载荷和运动的不均匀性,链传动应尽量选取较多的齿数 z_1 和较小的节距 p(这样可使β_1减小),并使链速在允许的范围内变化。

任务四　链传动的设计计算

一、链传动的失效形式

由于链条的强度比链轮的强度低,故一般链传动的失效主要是链条失效,其失效形式主要有以下几种:

(1)链条铰链磨损。链条铰链的销轴与套筒之间承受较大的压力且又有相对滑动,故在承压面上将产生磨损。磨损使链条节距增加,极易产生跳齿和脱链。

(2)链板疲劳破坏。链传动紧边和松边拉力不等,因此链条工作时,拉力在不断地发生变化,经一定的应力循环后,链板发生疲劳断裂。

(3)多次冲击破断。链传动在启动、制动、反转或重复冲击载荷作用下,链条、销轴、套筒发生疲劳断裂。

(4)链条铰链的胶合。链速过高时,销轴和套筒的工作表面由于摩擦产生瞬时高温,使两摩擦表面相互黏结,并在相对运动中将较软的金属撕下,这种现象称为胶合。链传动的极限速度受到胶合的限制。

(5)链条的静力拉断。在低速($v < 0.6$ m/s)重载或突然过载时,载荷超过链条的静强度,链条将被拉断。

二、滚子链的额定功率曲线

链传动的工作能力受到链条各种失效形式的限制。通过试验可获得链条在一定条件下所能传递的功率 P_0。

图9-8所示的A系列滚子链额定功率曲线制定条件为:$z_1 = 19$,$L_p = 100$节,$i = 3$,$a = 40p$,满负荷连续运转寿命为15 000 h,两轮端面共面,采用推荐的润滑方式润滑。

当链传动不能按推荐的方式润滑时,图中规定的功率P_0应降低取下列数值:

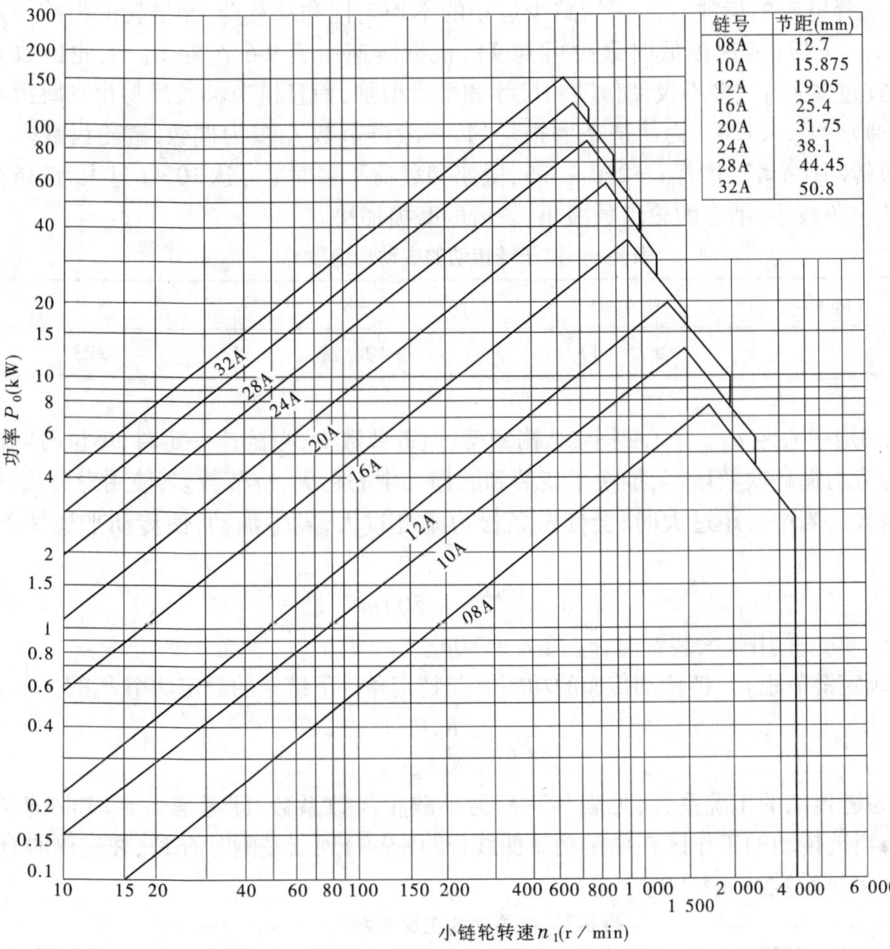

图9 8　A系列滚子链额定功率曲线

$v \leqslant 1.5$ m/s 时，取 $(0.3 \sim 0.6) P_0$；1.5 m/s $< v <$ 7 m/s 时，取 $(0.15 \sim 0.3) P_0$；$v > 7$ m/s润滑不良时传动不可靠，不宜采用。

当要求实际工作寿命低于15 000 h时，可按有限寿命设计，此时允许传递的功率高些。

三、设计计算步骤

链传动设计计算的原始条件为：①传动的工作情况，原动机、工作机的种类；②传递的功率 P；③主、从动轮的转速 n_1、n_2或传动比 i；④中心距大小，传动的布置等。

链传动设计计算内容包括：①链条的型号、节距、排数和节数；②链轮的齿数、尺寸、结构和材料；③中心距；④作用在轴上的力等。

根据链速的大小，链传动的计算方法有以下两种。

（一）中、高速链传动（$v \geqslant 0.6$ m/s）的设计计算步骤

链条在中、高速条件下，可能发生磨损、链板疲劳破坏、滚子和套筒点蚀以及套筒和销轴胶合失效，所以应按功率曲线设计计算。

（1）选择链轮的齿数 z_1、z_2。为减少运动的不均匀性和动载荷，小链轮的齿数不宜过少，通常 $z_{1min}=17$（链速极低时最少可到 9），根据链速由表 9-6 选取 z_1。大轮齿数 $z_2=iz_1$，z_2 不宜过多。z_2 过多不仅使传动的尺寸和重量增加，而且链节伸长后易出现跳齿和脱链现象，通常 $z_{2max}<120$。为使链条磨损均匀，一般链节数 L_p 多为偶数，链轮齿数多为奇数。一般传动比 $i\leqslant 7$，推荐 $i=2.0\sim 3.5$，低速和载荷平稳时 i 可达 10。i 过大，链条在小链轮上的包角减小，啮合的轮齿数减小，轮齿的磨损加快。

表 9-6　滚子链传动的主动轮齿数 z_1

链速 v（m/s）	0.6 ~ 3	3 ~ 8	> 8
z_1	≥15 ~ 17	≥19 ~ 21	≥23

（2）初定中心距 a_0。中心距小，结构紧凑，但链节数少，当链速一定时，单位时间内每一链节的应力循环次数增多，加快了疲劳和磨损。中心距大，链节数多，使用寿命长，但结构尺寸增大。当中心距过大时，会使链条松边垂度过大，发生颤动，使传动平稳性下降。一般取

$$a_0 = (30 \sim 50)p \tag{9-5}$$

$a_{0max}=80p$，采用张紧装置时，a_0 可大于 $80p$。

（3）确定链节距 p。链传动传递的功率 P 与特定条件下链条的额定功率 P_0 的关系为

$$P_0 \geqslant \frac{K_A P}{K_z K_m} \tag{9-6}$$

式中：K_A 为链传动的工况系数，见表 9-7；K_z 为小链轮齿数系数，即考虑 $z_1\neq 19$ 时的系数，见表 9-8，当链传动的工作区在额定功率曲线（见图 9-8）顶点左侧时查 K_z，在右侧时查 K_z'；K_m 为链的多排系数，见表 9-9。

表 9-7　链传动的工况系数 K_A

荷载种类	工作机械举例	原动机	
		电动机或汽轮机	内燃机
荷载平稳	液体搅拌机、离心泵、离心式鼓风机、纺织机械、轻型运输机、链式运输机、发电机	1.0	1.2
中等冲击	一般机床、压气机、木工机械、食品机械、印染纺织机械、一般造纸机械、大型鼓风机	1.3	1.4
较大冲击	锻压机械、矿山机械、工程机械、石油钻井机械、振动机械、橡胶搅拌机	1.5	1.7

根据式(9-6)求得的 P_0 和小链轮转速 n_1，由图 9-8 查得链的型号以及节距 p。在满足传动功率的前提下，应尽量取较小的节距。对高速（$v>8$ m/s）重载的链传动可选取小节距多排链。

（4）校核链速 v，确定润滑方式。链速计算值为

$$v = \frac{n_1 z_1 p}{60\times 1\ 000} \tag{9-7}$$

表 9-8　小链轮的齿数系数 K_z

z_1	17	19	21	23	25	27	29	31	33	35
K_z	0.887	1.00	1.11	1.23	1.34	1.46	1.58	1.70	1.82	1.93
K_z'	0.846	1.00	1.16	1.33	1.51	1.69	1.89	2.08	2.29	2.50

表 9-9　链的多排系数 K_m

排数	1	2	3	4
K_m	1.0	1.7	2.5	3.3

v 应符合选取 z_1 时所假定的链速范围，并由图 9-9 确定润滑方式。

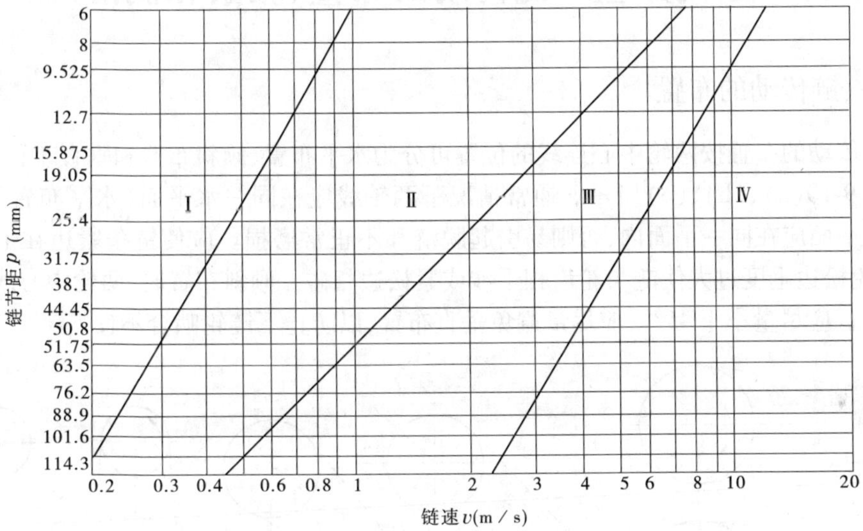

Ⅰ—人工定期润滑；Ⅱ—滴油润滑；Ⅲ—油浴或飞溅润滑；Ⅳ—压力喷油润滑

图 9-9　推荐使用的润滑方式

(5) 确定链条节数 L_p。链条节数 L_p 的计算值为

$$L_p = \frac{2a_0}{p} + \frac{z_2 + z_1}{2} + \frac{p}{a_0}\left(\frac{z_2 - z_1}{2\pi}\right)^2 \tag{9-8}$$

计算得到的 L_p 应圆整为相近的整数，并尽可能取偶数。

(6) 计算实际中心距 a'。由式(9-8)得理论中心距

$$a = \frac{p}{4}\left[\left(L_p - \frac{z_2 + z_1}{2}\right) + \sqrt{\left(L_p - \frac{z_2 + z_1}{2}\right)^2 - 8\left(\frac{z_2 - z_1}{2\pi}\right)^2}\right] \quad (\mathrm{mm}) \tag{9-9}$$

为使链条松边具有合理的垂度，以利链与链轮顺利啮合，安装时应使实际中心距 a' 较理论中心距 a 小 2 ~5 mm，即 $a' = a - (2 \sim 5)$。

(7) 计算轴压力 F_Q。轴压力按下式计算

$$F_Q = (1.2 \sim 1.3)F_t = 1\,000 \times (1.2 \sim 1.3)p/v \tag{9-10}$$

式中:F_t 为链所承受的圆周力,N。

(8)计算链轮端面和轴面尺寸,绘制链轮工作图。由表9-2计算链轮端面尺寸,由表9-4计算链轮的轴向尺寸。按所求尺寸绘制工作图,并注明齿形标准、齿数和节距。

(二)低速链传动($v<0.6$ mm)的静强度计算

对于低速链传动,其主要失效形式为过载拉断,故应按静强度计算,校核其静强度安全系数 s,即

$$s=\frac{F_Q m}{K_A F_t}\geqslant 4\sim 8 \tag{9-11}$$

式中:F_Q为单排链条的极限拉伸载荷(见表9-1);m 为链条排数。

任务五　链传动的布置、张紧和润滑

一、链传动的布置

链传动的布置按两轮中心连线的位置可分为水平布置、倾斜布置和垂直布置3种,分别如图9-10(a)、(b)、(c)所示。通常情况下两轴线应在同一水平面(水平布置)。两轮的回转平面应在同一平面内,否则易引起脱链和不正常磨损。应使链条紧边在上松边在下,以免松边垂度过大使链与轮齿相干涉或紧松边相碰。倾斜布置时,两轮中心线与水平面夹角 φ 应尽量小于45°。应尽量避免垂直布置,以防止下链轮啮合不良。

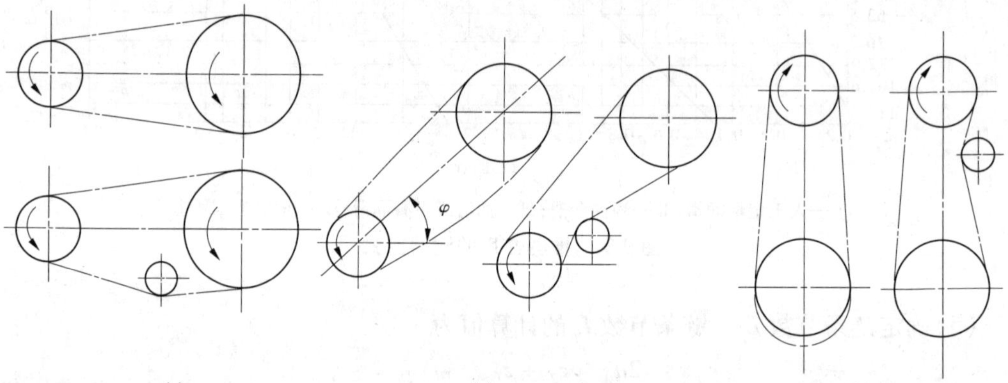

(a)　(b)　(c)

图9-10　链传动的布置和张紧

二、链传动的张紧

链传动工作时合适的松边垂度一般为 $f=(0.01\sim0.02)a$,a 为传动中心距。若垂度过大,将引起啮合不良或振动现象,所以必须张紧。最常见的张紧方法是调整中心距法。当中心距不可调整时,可采用拆去1~2个链节的方法进行张紧或设置张紧轮。张紧轮常位于松边,如图9-10所示。张紧轮可以是链轮也可以是滚轮,其直径与小链轮相近。

三、链传动的润滑

良好的润滑能减小链传动的摩擦和磨损，能缓和冲击、帮助散热，是链传动正常工作的必要条件。如前所述，在选择链条型号时已选定链传动的润滑方式（见图 9-9）。具体的润滑装置如图 9-11 所示。润滑油应加于松边，因为松边面间比压较小，便于润滑油的渗入。润滑油推荐用 L－AN32、L－AN46 和 L－AN68 号全损耗系统用油。

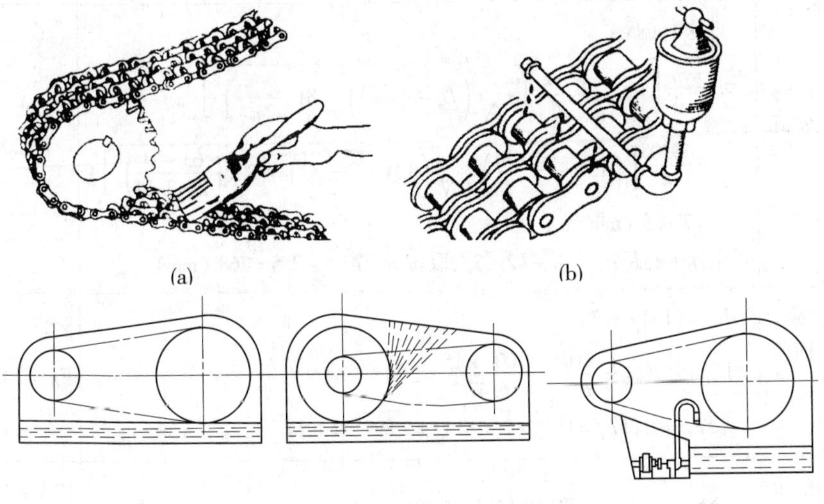

图 9-11 链传动的润滑

【实训例 9-1】 试设计一链式运输机的滚子链传动。已知：传递功率 $P = 15$ kW，电动机转速 $n_1 = 970$ r/min，传动比 $i = 3$，载荷平稳。

解：实训过程如表 9-10 所示。

表 9-10 实训例 9-1 实训过程

计算项目	计算与说明	计算结果
1. 确定链轮的齿数 z_1、z_2	假定 $v = 3 \sim 8$ m/s 查表 9-6 取 $z_1 = 21$ $z_2 = iz_1 = 3 \times 21 = 63 < 120$	$z_1 = 21$ $z_2 = 63$
2. 初定中心距 a_0	取 $a_0 = 40p$	$a_0 = 40p$
3. 确定链节距 p	查表 9-7 得 $K_A = 1$；查表 9-8 得 $K_z = 1.11$；查表 9-9 得 $K_m = 1$ $P_0 \geqslant \dfrac{K_A P}{K_z K_m} = \dfrac{1 \times 15}{1.11 \times 1} = 13.51$ (kW) 根据 P_0 和 n_1 查图 9-8 选用 12A 号链条，$p = 19.05$ mm	链号 12A $p = 19.05$ mm
4. 验算链速确定润滑方式	$v = \dfrac{n_1 z_1 p}{60 \times 1\,000} = \dfrac{970 \times 21 \times 19.05}{60 \times 1\,000} = 6.47$ (m/s) 符合原假设，由图 9-9 知应采用油浴或飞溅润滑	$v = 6.47$ m/s 采用油浴或飞溅润滑

续表 9-10

计算项目	计算与说明	计算结果
5. 确定链条节数 L_p	$L_p=\frac{2a_0}{p}+\frac{z_2+z_1}{2}+\frac{p}{a_0}(\frac{z_2-z_1}{2\pi})^2$ $=\frac{2\times 40p}{p}+\frac{63+21}{2}+\frac{p}{40p}\left(\frac{63-21}{2\times 3.14}\right)^2=123.12$	$L_p=124$ 节
6. 确定实际中心距 a'	理论中心距: $a=\frac{p}{4}\left[\left(L_p-\frac{z_2+z_1}{2}\right)+\sqrt{\left(L_p-\frac{z_2+z_1}{2}\right)^2-8\left(\frac{z_2-z_1}{2\pi}\right)^2}\right]$ $=\frac{19.05}{4}\left[\left(124-\frac{63+21}{2}\right)+\sqrt{\left(124-\frac{63+21}{2}\right)^2-8\times\left(\frac{63-21}{2\times 3.14}\right)^2}\right]$ $=770.5$ (mm) 实际中心距:$a'=a-(2\sim5)$,取 $a'=770.5-2.5=768$ (mm)	$a'=768$ mm
7. 计算轴压力 F_Q	$F_Q=(1.2\sim1.3)F_t$ 圆周力 $F_t=\frac{1\,000P}{v}=\frac{1\,000\times 15}{6.47}=2\,318.39$ (N) 取 $F_Q=1.25F_t=1.25\times 2\,318.39=2\,897.99$ (N)	$F_Q=2\,897.99$ N
8. 链条标记	12A－1－124　GB/T 1243—2006	12A－1－124 GB/T 1243—2006
9. 计算链轮尺寸,绘制链轮工作图	$d_1=\frac{p}{\sin(180°/z_1)}=\frac{19.05}{\sin(180°/21)}=127.82$ (mm) $d_2=\frac{p}{\sin(180°/z_2)}=\frac{19.05}{\sin(180°/63)}=382.18$ (mm) 其他尺寸计算和链轮工作图略	$d_1=127.82$ mm $d_2=382.18$ mm

习题九

9-1　链传动和带传动、齿轮传动相比有哪些优缺点?

9-2　套筒滚子链由哪几部分组成,标记方法是什么?

9-3　链传动节距的大小对传递载荷及运动的不均匀性方面有何影响,应怎样选择节距?

9-4　链轮齿数对链传动的运动有何影响,应怎样选择齿数?

9-5　链传动的额定功率曲线试验条件是什么,传递功率 P 与额定功率 P_0 之间的关系是什么?

9-6　链传动有哪两种计算方法?

9-7　如何确定链传动的润滑方式?

9-8　已知一链传动设备，小链轮的分度圆直径 $d_1=77.16$ mm，$n_1=300$ r/min，传递的功率 $P=1$ kW，求作用在链轮轴上的压力。

9-9　一单排套筒滚子链传动，已知链条型号为12A，小链轮齿数 $z_1=19$、转速 $n_1=750$ r/min，传动比 $i=3$，中心距 $a\approx760$ mm，原动机为电动机，工作机为轻型运输机。试计算：①链的节数；②链条能传递的最大功率；③链条能传递的最大圆周力。

实训九　链传动设计

1. 实训目的

熟练掌握链传动的设计方法。

2. 实训的内容要求

请为一链式输送机设计链传动。已知：传递功率 $P=10$ kW，链轮转速 $n_1=1\ 200$ r/min，$n_2=400$ r/min，载荷平稳。

3. 实训过程

参考实训例 9-1 进行。

项目十　机械传动系统及其传动比

案例导入:在实际的机械工程中,为了满足各种不同的工作需要,仅仅使用一对齿轮是不够的。本项目通过带式输送机、牛头刨床、汽车变速箱和差速器、自动进刀读数装置、滚齿机行星轮系等例子,介绍轮系的概念、分类、传动比的分析计算方法。

任务一　定轴轮系的传动比计算

在实际应用的机械中,为了满足各种需要,例如需要较大的传动比或作远距离传动等,常采用一系列互相啮合的齿轮来组成传动装置。这种由一系列齿轮组成的传动装置称为齿轮系统,简称轮系。

一、轮系的分类

轮系有两种基本类型:

(1)定轴轮系。如图 10-1 所示,在轮系运转时各齿轮几何轴线都是固定不变的,这种轮系称为定轴轮系。

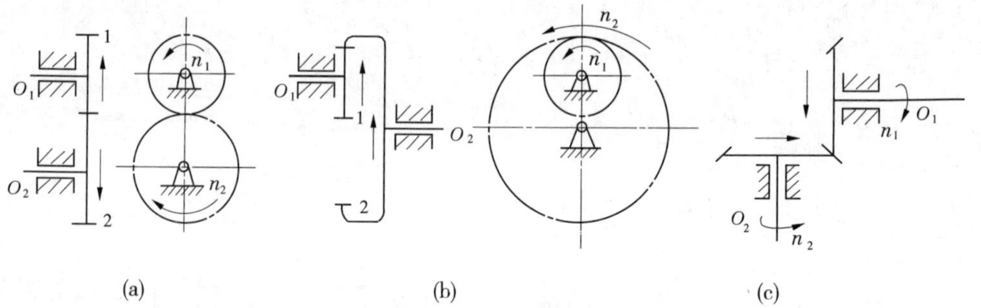

(a)　(b)　(c)

图 10-1　定轴轮系

(2)行星轮系。如图 10-2 所示,在轮系运转时至少有一个齿轮的几何轴线绕另一几何轴线转动,这种轮系称为行星轮系。

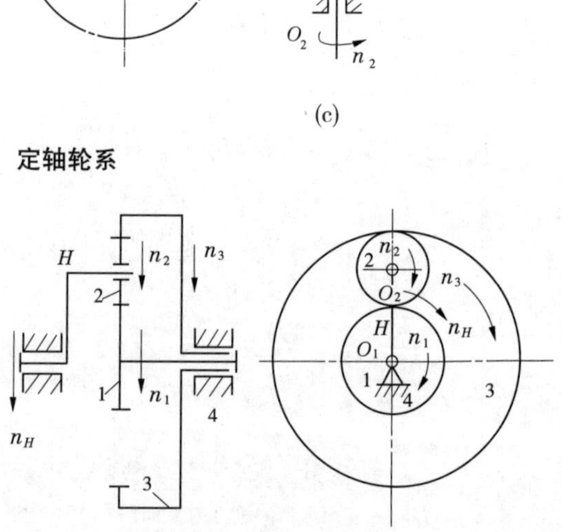

图 10-2　行星轮系

二、轮系的传动比

(一)轮系的传动比

轮系中,输入轴(轮)与输出轴(轮)的转速或角速度之比,称为轮系的传动比,通常用 i 表示。因为角速度或转速是矢量,所以计算轮系传动比时不仅要计算它的大小,而且还要确定输出轴(轮)的转动方向。

(二)定轴轮系传动比的计算

根据轮系传动比的定义,一对圆柱齿轮的传动比为

$$i_{12} = \frac{n_1}{n_2} = \pm \frac{z_2}{z_1}$$

式中:"±"为输出轮的转动方向符号,当输入轮和输出轮的转动方向相同时取"+"号、相反时取"-"号。

如图 10-1(a)所示的一对外啮合直齿圆柱齿轮传动,两齿轮旋转方向相反,其传动比规定为负值,表示为

$$i = \frac{n_1}{n_2} = -\frac{z_2}{z_1}$$

如图 10-1(b)所示为一对内啮合直齿圆柱齿轮传动,两齿轮的旋转方向相同,其传动比规定为正值,表示为

$$i = \frac{n_1}{n_2} = \frac{z_2}{z_1}$$

如图 10-3 所示的定轴轮系,齿轮 1 为输入轮,齿轮 4 为输出轮。应该注意到齿轮 2 和 2′ 是固定在同一根轴上的,即有 $n_2 = n_{2'}$。此轮系的传动比 i_{14} 可写为

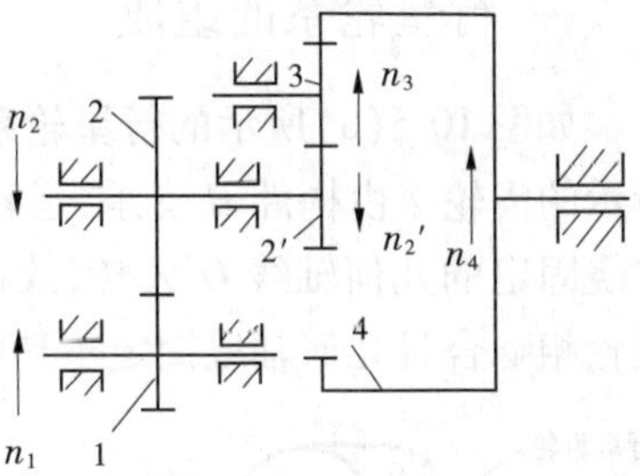

图 10-3　定轴轮系传动比的计算

$$i_{14} = \frac{n_1}{n_4} = \frac{n_1}{n_2}\frac{n_{2'}}{n_3}\frac{n_3}{n_4} = i_{12}i_{2'3}i_{34} = \frac{z_2}{z_1}\frac{z_3}{z_{2'}}\frac{z_4}{z_3}$$

上式表明,定轴轮系的总传动比等于各对啮合齿轮传动比的连乘积,其大小等于各对啮合齿轮中所有从动轮齿数的连乘积与所有主动轮齿数的连乘积之比,即

$$i_{1k} = \frac{n_1}{n_k} = (-1)^m \frac{\text{从 1 轮到 } k \text{ 轮之间所有从动轮齿数的连乘积}}{\text{从 1 轮到 } k \text{ 轮之间所有主动轮齿数的连乘积}} \tag{10-1}$$

式中:m 为外啮合圆柱齿轮的对数,用于确定全部由圆柱齿轮组成的定轴轮系中输出轮的转向。

齿轮的转向也可在图中画箭头表示。特别是圆锥齿轮传动、蜗杆蜗轮传动,其轴线不平行,不存在转向相同或相反的问题,这类轮系的转向只能在图中用画箭头的方法表示,见图 10-1(c)所示。

在图 10-3 中,齿轮 3 同时与齿轮 2′、4 相啮合,既为主动轮又为从动轮,z_3 在 i_{14} 计算式中可以消掉,它对轮系传动比的大小没有影响,但增加了外啮合次数,改变了传动比的符号。这种仅影响输出轮转向的齿轮称为惰轮或过桥齿轮。

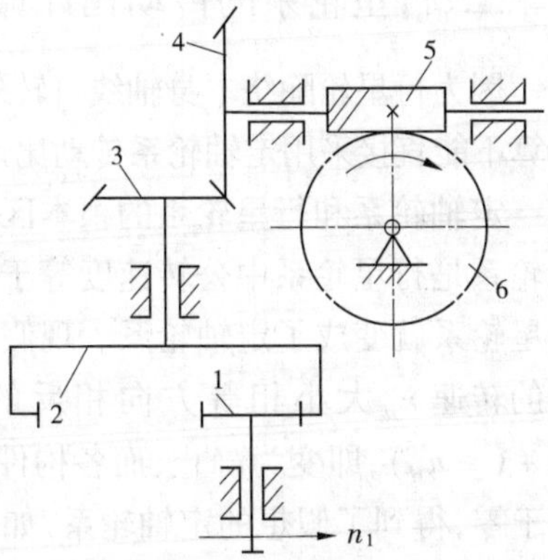

图 10-4　提升装置

【例 10-1】　如图 10-4 所示为提升装置。其中

各轮齿数为:$z_1=20$,$z_2=80$,$z_3=25$,$z_4=30$,$z_5=1$,$z_6=40$。试求传动比 i_{16},并判断蜗轮 6 的转向。

解:因该轮系为定轴轮系,而且存在非平行轴传动,故应按式(10-1)计算轮系传动比的大小

$$i_{16}=\frac{z_2}{z_1}\frac{z_4}{z_3}\frac{z_6}{z_5}=\frac{80\times30\times40}{20\times25\times1}=192$$

然后再按画箭头的方法确定蜗轮的转向,如图 10-4 所示。

任务二　行星轮系的传动比计算

一、行星轮系的组成

如图 10-5(a)所示的行星轮系,主要由行星齿轮、行星架和太阳轮组成。图 10-5(b)所示的齿轮 2 由构件 H 支承,运转时除绕自身几何轴线 O' 自转外,还随构件 H 上的轴线 O' 绕固定的几何轴线 O 公转,故称其为行星轮。支承行星轮的构件 H 称为行星架,与行星轮相啮合且几何轴线固定不动的齿轮 1、3(内齿轮)称为太阳轮。

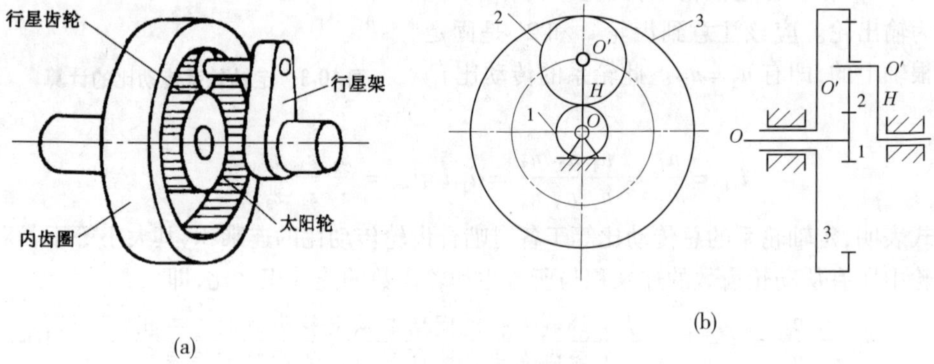

图 10-5　行星轮系

二、行星轮系的传动比计算

因为行星轮除绕本身轴线自转外,还随行星架绕固定轴线公转,所以行星轮系的传动比计算不能直接采用定轴轮系传动比计算公式。最常用的方法是转化机构法,也称反转法。

定轴轮系和行星轮系的根本区别在于行星轮的公转。实际上,我们完全可以认为定轴轮系是行星轮系中公转速度等于零的特例。换言之,当行星轮的公转速度等于零时,该行星轮系就变成了定轴轮系。现假想给图 10-6(a)所示的整个行星轮系加上一个与行星架的转速 n_H 大小相等方向相反的公共转速“$-n_H$”,则行星架 H 的转速从 n_H 变为 $n_H+(-n_H)$,即变为静止,而各构件间的相对运动关系并不变化,此时行星轮的公转速度等于零,得到了假想的定轴轮系,如图 10-6(b)所示。这种假想的定轴轮系称为原行星轮系的转化轮系。转化轮系中,各构件的转速见表 10-1。

转化轮系中 1、3 两轮的传动比可根据定轴轮系传动比的计算方法,得

$$i_{13}^{H}=\frac{n_1^H}{n_3^H}=\frac{n_1-n_H}{n_3-n_H}=(-1)^1\frac{z_2z_3}{z_1z_2}=-\frac{z_3}{z_1}$$

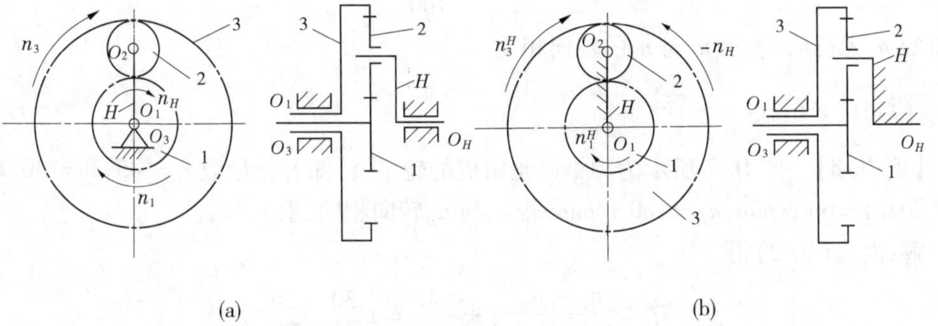

图 10-6　行星轮系及其传动比的计算

表 10-1　转化轮系中各构件的转速

构件	行星轮系中的转速	转化轮系中的转速
太阳轮 1	n_1	$n_1^H=n_1-n_H$
行星轮 2	n_2	$n_2^H=n_2-n_H$
太阳轮 3	n_3	$n_3^H=n_3-n_H$
行星架 H	n_H	$n_H^H=n_H-n_H=0$
机架 4	$n_4=0$	$n_4^H=-n_H$

将以上分析归纳为一般情况，可得转化轮系传动比的计算公式为

$$i_{GK}^{H}=\frac{n_G-n_H}{n_K-n_H}=\pm\frac{\text{从 }G\text{ 轮到 }K\text{ 轮之间所有从动轮齿数的连乘积}}{\text{从 }G\text{ 轮到 }K\text{ 轮之间所有主动轮齿数的连乘积}} \qquad (10\text{-}2)$$

式中：G 为主动轮；K 为从动轮。

应用式(10-2)求行星轮系传动比时须注意：

(1)将 n_G、n_K、n_H 的值代入式(10-2)时，必须连同转速的正负号代入。若假设某一转向为正，则与其反向为负。

(2)公式右边的正负号按转化轮系中 G 轮与 K 轮的转向关系确定。

(3)在 n_G、n_K、n_H 三个参数中，已知任意两个，就可确定第三个，从而求出该行星轮系中任意两轮的传动比。$i_{GK}^H\neq i_{GK}$：$i_{GK}^H=n_G^H/n_K^H$ 为转化轮系中 G 轮与 K 轮转速之比，其大小及正负号按定轴轮系传动比的计算方法确定。$i_{GK}=n_G/n_K$ 是行星轮系中 G 轮与 K 轮的绝对速度之比，其大小及正负号由计算结果确定。

【例 10-2】　在图 10-6(a)所示的行星轮系中，已知 $n_1=100$ r/min，假设轮 3 固定不动，各轮齿数为 $z_1=40$，$z_2=20$，$z_3=80$。求：①n_H 和 n_2；②i_{12}^H 和 i_{12}。

解：由式(10-2)得　$i_{13}^H=\frac{n_1-n_H}{n_3-n_H}=(-1)^1\frac{z_3}{z_1}$

取 n_1 的转向为正，将 $n_1=100$ r/min，$n_3=0$ 代入上式得：$n_H=33.3$ r/min。

求得的 n_H 为正，表示 n_H 与 n_1 的转向相同。

由式(10-2)得　$i_{12}^H=\frac{n_1-n_H}{n_2-n_H}=(-1)^1\frac{z_2}{z_1}=-\frac{20}{40}=-\frac{1}{2}$

仍取 n_1 的转向为正,将 $n_1=100$ r/min 代入上式得:$n_2=-100$ r/min。

$$i_{12}=\frac{n_1}{n_2}=-\frac{100}{100}=-1$$

求得的 n_2 为负值,表示 n_2 与 n_1 的转向相反。

注意:$i_{12}^H \neq i_{12}$;$i_{12} \neq -\frac{z_2}{z_1}$。

【例 10-3】 图 10-7 所示为圆锥齿轮组成的轮系,已知各轮齿数 $z_1=45$,$z_2=30$,$z_3=z_4=20$;$n_1=60$ r/min,$n_H=100$ r/min,若 n_1 与 n_H 转向相同,求 n_4、i_{14}。

解:由式(10-2)得

$$i_{14}^H=\frac{n_1-n_H}{n_4-n_H}=\pm\frac{z_2z_4}{z_1z_3}=\pm\frac{30\times 20}{45\times 20}$$

用画箭头的方法可知转化轮系中 n_1^H 与 n_4^H 的转向相同,故 i_{14}^H 应为正值。即

$$i_{14}^H=\frac{n_1-n_H}{n_4-n_H}=\frac{30}{45}$$

将 $n_1=60$ r/min,$n_H=100$ r/min 代入上式得

$$\frac{60-100}{n_4-100}=\frac{30}{45}$$

解得 $n_4=40$ r/min,由此得

$$i_{14}=\frac{n_1}{n_4}=\frac{60}{40}=1.5$$

正号表明 1、4 两齿轮的实际转向相同。

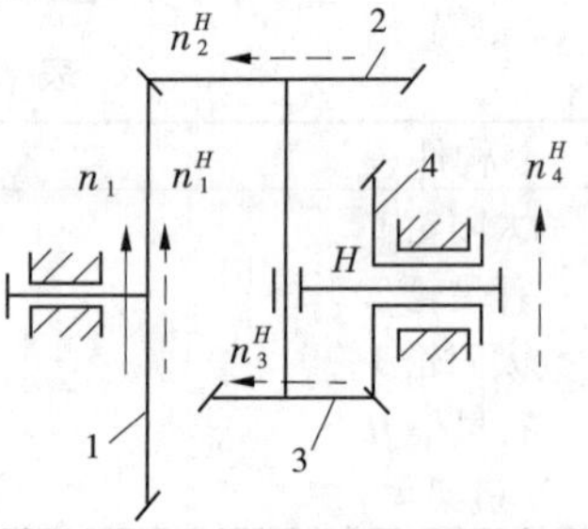

图 10-7　圆锥齿轮行星轮系

任务三　典型机械传动系统及其传动比计算

一、机械传动系统的一般组成及各种传动形式的选择

如图 10-8 所示带式输送机,由电动机(原动机)经减速器及链传动(传动系统)将运动和动力传给带轮,用带传动(执行机构)完成货物的输送。由此可见,机械传动系统是将原动机的动力传给工作机的中间装置,原动机通过传动系统驱动工作机工作。显然,传动系统是机器三大组成部分中的重要组成部分,是机械设计中关键的一环。

为了满足生产过程的各种运动要求,机器并不只是由某一种机构或传动件组成的,而是由多种机构和传动件组合成机械系统。其中,传动系统占的比重最大。传动系统的设计,主要是传动类型的选择及其组合设计。如项目一中叙述的牛头刨床(见图 10-9),要把原动机的运动转换为执行机构(滑枕、工作台)所需要的运动,单靠某一种机构或传动件是很难实现的,需要根据各执行构件协调动作的要求,将带传动、齿轮传动和连杆机构等一些传动件和机构组合起来,构成一个传动系统,才能完成这一工作。

为了将多种机构和传动件组合应用,使机器能完成某一生产过程的各种运动要求,必

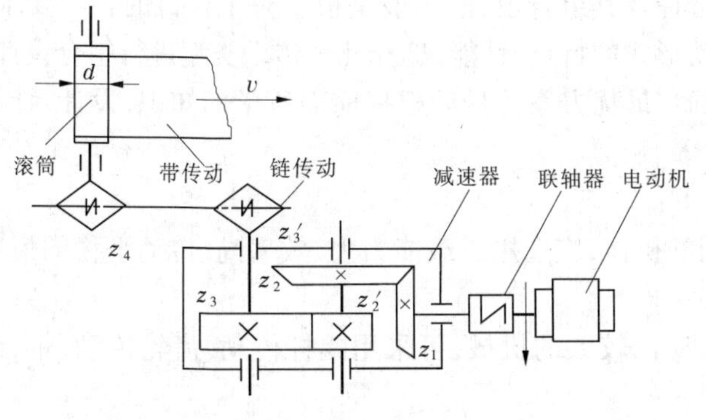

图 10-8　带式输送机

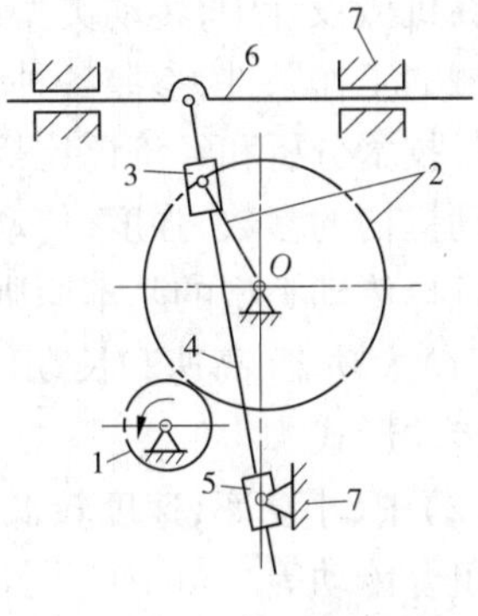

图 10-9　牛头刨床

须合理地解决传动类型的选择及其组合设计问题。为此，应了解前面所学各种传动形式的特点、性能，如表 10-2 所示。

表 10-2　各种传动形式的选择

传动形式	主要优点	主要缺点	效率 η	适用功率 P (kW)
带传动	中心距变化范围大，可用于较远距离的传动，传动平稳，噪声小，能缓冲吸振，摩擦带传动有过载保护作用，结构简单，成本低，安装要求不高	有弹性滑动，传动比不能保持恒定，外廓尺寸大，带的寿命较短（通常为 3 500 ~ 5 000 h），由于带的摩擦起电，不宜用于易燃、易爆的地方，轴和轴承上作用力大	平行带 0.94 ~ 0.98，三角带 0.90 ~ 0.94，同步齿形带 0.96 ~ 0.98	受带的截面尺寸和带的根数的限制，三角带 $P_{max}=500$，通常 $P\leqslant40$
齿轮传动	外廓尺寸小，效率高，传动比恒定，圆周速度、功率范围广，应用最广	制造和安装精度要求较高，不能缓冲，无过载保护作用，有噪声	闭式 0.95 ~ 0.98，开式 0.92 ~ 0.94	功率范围广，直齿 $P_{max}\leqslant750$，斜齿、人字齿 $P_{max}\leqslant50\ 000$
蜗杆传动	结构紧凑，外廓尺寸小，传动比大，传动比恒定，传动平稳，无噪声，可做成自锁机构	效率低，传递功率不宜过大，中高速需用价贵的青铜，制造精度要求高，刀具费用高	闭式 0.7 ~ 0.92，开式 0.5 ~ 0.7，自锁蜗杆 0.4 ~ 0.45	受发热限制，$P_{max}=750$，通常 $P\leqslant50$
链传动	中心距变化范围大，可用于较远距离传动，在高温、油、酸等恶劣条件下能可靠工作，轴和轴承上的作用力小	运转时瞬时速度不均匀，有冲击、振动和噪声，寿命较短（一般为 5 000 ~ 15 000 h）	闭式 0.95 ~ 0.97，开式 0.90 ~ 0.93	受链条截面尺寸和列数的限制，$P_{max}=3\ 500$，通常 $P\leqslant100$
螺旋传动	能将旋转运动变成直线运动，并能以较小的转矩得到很大的轴向力，传动平稳，无噪声，运动精度高，传动比大，可用于微调，可做成自锁机构，滚动螺旋还可将直线运动变成旋转运动	工作速度一般都很低，滑动螺旋效率低，磨损较快	滑动螺旋可自锁时 0.4 ~ 0.5，滚动螺旋可达 0.9 以上	

在机械设计中,传动类型的选择及其组合设计,一般是根据对工作机的各项要求,考虑机械的工作条件,参照各种传动形式的特点、性能,选择几个传动类型进行组合设计,然后通过技术分析和经济评比等,确定最优方案。最后根据前面所学的知识,设计、计算各种传动机构的参数、强度、传动比等。

选择传动类型的基本原则如下:

(1)大功率、高速和长期使用的机械,应选用承载能力大、效率高、传动平稳的齿轮传动等传动形式。

(2)中、小功率,速度较低,传动比较大的机械,可采用蜗杆传动,齿轮传动,带、链与齿轮组合传动等。

(3)工作环境恶劣或要求保持环境整洁时,宜采用闭式传动。

(4)相交轴间的传动,可用圆锥齿轮传动;交错轴间的传动,可采用蜗杆传动等。

【例 10-4】 图 10-8 所示为带式输送机传动装置,为了降速及远距离传动,采用了减速箱及链传动、带传动等机构,其中减速箱是机械传动中常用的装置。已知各轮齿数 $z_1=17$, $z_2=51$, $z_2'=17$, $z_3=60$, $z_3'=18$, $z_4=34$,滚筒直径 $d=360$ mm,试求输送带的速度,并指出电动机的转向。

解:该轮是由圆锥齿轮、圆柱齿轮及链传动组成的定轴轮系,故由式(10-1)得

$$i_{14}=\frac{n_{电}}{n_4}=\frac{z_2z_3z_4}{z_1z_2'z_3'}=\frac{51\times60\times34}{17\times17\times18}=20$$

将 $n_{电}=960$ r/min 代入上式得

$$960/n_4=20,\quad 则\ n_4=48\ \text{r/min}$$

已知滚筒直径 $d=360$ mm,故滚筒圆周速度即带速为

$$v=\pi dn_{筒}=\pi dn_4=\pi\times360\times48=54\ 286.7\ (\text{mm/min})=0.9\ \text{m/s}$$

电动机的转向可从带的运动方向开始画箭头确定,如图 10-8 所示。

二、轮系在各种机械设备中的主要功能

由前述可知,轮系广泛用于各种机械设备中,其功能主要有以下几个方面。

(一)传递相距较远的两轴间的运动和动力

当两轴间的距离较大时,若仅用一对齿轮来传动,则齿轮尺寸过大,既占空间,又浪费材料(图 10-10 中双点画线所示)。改用轮系传动,就可克服上述缺点(如图 10-10 中实线所示)。

(二)实现变速、变向传动

金属切削机床、汽车、起重设备等机械中,在主轴转速不变的情况下,输出轴需要有多种转速(即变速传动),以适应工作条件的变化。如图 10-11 所示汽车变速箱,输入轴 Ⅰ 与发动机相连,输出轴Ⅳ与传动轴相连,Ⅰ 轴与Ⅳ轴之间采用了定轴轮系。当操纵杆移动齿轮 4 或 6,使其处于啮合状态时,可改变输出轴的转速及方向。

(三)可获得大的传动比

当两轴间的传动比要求较大而结构尺寸要求较小时,可采用定轴轮系或行星轮系来达到目的。如图 10-12 所示自动进刀读数装置的行星轮系,若已知 $z_a=100$, $z_g=z_f=20$,

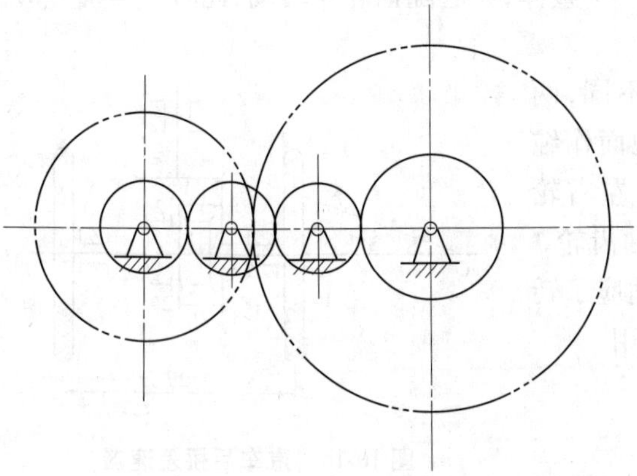

图 10-10　远距离两轴间的传动

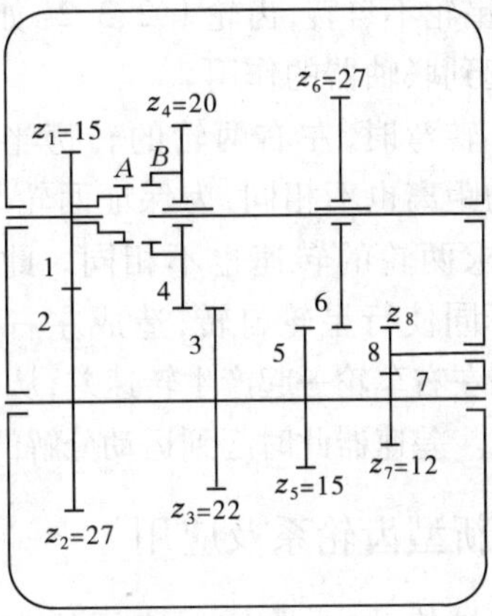

图 10-11　汽车变速箱

$z_b = 99$。则主动手柄 K 与读数盘 W(从动轮)的传动比 i_{Ha} 可由式(10-2)得到。

$$i_{ab}^{H} = \frac{n_a - n_H}{n_b - n_H} = \frac{z_g z_b}{z_a z_f} = \frac{20 \times 99}{100 \times 20} \quad (\text{其中 } n_b = 0)$$

解上式得 $i_{Ha} = 100$。

又如图 10-13 所示渐开线少齿差行星减速器,若已知各轮齿数 $z_1 = 100, z_2 = 99, z_2' = 100, z_3 = 101$,可由式(10-2)得

$$i_{13}^{H} = \frac{n_1 - n_H}{n_3 - n_H} = \frac{n_1 - n_H}{0 - n_H} = \frac{z_2 z_3}{z_1 z_2'} = \frac{99 \times 101}{100 \times 100}$$

求出 $i_{H1} = 10\ 000$。值为正说明行星架的转向与齿轮 1 的相同。

由此例可知,行星架 H 转 10 000 圈太阳轮 1 只转一圈,表明机构的传动比很大。

(四)用于运动的合成分解

如图 10-14 所示滚齿机行星轮系中,$z_1 = z_3$,分齿运动由齿轮 1 传入,附加运动由行星架 H 传入,合成运动由齿轮 3 传出,由式(10-2)有

$$i_{13}^{H} = \frac{n_1 - n_H}{n_3 - n_H} = -\frac{z_3}{z_1} = -1$$

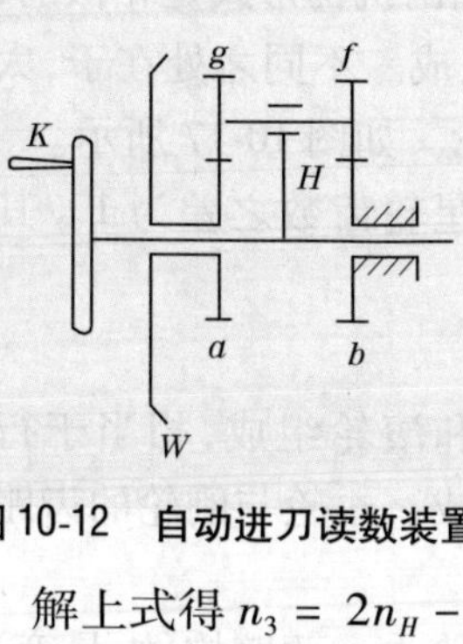

图 10-12　自动进刀读数装置

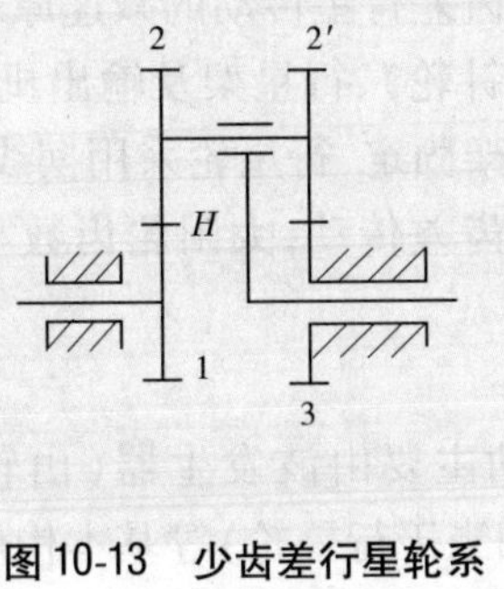

图 10-13　少齿差行星轮系

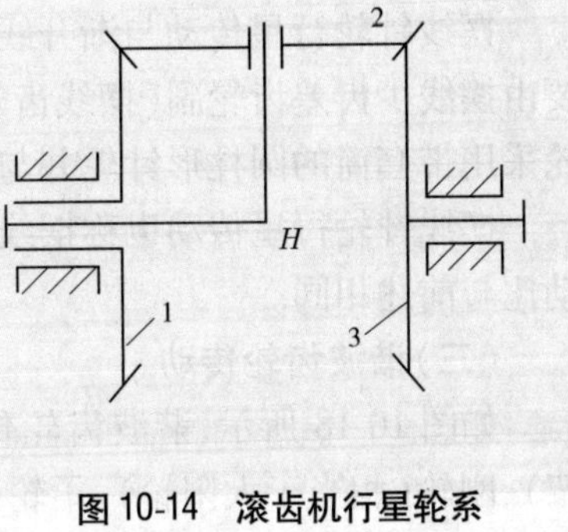

图 10-14　滚齿机行星轮系

解上式得 $n_3 = 2n_H - n_1$,可见该轮系将两个输入运动合成一个输出运动。

如图 10-15 所示汽车差速器是运动分解的实例,当汽车直线行驶时,左右两后轮转速

相同,行星轮不自转,齿轮1、2、3、2′如同一个整体,一起随齿轮4转动,此时 $n_3 = n_4 = n_1$,差速器起到联轴器的作用。

汽车转弯时,左右两轮的转弯半径不同,两轮行走的距离也不相同,为保证两轮与地面作纯滚动,要求两轮的转速也不相同。此时,左右轮的阻力不同使行星轮自转,造成左右半轴齿轮1和3连同左右车轮一起产生转速差,从而适应了转弯的需求。差速器此时起到运动分解的作用。

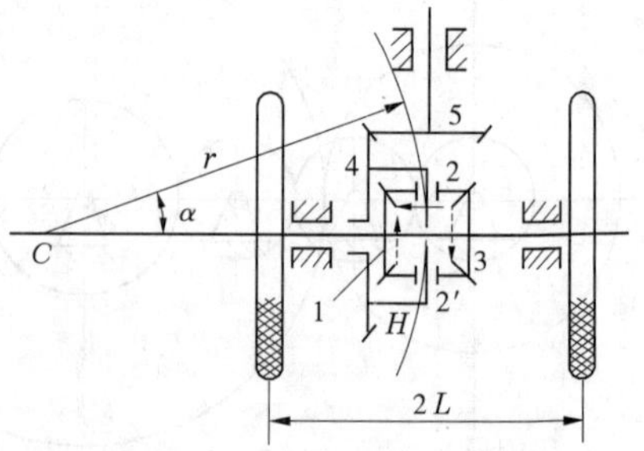

图 10-15　汽车后桥差速器

三、新型齿轮系及应用

在机械传动中,除广泛应用的定轴轮系、行星轮系和复合轮系外,还有其他一些特殊的行星传动:渐开线少齿差行星传动、摆线针轮行星传动和谐波齿轮传动等。它们的共同特点是,结构紧凑,传动比大,重量轻,效率高,在机械、轻工、化工、仪表、纺织等行业中得到广泛的应用。

(一)渐开线少齿差行星传动

图10-16所示为渐开线少齿差行星传动示意图,主要由太阳轮1(内齿轮)、行星轮2、行星架 H(常做成偏心轴结构)和一个输出机构 WV 组成。运转时太阳轮1不动,运动由行星架 H 输入,经行星轮2通过输出机构输出。由于太阳轮和行星轮的齿数相差很少(通常为1~4),故称少齿差行星传动。

其传动比可由式(10-2)求得

$$i_{21}^{H} = \frac{n_2 - n_H}{n_1 - n_H} = \frac{z_1}{z_2}$$

将 $n_1 = 0$ 代入得

$$i_{HV} = i_{H2} = -\frac{z_2}{z_1 - z_2}$$

上式中齿数差 $z_1 - z_2 = 1$ 时,称为一齿差行星轮系,其传动比 $i_{HV} = -z_2$(此时的 i_{HV} 为最大值),式中负号表示 H 与齿轮2的转向相反。

(二)摆线针轮行星传动

摆线针轮行星传动与渐开线少齿差行星传动的减速原理、输出机构形式是相似的,主要由摆线少齿差齿轮副(摆线齿轮、针轮)、行星架及输出机构组成。不同之处在于,太阳轮采用带套筒的圆柱形针轮并与机架固定,行星轮采用摆线齿轮。如图10-17所示。

摆线针轮行星传动也称摆线少齿差传动,太阳轮齿数与行星轮齿数之差为1。其传动比与前述相同。

(三)谐波齿轮传动

如图10-18所示,谐波齿轮传动主要由波发生器(由转臂和滚轮组成,相当于行星架)、刚轮(相当于太阳轮)、柔轮(相当于行星轮)等基本构件组成。柔轮与刚轮的齿距相同,但柔轮比刚轮少几个齿。

波发生器一般作为主动件,柔轮为从动件,而刚轮固定。柔轮为一薄壁构件,易变形,它的外壁有齿,内壁孔径略小于波发生器长度。在波发生器作用下,柔轮被迫产生弹性变

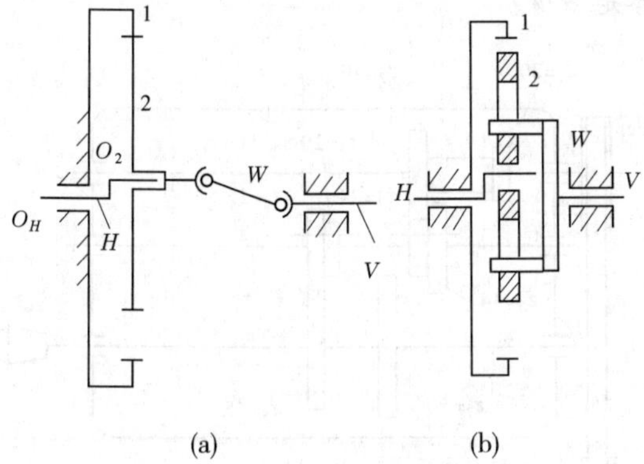

图 10-16　渐开线少齿差行星轮系

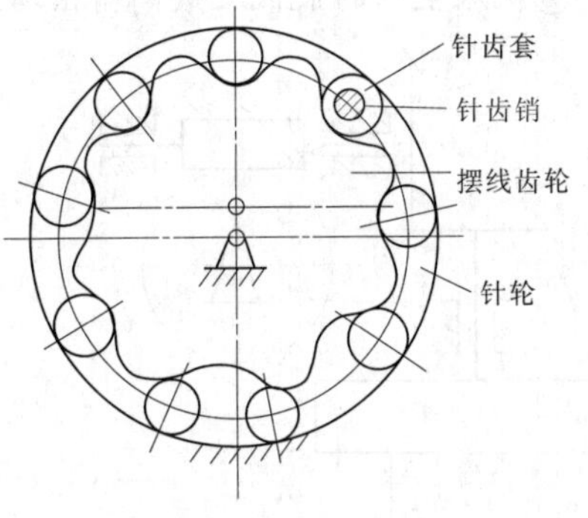

图 10-17　摆线针轮行星轮系

形而呈椭圆形，椭圆长轴两端附近的柔轮外齿和刚轮的内齿啮合，而在短轴两端附近的轮齿完全脱开，其他各处的轮齿则处于啮合和脱开的过渡阶段。当波发生器转动时，柔轮长、短轴的位置不断变动，从而使柔轮轮齿依次产生的弹性变形近似于谐波，故称谐波齿轮传动。

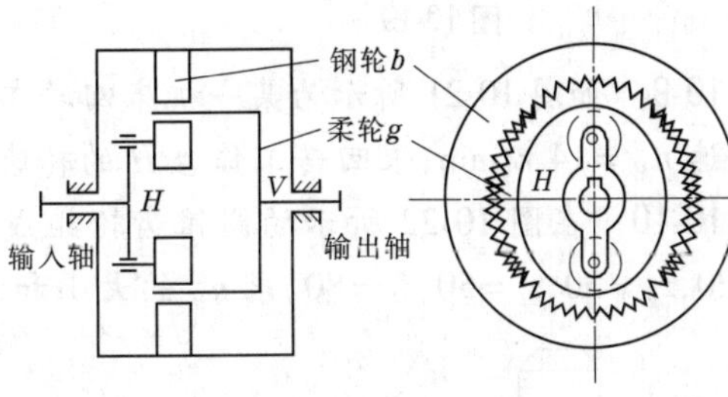

图 10-18　谐波齿轮传动

它的啮合过程和行星轮完全相同，故传动比可按行星轮计算，由式(10-2)得

$$i_{gb}^{H}=\frac{n_g-n_H}{n_b-n_H}=\frac{z_b}{z_g}$$

解得 $i_{HV}=-\dfrac{z_g}{z_b-z_g}$，$i_{HV}$为负值表明柔轮和波发生器转向相反。齿数差 z_b-z_g 应等于波数或其整数倍。

习题十

10-1　定轴轮系与行星轮系有何区别，试举例说明它们在生产中的应用。

10-2　如何计算定轴轮系的传动比？怎样确定它们的转向？

10-3　何谓转化轮系？i_{ab}^{H} 与 i_{ab} 有何本质区别？i_{ab}^{H} 是行星轮系中 a、b 两轮间的传动比吗？

10-4　行星轮系的传动比如何计算？运用式(10-2)时要注意哪些问题？

10-5　轮系在机械传动中主要有哪些作用？

10-6　三种其他类型行星传动有哪些共同特点？

10-7　如图 10-19 所示定轴轮系，已知各轮齿数 $z_1=20$，$z_2=50$，$z_3=15$，$z_4=30$，$z_5=1$，$z_6=40$，求传动比 i_{16}，并标出蜗轮的转向。

10-8　如图 10-20 所示机床主轴变速箱传动简图。已知电机转速 $n_1=1\ 440$ r/min，带轮直径 $D_1=125$ mm，$D_2=250$ mm，各齿轮齿数如图示。求：①机床主轴可获得多少种转速？②机床主轴的最低及最高输出转速各是多少？

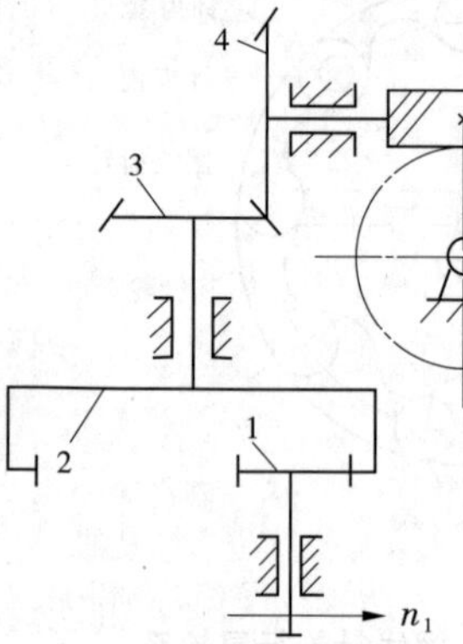

图 10-19

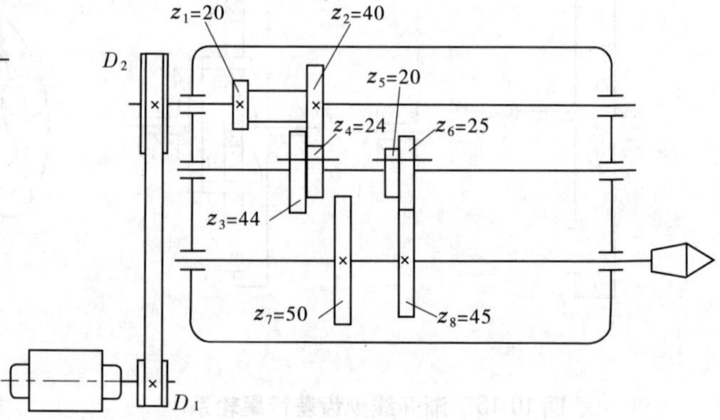

图 10-20

10-9　如图 10-21 所示为某一机床回转工作台的传动机构，已知 $z_1=160$，$z_2=20$，马达转速 $n_M=14$ r/min，求回转工作台 H 的转速 n_H 的大小及方向。

10-10　在图 10-22 所示的圆锥齿轮组成的轮系中，已知 $n_a=85$ r/min，各轮齿数为 $z_a=20$，$z_g=30$，$z_f=50$，$z_b=80$，求 n_H 的大小和方向。

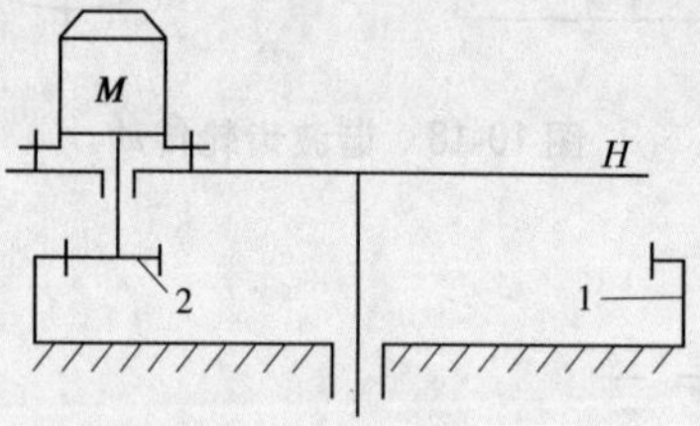

图 10-21

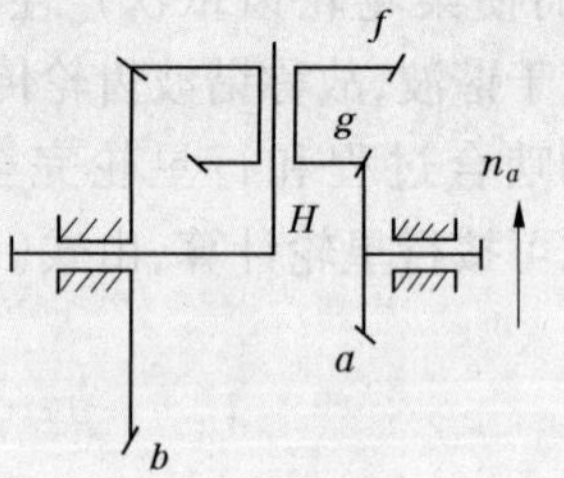

图 10-22

10-11　图 10-23 所示为车床溜板箱手动操纵机构。已知齿轮 1、2 的齿数分别为 $z_1=16$、$z_2=80$；齿轮 3 的齿数为 $z_3=13$，模数 $m=2.5$ mm，与齿轮 3 啮合的齿条被固定在床身上。试求当溜板箱移动速度为 1 m/min 时手轮的转速。

10-12　已知图 10-24 所示的混合轮系 $z_1=15$，$z_2=25$，$z_{2'}=z_3=20$，$z_4=60$，$z_{4'}=55$，主动轮 1 的转速 $n_1=1\,400$ r/min，转向如图所示。试求构件 H 的转速 n_H 的大小及方向。

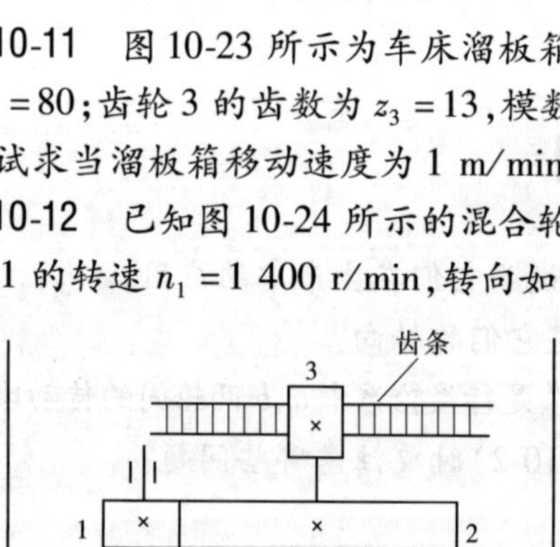

图 10-23

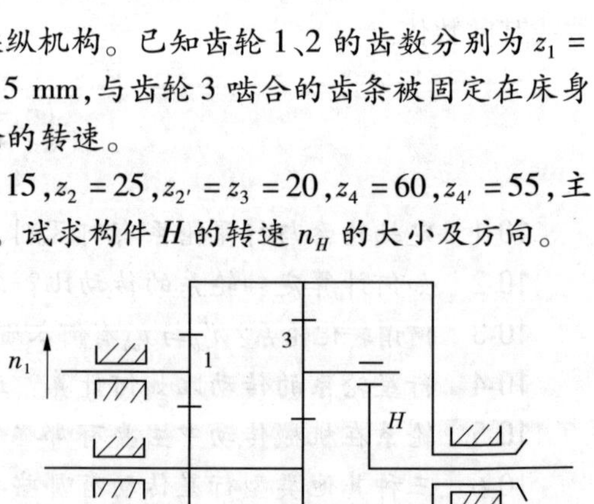

图 10-24

项目十一　间歇运动机构

案例导入：通过自动机械和牛头刨床的进给机构，导入间歇运动机构的概念、工作原理、运动特点及应用；介绍各种间歇运动机构的主要参数及几何尺寸的计算。

任务一　棘轮机构

一、棘轮机构的工作原理、特点和应用

典型的棘轮机构由棘爪1、棘轮2、摇杆3、机架4等组成，如图11-1所示。摇杆及铰接于其上的棘爪为主动件，棘轮为从动件。

图11-2所示为外啮合曲柄摇杆式棘轮机构。当主动曲柄连续转动时，摇杆3往复摆动。当摇杆逆时针摆动时，棘爪2嵌入棘轮1的齿槽内，推动棘轮沿逆时针方向转过一个角度；当摇杆顺时针摆动时，棘爪4在棘轮齿背上滑过，棘轮静止不动。在机架上安装止动棘爪可防止棘轮逆转。工作棘爪和止动棘爪均利用弹簧5使其与棘轮保持可靠接触。这样，当曲柄连续回转时，棘轮作单向的间歇运动。

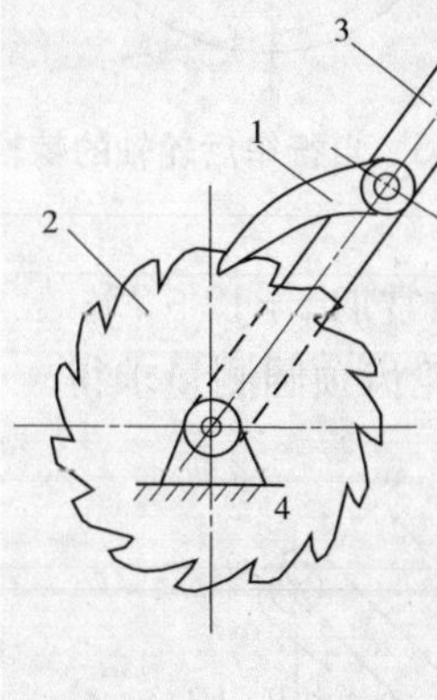

图11-1　棘轮机构的组成

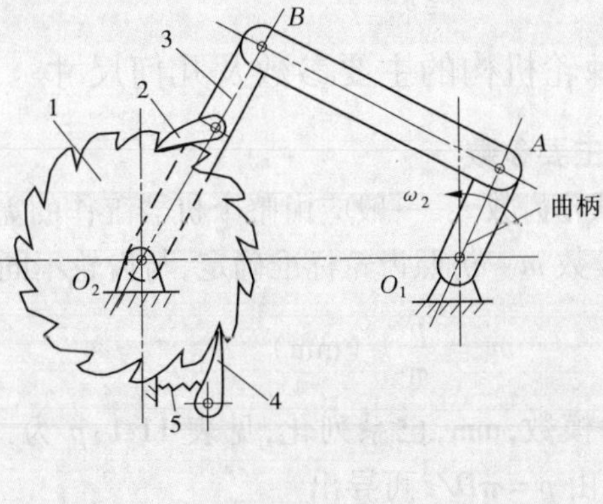

图11-2　外啮合曲柄摇杆式棘轮机构

如果要求摇杆往复运动时都能使棘轮向同一方向转动，则可采用图11-3所示的双动式棘轮机构。驱动棘爪可制成钩头或直头，分别如图11-3(a)、(b)所示。

如果要求棘轮作双向间歇运动，可采用具有矩形齿的棘轮以及与之相适应的双向棘爪。如图11-4所示为矩形齿双向棘轮机构，图11-4(a)的驱动棘爪在实线位置时，棘轮作逆时针间歇转动；将驱动棘爪绕*A*点翻转成虚线位置时，棘轮作顺时针间歇转动。图11-4(b)所示为回转棘爪双向棘轮机构，当棘爪1按图示位置放置时，棘轮2作逆时针间歇转动；若将棘爪提起，并绕本身轴线转动180°后再插入棘轮齿槽，棘轮作顺时针方向间歇转动；若将棘爪提起绕本身轴线转动90°，棘爪将被架在壳体的平面上，使轮与爪脱

开,当棘爪往复摆动时,棘轮静止不动。

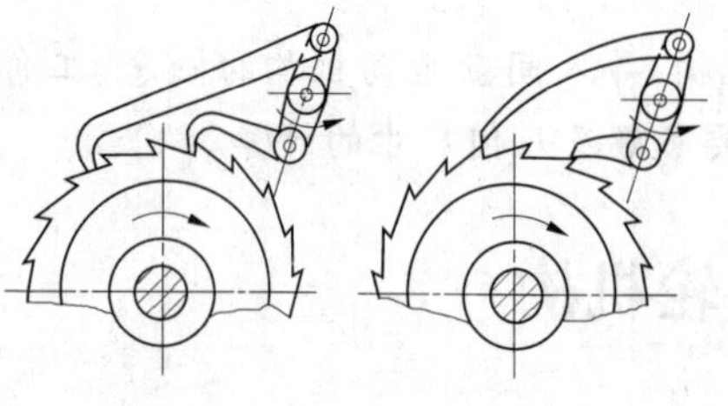

(a)　(b)

图 11-3　双动式驱动棘爪

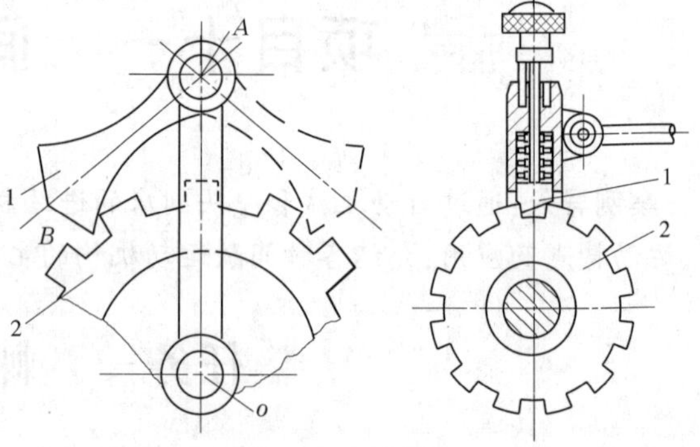

(a)　(b)

图 11-4　矩形齿双向棘轮机构

除外啮合棘轮机构外,还有内啮合棘轮机构(见图 11-5)和棘条机构等。

棘轮机构结构简单,但不能传递大的动力,而且传动平稳性较差,不适宜于高速传动。一般用作机床及自动机械的进给机构、送料机构、刀架的转位机构、精纺机的成型机构、牛头刨床的送进机构等,也广泛用于卷扬机、提升机及牵引设备中,用它作为防止机械逆转的止动器。

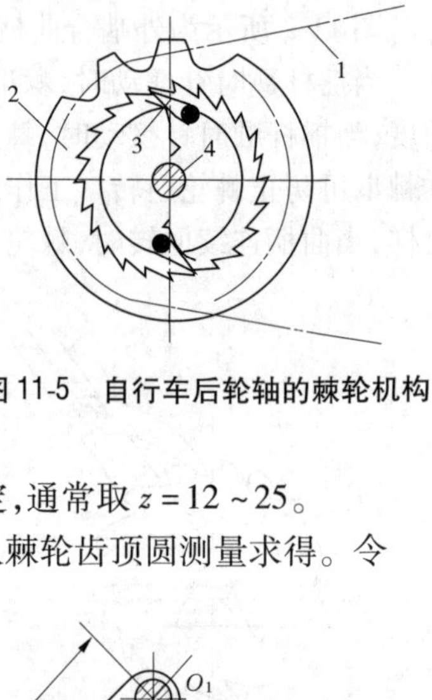

图 11-5　自行车后轮轴的棘轮机构

二、棘轮机构的主要参数及几何尺寸

(一)主要参数

(1)棘轮齿数 z。一般应由整个机器工作的需要来决定,通常取 $z=12\sim25$。

(2)模数 m。仿照齿轮标准确定,与齿轮不同之处是从棘轮齿顶圆测量求得。令

$$m=\frac{p}{\pi}\quad(\text{mm})$$

式中:m 为模数,mm,已系列化,见表 11-1;p 为周节,mm,由 $p=\pi D/z$ 可导出

$$D=mz\quad(\text{mm})$$

(3)齿顶圆直径 D。棘轮的最大直径称为棘轮的齿顶圆直径,$D=mz$。

(4)棘轮齿高 $h=0.75m$。

(5)棘齿偏斜角 φ。如图 11-6 所示,棘轮机构工作时,为使棘爪受载最小而推动棘轮的有效力最大,棘爪回转中心 O_1 应位于棘轮齿顶圆的切线上。当棘爪与棘齿在 A 点接触时,棘齿对棘爪的作用有正压力 N 和阻止棘爪下滑的摩擦

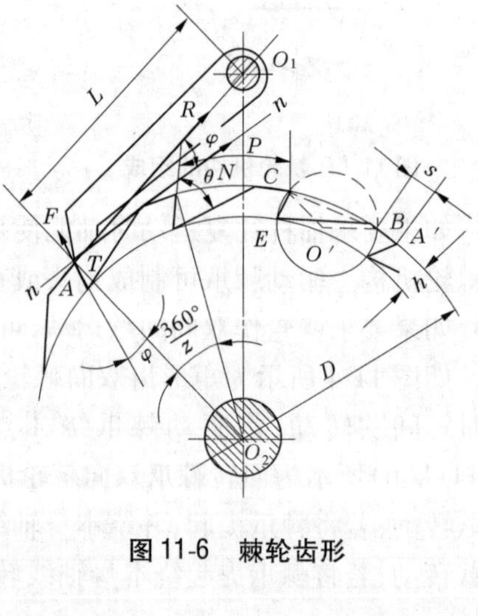

图 11-6　棘轮齿形

力 $F(F=N\tan\rho)$，为保证棘爪在此二力作用下仍能向棘齿根部滑动而不从齿槽滑脱，其合力 R 应使棘爪有逆时针回转的力矩。为此，轮齿工作面相对棘轮半径应有一个负倾角 φ，称为棘齿偏斜角，可以证明，φ 角与摩擦角 ρ 之间应有如下关系

$$\varphi > \rho \tag{11-1}$$

式中：ρ 为摩擦角，$\rho=\arctan f$，f 为摩擦系数，取 $f=0.2\sim0.25$。$\rho=11.3°\sim14°$ 时，为了保证运转安全可靠，一般可取 $\varphi=20°$。棘轮齿槽夹角 θ 由铣刀刃面夹角决定，一般取 $\theta=60°$。因此，在绘制棘轮齿形时，需对齿顶厚 s 或棘齿偏斜角 φ 进行修正。

（二）棘轮机构几何尺寸计算

棘轮机构几何尺寸按表 11-1 计算。

表 11-1　棘轮机构几何尺寸计算公式

尺寸名称	符号	计算公式与参数
模数	m	常用 1,2,3,4,5,6,8,10,12,14,16 等
周节	p	$p=\pi D/z$
齿顶圆直径	D	$D=zm$
齿高	h	$h=0.75m$
齿顶高	s	$s=m$
齿槽夹角	θ	$\theta=60°$ 或 $55°$
齿根圆角半径	r	$\geqslant 1.5$
棘爪长度	L	$2\pi m$

任务二　槽轮机构

一、槽轮机构的工作原理、特点和应用

槽轮机构又称马氏机构，如图 11-7 所示，它由具有径向圆销的主动拨盘 1、具有径向槽的槽轮 2 和机架组成。

当构件 1 作均匀连续转动时，槽轮时而转动，时而静止。在构件 1 的圆销 A 尚未进入槽轮的径向槽时，槽轮内凹锁住弧 β 被构件 1 的外凸圆弧 α 卡住，因而槽轮静止不动。图 11-7 中所示是构件 1 的圆销开始进入槽轮径向槽的位置，这时锁住弧被松开，因此圆销便驱使槽轮转动。当圆销开始脱出径向槽时，槽轮的另一内凹锁住弧又被构件 1 的外凸圆弧卡住，致使槽轮静止不动，直到圆销进入另一径向槽时，两者又重复上述的运动循环。图 11-7 所示为具有四个槽的槽轮机构，当原动件回转一周时，从动件只转 1/4 周。同理，具有 n 个槽的槽轮机构，当原动件回转一周时，槽轮转过 $1/n$ 周。如此重复循环，使槽轮实现单向间歇转动。

槽轮机构的特点是，结构简单，工作可靠，机械效率高，在进入和脱离接触时运动较平稳，能准确控制转动的角度，但槽轮的转角不可调节，故只能用于定转角的间歇运动机构中，如自动机床、电影机械、包装机械等。

图 11-8 所示为六角车床的刀架转位机构。刀架上装有六种刀具，与刀架固连的槽轮

2 上开有六个径向槽，拨盘 1 上装有一圆销 A，每当拨盘转动一周，圆销 A 就进入槽轮一次，驱使槽轮转过 60°，刀架也随之转动 60°，从而将下一工序的刀具换到工作位置上。图 11-9 所示为电影放映机中的卷片机构。为了适应人眼的视觉暂留现象，采用了槽轮机构，使影片作间歇运动。

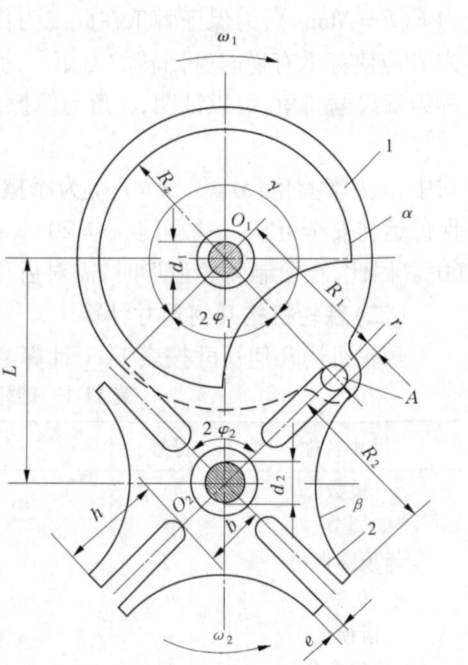

图 11-7　槽轮机构

二、槽轮机构的主要参数及几何尺寸

（一）槽轮机构的基本参数

（1）槽轮的槽数 z。如图 11-7 所示，为使槽轮开始和终止转动的瞬时角速度为零，以避免圆销与槽轮发生冲击，圆销进入径向槽或退出径向槽时，径向槽的中心线应切于圆销中心的轨迹。设径向槽的数目为 z，当槽轮 2 转过 $2\varphi_2$ 时，构件 1 的转角 $2\varphi_1$ 为

$$2\varphi_1 = \pi - 2\varphi_2 = \pi - \frac{2\pi}{z}$$

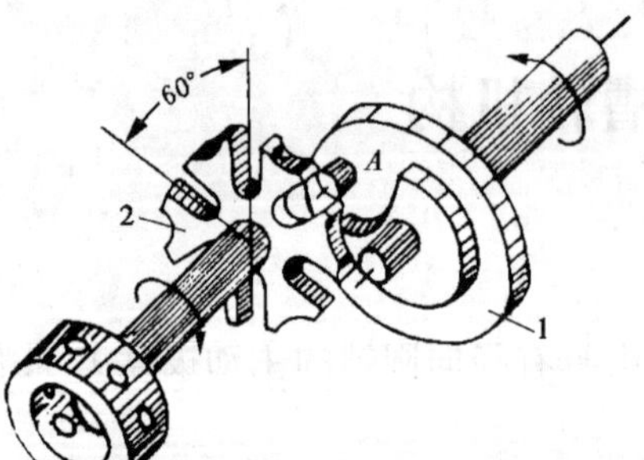

1—圆销拨盘；2—槽轮

图 11-8　刀架的转位机构

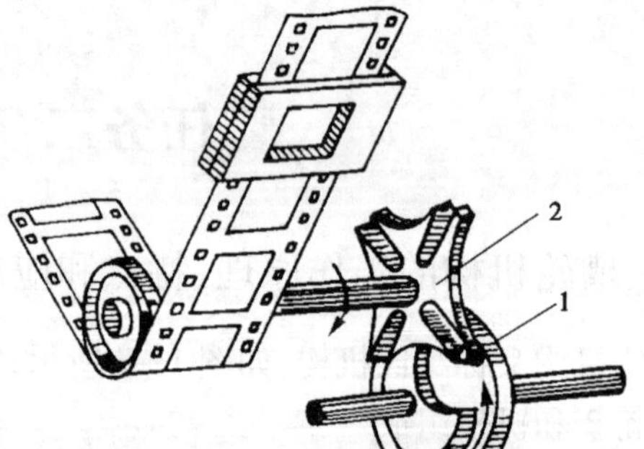

1—圆销拨盘；2—槽轮

图 11-9　放映机的卷片机构

（2）运动系数 τ 和圆销数 k。槽轮每次运动的时间 t_m 与主动件回转一周的时间 t 之比称为运动系数，以 τ 表示。当构件 1 等速回转时，τ 可用构件 1 的转角之比来表示，即

$$\tau = \frac{t_m}{t} = \frac{2\varphi_1}{2\pi}$$

因此

$$\tau = \frac{\pi - 2\varphi_2}{2\pi} = \frac{z-2}{2z} \tag{11-2}$$

因为运动系数 τ 必须大于零，所以由式（11-2）可知，径向槽的数目应等于或大于 3。对于图 11-7 所示的槽轮机构，槽轮的运动系数 τ 总小于 1/2，也就是说，槽轮的运动时间总小于静止时间。如需得到 $\tau > 1/2$ 的槽轮机构，则须在构件 1 上安装多个圆销。设 k 为

均匀分布的圆销数,则一个循环中槽轮的运动时间比只有一个圆销时增加 k 倍,故有

$$\tau = \frac{k(z-2)}{2z} < 1$$

$\tau=1$ 表示槽轮作连续转动,故 τ 应小于 1,即有

$$k < \frac{2z}{z-2}$$

由上式可知:当 $z=3$ 时,k 可取 1~5;当 $z=4$ 或 $z=5$ 时,k 可取 1~3;当 $z\geqslant 6$ 时,k 可取 1~2。

由于 $z=3$ 时,工作过程中槽轮的角速度变化大,而 $z\geqslant 9$ 时,槽轮的尺寸将变得较大,转动时的惯性力矩也较大,但对 τ 的变化却不大,因此槽数 z 常取为 4~8。

(二)槽轮的基本尺寸

槽轮的基本尺寸(见图 11-7)可以按下列公式计算:

槽底高　$b\leqslant L-(R_1+r)$

圆销回转半径　$R_1 = L\sin\varphi_2$

槽顶高　$R_2 = L\cos\varphi_2$

式中:r 为圆销的半径。

任务三　不完全齿轮机构

不完全齿轮机构的主动轮上只有一个或数个轮齿,而从动轮上的轮齿分布视机构运动时间与静止时间的要求而定。如图 11-10 所示,主动轮 1 连续转动一周,从动轮 2 分别转 1/8 周(见图 11-10(a))和 1/4 周(见图 11-10(b)),达到主动轮连续转动,从动轮作间歇转动的目的。为防止从动轮在静止时间内游动,主、从动轮上分别有外凸圆弧和内凹锁住弧。

不完全齿轮机构与其他间歇机构相比,只要适当地选取齿轮的齿数、锁住弧的段数和锁住弧之间的齿数,就能使从动轮得到预期的停歇次数、停歇时间及每次转过的角度。

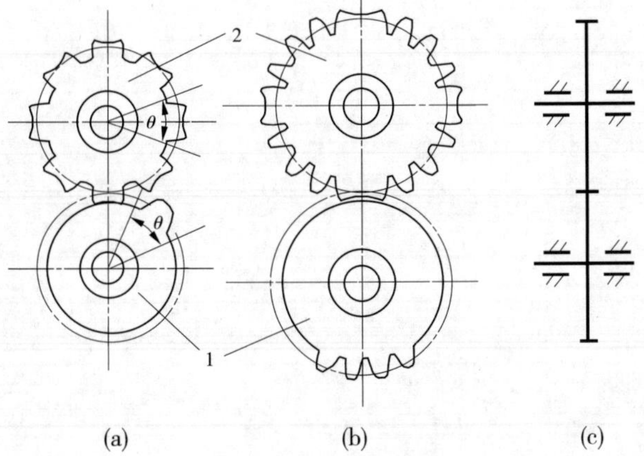

图 11-10　不完全齿轮机构

但不完全齿轮机构在从动轮进入或退出啮合时,因速度突变,从而引起刚性冲击,故一般只用于低速轻载场合,常在计数器和某些间歇进给机构中采用。

习题十一

11-1　棘轮机构的工作原理及运动特点是什么?

11-2　棘轮机构、槽轮机构和不完全齿轮机构是怎样组成的?它们如何实现从动件的单向间歇运动?

11-3　何谓槽轮机构的运动系数τ?为什么运动系数必须大于1?槽轮的槽数常取多少?

11-4　某单销槽轮机构的槽数$z=6$,中心距$L=80$ mm,圆销直径为10 mm。①计算该槽轮机构的基本尺寸并按比例绘出该槽轮的简图;②计算该槽轮机构的运动系数。

项目十二 轴系零部件

案例导入：通过观察实物或减速器输出轴，理解轴是组成机器的重要零件之一，各种作回转或摆动的零件（如齿轮、带轮等），都必须安装在用轴承正确支承的轴上才能正常运动及传递动力，本项目主要介绍轴、轴承、键和销的结构特点及设计计算。

轴是机械设备中的重要零件之一，它的主要功能是直接支承回转零件，如齿轮、车轮和带轮等，以实现回转运动并传递动力，轴要由轴承支承以承受作用在轴上的载荷。这种起支持作用的零部件称为支承零部件。而且有很多的轴上零件需要彼此连接，它们的性能互相影响，所以将轴及轴上零部件统称为轴系零部件。如图 12-1 所示减速器的输出轴由轴承 1、轴承 2、齿轮 3、联轴器 4、键 5 等组成。

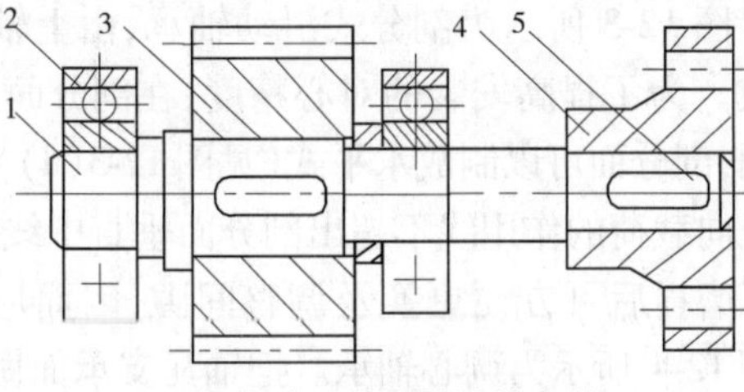

图 12-1 减速器的输出轴

任务一 滑动轴承

一、概述

轴承是支承轴的部件，根据轴承工作的摩擦性质，可分为滑动轴承和滚动轴承两大类。一般情况下，滚动摩擦小于滑动摩擦，因此滚动轴承应用很广泛，但滑动轴承具有工作平稳、无噪声、耐冲击、回转精度高和承载能力大等优点，所以在汽轮机、精密机床和重型机械中被广泛应用。滑动轴承按摩擦状态可分为以下两种：

（1）液体摩擦滑动轴承。轴承工作时，轴颈和轴承的工作表面之间被一层润滑油膜完全隔开，因而金属工作表面之间无摩擦和磨损。

（2）非液体摩擦滑动轴承。轴颈和轴承的工作表面之间未形成足够厚的油膜，局部金属直接接触，因而存在着摩擦和磨损。

二、滑动轴承的主要类型和结构

按受载荷方向不同，滑动轴承可分为径向滑动轴承和止推滑动轴承。

（1）径向滑动轴承。用于承受径向载荷。常用滑动轴承的结构形式及其尺寸已经标准化，应尽量选用标准形式，图 12-2 所示为整体式滑动轴承。还可在机架或箱体上直接制出轴承孔，如图 12-2（a）所示，再装上轴套成为无轴承座的整体式滑动轴承。整体式滑动轴承结构简单，制造方便，但轴套磨损后轴承间隙无法调整；装拆时轴或轴承需轴向移动,故只适用于低速、轻载和间歇工作的场合,如小型齿轮油泵、减速箱等。

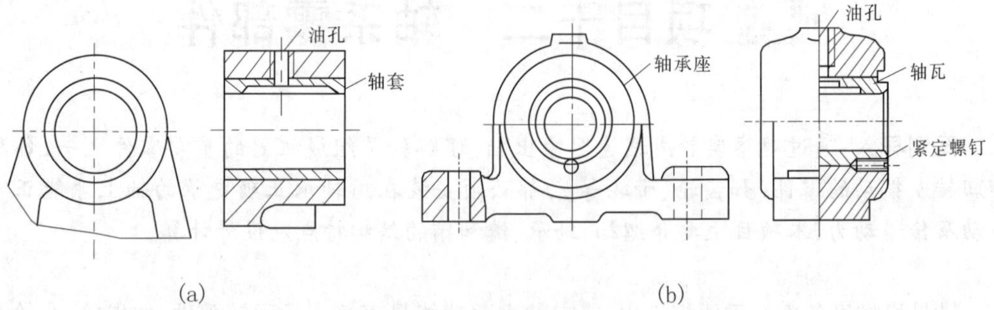

图 12-2　整体式滑动轴承

图 12-3 所示为剖分式滑动轴承,由上轴瓦 1、螺栓 2、轴承盖 3、轴承座 4、下轴瓦 5 等组成。为了提高安装的对心精度,在剖分面上设置有阶梯形止口。考虑到径向载荷方向的不同,剖分面可以制成水平式(见图 12-3(a))和斜开式(见图 12-3(b))两种。但使用时应保证径向载荷的作用线不超出剖分面垂直中线左右各 35°的范围。剖分式滑动轴承装拆方便,轴瓦磨损后可方便更换及调整间隙,因而应用广泛。径向滑动轴承还有其他许多类型。如图 12-4 所示为调心轴承。把轴瓦支承面做成球面,使其能自动适应轴线的偏转和变形。

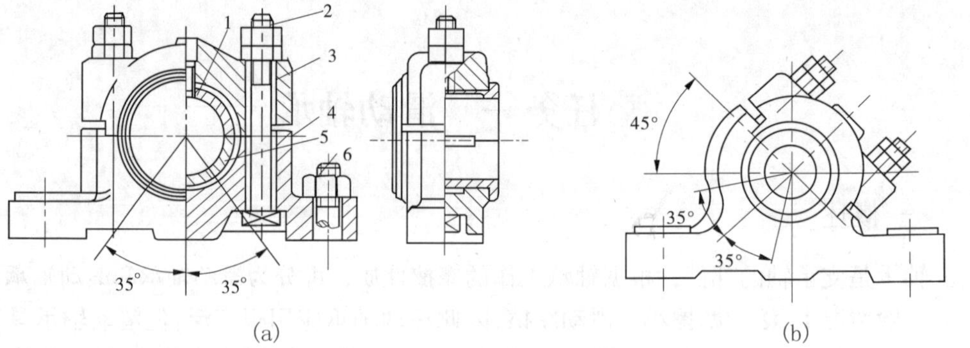

图 12-3　剖分式滑动轴承

(2)止推滑动轴承。止推滑动轴承用来承受轴向载荷,如图 12-5 所示。按轴颈支承面的形式不同,分为实心式、空心式、环形式三种。图 12-5(a)所示为实心止推轴颈,当轴旋转时,由于端面上不同半径处的线速度不相等,因而端面中心部的磨损很小,而边缘的磨损却很大,结果造成轴颈端面中心处应力集中。实际结构中多数采用空心轴颈,如图 12-5(b)所示,可使其端面上压力的分布得到明显改善,并有利于储存润滑油。图 12-5(c)所示为单环形推力轴颈。图 12-5(d)所示为多环形推力轴颈,由于支承面积大,故可承受较大的载荷。

三、轴瓦和轴承衬

(1)轴瓦的结构。轴瓦是滑动轴承中直接与轴颈接触的重要零件,常用的轴瓦有整体式和剖分式两种。整体式轴瓦又称轴套,如图 12-6 所示,用于整体式滑动轴承。剖分式轴瓦用于剖分式滑动轴承(如图 12-7 所示)。为了改善轴瓦表面的摩擦性能,可在轴瓦内表面浇筑一层轴承合金等减摩材料(称为轴承衬),厚度为 0.5 ~6 mm。为使轴承衬牢

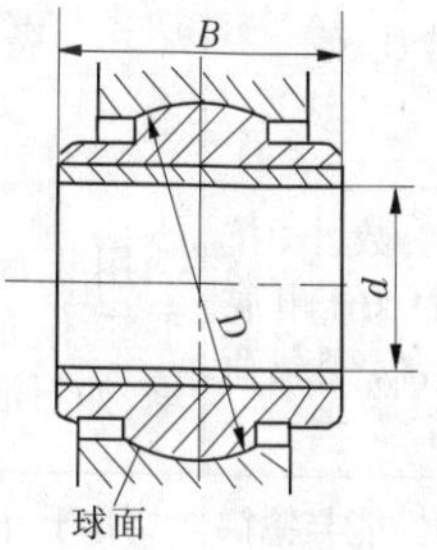

图 12-4　调心轴承

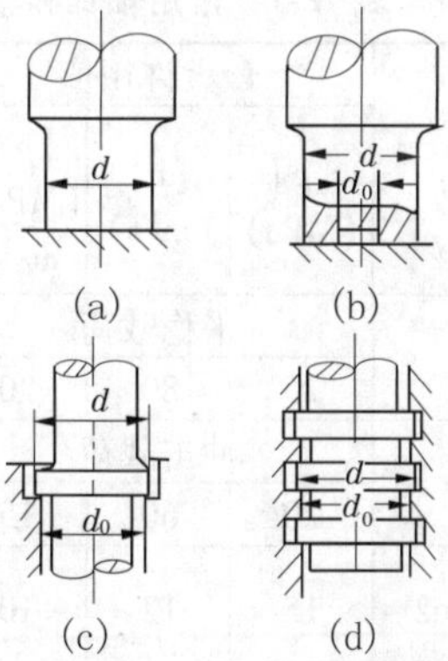

图 12-5　止推滑动轴承

固地粘在轴瓦的内表面上，常在轴瓦上预制出各种形式的沟槽，如图 12-8 所示。图 12-8(a)、(b)用于钢制轴瓦，图 12-8(c)用于青铜轴瓦。为使润滑油均布于轴瓦工作表面，在轴瓦的非承载区开设油孔和油槽，如图 12-9 所示。油槽不宜过短，以保证润滑油流到整个轴瓦与轴颈的接触表面。但是，不得与轴瓦端面开通，以减少端部泄油。

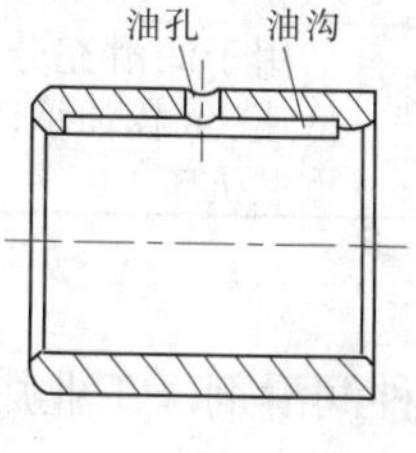

图 12-6　整体式轴瓦

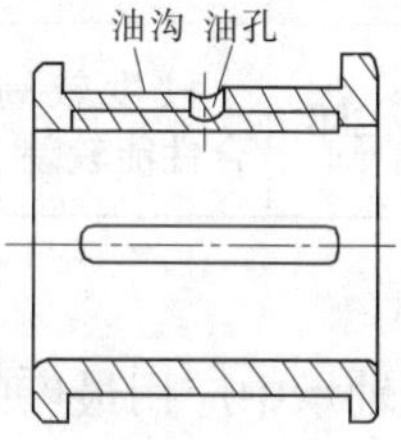

图 12-7　剖分式轴瓦

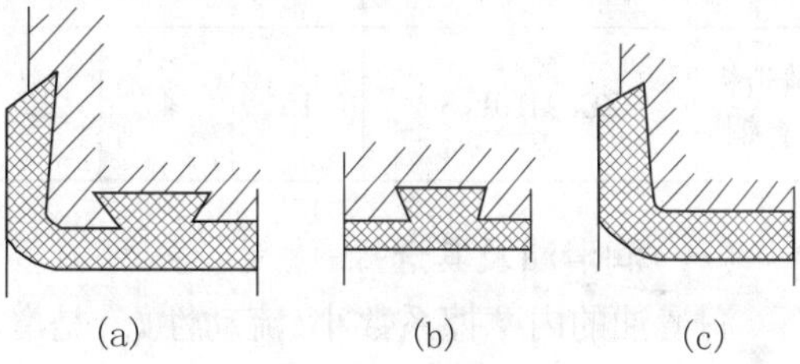

图 12-8　轴承衬

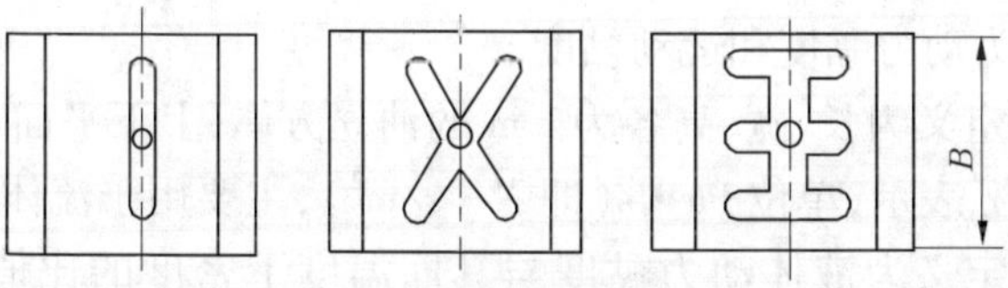

图 12-9　油槽

(2)材料。轴瓦和轴承衬材料直接影响轴承的性能，应根据使用要求、经济性要求合理选择。由于滑动轴承的主要失效形式是磨损、胶合，当强度不足时也可能出现疲劳破坏。因此，轴瓦和轴承衬材料应具备下述性能：①耐磨、耐腐蚀、抗胶合能力强；②摩擦系数小；③导热性好；④足够的强度和一定的塑性；⑤良好的跑合性。

常用轴瓦和轴承衬材料的牌号和性能见表 12-1。此外，还可采用粉末合金(如铁—石墨、青铜—石墨)、非金属材料(如塑料、橡胶和木材等)作轴承材料。

四、滑动轴承的润滑

轴承润滑的主要目的是减少摩擦和磨损，以提高轴承的工作能力和使用寿命，同时起冷却、防尘、防锈和吸振作用。设计滑动轴承时，必须恰当地选择润滑剂和润滑装置。

表 12-1　常用轴瓦和轴承衬材料的牌号和性能

轴瓦材料		最大许用值			最高工作温度(℃)	性能比较	备注
		[p] (MPa)	[v] (m/s)	[pv] (MPa · m/s)			
铸造锡锑轴承合金	ZSnSb11Cu6	平稳载荷			150	摩擦系数小,抗胶合性良好,耐腐蚀,易磨合,变载荷下易疲劳	用于高速、重载下工作的重要轴承,如石油钻机
		25	80	20			
	ZSnSb8Cu4	冲击载荷					
		20	60	15			
铸造铅锑轴承合金	ZPbSb16Sn16Cu2	15	12	10	150	各方面性能与锡锑轴承合金相近,但材料较脆,可作为锡锑轴承合金的代用品	用于中速、中载轴承,不宜受较大的冲击载荷,如机床、内燃机等
	ZPbSb15Sn4Cu3Cd2	5	6	5			
铸造锡青铜	ZCuSn10P1	15	10	15	280	熔点高,硬度高,承载能力、耐磨性、导热性均高于轴承合金,但可塑性差,不易磨合	用于中速重载及受变载荷的轴承,如破碎机
	ZCuSn5Pb5Zn5	8	3	15			用于中速、中载的轴承
铸造铝青铜	ZCuAl10Fe3	15	4	12	280	硬度较高,抗胶合性能较差	用于润滑充分的低速、重载轴承,如重型机床

(一)润滑油及其选择

润滑油的内摩擦系数小,流动性好,是滑动轴承中应用最广的一种润滑剂。工业用润滑油有合成油和矿物油两类,其中矿物油资源丰富,价格便宜,适用范围广。

润滑油的主要性能指标是黏度,它表示润滑油流动时内部摩擦阻力的大小,是选用润滑油的主要依据,分为动力黏度和运动黏度。

(1)动力黏度。定义为长、宽、高各为 1 m 的油立方体,上下平面产生 1 m/s 的相对速度所需的切向力,用 η 表示,单位 Pa · s(即 N · s/m^2),主要用于流体动力计算。

(2)运动黏度。定义为液体动力黏度与其同温度下密度的比值,用 γ 表示,即 $\gamma = \eta/\rho$,单位为 m^2/s,常用 mm^2/s。工业上常用运动黏度作为润滑油的性能指标。

润滑油的牌号是以 40 ℃时油的运动黏度中心值来划分的。例如某一牌号 L－HL32 液压油是指温度在 40 ℃时运动黏度为 28.8～35.2 mm^2/s(中心值为 32 mm^2/s)的液压油。牌号越大的润滑油,其黏度值也越大,油越稠。

工业常用润滑油的性质和用途见表 12-2。

(二)润滑脂及其选择

润滑脂又称干油,俗称黄油,是由润滑油、稠化剂等制成的膏状润滑材料。润滑脂流动性小,不易流失,因此轴承的密封简单,润滑脂需经常补充。但其内摩擦系数较大,效率较低,不宜用于高速轴承。润滑脂的主要性能指标是针入度和滴点。

(1)针入度。即润滑脂的稠度,将重力为 1.5 N 的标准圆锥体放入 25 ℃的润滑脂试样中,经 5 s 后所沉入的深度称为该润滑脂的针入度,以 0.1 mm 为单位。润滑脂按针入度自大到小分为0~9号共10种,号数越大,针入度越小,润滑脂越稠。常用0~4号。

(2)滴点。在规定条件下加热,开始滴下第一滴油时的温度为滴点,滴点决定润滑脂的最高使用温度。常用润滑脂的性能及用途见表12-3。

表12-2　工业常用润滑油的性能和用途

名称	牌号	主要质量指标					主要性能和用途
		运动黏度 (mm^2/s) (40℃)	凝点 (℃) (≤)	倾点 (℃) (≤)	闪点 (℃) (≥)	黏度指数	
L-AN 全损耗系统用油 (GB 443—89)	15 22 32 46 68	13.5~16.5 19.8~24.2 28.8~35.2 41.4~50.6 61.2~74.8	-15 -15 -15 -10 -10		150 170 170 180 190		适用于对润滑油无特殊要求的轴承、齿轮和其他低负荷机械等部件的润滑,不适用于循环系统
L-HL 液压油 (GB 11118.1—2011)	32 46 68 100	28.8~35.2 41.4~50.6 61.2~74.8 90.0~100		-6 -6 -6 -6	180 180 200 200	90 90 90 90	抗氧化、防锈、抗浮化等性能优于普通机油。适用于一般机床主轴箱、齿轮箱和液压系统及类似的机械设备的润滑
L-CKB 工业闭式齿轮油 (GB 5903—2011)	100 150 220	90~110 135~165 198~242		-8 -8 -8	180 200 200	90 90 90	具有抗氧化、防锈性能。适用于正常油温下运转的轻载荷工业闭式齿轮润滑

表12-3　常用润滑脂的性能及用途

名称	代号	滴点(℃) (≥)	针入度 (10^{-1}mm)	性能和主要用途
钙基润滑脂 (GB/T 491—2008)	1 2 3	80 85 90	310~340 265~295 220~250	耐水性好,但耐热性差,用于各种工农业、交通运输设备的中速中低载荷轴承润滑,特别是有水、潮湿处
钠基润滑脂 (GB/T 492—89)	2 3	160 160	265~295 220~250	耐热性很好但不耐水,用于工作温度在-10~110℃的一般中等载荷机械设备轴承的润滑
通用锂基润滑脂 (GB/T 7324—2010)	1 2 3	170 175 180	310~340 265~295 220~250	多效通用润滑脂。适用于各种机械设备的滚动轴承和滑动轴承及其他摩擦部位的润滑,使用温度为-20~120℃
7407号齿轮润滑脂 (SH/T 0469—94)		160	75~90	用于各种低速,中、高载荷齿轮、链和联轴器的润滑,使用温度小于120℃
滚珠轴承润滑脂 (SH/T 0338—92)	2	120	250~290	具有良好的润滑性能,用于汽车、电动机、机车及其他机械中滚动轴承的润滑

(三)固体润滑剂

常用的固体润滑剂有石墨和二硫化钼等,它们能耐高温和高压,附着力强,化学稳定性好,适用于高温和重载的场合。

（四）油润滑方式和润滑装置

除正确地选择润滑剂外，还应选择适当的方法和装置，才能获得良好的润滑效果。

下面分别介绍油、脂的润滑方法和装置。

1. 手工加油润滑

用油壶或油枪将润滑油注入设备的油孔、油嘴或油杯中，使油流至需要润滑的部位。供油方法简单，属于间歇式，适用于轻载、低速和不重要的场合。

2. 滴油润滑

滴油润滑用油杯供油，利用油的自重滴流至摩擦表面，属于连续润滑方式。常用油杯有以下几种：

（1）针阀式油杯，如图 12-10（a）所示。当手柄 1 卧倒时，针阀 5 因弹簧 3 推压而堵住底部的油孔；当手柄直立时，针阀被提起使油孔打开，润滑油经油孔自动滴进轴承中。供油量用螺母 2 调节针阀的开启高度来控制，用于要求供油可靠的轴承。

（2）油绳式油杯，如图 12-10（b）所示。油绳用棉线或毛线做成，一端浸在油中，利用毛细管作用吸油滴入轴承。油绳滴油自动连续，但供油量少，不易调节，适于低速轻载轴承。

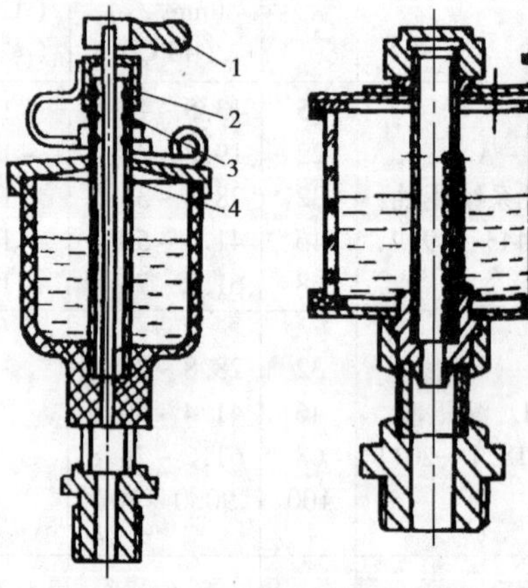

1—手柄；2—螺母；3—弹簧；4—针阀

(a) (b)

图 12-10 油杯

3. 油环润滑

如图 12-11 所示，在轴颈上套一油环，油环下部浸在油中，当轴颈旋转时，靠摩擦力带动油环旋转，把油带到轴颈上润滑。适用于转速为 50 ~ 3 000 r/min 水平放置的轴。

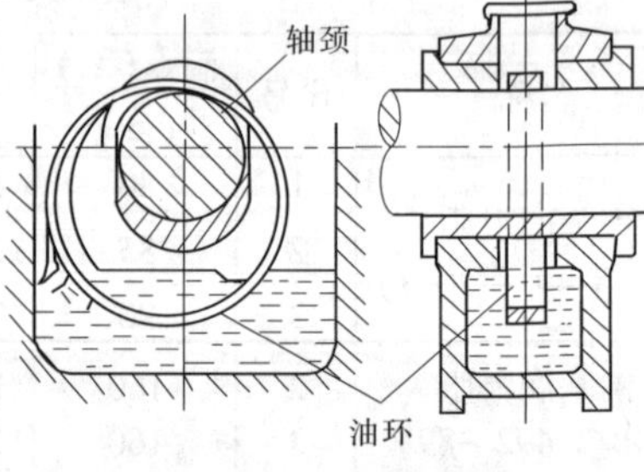

图 12-11 油环润滑

4. 飞溅润滑

利用齿轮、曲轴等转动件，将润滑油由油池溅到轴承中进行润滑。该方法简单可靠，连续均匀，但有搅油损失，易使油发热和氧化变质，适用于转速不高的齿轮传动、蜗杆传动等。

5. 压力循环润滑

利用油泵将润滑油经油管输送到各轴承中润滑，它的润滑效果好，油循环使用，但装置复杂，成本高，适用于高速、重载或变载的重要轴承。

（五）脂润滑

用脂润滑时，一般是在机械装配时就将它填入轴承内，或用黄油杯（见图 12-12），旋转杯盖可将装在杯体中的润滑脂定期挤入轴承内。也可用黄油枪向轴承油孔内注射润滑脂。

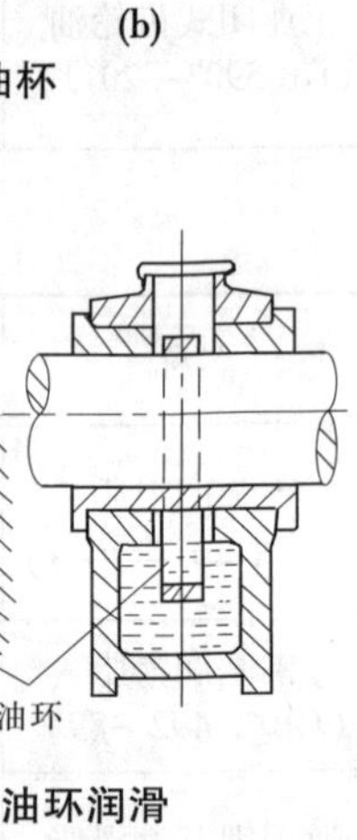

图 12-12 黄油杯

滑动轴承的润滑方式可根据系数 K 来选择。$K=\sqrt{pv^2}$，式中 p 为轴承压强（MPa），v 为轴颈圆周速度（m/s）。当 $K\leqslant2$ 时用脂润滑，$K>2$ 时用油润滑；$2<K<16$ 时用针阀油杯润滑，$16\leqslant K<32$ 时采用油环、飞溅或压力润滑，$K\geqslant32$ 时采用压力循环润滑。

五、动压液体摩擦滑动轴承简介

动压液体摩擦滑动轴承也称液体动压轴承，是利用摩擦副表面的相对运动，将液体带进摩擦表面之间，形成压力油膜，将摩擦表面隔开。如图 12-13 所示，两个互相倾斜的平板，在它们之间充满具有一定黏度的液体。当 AB 以速度 v 向左移动，而 CD 保持静止时，液体在此楔形间隙中作层流流动。当各流层的速度分布规律为直线时（图中虚线所示），由于进口间隙大于出口间隙，则进口流量必大于出口流量；但液体是不可压缩的，因此在楔形间隙内形成油压，迫使大口的进油速度减小，小口的出油速度增大（图中实线所示），从而使流经各截面的液体流量相等。同时，楔形油膜产生的内压将与外载荷相平衡。

从上述分析可知，获得动压液体摩擦的基本条件是：①两平面间的间隙必须沿运动方向由大至小形成收敛楔形；②两平面间的相对运动速度必须足够大，以带动润滑油连续进入楔形间隙；③必须连续地向楔形间隙供入适当黏度的润滑油，以形成具有承载能力的压力油膜。

图 12-14 所示为一轴颈和轴瓦，由于轴瓦的孔径大于轴颈的直径，所以在外载荷 F 的作用下也能形成一楔形间隙。当轴的转速足够高时，就可克服外载荷而形成油膜，把承受载荷 F 的轴颈抬起，隔开两金属表面达到液体摩擦状态。在这种状态下工作的轴承，称为动压液体摩擦滑动轴承。

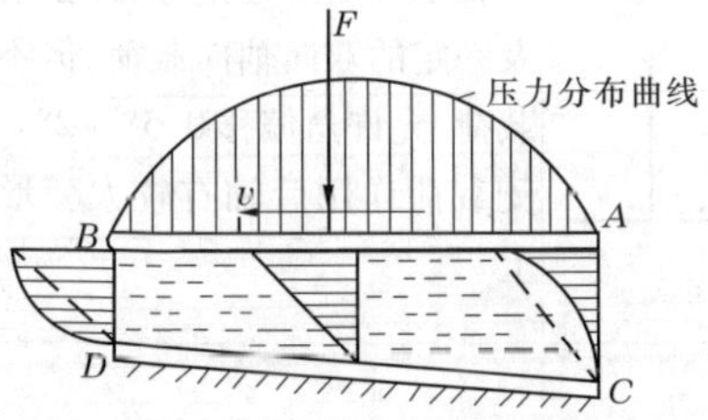

图 12-13　动压液体摩擦原理图

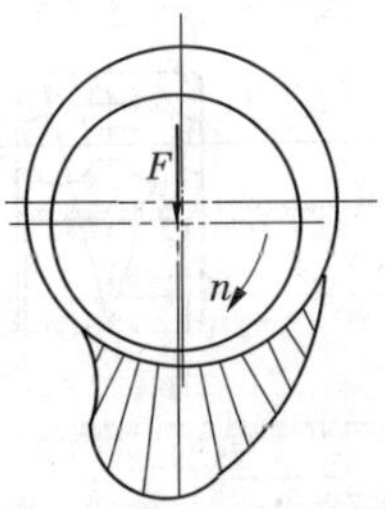

图 12-14　轴承中的油压

任务二　滚动轴承

一、概述

滚动轴承是标准件，由轴承厂大批量生产，因此熟悉标准，正确选用并进行轴承组合设计是学习本任务的主要任务。

滚动轴承一般由内圈 1、外圈 2、滚动体 3 和保持架 4 组成，如图 12-15 所示。内、外圈分别与轴颈、轴承座孔装配在一起。当内、外圈相对转动时，滚动体即在内外圈的滚道间滚动。保持架使滚动体分布均匀，减少滚动体的摩擦和磨损。

滚动轴承的内外圈和滚动体一般由轴承钢制造，工作表面经过磨削和抛光，其硬度不低于 60 HRC。保持架一般用低碳钢板冲压制成，也可用有色金属和塑料制成。

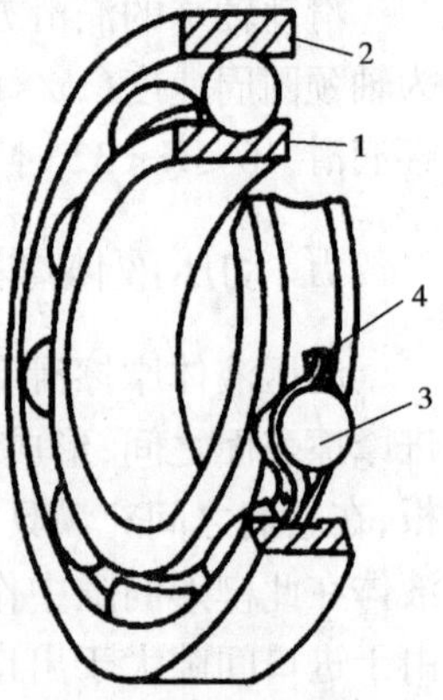

图 12-15　滚动轴承的结构

二、滚动轴承的类型和选择

(一)类型

滚动轴承按受载方向分为向心轴承和推力轴承两大类。向心轴承主要承受径向载荷，推力轴承主要承受轴向载荷。按滚动体形状，滚动轴承又可分为球轴承与滚子轴承两大类。滚动轴承的基本类型及特性见表 12-4。

表 12-4　滚动轴承的基本类型及特性

类型及代号	结构简图	承载方向	主要性能及应用
调心球轴承 (1)	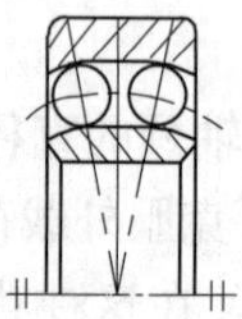		其外圈的内表面是球面，内、外圈轴线间允许角偏移为 2°～3°，极限转速低于深沟球轴承。可承受径向载荷及较小的双向轴向载荷。用于轴变形较大及不能精确对中的支承处
调心滚子轴承 (2)	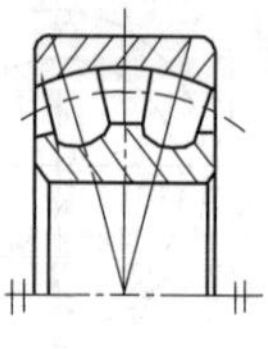		轴承外圈滚道是球面，主要承受径向载荷及一定的双向轴向载荷，但不能承受纯轴向载荷，允许角偏移 0.5°～2°。常用在长轴或受载荷作用后轴有较大变形及多支点的轴上
圆锥滚子轴承 (3)	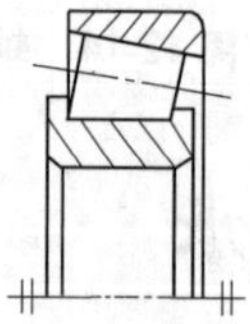		可同时承受较大的径向及轴向载荷，承载能力大于"7"类轴承。外圈可分离，装拆方便，成对使用
推力球轴承 (4)	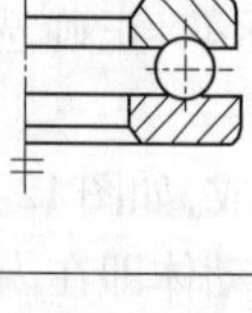		只能承受轴向载荷，而且载荷作用线必须与轴线相重合，不允许有角偏差，极限转速低

续表 12-4

类型及代号	结构简图	承载方向	主要性能及应用
双向推力轴承 (5)	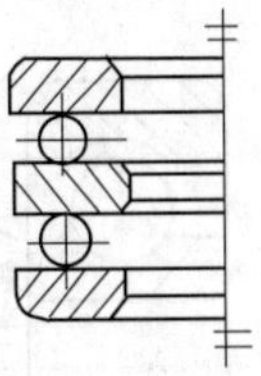		能承受双向轴向载荷。其余与推力轴承相同
深沟球轴承 (6)	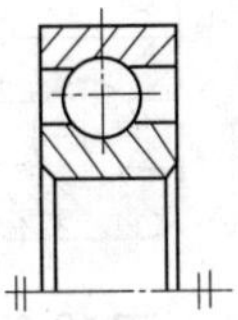	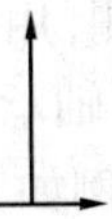	可承受径向载荷及一定的双向轴向载荷。内外圈轴线间允许角偏移为 8′ ~16′
角接触球轴承 (7)	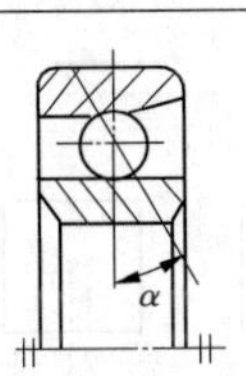 7000C型(α=15°) 7000AC型(α=25°) 7000B型(α=40°)		可同时承受径向及轴向载荷。承受轴向载荷的能力由接触角 α 的大小决定，α 大，承受轴向载荷的能力高。由于存在接触角 α，承受纯径向载荷时，会产生内部轴向力，使内外圈有分离的趋势，因此这类轴承要成对使用。极限转速较高
推力滚子轴承 (8)	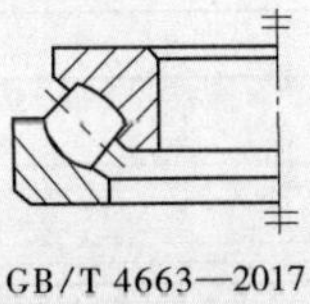 GB/T 4663—2017		能承受较大的单向轴向载荷，极限转速低
圆柱滚子轴承 (N)	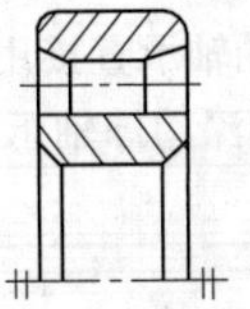		能承受较大的径向载荷，不能承受轴向载荷，极限转速也较高，但允许的角偏移很小，一般 2′ ~4′。设计时，要求轴的刚度大、对中性好
滚针轴承 (NA)	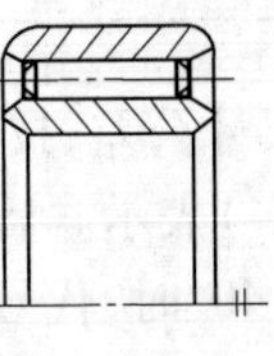		不能承受轴向载荷，不允许有角度偏斜，极限转速较低。结构紧凑，在内径相同的条件下，与其他轴承比较，其外径最小。适用于径向尺寸受限制的部件中

滚动轴承的内外圈与滚动体之间存在一定的间隙,如图 12-16 所示。因此,内外圈可以有相对位移,最大位移量称为轴承游隙。当轴承的一个座圈固定,则另一座圈沿径向的最大移动量称为径向游隙 Δr,沿轴向的最大移动量称为轴向游隙 Δa。游隙的大小对轴承的寿命、温升和噪声都有很大的影响。

(二)滚动轴承的代号

国家标准(GB/T 272—2017)规定,轴承的类型、尺寸、精度和结构特点,由轴承代号表示。轴承代号由前置代号、基本代号和后置代号三部分构成。代号一般刻在外圈端面上,排列顺序如下:

前置代号　基本代号　后置代号

(1)前置代号。位于基本代号左侧,用字母表示成套轴承的分部件,如 L 表示可分离的轴承是分离内圈或外圈,K 表示滚子和保持架组件。例如 LN308,表示(0)3 尺寸系列的单列圆柱滚子轴承可分离外圈。

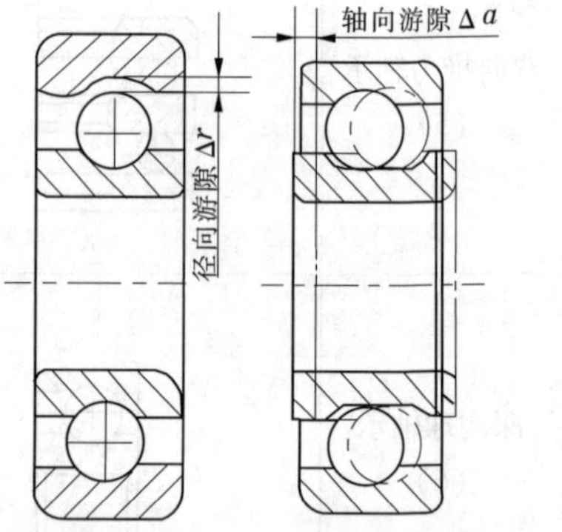

图 12-16　滚动轴承的游隙

(2)基本代号。基本代号表示轴承的类型、结构和尺寸。一般由五个数字或字母加四个数字表示,其标注如下:

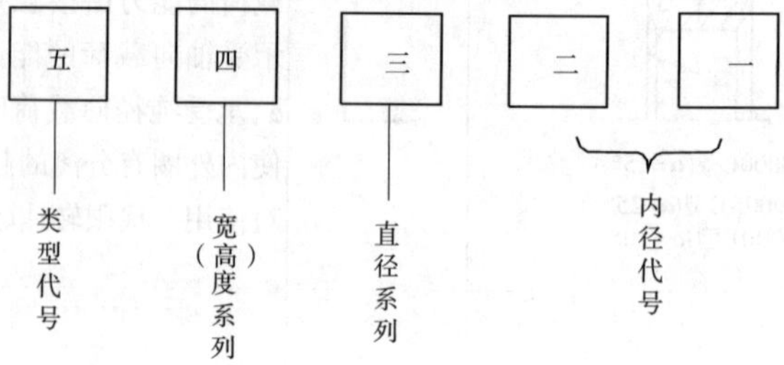

基本代号中,各代号意义见表 12-5。

表 12-5　基本代号

<table>
<tr><th>类型代号</th><th>宽(高)度系列代号</th><th>直径系列代号</th><th colspan="5">内径代号</th></tr>
<tr><td rowspan="3">用一位数字或一至两个字母表示,见表 12-4</td><td>表示内径、外径相同而轴承宽(高)度不同,有一个递增的系列尺寸,用一位数字表示</td><td>表示同一内径而不同外径的系列,用一位数字表示</td><td colspan="5">一般内径 d = 代号 × 5 mm。内径为 22、28、32、>500的轴承直接用内径表示,例 62/32 表示内径 32 的深沟球轴承。d = 10 ~ 17 的内径代号如下:</td></tr>
<tr><td colspan="2" rowspan="2">两代号连用,通常除圆锥滚子轴承外,当宽(高)度系列代号为 0 时可省略</td><td>内径(mm)</td><td>10</td><td>12</td><td>15</td><td>17</td></tr>
<tr><td>内径代号</td><td>00</td><td>01</td><td>02</td><td>03</td></tr>
</table>

(3)后置代号。作为补充代号,轴承在结构形状、尺寸公差、技术要求等有改变时,才在基本代号右侧予以添加。一般用字母(或字母加数字)表示。后置代号共分八组。第一组表示内部结构变化,例如角接触球轴承接触角 $\alpha = 40°$时,代号为 B;$\alpha = 25°$时,代号为 AC;$\alpha = 15°$时,代号为 C。第五组为公差等级,按精度由低到高代号依次为/P0、/P6、

/P6x、/P5、/P4、/P2，其中/P0 为普通级，可省略不标注。

【实训例 12-1】 说明 6208、71210B、LN312/P5 等轴承代号的含义。

解：(1)6208 为深沟球轴承，尺寸系列(0)2(宽度系列 0，直径系列 2)，内径 40 mm，精度 P0 级；

(2)71210B 为角接触球轴承，尺寸系列 12(宽度系列 1，直径系列 2)，内径 50 mm，接触角 $\alpha=40°$，精度 P0 级；

(3)LN312/P5 为单列圆柱滚子轴承，可分离外圈，尺寸系列(0)3(宽度系列 0，直径系列 3)，内径 60 mm，精度 P5 级。

(三)滚动轴承的选择

滚动轴承选择的出发点是：

(1)轴承工作载荷的大小、方向及性质。当载荷较小而平稳、转速较高时，可选用球轴承，反之，宜选用滚子轴承。

当轴承同时承受径向及轴向载荷，以径向载荷为主时，可选用深沟球轴承；轴向载荷比径向载荷大很多时，可选用推力轴承与向心轴承的组合结构；径向载荷和轴向载荷均较大时，可选用圆锥滚子轴承或角接触球轴承。

(2)对轴承的特殊要求。跨距较大或难以保证两轴承孔同轴度的轴及多支点轴，宜选用调心轴承。

为便于安装、拆卸和调整轴承游隙，宜选用内外圈可分离的圆锥滚子轴承。

(3)经济性。一般球轴承比滚子轴承价廉；有特殊结构的轴承比普通结构的轴承贵。

同型号的轴承，精度越高，价格也越高，一般机械传动宜选用普通级(P0)精度。

三、滚动轴承的受载情况和失效形式

(1)一般转速时，若轴承只承受径向载荷 F_r 作用，由于各元件的弹性变形，轴承上半圈的滚动体将不受力，而下半圈各滚动体受力的大小则与其所处的位置有关，故轴承运转时，轴承套圈滚道和滚动体受变应力作用(见图 12-17)，滚动轴承的主要失效形式是疲劳点蚀。为防止疲劳点蚀现象的发生，滚动轴承应按额定动载荷进行寿命计算。

(2)转速较低的滚动轴承，可能因过大的静载荷或冲击载荷，套圈滚道与滚动体接触处产生过大的塑性变形。因此，低速重载的滚动轴承应进行静强度计算。

(3)高速转动的轴承，可能因润滑不良等原因引起磨损甚至胶合。因此，除进行寿命计算外，还要校核极限转速。

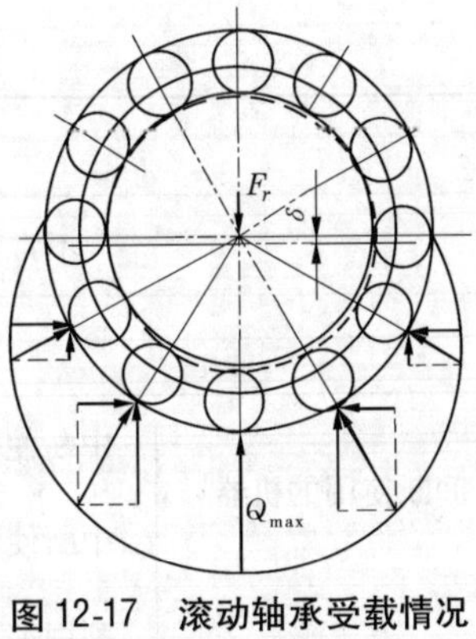

图 12-17　滚动轴承受载情况

四、滚动轴承的寿命计算

(一)轴承寿命

轴承中任一滚动体或内外圈滚道上出现疲劳点蚀的总转数或在一定转速下的工作时

数，称为轴承寿命。

一批相同型号尺寸的轴承，因材料、热处理、加工工艺等差异，即使在完全相同的条件下运转，其寿命也差异很大，最长寿命和最短寿命可能差几倍。滚动轴承的疲劳寿命是相当离散的。因此，计算轴承寿命时应与一定的破坏率(可靠度)相联系。一般用 10% 破坏率的轴承寿命作为轴承的基本额定寿命，用 L 表示，单位为 10^6 r(10^6 转)。

(二)轴承寿命计算

滚动轴承的基本额定寿命 L 与承受的载荷 P 有关，载荷越大，轴承中产生的接触应力也越大，因而发生疲劳点蚀破坏前所能经受的应力变化次数就越少，即轴承的寿命越短。图 12-18 所示为试验得出的载荷 P 与寿命 L 的关系曲线，也称为轴承的疲劳曲线。该曲线可用方程 $P^{\varepsilon}L=$ 常数表示。

标准规定，基本额定寿命 $L=1(10^6\text{r})$ 时，轴承所能承受的载荷称为基本额定动载荷，用 C 表示，单位为 N。C 值可由轴承标准中查出，于是有 $P^{\varepsilon}L=C^{\varepsilon}\times 1=$ 常数，即

$$L=(C/P)^{\varepsilon}10^6\text{r} \qquad (12\text{-}1)$$

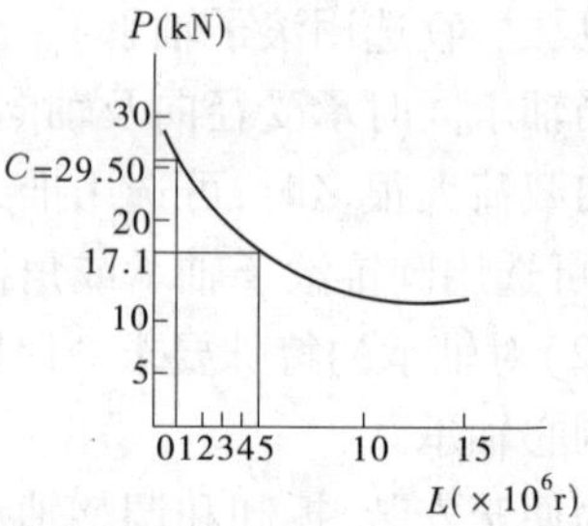

图 12-18　滚动轴承的 $P\sim L$ 曲线

实际计算时常用小时(h)表示寿命(L_h)。将式(12-1)整理后可得

$$L_h=\frac{10^6}{60n}\left(\frac{C}{P}\right)^{\varepsilon}=\frac{16\,667}{n}\left(\frac{C}{P}\right)^{\varepsilon}\quad(\text{h}) \qquad (12\text{-}2)$$

式中：P 为当量动载荷，N；ε 为寿命指数，球轴承 $\varepsilon=3$，滚子轴承 $\varepsilon=10/3$；n 为轴承转速，r/min。

若已知当量动载荷 P 和转速 n、工作使用寿命 L_h'，则由式(12-2)可求出待选轴承所需的额定动载荷 C'，从而选择轴承并使轴承的基本额定动载荷 $C\geqslant C'$。滚动轴承预期寿命推荐值见表 12-6。

表 12-6　滚动轴承预期寿命推荐值

机器种类		预期寿命(h)
不常使用的仪器和设备		500
航空发动机		500 ~ 2 000
间断使用的机器	中断使用不致引起严重后果的手动机械、农业机械等	4 000 ~ 8 000
	中断使用会引起严重后果，如升降机、运输机、吊车等	8 000 ~ 12 000
每天工作 8 h 的机器	利用率不高的齿轮传动、电机等	12 000 ~ 20 000
	利用率较高的通信设备、机床等	20 000 ~ 30 000
连续工作 24 h 的机器	一般可靠性的空气压缩机、电机、水泵等	50 000 ~ 60 000
	高可靠性的电站设备、给排水装置等	>100 000

（三）当量动载荷 P 的计算

滚动轴承的基本额定动载荷 C 是在特定试验条件下得出的，就受载条件来说，向心轴承是承受纯径向载荷，推力轴承是承受纯轴向载荷。而在实际工作中，作用在轴承上的实际载荷往往与试验条件不一样，必须将实际载荷折算成与上述条件相同的载荷，在此载荷作用下，轴承的寿命与实际载荷作用下的寿命相同，这种折算后的载荷是假定的载荷，称为当量动载荷，用 P 表示。计算式为

$$P = K_p(xF_r + yF_a) \tag{12-3}$$

式中：F_r 为轴承所承受的径向载荷，N；F_a 为轴承所承受的轴向载荷，N；x、y 分别为径向载荷系数和轴向载荷系数，见表 12-7；K_p 为载荷系数，见表 12-8。

表 12-7　（单列）向心轴承的 x、y 值

轴承类型		F_a/C_{or}	e	$F_a/F_r>e$		$F_a/F_r\leq e$	
				x	y	x	y
深沟球轴承(6)		0.014	0.19		2.30		
		0.028	0.22		1.99		
		0.056	0.26		1.71		
		0.084	0.28		1.55		
		0.11	0.30	0.56	1.45	1	0
		0.17	0.34		1.31		
		0.28	0.38		1.15		
		0.42	0.42		1.04		
		0.56	0.44		1.00		
角接触球轴承(7)	7000C（$\alpha=15°$）	0.015	0.38		1.47		
		0.029	0.40		1.40		
		0.058	0.43		1.30		
		0.087	0.46		1.23		
		0.12	0.47	0.44	1.19	1	0
		0.17	0.50		1.12		
		0.29	0.55		1.02		
		0.44	0.56		1.00		
		0.58	0.56		1.00		
	7000AC（$\alpha=25°$）	—	0.68	0.41	0.87	1	0
	7000B（$\alpha=40°$）	—	1.14	0.35	0.57	1	0
圆锥滚子轴承(3)		—	1.5tanα*	0.4	0.4cotα*	1	0

注：* 具体数值按轴承型号查附表 12-3 或有关手册；α 为公称接触角。

表 12-8　载荷系数 K_p

载荷性质	K_p	应用举例
无冲击或轻微冲击	1.0～1.2	电动机、汽轮机、通风机、水泵等
中等冲击或中等惯性力	1.2～1.8	车辆、动力机械、起重机、造纸机、冶金机械、选矿机、水力机械、卷扬机、木材加工机、机床等
强大冲击	1.8～3.0	破碎机、轧钢机、石油钻机、振动筛等

【实训例12-2】 已知一齿轮轴的转速 $n=2\ 800$ r/min,轴承上的径向载荷 $F_r=5\ 000$ N,轴向载荷 $F_a=2\ 600$ N,工作平稳无冲击。轴颈直径 $d=65$ mm,要求轴承寿命 $L_h=5\ 000$ h,试选择轴承型号。

解:由于轴承所受载荷 $F_r>F_a$,故初定轴承类型为深沟球轴承,再用试算法确定轴承型号。试选深沟球轴承,型号为6413。由附表12-1查得 $C=118\ 000$ N,$C_{or}=78\ 500$ N。

(1)$F_a/C_{or}=2\ 600/78\ 500=0.033$,查表12-7知0.033落在0.028~0.056之间。用插值法算得

$$e=0.22+\frac{0.26-0.22}{0.056-0.028}\times(0.033-0.028)=0.227$$

(2)$F_a/F_r=2\ 600/5\ 000=0.52>e$。

(3)查表12-7得:$x=0.56$,y 落在1.99~1.71之间,用插值法算得 $y=1.94$。

(4)查表12-8得:$K_p=1.0$。

(5)当量动载荷 $P=K_p(xF_r+yF_a)=1\times(0.56\times5\ 000+1.94\times2\ 600)=7\ 844$ (N)。

(6)计算额定动载荷,由式(12-2)得

$$C'=P\cdot\sqrt[3]{\frac{L_hn}{16\ 667}}=7\ 844\times\sqrt[3]{\frac{5\ 000\times2\ 800}{16\ 667}}=74\ 011\ (\text{N})$$

6413轴承的 $C=118\ 000$ N,大于计算所需的 $C'=74\ 011$ N,故所选轴承合用。

(四)向心角接触轴承轴向载荷 F_a 的计算

角接触轴承和圆锥滚子轴承在受径向载荷 F_r 作用时,由于结构的特点,将在轴承内派生出一内部轴向力 F_s,方向由轴承外圈的宽边指向窄边,如图12-19所示,其大小可按表12-9中所列公式计算。为保证正常工作,角接触轴承一般应成对使用,图12-20所示两种安装方式,图12-20(a)为两外圈窄边相对,称正安装,可使两支反力作用点靠近,缩短轴的跨距;图12-20(b)为窄边相背,称反安装,使轴的跨距加长。

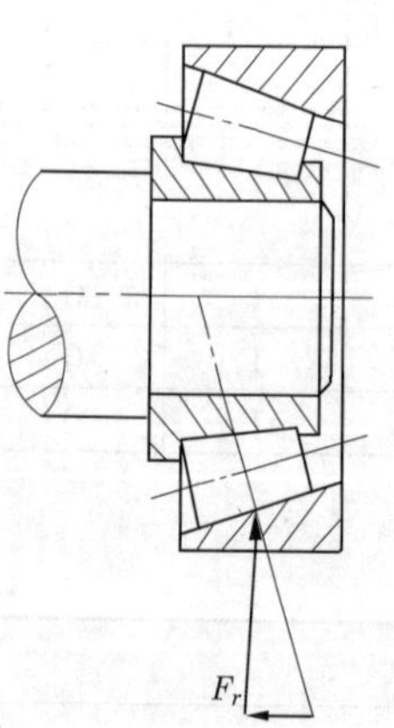

图12-19 派生轴向力

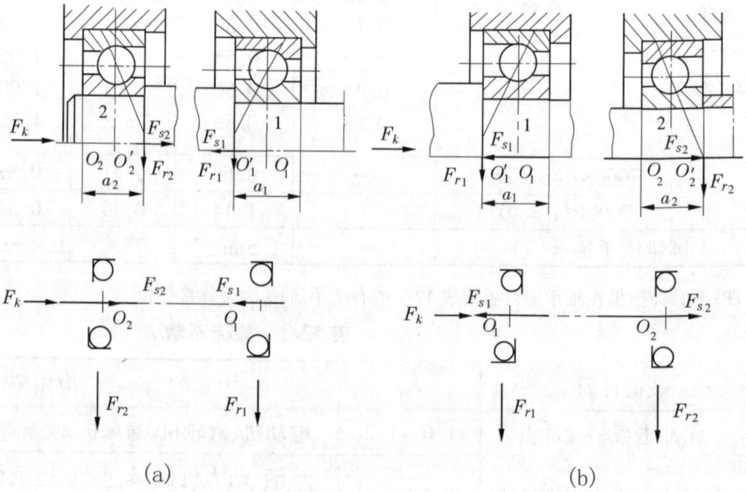

图12-20 角接触轴承轴向力分析

表 12-9　角接触轴承的内部轴向力 F_s

角接触球轴承			圆锥滚子轴承
7000C	7000AC	7000B	3000 型
$F_s=0.4F_r$	$F_s=0.68F_r$	$F_s=1.14F_r$	$F_s=F_r/(2y)$

在计算角接触轴承的轴向载荷时，要根据所有作用在轴上的轴向外载荷 F_k 和内部轴向力 F_s 之间的平衡关系，按下述两种情况分析计算两轴承的轴向载荷 F_{a1} 和 F_{a2}，如图 12-20(a)所示。

(1)若 $F_{s2}+F_k>F_{s1}$，则轴有向右移动的趋势，由于在结构上右端轴承的外圈受轴承端盖的轴向约束，故右端轴承被“压紧”，而左端被“放松”，右端轴承的外圈上必有平衡力 F'_{s1}。列出平衡方程

$$F_{s2}+F_k=F_{s1}+F'_{s1}$$

即

$$F'_{s1}=(F_{s2}+F_k)-F_{s1}$$

由此得出两轴承上的轴向载荷分别为

$$F_{a1}=F_{s1}+F'_{s1}=F_{s2}+F_k, F_{a2}=F_{s2}$$

(2)当 $F_{s2}+F_k<F_{s1}$ 时，轴有向左移动的趋势，左端轴承被“压紧”，其外圈上必有平衡力 F'_{s2}，而右端被“放松”。列出平衡方程

$$F_{s2}+F'_{s2}+F_k=F_{s1}$$

即

$$F'_{s2}=F_{s1}-F_{s2}-F_k$$

由此得两轴承上的轴向载荷分别为

$$F_{a1}=F_{s1}, F_{a2}=F_{s2}+F'_{s2}=F_{s1}-F_k$$

根据上述分析结果，可将向心角接触轴承轴向载荷的计算方法归纳如下：

(1)根据轴承上全部轴向外力及内部轴向力的合力方向，判明哪端轴承被“压紧”，哪端轴承被“放松”。

(2)“放松”端轴承的轴向载荷等于它本身的内部轴向力；“压紧”端轴承的轴向载荷等于除其本身内部轴向力以外的其他所有轴向力的代数和。

(五)滚动轴承的静强度计算

对于转速很低($n\leqslant 10$ r/min)或缓慢转动的轴承，由于接触应力的循环次数很少，不易出现疲劳点蚀，其主要失效形式是塑性变形，设计时必须进行静强度计算。对非低速转动的轴承，若承受的载荷变化太大，在按寿命计算选择出轴承型号后，还应按静载荷能力进行验算。静强度计算公式为

$$C_o\geqslant S_oP_o \tag{12-4}$$

式中：C_o 为基本额定静载荷，N；S_o 为安全系数，见表 12-10；P_o 为当量静载荷，即承受最大载荷的滚动体及内外圈滚道的接触应力等于某一定值时的假想静载荷，N，向心轴承指径

向额定静载荷,推力轴承指轴向额定静载荷,可从轴承手册中查得。

表 12-10 静强度安全系数 S_o

工作条件	S_o
旋转精度和平稳性要求高或受强烈冲击载荷	1.2~2.5
一般情况	0.8~1.2
旋转精度低,允许摩擦力较大,没有冲击振动	0.5~0.8

当量静载荷是一个假想的载荷,轴承在此载荷作用下所产生的永久变形量与实际载荷作用下的相同。其计算公式为

$$P_o = X_o F_r + Y_o F_a \tag{12-5}$$

若计算出 $P_o < F_r$,则应取 $P_o = F_r$,式中 X_o 为径向静载荷系数,Y_o 为轴向静载荷系数,见表 12-11。

表 12-11 径向静载荷系数 X_o 和轴向静载荷系数 Y_o

轴承类型		单列轴承 X_o	单列轴承 Y_o
深沟球轴承		0.6	0.5
角接触球轴承	15°	0.5	0.46
	25°	0.5	0.38
	40°	0.5	0.26
圆锥滚子轴承		0.5	查附表 12-3
推力球轴承		0	1

【实训例 12-3】 某工程机械传动中轴承组合形式如图 12-21 所示。已知:轴向力 $F_k = 2\ 000$ N,径向力 $F_{r1} = 4\ 000$ N,$F_{r2} = 5\ 000$ N,转速 $n = 1\ 500$ r/min。中等冲击,工作温度低于 100 ℃,要求轴承使用寿命 $L_h = 5\ 000$ h。问 30310 轴承是否适用。

解:(1)计算轴承所受轴向载荷 F_a。查附表 12-3 得 30310 轴承:$C = 130\ 000$ N;$y = 1.7$,$e = 0.35$。

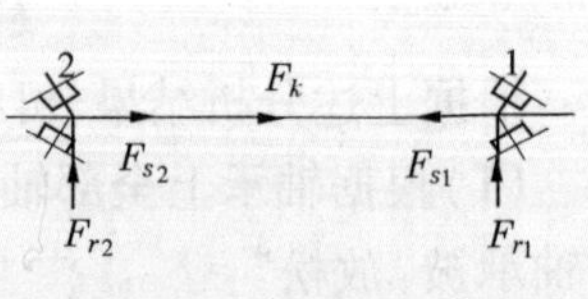

图 12-21

查表 12-9 得

$$F_{s1} = F_{r1}/(2y) = 4\ 000/(2\times 1.7) = 1\ 176.5\ (\text{N})$$

$$F_{s2} = F_{r2}/(2y) = 5\ 000/(2\times 1.7) = 1\ 470.6\ (\text{N})$$

$$F_{s2} + F_k = 1\ 470.6 + 2\ 000 = 3\ 470.6\ (\text{N}) > F_{s1}$$

可知轴承 1 被"压紧",轴承 2 被"放松",故

$$F_{a1} = F_{s2} + F_k = 1\ 470.6 + 2\ 000 = 3\ 470.6\ (\text{N}),F_{a2} = F_{s2} = 1\ 470.6\ (\text{N})$$

(2)计算当量动载荷 P。

轴承 1:$F_{a1}/F_{r1} = 3\ 470.6/4\ 000 = 0.867\ 7 > e$;查表 12-7 得 $x = 0.4$,由载荷中等冲击,查表 12-8 得 $K_p = 1.6$。

$$P_1 = K_p(xF_{r1} + yF_{a1}) = 1.6\times(0.4\times 4\ 000 + 1.7\times 3\ 470.6) = 12\ 000\ (\text{N})$$

轴承 2:$F_{a2}/F_{r2} = 1\ 470.6/5\ 000 = 0.294 < e$;查表 12-7 得 $x = 1$、$y = 0$,故

$$P_2 = K_p(xF_{r2} + yF_{a2}) = 1.6\times(1\times 5\ 000 + 0\times 1\ 470.6) = 8\ 000\ (\text{N})$$

(3)验算基本额定动载荷 C。按公式(12-2)得所需的额定动载荷 $C' = P \cdot \sqrt[\varepsilon]{\frac{60nL_h}{10^6}}$，因 $P_1 > P_2$，所以按 P_1 计算：$C' = 12\ 000 \times \sqrt[\frac{10}{3}]{\frac{60 \times 1\ 500 \times 5\ 000}{10^6}} = 75\ 014\ (\mathrm{N}) < C = 130\ 000$ N。

所以，采用一对 30310 圆锥滚子轴承寿命是足够的。

任务三　键连接和销连接

键连接主要用于轴上零件的周向固定并传递转矩，有些兼作轴上零件的轴向固定，还有的对沿轴向移动的零件起导向作用。

一、键连接的类型、特点和应用

键是标准件，按结构特点及工作原理，键连接可分为平键连接、半圆键连接和楔键连接等。

(一)平键连接

如图 12-22 所示，键的两侧面为工作面，靠键与键槽间的挤压力传递扭矩。平键连接由于结构简单、装拆方便、对中性较好，广泛用于传动精度要求较高的场合。按用途将平键分为如下几种：

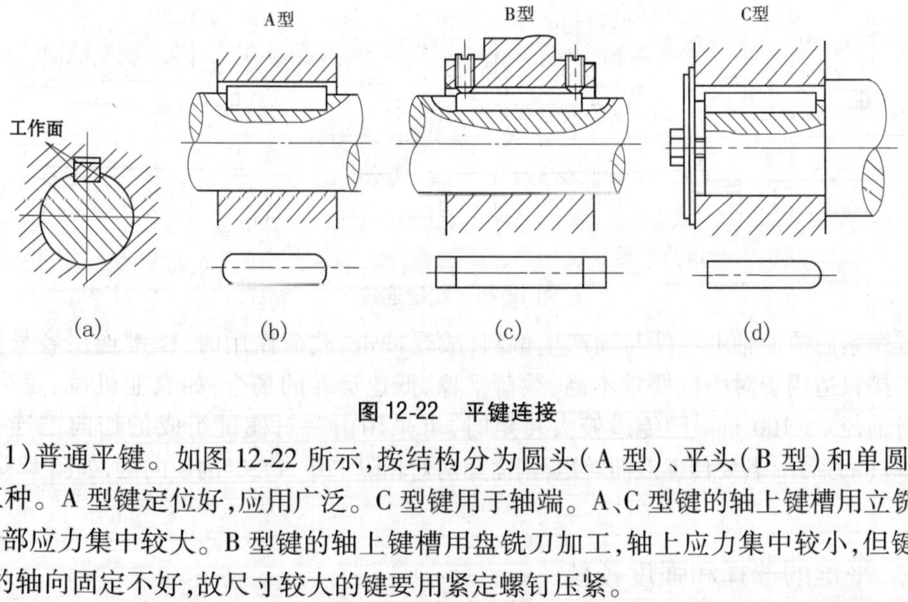

图 12-22　平键连接

(1)普通平键。如图 12-22 所示，按结构分为圆头(A 型)、平头(B 型)和单圆头(C 型)三种。A 型键定位好，应用广泛。C 型键用于轴端。A、C 型键的轴上键槽用立铣刀加工，端部应力集中较大。B 型键的轴上键槽用盘铣刀加工，轴上应力集中较小，但键在键槽中的轴向固定不好，故尺寸较大的键要用紧定螺钉压紧。

(2)导向平键。导向平键(见图 12-23)是加长的普通平键，有圆头(A 型)和方头(B 型)两种。导向平键用螺钉固定在轴上，轮毂可沿键作轴向移动。为拆卸方便，在键的中部制有起键用的螺孔。当轴上零件移动距离较大时，可用滑键连接(见图 12-24)。滑键固定在轮毂上，轮毂带着滑键在轴上键槽中作轴向移动，故需要在轴上加工长键槽。

(二)半圆键连接

如图 12-25 所示,键的底面为半圆形。工作时靠两侧面传递转矩,键在槽中能绕几何中心摆动,以适应轮毂上键槽的斜度。但轴上键槽较深,对轴的强度削弱较大,主要用于轻载时锥形轴头与轮毂的连接。

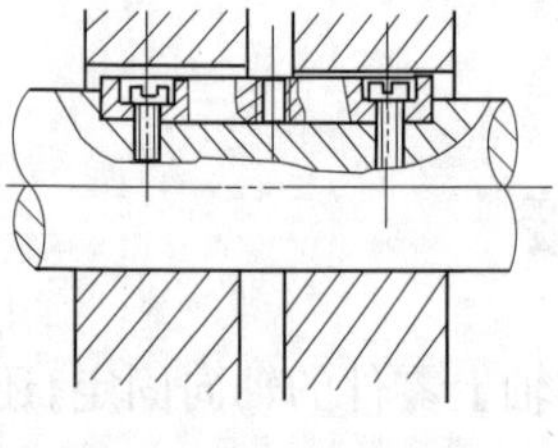

图 12-23　导向平键连接

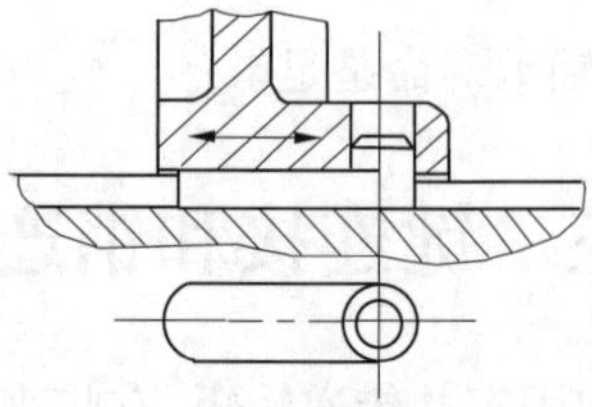

图 12-24　滑键连接

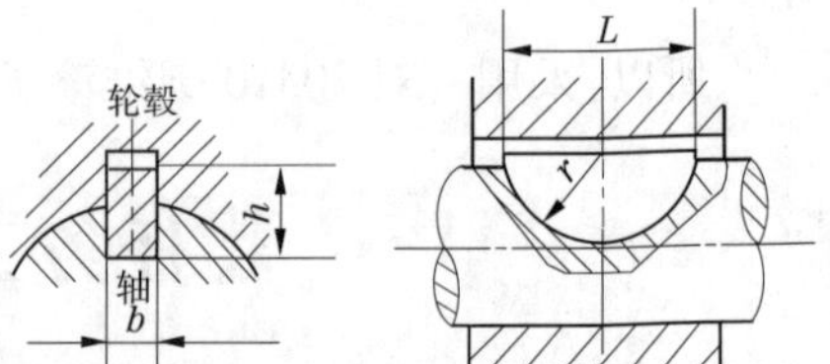

图 12-25　半圆键连接

(三)楔键连接

如图 12-26 所示,楔键的上下面为工作面,分别与轮毂和轴上键槽底面紧贴。键的上表面与轮毂键槽底面均有 1∶100 的斜度,装配时需把键打紧,使键楔紧在轴和毂之间,靠楔紧产生的摩擦力传递转矩和单向的轴向力。

楔键分为普通楔键(见图 12-26(a))和钩头楔键(见图 12-26(b)),前者又分为圆头(A 型)和平头(B 型)两种。圆头普通楔键是放入式的(放入轴上键槽后打紧轮毂),其他楔键都是打入式的(先将轮毂装到适当位置再将键打紧)。

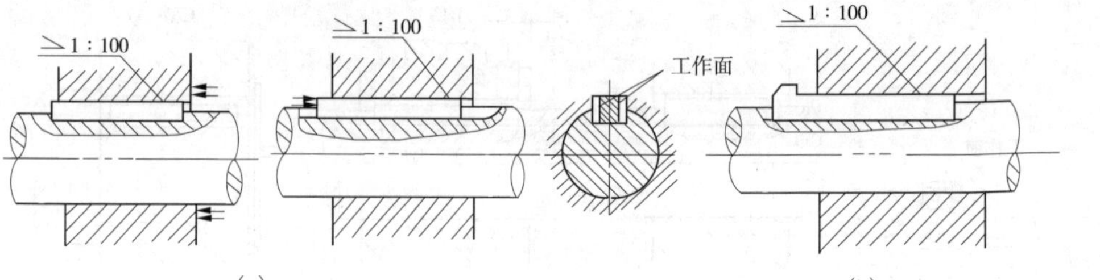

(a)　　　　(b)

图 12-26　楔键连接

键楔紧后迫使轴上零件与轴产生偏斜,故受冲击、载荷作用时,楔键连接容易松动。楔键连接只适用于对中性要求不高、载荷平稳、低速运转的场合,如农业机械、建筑机械等。当轴径 $d>100$ mm 且传递较大转矩时,可采用由一对楔键组成的切向键连接,如图 12-27(a)所示。若要传递双向转矩,则需用两对相隔 120°~130°的切向键,如图 12-27(b)所示。

二、平键的选择和强度校核

(一)平键的选择

首先根据键连接的工作要求和使用特点选择平键的类型,再按照轴径 d 从标准中选取键的剖面尺寸 $b\times h$(见表 12-12)。键的长度 L 一般按轮毂宽度选取,即键长等于或略短于轮毂宽度,并应符合标准值。

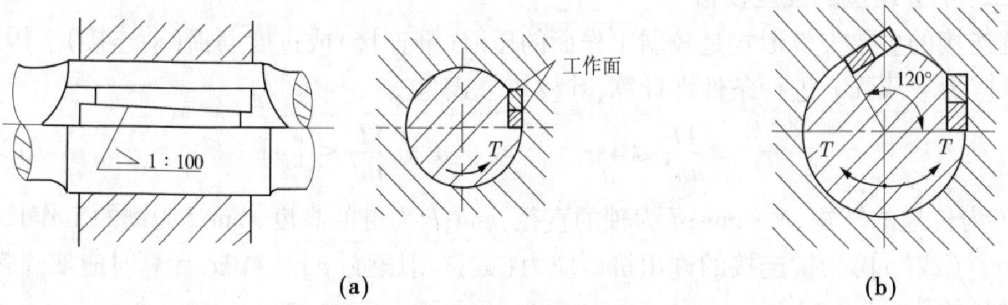

图 12-27　切向键连接

表 12-12　平键连接尺寸(摘自 GB/T 1096—2003)　　(单位:mm)

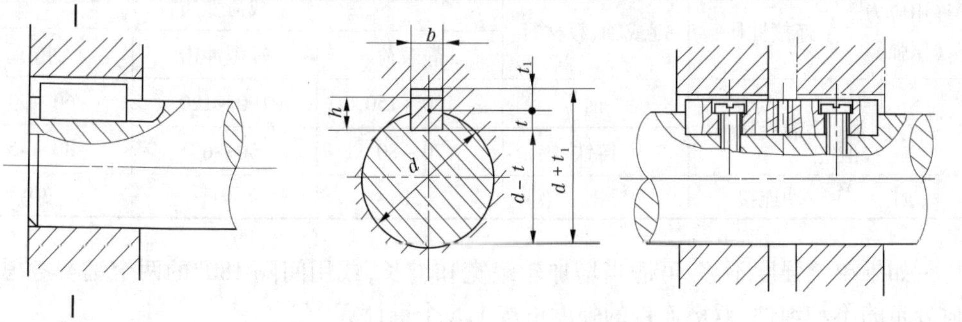

轴	键			键槽										
公称直径 d	b h9	h h11	L h14	宽度 b					深度				半径 r	
				极限偏差					轴 t		毂 t_1			
				较松键连接		一般键连接		较紧键连接						
				轴 H9	毂 D10	轴 N9	毂 Js9	轴和毂 P9	公称尺寸	极限偏差	公称尺寸	极限偏差	最小	最大
10～12	4	4	8～45	+0.030 0	+0.078 +0.030	0 −0.030	±0.015	−0.012 −0.014	2.5	+0.1 0	1.8	+0.1 0	0.08	0.16
12～17	5	5	10～56						3.0		2.3		0.16	0.25
17～22	6	6	14～70						3.5		2.8			
22～30	8	7	18～90	+0.036 0	+0.098 +0.040	0 −0.036	±0.018	−0.015 −0.051	4.0	+0.2 0	3.3	+0.2 0		
30～38	10	8	22～110						5.0		3.3		0.25	0.40
38～44	12	8	28～140	+0.043 0	+0.120 +0.050	0 −0.043	±0.021 5	−0.018 −0.061	5.0		3.3			
44～50	14	9	36～160						5.5		3.8			
50～58	16	10	45～180						6.0		4.3			
58～65	18	11	50～200						7.0		4.4			
65～75	20	12	56～220	+0.052 0	+0.149 +0.065	0 −0.052	±0.026	−0.022 −0.074	7.5		4.9		0.40	0.60
75～85	22	14	63～250						9.0		5.4			
85～95	25	14	70～280						9.0		5.4			
95～110	28	16	80～320						10.0		6.4			
L 系列	6,8,10,12,14,16,18,20,22,25,28,32,36,40,45,50,56,63,70,80,90,100,110,125,140,160,180,200,220,250,280,320,360,400,450,500													

注:1. 在工作图中,轴槽深用 t 或(d − t)标注,但(d − t)的偏差应取负号;毂槽深用 t_1 或(d + t_1)标注;轴槽的长度公差 H14。

2. 较松键连接用于导向平键;一般键连接用于载荷不大的场合;较紧键连接用于载荷较大、有冲击和双向转矩的场合。

（二）平键连接的强度校核

键连接的主要失效形式是较弱工作面的压溃（静连接）或过度磨损（动连接）。因此，按挤压应力或压强 p 进行条件性计算，其校核公式为

$$\sigma_p = \frac{4T}{dhl} \leqslant [\sigma_p] \quad 或 \quad p = \frac{4T}{dhl} \leqslant [p] \tag{12-6}$$

式中：T 为传递的转矩，N · mm；d 为轴的直径，mm；h 为键的高度，mm；l 为键的工作长度，mm；$[\sigma_p]$（或 $[p]$）为键连接的许用挤压应力（或许用压强 $[p]$），MPa，计算时应取连接中较弱材料的值，见表 12-13。

表 12-13　键连接材料的许用应力 $[\sigma_p]$（压强 $[p]$）　（单位：MPa）

许用应力（压强）	连接性质	键或轴、毂材料	载荷性质		
			静载荷	轻微冲击	冲击
$[\sigma_p]$	静连接	钢	120 ~ 150	100 ~ 120	60 ~ 90
		铸铁	70 ~ 80	50 ~ 60	30 ~ 45
$[p]$	动连接	钢	50	40	30

如果单键强度不够，可适当增加轮毂宽和键长，或用间隔 180° 的两个键。考虑到载荷分布的不均匀性，双键连接的强度可按 1.5 个键计算。

三、花键连接

花键连接是由在轴上加工出的外花键齿和在轮毂孔加工出的内花键齿所构成的连接，如图 12-28 所示。其优点是：齿数多，承载能力强，且槽较浅，应力集中小，对轴和毂的强度削弱较小，对中性和导向性好，广泛应用于定心精度要求高和载荷较大的场合。花键已标准化，按齿形不同，常用的花键分为矩形花键和渐开线花键。

（一）矩形花键

矩形花键（见图 12-29）的键齿面为矩形，按齿数和尺寸不同，矩形花键分轻、中两系列，分别适用于轻、中两种不同的载荷情况，如汽车、机床变速箱中滑移齿轮与轴的连接。矩形花键连接采用小径定心，其定心精度高。花键轴和孔可采用热处理后再磨削的加工方法。

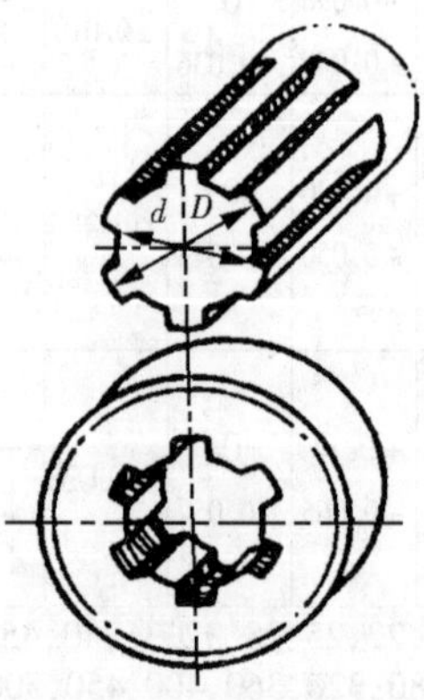

图 12-28　花键连接

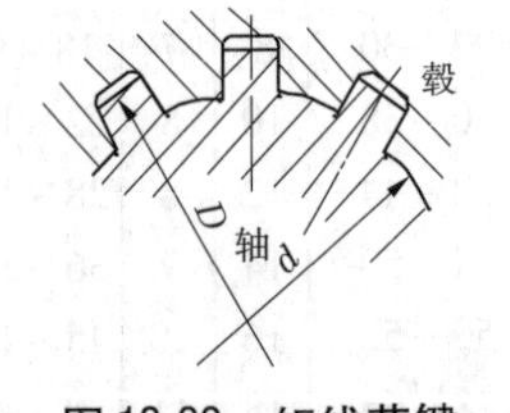

图 12-29　矩线花键

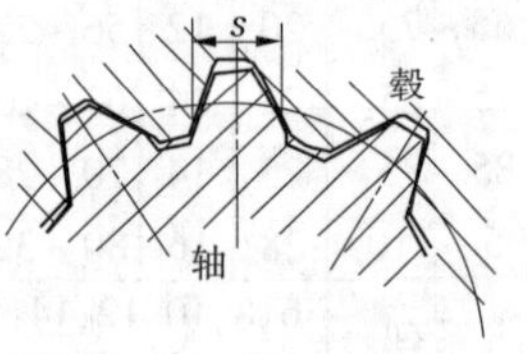

图 12-30　渐开线花键

（二）渐开线花键

渐开线花键（见图 12-30）的键齿面为渐开线，齿根较厚，强度较高，受载时齿上有径向分力，能起自动定心作用，有利于保证同轴度。其工艺性好，可

用加工齿轮的方法加工，适用于载荷较大、尺寸较大的连接，如起重运输机械、矿山机械等。

渐开线的主要参数为模数 m、齿数 z、分度圆压力角 α(30°或 45°)。$\alpha=45°$的渐开线花键齿数多、模数小，不易发生根切，多用于轻载、薄壁零件和较小直径的连接。

【实训例 12-4】 已知齿轮减速器输出轴与齿轮间用键连接，传递的转矩 $T=700$ N·m，轴的直径 $d=60$ mm，轮毂宽 $B=85$ mm，载荷有轻微冲击，齿轮材料为铸钢。试设计该键连接。

解：(1)选择键的类型。为保证齿轮传动啮合良好，要求轴毂对中性好，故选用 A 型普通平键。

(2)选择键的尺寸。按轴径 $d=60$ mm，从表 12-12 中选择键的尺寸 $b\times h=18$ mm × 11 mm，根据轮毂宽取键长 $L=80$ mm，标记为：键 18 ×80　GB/T 1096—2003。

(3)校核键连接强度。由表 12-13 查铸钢材料$[\sigma_p]=100\sim120$ MPa，由式(12-6)计算键连接的挤压强度

$$\sigma_p=\frac{4T}{dhl}=\frac{4\times700\times10^3}{60\times11\times(80-18)}=68.4\ (\text{MPa})<[\sigma_p]$$

故所选键连接强度足够。

四、销连接

销主要用于零件定位，也可用于轴与轴上零件的连接，还可作为过载剪断元件，分别见图 12-31、图 12-32。按形状可分为圆柱销、圆锥销和开口销等。圆柱销靠微量的过盈与铰制的销孔配合，不宜多次装拆，以免降低牢固性和定位精度。圆锥销有 1∶50 的锥度，以小端直径为标准值，靠锥面的挤压作用固定在铰光的孔中，定位精度高，自锁性能好，装拆方便。开口销是一种防松零件，它常与槽形螺母一起使用。

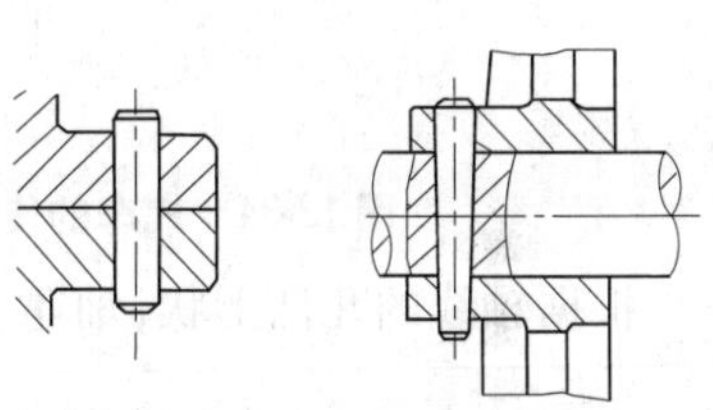

图 12-31　定位销　　图 12-32　连接销

销是标准件，销的类型按工作要求选择。用于连接的销，可根据连接的结构特点按经验确定直径，必要时再作强度校核；定位销一般不受载荷或受很小载荷，其直径按结构确定，数目不得少于两个；安全销直径按销的剪切强度计算。

任务四　轴

一、概述

轴是组成机器的重要零件，其功用是支承旋转零件(如齿轮、带轮等)，并传递运动和动力。

(一)轴的功用与分类

根据受载情况，轴可分为三类：

(1)心轴。承受弯矩(M)、不传递转矩(T)的轴，如图 12-33(a)所示的自行车前轮轴

(固定心轴)和图12-33(b)所示的火车轮轴(转动心轴)。

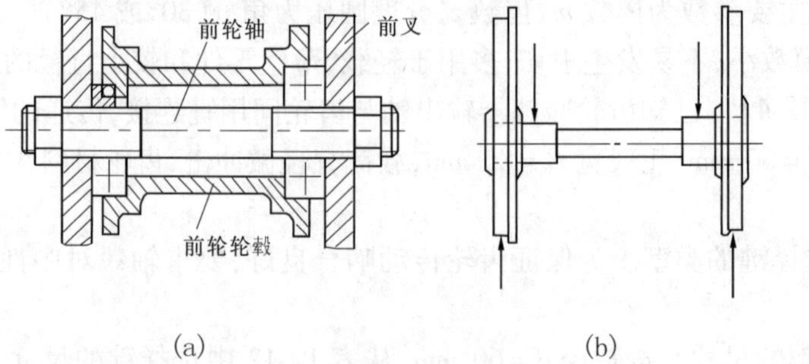

图12-33 固定心轴和转动心轴

(2)传动轴。以传递转矩为主,不承受弯矩或承受很小弯矩的轴,如汽车的传动轴(见图12-34)。

(3)转轴。既传递转矩,又承受弯矩的轴,如图12-35所示的齿轮轴。

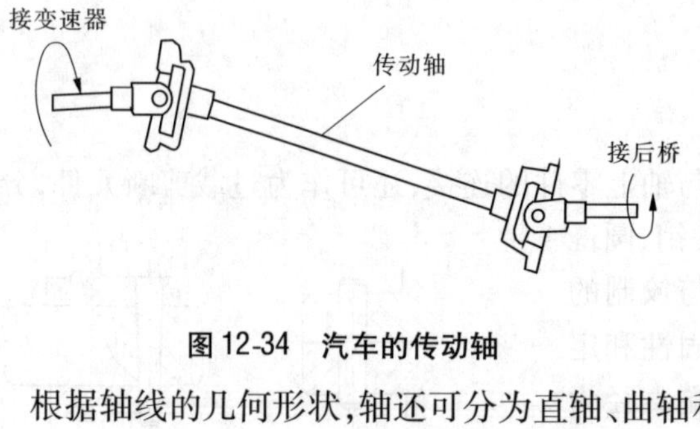

图12-34 汽车的传动轴

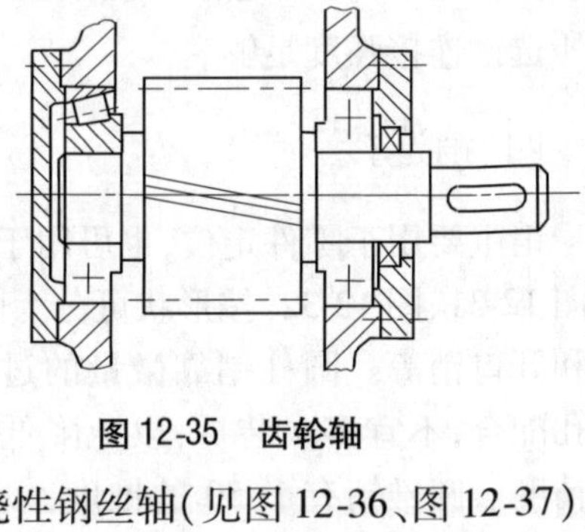

图12-35 齿轮轴

根据轴线的几何形状,轴还可分为直轴、曲轴和挠性钢丝轴(见图12-36、图12-37)。

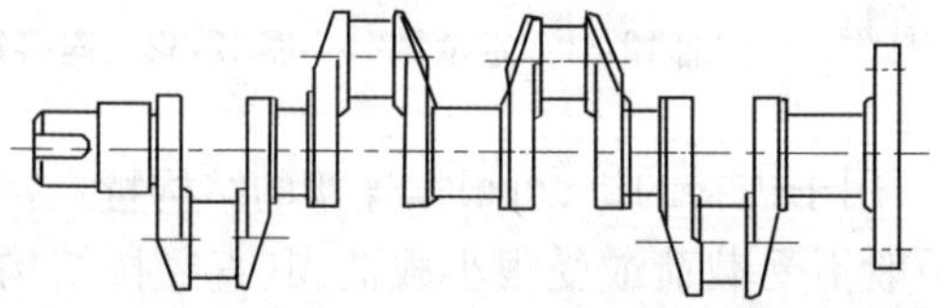

图12-36 曲轴

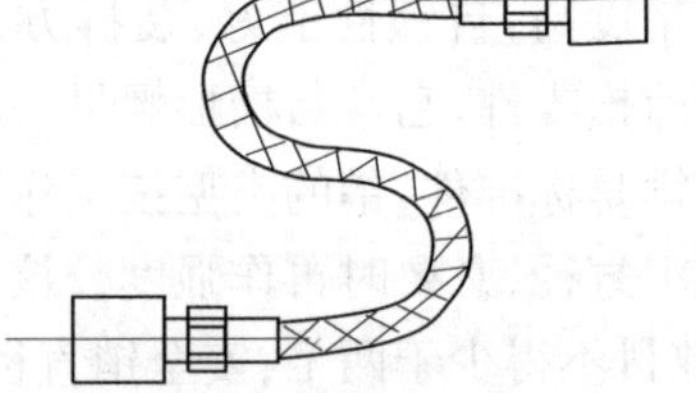

图12-37 挠性钢丝轴

(二)轴的材料

轴的失效多为疲劳破坏,所以轴的材料应满足强度、刚度、耐磨性等方面的要求,常用的材料有如下几种:

(1)碳素钢。对较重要或传递载荷较大的轴,常用35、40、45号和50号优质碳素钢,其中45钢应用最广泛。这类材料的强度、塑性和韧性等都比较好。进行调质或正火处理可提高其机械性能。对不重要或传递载荷较小的轴,可用Q235、Q275等普通碳素钢。

(2)合金钢。合金钢具有较好的机械性能和淬火性能。但对应力集中比较敏感,价格较高,多用于有特殊要求的轴,如要求重量轻或传递转矩大而尺寸又受到限制的轴。常用的低碳合金钢有20Cr、20CrMnTi等,一般采用渗碳淬火处理,使表面耐磨性和芯部韧性都较好。合金钢与碳素钢的弹性模量相差不多,故不宜用合金钢来提高轴的刚度。

(3)球墨铸铁。球墨铸铁具有价廉、吸振性好、耐磨、对应力集中不敏感、容易制成复杂形状的轴等特点。但品质不易控制,可靠性差。

轴常用的金属材料及力学性能见表12-14。

表12-14　轴常用的金属材料及力学性能

材料牌号	热处理类型	毛坯直径(mm)	硬度(HBS)	抗拉强度 σ_b(MPa)	屈服点 σ_s(MPa)	应用说明
Q275~Q235				600~440	275~235	用于不重要的轴
35	正火	≤100	149~187	520	270	用于一般轴
	调质	≤100	156~207	560	300	
45	正火	≤100	170~217	600	300	用于强度高、韧性中等的较重要的轴
	调质	≤200	217~255	650	360	
40Cr	调质	≤25	≤207	1 000	800	用于强度要求高、有强烈磨损而无很大冲击的重要轴
		≤100	241~286	750	550	
35SiMn	调质	≤25	≤229	900	750	可代替40Cr,用于中、小型轴
		≤100	229~286	800	520	
42SiMn	调质	≤25	≤220	900	750	与35SiMn相同,但专供表面淬火之用
		≤100	229~286	800	520	
		>100~200	217~269	750	470	
40MnB	调质	≤25	≤207	1 000	800	可代替40Cr,用于小型轴
		≤200	241~286	750	500	
35CrMo	调质	≤25	≤229	1 000	350	用于重载的轴
		≤100	207~269	750	550	
		>100~300		700	500	
QT600-2			229~302	600	420	用于发动机的曲轴和凸轮等

二、轴的结构设计

(一)轴的结构

轴的结构设计就是根据工作条件,确定轴的合理外形、各段轴径和长度以及全部结构尺寸。为了便于装拆,一般的转轴均为中间大、两端小的阶梯轴(如图12-1所示齿轮减速器的输出轴)。轴与轴承配合处的轴段称为轴颈,安装轮毂的轴段称为轴头,轴头与轴颈间的轴段称为轴身。阶梯轴上截面尺寸变化的部位,称为轴肩和轴环。轴肩和轴环常用于轴上零件的定位。图12-1中齿轮由右方装入,依靠轴环限定轴向位置,右端的联轴器和左端的轴承靠轴肩定位。为了固定轴上的零件,轴上还设有其他相应的结构,如右端制有安装轴端挡圈用的螺纹孔;轴上开有键槽,通过键连接实现齿轮的周向固定。为便于加工和装配,轴上还常设有倒角、中心孔和退刀槽等工艺结构。

(二)轴的结构设计

轴的结构设计应满足:①轴上零件定位准确,固定可靠;②轴上零件便于装拆和调整;③具有良好的制造工艺性;④尽量减少应力集中。

轴的结构形式取决于轴上零件的装配方案。应拟订几种不同的装配方案,以便进行比较与选择,以轴的结构简单,轴上零件少为佳。

初步设计时,还不知道轴上支反力的作用点,故不能按轴的弯矩计算轴径。通常按扭转强度来初步估算轴的最小直径,求得最小直径后可按拟订的装配方案,从最小直径起逐一确定各段轴的直径和长度。设计时应考虑各轴径与装配在该轴段上的传动件、标准件的孔相匹配。轴的各段长度可根据各零件与轴配合部分的轴向尺寸确定。为保证轴向定位可靠,轴头长一般比与之配合的轮毂长缩短 2 ~3 mm。

(三)轴上零件的轴向定位及固定

轴上零件的轴向定位及固定的方式常用轴肩、轴环、锁紧挡圈、套筒、圆螺母和止动垫圈、弹性挡圈、轴端挡圈等结构。其特点和应用见表 12-15。

(四)轴上零件的周向固定

轴上零件常用的周向固定方法有键连接、销连接以及过盈配合、成型连接等,力不大时,也可采用紧定螺钉作为周向固定方法,见图 12-38。

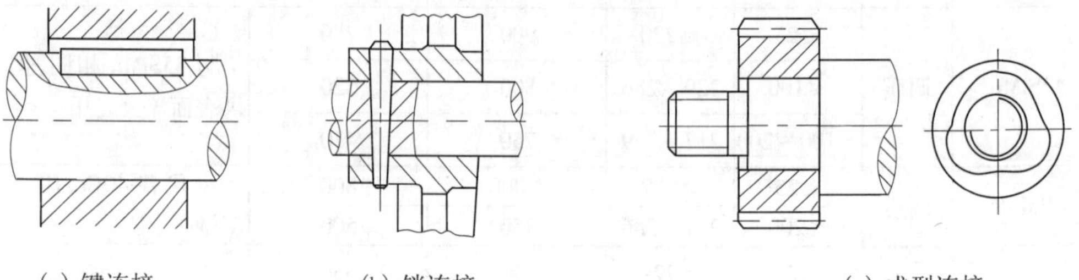

(a) 键连接　　(b) 销连接　　(c) 成型连接

图 12-38　轴上零件的周向固定

(五)轴的结构工艺性

轴的结构应便于加工和装配。如为了便于切削加工,一根轴上的圆角应尽可能取相同半径;退刀槽或砂轮越程槽尽可能取相同宽度;一根轴的各轴段上的键槽应开在同一母线上。为了便于装配,轴端应加工倒角。

(六)提高轴强度和刚度的措施

(1)改进轴的结构,降低应力集中。应力集中多产生在轴截面尺寸发生急剧变化的地方,要降低应力集中,就要尽量减缓截面尺寸的变化。直径变化处应平滑过渡,制成半径尽可能大的圆角;轴上尽可能不开槽、孔及制螺纹,以免削弱轴的强度;为了减小过盈配合处的应力集中,可采用卸荷槽(见图 12-39)。

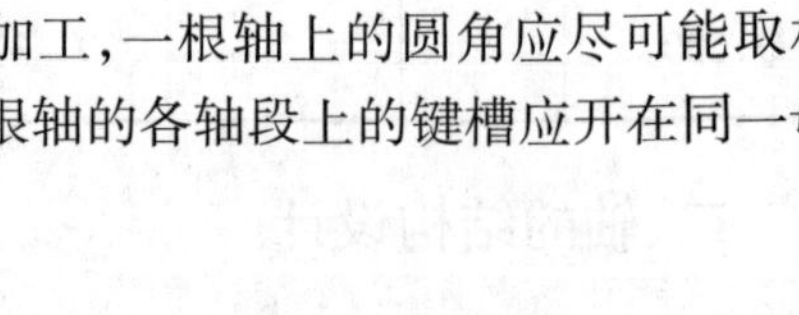

图 12-39　卸荷槽

表 12-15　轴上零件的轴向定位和固定方法

固定方式	结构图形	应用说明
轴肩或轴环结构	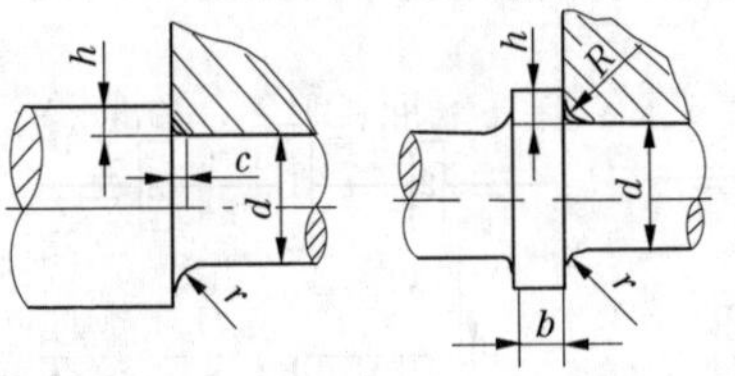	固定可靠，承受轴向力大，轴肩、轴环高度 h 应大于轮毂的圆角半径 R 和倒角高度 c，一般取轴肩 $h_{\min} \geqslant (0.06\sim0.1)d$，轴环 $h_{\min} \geqslant (0.07\sim0.1)d$，但安装滚动轴承的轴肩、轴环高度 h 必须小于轴承内圈高度 h_1（由轴承标准查取），以便轴承的拆卸。轴环宽度 $b \approx 1.4h$
套筒结构	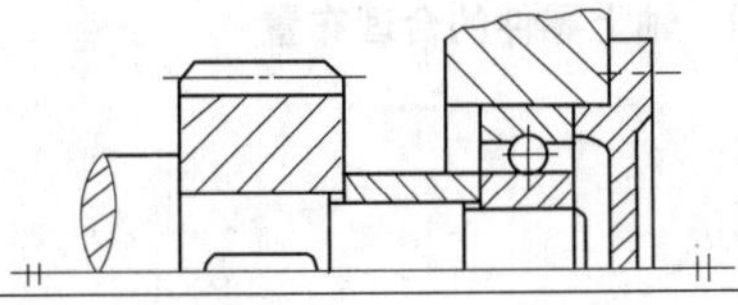	同上，多用于两个相距不远的零件之间
圆螺母与垫圈结构	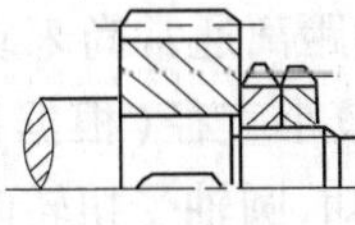 双圆螺母 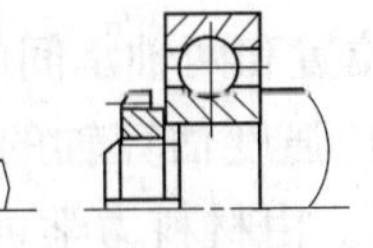 圆螺母与止动垫圈	常用于轴承之间距离较大且轴上允许车制螺纹的场合
弹性挡圈结构	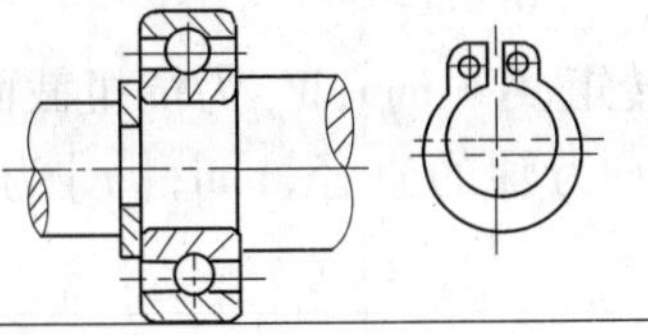	承受轴向力小或不承受轴向力的场合，常用做滚动轴承的轴向固定
轴端挡圈结构	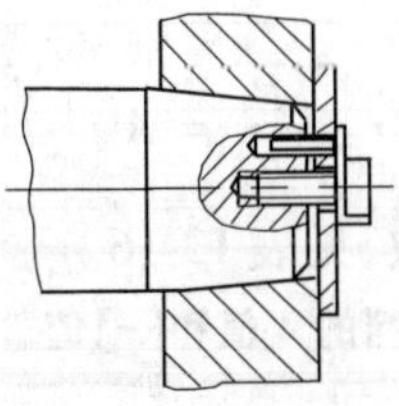	用于轴端要求固定可靠或承受较大轴向力的场合
紧定螺钉结构	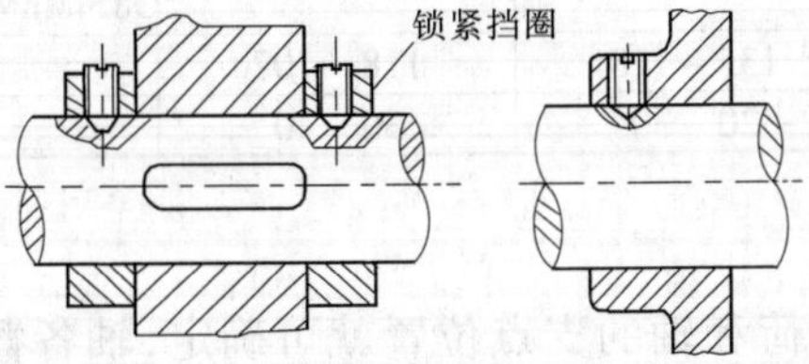	承受轴向力小或不承受轴向力的场合

(2)提高轴的表面质量。因疲劳裂纹常发生在轴表面质量差的地方，故提高轴的表面质量有利于提高轴的强度。除控制轴的表面粗糙度外，还可采用表面强化处理，如渗

碳、碾压、喷丸等方法。

(3)改变轴上零件的位置,减小载荷。如图 12-40 所示,轴上转矩需由两轮输出,输入轮 1 宜置于两输出轮 2、3 中间。此时轴的最大扭矩为 T_2,如图 12-40(b)所示。

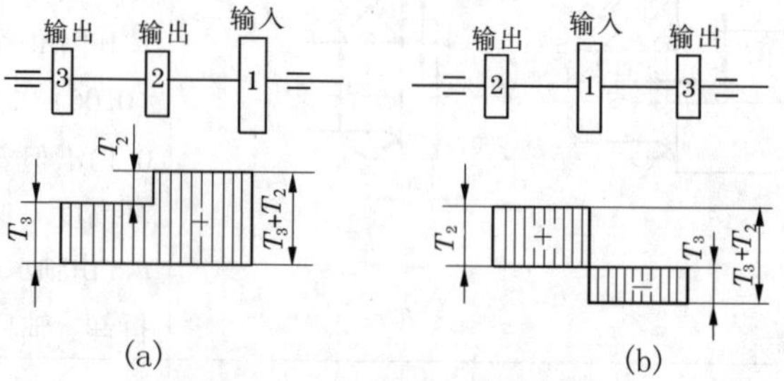

图 12-40　轴上零件的合理布置

三、轴的强度计算

(一)按扭转强度计算

开始设计轴时,由于轴上零件的位置和两轴承间的距离通常尚未确定,故对轴所承受的弯矩就无法进行计算,只能先按扭转强度估算轴的最小直径(根据标准尺寸以及与其相配的孔圆整),再进行轴的结构设计。由材料力学可知,圆轴受扭转时的强度条件为

$$\tau = \frac{T}{W_n} = \frac{9\ 550 \times 10^3 \times P/n}{0.2d^3} \leqslant [\tau] \tag{12-7}$$

式中:τ 为轴的扭转剪应力,MPa;T 为转矩,N · mm;W_n 为抗扭截面模量,mm^3;P 为轴传递的功率,kW;n 为轴的转速,r/min;d 为轴的直径,mm;$[\tau]$为许用剪应力,MPa,见表 12-16。

将式(12-7)改写为轴径的计算公式

$$d \geqslant \sqrt[3]{\frac{9\ 550 \times 10^3}{0.2[\tau]}} \cdot \sqrt[3]{\frac{P}{n}} = A \cdot \sqrt[3]{\frac{P}{n}} \tag{12-8}$$

式中:A 是由轴的材料并考虑弯曲影响的系数,见表 12-16。

表 12-16　常用材料的 A 值和$[\tau]$值

轴的材料	Q235,20	35	45	40Cr, 35SiMn, 42SiMn, 38SiMnMo, 20CrMnTi
A	160 ~ 135	135 ~ 118	118 ~ 107	107 ~ 98
$[\tau]$(MPa)	12 ~ 20	20 ~ 30	30 ~ 40	40 ~ 52

(二)按弯扭合成强度计算

在轴的结构设计完成后,外载荷和轴的支点位置就可确定,轴各截面的弯矩即可算出,此时可用弯扭合成强度校核。对于钢制轴,应用材料力学第三强度理论可得

$$\sigma_b = \frac{M_e}{W} = \frac{\sqrt{M^2 + (\alpha T)^2}}{0.1d^3} \leqslant [\sigma_b] \tag{12-9}$$

式中:M_e 为当量弯矩,N · mm,$M_e = \sqrt{M^2 + (\alpha T)^2}$;$W$ 为材料的抗弯截面模量,圆形截面

$W=0.1d$，d 为轴的直径。α 为根据轴所传递的扭矩性质而定的校正系数，若为不变扭矩，则 $\alpha=0.3$；扭矩为脉动循环，则 $\alpha\approx0.6$；对称循环的扭矩，取 $\alpha=1$。T 为扭矩，N · mm。M 为合成弯矩，N · mm，$M=\sqrt{M_H^2+M_V^2}$，M_H 和 M_V 分别为水平面和垂直面的弯矩。$[\sigma_b]$ 为许用弯曲应力，见表 12-17。计算轴的直径 d 时，可将式(12-9)写为

$$d \geqslant \sqrt[3]{\frac{M_e}{0.1[\sigma_b]}} \tag{12-10}$$

当轴上开有一个键槽时，轴径应增大 3% ~5%；有两个键槽时，轴径应增大 7% 左右，以补偿对轴的削弱。

表 12-17　轴的许用弯曲应力　(单位：MPa)

材料	σ_b	$[\sigma_b]_{+1}$	$[\sigma_b]_0$	$[\sigma_b]_{-1}$
碳素钢	400	130	70	40
	500	170	75	45
	600	200	95	55
	700	230	110	65
合金钢	800	270	130	75
	900	300	140	80
	1 000	330	150	90
铸钢	400	100	50	30
	500	120	70	40

注：$[\sigma_b]_{+1}$、$[\sigma_b]_0$、$[\sigma_b]_{-1}$ 分别为材料在静应力、脉动循环应力和对称循环应力作用下的许用弯曲应力。

四、轴的刚度计算简介

受载后轴会产生弹性变形，若轴的刚度不足，则将产生过大的变形，从而影响轴上零件的正常工作，如齿轮偏载、轴承磨损等，使机床精度降低。所以，对重要的和精度要求高的轴，通常要进行刚度校核计算。

（一）轴的弯曲刚度校核计算

轴的弯曲刚度校核计算就是用材料力学中的公式和方法算出轴的挠度 y 或偏转角 θ，并应满足下式

$$y \leqslant [y] \quad 或 \quad \theta \leqslant [\theta]$$

式中：$[y]$ 为许用挠度；$[\theta]$ 为许用偏转角。见表 12-18。

（二）轴的扭转刚度校核计算

用材料力学的公式和方法算出轴每米长的扭转角 φ，并满足

$$\varphi \leqslant [\varphi]$$

式中：$[\varphi]$ 为轴每米长的许用扭转角，见表 12-18。

【实训例 12-5】　设计如图 12-41 所示带式输送机减速器的从动轴。已知：传递功率 $P=13$ kW，从动轮转速 $n_2=220$ r/min，齿轮分度圆直径 $d_2=269.1$ mm，螺旋角 $\beta=9°59'12''$，齿轮宽度 $b=90$ mm，设采用 7211C 角接触球轴承，单向传动。

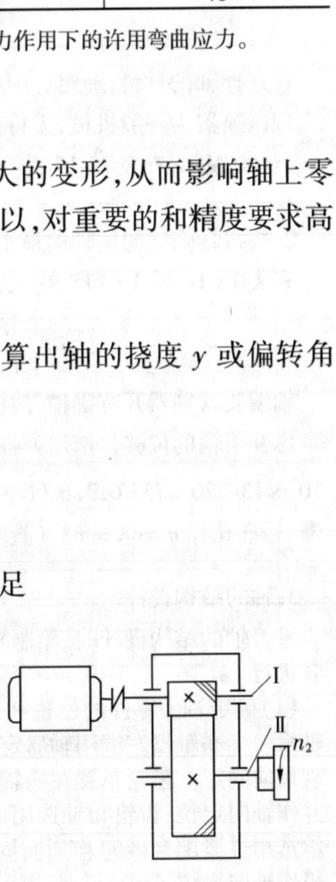

图 12-41

表 12-18 轴的许用变形量

变形		名称	许 用 变 形 量
弯曲变形	挠度	一般用途的转轴	$[y]=(0.0003\sim0.0005)L$ （L 为轴的跨距）
		需要较高刚度的转轴	$[y]=0.0002L$
		安装齿轮的轴	$[y]=(0.01\sim0.03)m$ （m 为模数）
		安装蜗轮的轴	$[y]=(0.02\sim0.05)m$
	转角	安装齿轮处	$[\theta]=0.001\sim0.002$ rad
		滑动轴承处	$[\theta]=0.001$ rad
		深沟球轴承处	$[\theta]=0.005$ rad
		圆锥滚子轴承处	$[\theta]=0.0016$ rad
扭转变形	扭转角	一般传动	$[\varphi]=0.5\sim1(°)/m$
		精密传动	$[\varphi]=0.25\sim0.5(°)/m$

解:实训过程与结果列于表 12-19 中。

表 12-19 实训例 12-5 的实训过程

计 算 与 说 明	结果
1. 选择轴的材料,确定许用应力 因减速器为一般机械,无特殊要求,故选用45钢,正火处理。查表12-14,取 $\sigma_b=600$ MPa,查表12-17得 $[\sigma_b]_{-1}=55$ MPa	$\sigma_b=600$ MPa $[\sigma_b]_{-1}=55$ MPa
2. 按扭转强度初估轴的最小直径 查表12-16得 $A=115$,代入式(12-8)得 $$d\geqslant A\sqrt[3]{\frac{P}{n}}=115\sqrt[3]{\frac{13}{220}}=44.8\ (\text{mm})$$ 轴端装联轴器开有键槽,故应将轴径增大5%,即 $d=44.8\times1.05=47.04$(mm)。考虑补偿轴的位移,选用弹性柱销联轴器。由 n 和转矩 $T_c=KT=1.3\times9\ 550\times10^3\times13/220=733\ 613.6$ (N·mm),查GB/T 5014—2003选用HL4弹性柱销联轴器,标准孔径 $d=48$ mm。(查表13-1得工况系数 $K=1.3$)	联轴器规格: HL4 48×84 GB/T 5014—2003 $d=48$ mm $K=1.3$
3. 轴的结构设计 进行轴的结构设计时,绘制轴的结构草图(见图12-42)和确定各部分尺寸应交替进行。 (1)确定轴上零件的位置和固定方式。斜齿轮传动有轴向力,故采用角接触球轴承。半联轴器左端用轴肩定位,依靠A型普通平键连接和过渡配合(H7/k6)实现周向固定。齿轮布置在两轴承中间,左侧用轴环定位,右侧用套筒与轴承隔开并作轴向定位;齿轮和轴选用A型平键和间隙配合(H7/h6)作周向固定;两端轴承选用过渡配合(k6)作周向固定;左轴承靠轴肩和轴承盖,右轴承靠套筒和轴承盖作轴向定位。	

续表 12-19

计　算　与　说　明	结果
(2)径向尺寸确定。从轴段 $d_1=48$ mm 开始,逐段选取相邻轴段的直径,如图 12-42 所示,d_2起定位作用,定位轴肩高度 $h_{\min}$可在$(0.06\sim0.1)d_1$范围内选取,故 $d_2=d_1+2h\geqslant 48\times(1+2\times0.06)=53.76$ (mm),取 $d_2=54$ mm(若该处考虑毡圈密封,则 d_2 应根据毡圈取标准值),右轴颈直径按滚动轴承的标准取 $d_3=55$ mm;装齿轮的轴头直径取 $d_4=60$ mm;轴环高度 $h_{\min}\geqslant(0.07\sim0.1)d_4$,取 $h=4$ mm,故直径 $d_5=68$ mm,宽度 $b\approx1.4h=5.6$ mm,取 $b=7$ mm;左轴颈直径 d_7与右轴颈直径 d_3相同,即 $d_7=d_3=55$ mm;根据题意,轴承型号为 7211C,由附表 12-2 查得 $r=1.5$ mm,考虑到轴承的装拆,左轴颈与轴环间的轴段直径 $d_6=64$ mm。 (3)轴向尺寸的确定。与传动零件(如齿轮、带轮、联轴器等)相配合的轴段长度,一般略小于传动零件的轮毂宽度。根据齿轮宽度为 90 mm,取轴头长为 88 mm,以保证套筒与轮毂端面贴紧;7211C 轴承宽度由手册查得 21 mm,故左轴颈长亦取 21 mm,为使齿轮端面、轴承端面与箱体内壁均保持一定距离(图中分别取为 18 mm 和 5 mm),取套筒宽为 23 mm;轴穿过轴承盖部分的长度,根据箱体结构取 52 mm;轴外伸端长度根据联轴器尺寸取 70 mm。可得出两轴承的跨距为 $L=157$ mm	$d_1=48$ mm $d_2=54$ mm $d_3=55$ mm 轴承 7211C $d_4=60$ mm $d_5=68$ mm $d_6=64$ mm $d_7=55$ mm
4. 按弯扭组合校核轴的强度 (1)计算齿轮受力。 转矩 $T=9\ 550\dfrac{P}{n_2}=9\ 550\times\dfrac{13}{220}=564\ (\mathrm{N\cdot m})$	$T=564$ N · m
齿轮圆周力 $F_t=\dfrac{2\ 000T}{d_2}=\dfrac{2\ 000\times564}{269.1}=4\ 192\ (\mathrm{N})$	$F_t=4\ 192$ N
齿轮径向力 $F_r=F_t\dfrac{\tan\alpha_n}{\cos\beta}=4\ 192\dfrac{\tan20°}{\cos9°59'12''}\approx1\ 557\ (\mathrm{N})$	$F_r=1\ 557$ N
齿轮轴向力 $F_a=F_t\tan\beta=4\ 192\tan9°59'12''\approx739\ (\mathrm{N})$	$F_a=739$ N
(2)绘制轴的受力简图,如图 12-43 所示。 (3)计算支撑反力,如图 12-43(b)、(c)所示。 水平平面支撑反力为 $R_{HA}=R_{HB}=\dfrac{F_t}{2}=\dfrac{4\ 192}{2}=2\ 096\ (\mathrm{N})$	$R_{HA}=2\ 096$ N
垂直平面支撑反力 $R_{VA}=\dfrac{F_r\dfrac{L}{2}-F_a\dfrac{d_2}{2}}{L}=\dfrac{1\ 557\times\dfrac{157}{2}-739\times\dfrac{269.1}{2}}{157}=145\ (\mathrm{N})$	$R_{VA}=145$ N
$R_{VB}=F_r-R_{VA}=1\ 557-145=1\ 412\ (\mathrm{N})$	$R_{VB}=1\ 412$ N
(4)绘制弯矩图。 水平平面弯矩图如图 12-43(b)所示。C 截面处的弯矩为 $M_{HC}=R_{HA}\dfrac{L}{2}=2\ 096\times\dfrac{0.157}{2}=164.5\ (\mathrm{N\cdot m})$ 垂直平面弯矩图如图 12-43(c)所示。C 截面偏左处的弯矩为	$M_{HC}=164.5$ N · m

续表 12-19

计　算　与　说　明	结果
$$M'_{VC}=R_{VA}\frac{L}{2}=145\times\frac{0.157}{2}=11\ (\mathrm{N\cdot m})$$	
C 截面偏右处的弯矩为	$M'_{VC}=11\ \mathrm{N\cdot m}$
$$M''_{VC}=R_{VB}\frac{L}{2}=1\,412\times\frac{0.157}{2}=110.8\ (\mathrm{N\cdot m})$$	$M''_{VC}=110.8\ \mathrm{N\cdot m}$
作合成弯矩图,如图 12-43(d)所示。C 截面偏左的合成弯矩为	
$$M'_C=\sqrt{M_{HC}^2+{M'_{VC}}^2}=\sqrt{164.5^2+11^2}=165\ (\mathrm{N\cdot m})$$	$M'_C=165\ \mathrm{N\cdot m}$
C 截面偏右的合成弯矩为	
$$M''_C=\sqrt{M_{HC}^2+{M''_{VC}}^2}=\sqrt{164.5^2+110.8^2}=198\ (\mathrm{N\cdot m})$$	$M''_C=198\ \mathrm{N\cdot m}$
(5)作扭矩图,如图 12-43(e)所示。　$T=564\ \mathrm{N\cdot m}$	
(6)校核轴的强度。轴在截面 C 处的弯矩和扭矩最大,故为轴的危险截面,校核该截面直径。因是单向传动,扭矩可认为按脉动循环变化,故取 $\alpha=0.6$,危险截面的最大当量弯矩为	
$$M_e=\sqrt{{M''_C}^2+(\alpha T)^2}=\sqrt{198^2+(0.6\times564)^2}=392\ (\mathrm{N\cdot m})$$	$M_e=392\ \mathrm{N\cdot m}$
轴危险截面所需的直径为	
$$d_C\geqslant\sqrt[3]{\frac{M_e}{0.1[\sigma_b]_{-1}}}=\sqrt[3]{\frac{392\times10^3}{0.1\times55}}=41.5\ (\mathrm{mm})$$	$d_C=43.6\ \mathrm{mm}$
考虑到该截面上开有键槽,故将轴径增大 5%,即 $d_C=41.5\times1.05=43.6\ (\mathrm{mm})<60\ \mathrm{mm}$。	该轴的强度足够
结论:该轴强度足够。如所选轴承和键连接等经计算后确认寿命和强度均能满足,则该轴的结构无须修改	

5. 绘制轴的零件工作图

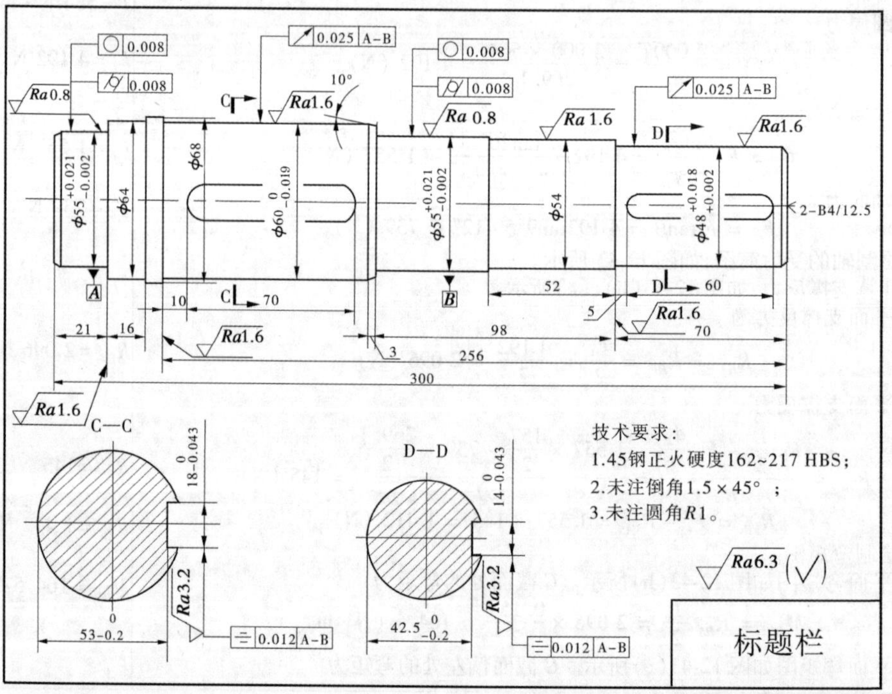

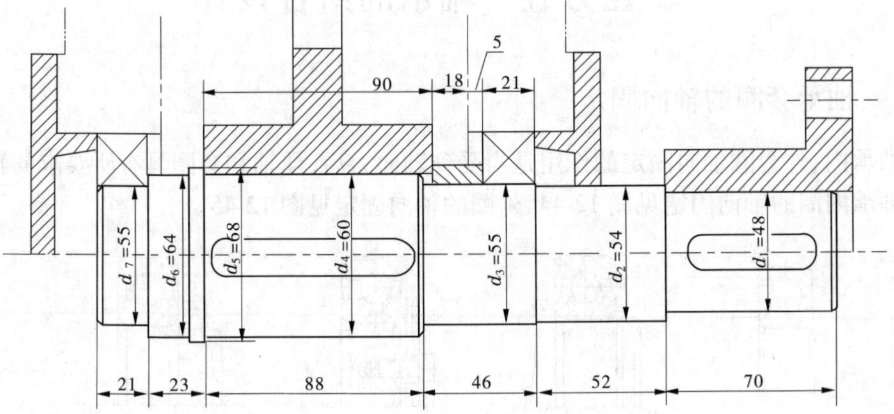

图 12-42　减速器的输出轴

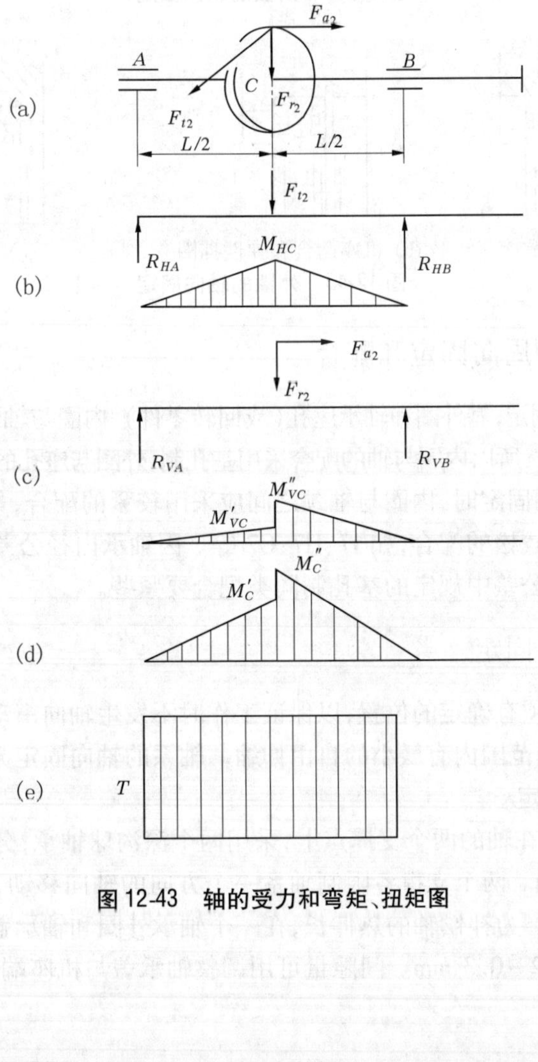

图 12-43　轴的受力和弯矩、扭矩图

任务五　轴承的组合设计

一、轴承套圈的轴向固定

轴承内、外套圈轴向固定的作用是当受到轴向力后,使轴和套圈具有所要求的轴向约束。轴承内圈的轴向固定见图 12-44,外圈的轴向固定见图 12-45。

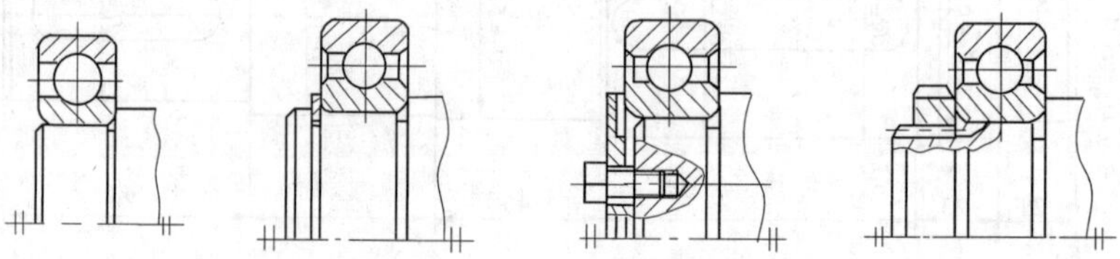

(a) 轴肩　(b) 轴肩和弹性挡圈　(c) 轴肩和轴端挡圈　(d) 轴肩和螺母

图 12-44　内圈的轴向固定

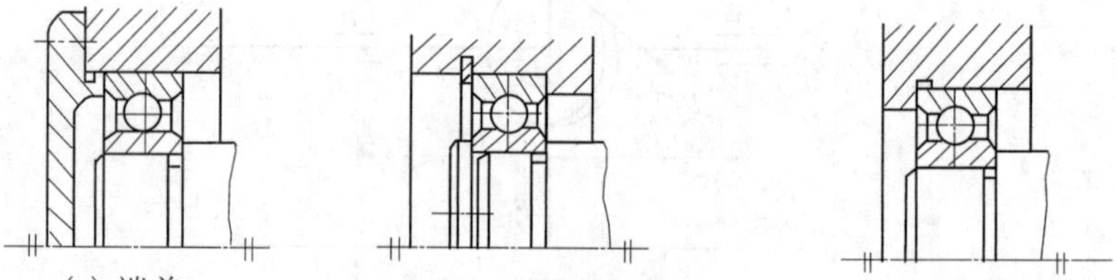

(a) 端盖　(b) 机座凸台和弹性挡圈　(c) 机座凸台

图 12-45　外圈的轴向固定

二、轴承套圈的周向固定和配合

轴承套圈的周向固定,靠外圈和轴承座孔(或回转零件)、内圈与轴颈之间的配合来保证。由于滚动轴承是标准件,所以内圈与轴的配合采用基孔制,外圈与座孔的配合采用基轴制。

当内圈旋转、外圈固定时,内圈与轴颈之间应采用较紧的配合,如 n6、m6、k6 等;外圈与轴承座孔之间应选较松的配合,如 J7、H7、G7 等。因轴承内径公差带在零线下方,故内圈与轴的配合比圆柱公差中规定的基孔制同类配合要紧些。

三、轴系的轴向固定

轴系在机器中必须有确定的位置,以保证工作时不发生轴向窜动,但同时为补偿轴的热伸长,又允许在适当范围内有微小的自由伸缩。轴系的轴向固定方式主要有两种。

(一)两端单向固定

如图 12-46 所示,在轴的两个支撑点上,采用两个深沟球轴承,分别利用轴肩、轴承端盖固定轴承内圈、外圈。两个支撑各限制轴系一个方向的轴向移动,对整个轴系而言,两个方向都受到了定位。为补偿轴的热伸长,在一个轴承外圈和轴承盖之间,留有轴向补偿间隙 Δ,通常取 $\Delta = 0.2 \sim 0.3$ mm。间隙量可用调整轴承盖与机座端面间的垫片厚度来控制。对于向心角接触轴承，补偿间隙可留在轴承内部，如图 12-46(b)所示。这种形式结构简单，安装调整方便，适用于支承跨距较小($l<300$ mm)和温差不大的场合。

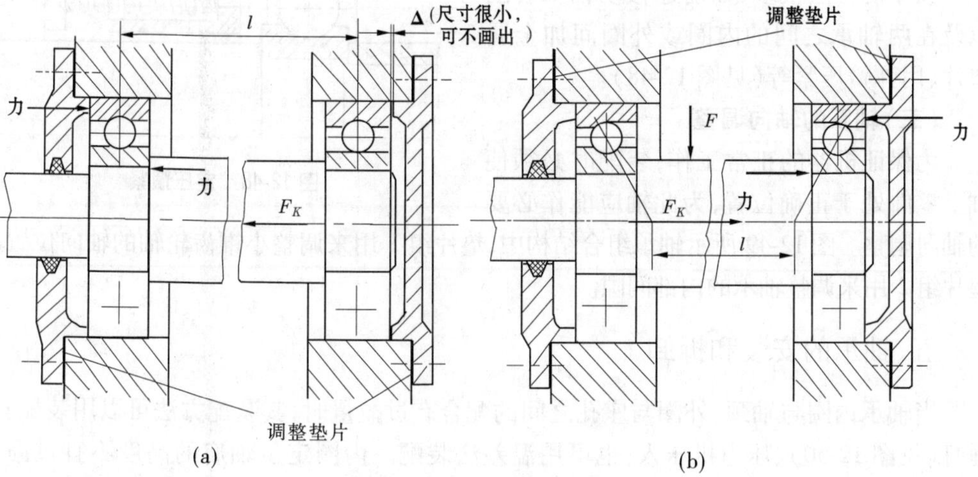

图 12-46　两端单向固定

（二）一端双向固定、一端游动

如图 12-47 所示，一个支点处的轴承内、外圈双向固定，另一个支点处的轴承可以轴向游动，以适应轴的热伸长。图中游动端为深沟球轴承，在轴承外圈与端盖间留适当间隙 $C(C=2\sim3$ mm)。这种固定方式适用于跨距较大、温差较大的轴。

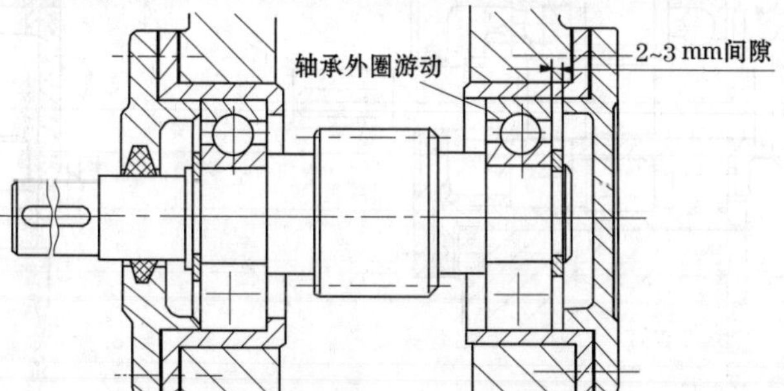

图 12-47　一端双向固定、一端游动

四、轴系的调整

（一）轴承游隙的调整

向心角接触轴承的游隙在制造时已确定，有些轴承装配时可通过移动轴承套圈位置来调整轴承游隙。

移动轴承套圈、调整轴承游隙的方法有增减轴承盖与机座间垫片厚度、用螺纹调整等。

（二）轴承的预紧

在安装时采取某种措施，让滚动体和内、外圈之间产生一定量的预变形，使轴承中保持一定的轴向力,消除轴承内部游隙,提高轴承刚度,从而提高运转精度,减少振动和噪声。

预紧的方法很多,如前述移动轴承套圈以及在两轴承之间的内圈或外圈间加金属垫片、用弹簧压紧等(见图 12-48)。

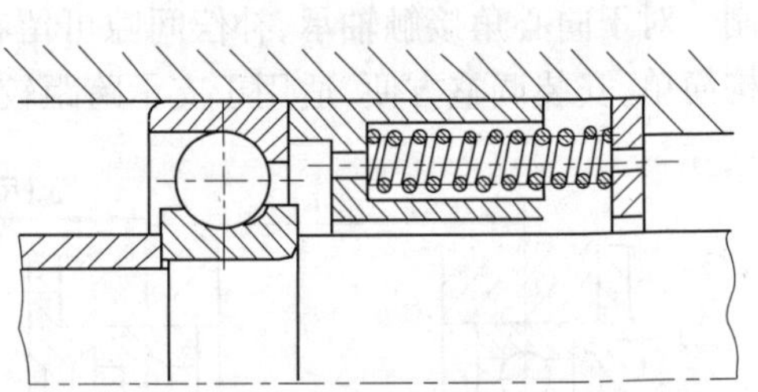

图 12-48　定压预紧

(三)轴系的轴向调整

为保证机器的正常工作,装配时必须使轴上零件处于正确位置,为此轴应能作必要的轴向调整。图 12-49 所示轴承组合结构中,垫片组 1 用来调整小锥齿轮轴的轴向位置,而垫片组 2 用来调整轴承的内部间隙。

五、轴承的安装和拆卸

当轴承内圈与轴颈、外圈与座孔之间的配合有过盈量时,其装配方法可以用装配套管锤打(见图 12-50)、压力机压入,也可用温差法装配。内圈定位轴肩的高度不宜过高,否则拆卸拉模的钩头就无法钩住内圈端面(见图 12-51);或在轴肩上开槽,以便拆卸内圈时放入拆卸器的钩头(见图 12-52);同理,外圈定位凸台高度应合理(见图 12-53),或在凸台处开孔,以便拆卸。

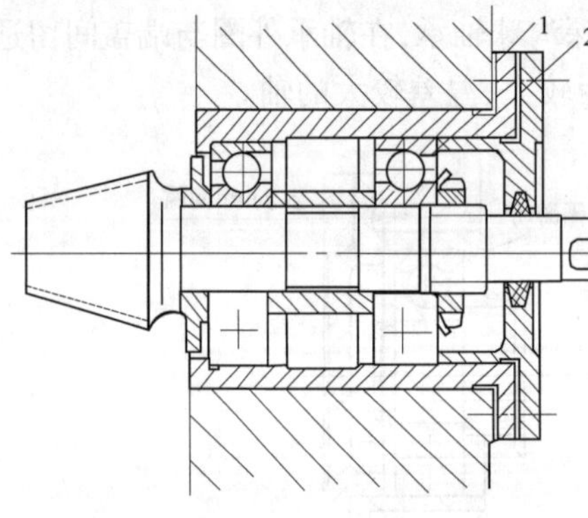

图 12-49　锥齿轮轴系

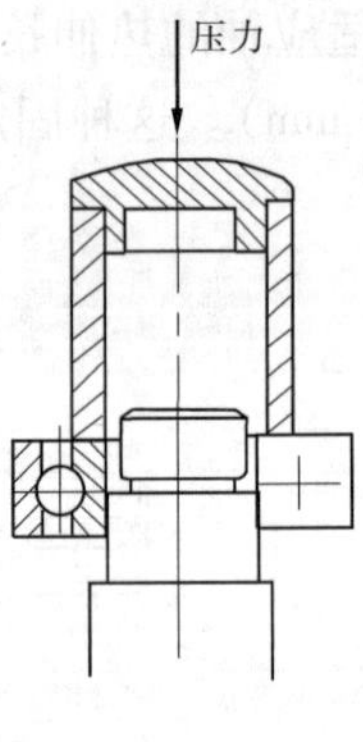

图 12-50　轴承装配

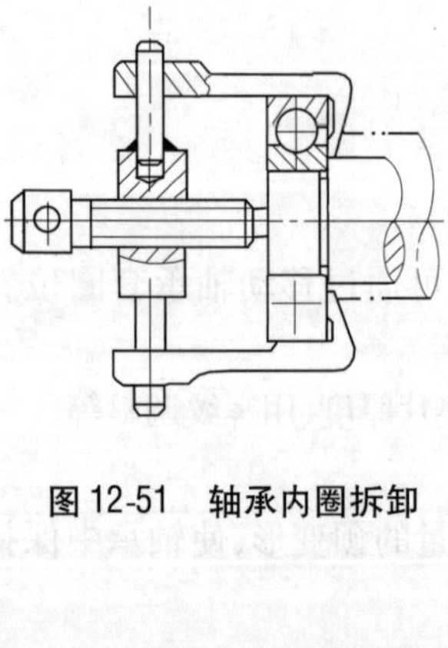

图 12-51　轴承内圈拆卸

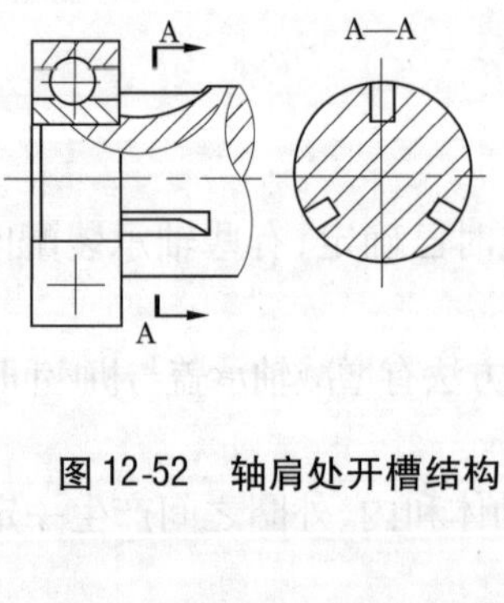

图 12-52　轴肩处开槽结构

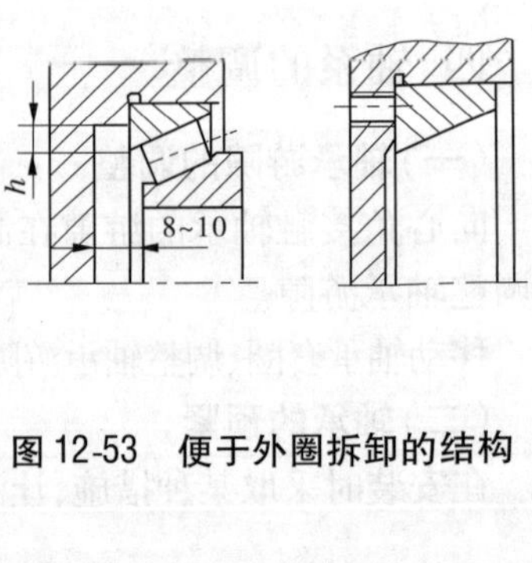

图 12-53　便于外圈拆卸的结构

六、滚动轴承的润滑、密封

滚动轴承的润滑剂一般按轴承内径 d 与转速 n 的乘积来选择。当 $dn < 2\times10^5$ 时采用脂润滑。润滑脂的填充量要适当，过多将会导致摩擦加剧，温度升高，黏度下降，影响正常工作。因此，润滑脂的填充量一般不超过轴承空间的1/3～1/2。

高速和较高温度的场合，应优先选用油润滑。当载荷大、工作温度高时，选用黏度高的油；而转速高时，则应选用黏度低的油。根据工作温度和 dn 值，由图 12-54 选润滑油的黏度，再从表 12-2中选用润滑油的牌号。

密封的目的是阻止润滑剂流失，防止灰尘、水分等的侵入而加速轴承的磨损与锈蚀。密封方式主要分接触式、非接触式和组合式三类，见表 12-20。

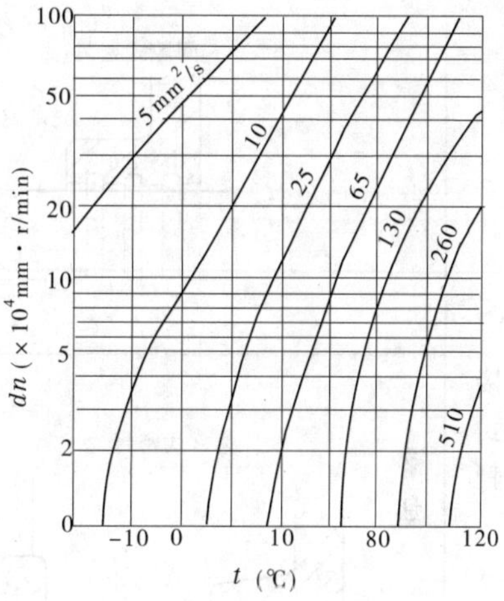

图 12-54　润滑油黏度选择

表 12-20　滚动轴承的常用密封方式

密封类型	图例	适用场合	说明
接触式密封	毡圈式密封 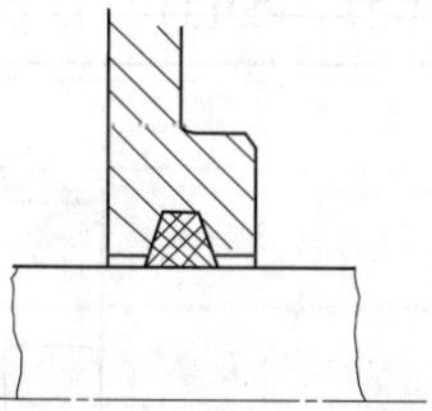	脂润滑。要求环境清洁，轴颈圆周速度 v 不大于 4～5 m/s，工作温度不超过 90 ℃	矩形截面的毛毡圈被安装在梯形槽内，它对轴产生一定的压力而起到密封作用
	皮碗式密封 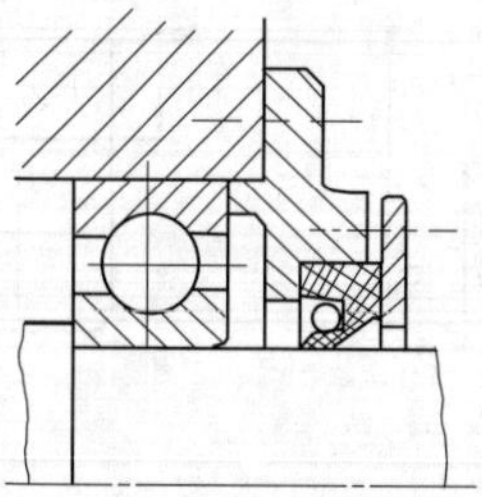	脂或油润滑。圆周速度 v < 7 m/s，工作温度范围 -40～100 ℃	皮碗用皮革或耐油橡胶制成，有的具有金属骨架，有的没有骨架，皮碗是标准件。左图密封唇朝里，目的是防漏油；若密封唇朝外，则主要目的是防灰尘、杂质进入

续表 12-20

密封类型	图例	适用场合	说明
非接触式密封	间隙式密封 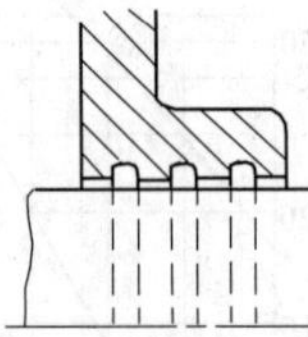	脂润滑。环境干燥清洁	靠轴与盖间的细小环形间隙密封,间隙愈小愈长,效果愈好,间隙 δ 取 0.1 ~ 0.3 mm,开有油沟时效果更好
	迷宫式密封 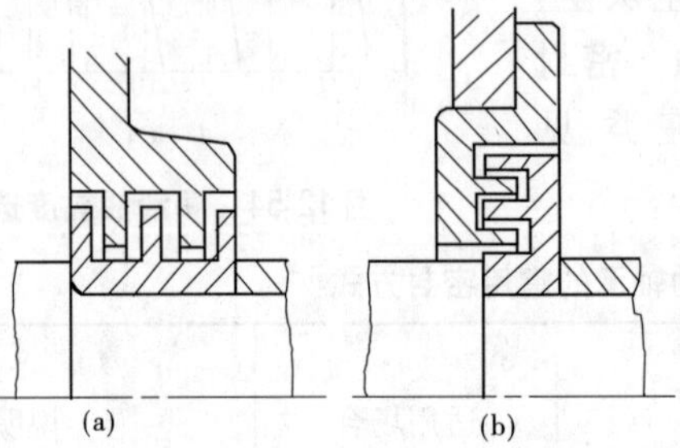	脂润滑或油润滑。工作温度不高于密封用脂的滴点。这种密封效果可靠	将旋转件与静止件之间间隙做成迷宫(曲路)形式,在间隙中充填润滑油或润滑脂以加强密封效果。图(a)为轴向曲路,因考虑到轴要伸长,轴向间隙应大些,取 1.5 ~ 2 mm;图(b)为径向曲路,径向间隙不大于 0.1 ~ 0.2 mm

附表 12-1　深沟球轴承(GB/T 276—2013)

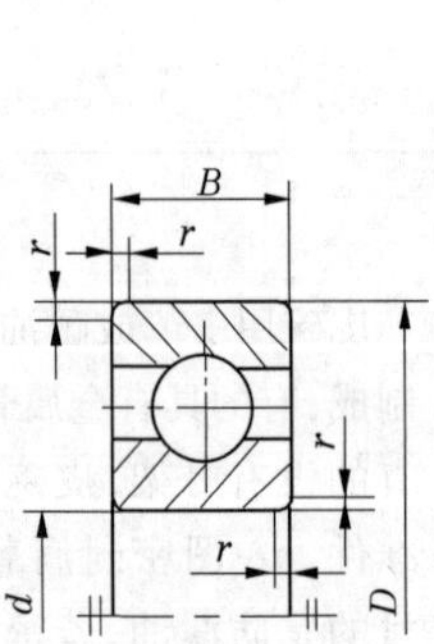

标准外形

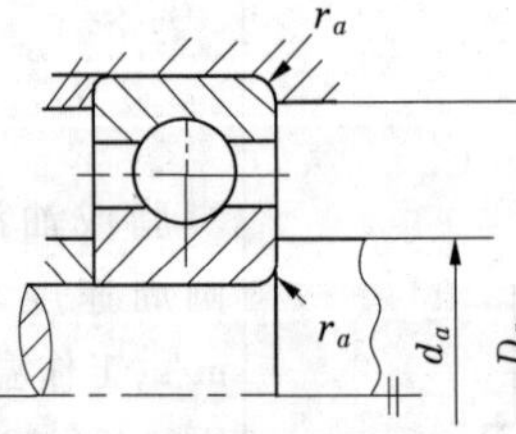

安装尺寸

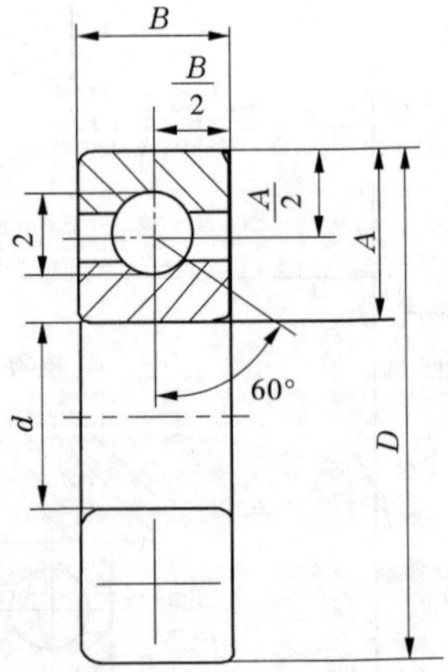

简化画法

续附表 12-1

轴承代号	基本尺寸(mm)				安装尺寸(mm)			基本额定动载荷	基本额定静载荷
	d	D	B	r_{min}	d_{amin}	D_{amax}	r_{amax}	C(kN)	C_{or}(kN)
6004	20	42	12	0.6	25	37	0.6	9.38	5.02
6204		47	14	1.0	26	41	1.0	12.80	6.65
6304		52	15	1.1	27	45	1.0	15.80	7.88
6404		72	19	1.1	27	65	1.0	31.00	15.20
6005	25	47	12	0.6	30	42	0.6	10.00	5.85
6205		52	15	1.0	31	46	1.0	14.00	7.88
6305		62	17	1.1	32	55	1.0	22.20	11.50
6405		80	21	1.5	34	71	1.5	38.20	19.20
6006	30	55	13	1.0	36	49	1.0	13.20	8.30
6206		62	16	1.0	36	56	1.0	19.50	11.50
6306		72	19	1.1	37	65	1.0	27.00	15.20
6406		90	23	1.5	39	81	1.5	47.50	24.5
6007	35	62	14	1.0	41	56	1.0	16.20	10.50
6207		72	17	1.1	42	65	1.0	25.50	15.20
6307		80	21	1.5	44	71	1.5	33.20	19.20
6407		100	25	1.5	44	91	1.5	56.80	29.50
6008	40	68	15	1.0	46	62	1.0	17.00	11.80
6208		80	18	1.1	47	73	1.0	29.50	18.00
6308		90	23	1.5	49	81	1.5	40.80	24.00
6408		110	27	2.0	50	100	2.0	65.50	37.50
6009	45	75	16	1.0	51	69	1.0	21.10	14.80
6209		85	19	1.1	52	78	1.0	31.50	20.50
6309		100	25	1.5	54	91	1.5	52.80	31.80
6409		120	29	2.0	55	110	2.0	77.50	45.50
6010	50	80	16	1.0	56	74	1.0	22.00	16.20
6210		90	20	1.1	57	83	1.0	35.00	23.20
6310		110	27	2.0	60	100	2.0	61.80	38.00
6410		130	31	2.1	62	118	2.1	92.20	55.20
6011	55	90	18	1.1	62	83	1.0	30.20	21.80
6211		100	21	1.5	64	91	1.5	43.20	29.20
6311		120	29	2.0	65	110	2.0	71.50	44.80
6411		140	33	2.1	67	128	2.1	100.00	62.50

续附表 12-1

轴承代号	基本尺寸(mm)				安装尺寸(mm)			基本额定动载荷 C(kN)	基本额定静载荷 C_{or}(kN)
	d	D	B	r_{min}	d_{amin}	D_{amax}	r_{amax}		
6012	60	95	18	1.1	67	88	1.0	31.50	24.20
6212		110	22	1.5	69	101	1.5	47.80	32.80
6312		130	31	2.1	72	118	2.1	81.80	51.80
6412		150	35	2.1	72	138	2.1	108.00	70.00
6013	65	100	18	1.1	72	93	1.0	32.00	24.80
6213		120	23	1.5	74	111	1.5	57.20	40.00
6313		140	33	2.1	77	128	2.1	93.80	60.50
6413		160	37	2.1	77	148	2.1	118.00	78.50
6014	70	110	20	1.1	77	103	1.0	38.50	30.50
6214		125	24	1.5	79	116	1.5	60.80	45.00
6314		150	35	2.1	82	138	2.1	105.00	68.00
6414		180	42	3.0	84	166	2.5	140.00	99.50
6015	75	115	20	1.1	82	108	1.0	40.20	33.20
6215		130	25	1.5	84	121	1.5	66.00	49.50
6315		160	37	2.1	87	148	2.1	112.00	76.80
6415		190	45	3.0	89	176	2.5	155.00	115.00

注:1. 摘自 GB/T 276《滚动轴承　深沟球轴承　外形尺寸》;

2. 表中 r_{min} 为 r 的单向最小倒角尺寸,r_{amax} 为 r_a 的单向最大倒角尺寸。

附表 12-2　角接触球轴承(GB/T 292—2007)

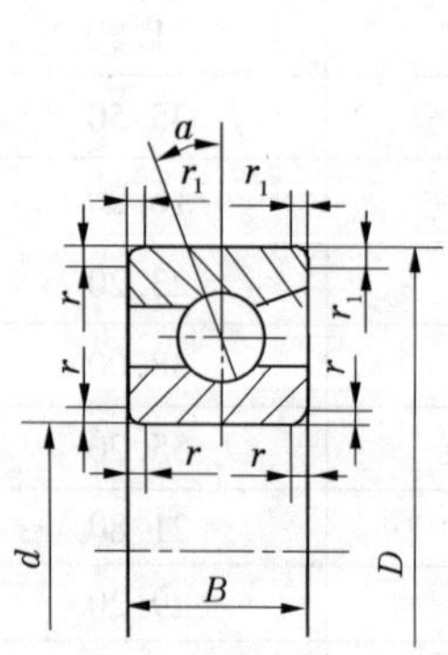

标准外形

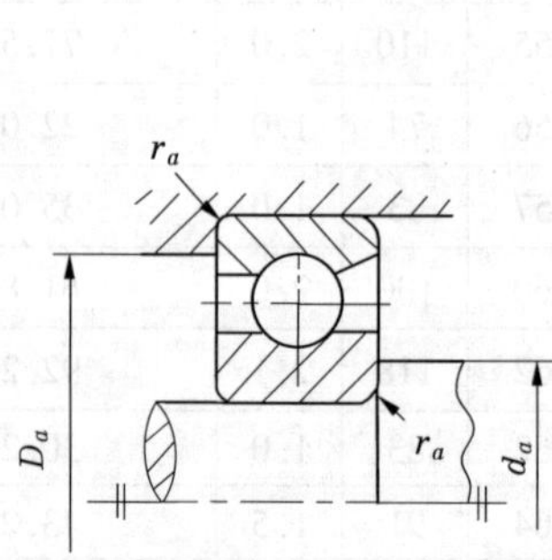

安装尺寸

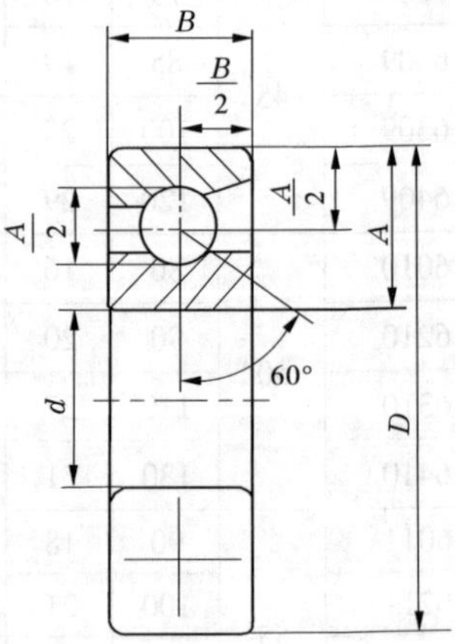

简化画法

续附表 12-2

轴承代号	基本尺寸(mm)					安装尺寸(mm)			基本额定动载荷	基本额定静载荷
	d	D	B	$r_{\min}$	$r_{1\min}$	$d_{a\min}$	$D_{a\max}$	$r_{a\max}$	C(kN)	C_{or}(kN)
7204C	20	47	14	1.0	0.3	26	41	1.0	14.50	8.22
7204AC									14.00	7.82
7204B									14.00	7.85
7205C	25	52	15	1.0	0.3	31	46	1.0	16.50	10.50
7205AC									15.80	9.88
7205B									15.80	9.45
7305B		62	17	1.1	0.6	32	55	1.0	26.20	15.20
7206C	30	62	16	1.0	0.3	36	56	1.0	23.00	15.00
7206AC									22.00	14.20
7206B									20.50	13.80
7306B		72	19	1.1	0.6	37	65	1.0	31.00	19.20
7207C	35	72	17	1.1	0.6	42	65	1.0	30.50	20.00
7207AC									29.00	19.20
7207B									27.00	18.80
7307B		80	21	1.5	0.6	44	71	1.5	38.20	24.50
7208C	40	80	18	1.1	0.6	47	73	1.0	36.80	25.80
7208AC									35.20	24.50
7208B									32.50	23.50
7308B		90	23	1.5	0.6	49	81	1.5	46.20	30.50
7408B	40	110	27	2.0	1.0	50	100	2.0	67.00	47.50
7209C	45	85	19	1.1	0.6	52	78	1.0	38.50	28.50
7209AC									36.80	27.20
7209B									36.00	26.20
7309B		100	25	1.5	0.6	54	91	1.5	59.50	39.80
7210C	50	90	20	1.1	0.6	57	83	1.0	42.80	32.00
7210AC									40.80	30.50
7210B									37.50	29.00
7310B		110	27	2.0	1.0	60	100	2.0	68.20	48.00
7211C	55	100	21	1.5	0.6	64	91	1.5	52.80	40.50
7211AC									50.50	38.50
7211B									46.20	36.00
7311B		120	29	2.0	1.0	65	110	2.0	78.80	56.50

续附表 12-2

轴承代号	基本尺寸(mm)					安装尺寸(mm)			基本额定动载荷	基本额定静载荷
	d	D	B	r_{min}	r_{1min}	d_{amin}	D_{amax}	r_{amax}	C(kN)	C_{or}(kN)
7212C									61.00	48.50
7212AC	60	110	22	1.5	0.6	69	101	1.5	58.20	46.20
7212B									56.00	44.50
7312B		130	31	2.1	1.1	72	118	2.1	90.00	66.30
7213C									69.80	55.20
7213AC	65	120	23	1.5	0.6	74	111	1.5	66.50	52.50
7213B									62.50	50.20
7313B		140	33	2.1	1.1	77	128	2.1	102.00	77.80
7214C									70.20	60.00
7214AC	70	125	24	1.5	0.6	79	116	1.5	69.20	57.50
7214B									70.20	57.20
7314B		150	35	2.1	1.1	82	138	2.1	115.00	87.20
7215C	75								79.20	65.80
7215AC		130	25	1.5	0.6	84	121	1.5	75.20	63.00
7215B									72.80	62.00
7315B		160	37	2.1	1.1	87	148	2.1	125.00	98.50

注:1. 摘自 GB/T 292《滚动轴承　角接触球轴承　外形尺寸》。

2. 表中 r_{min}、r_{1min} 分别为 r、r_1 的单向最小倒角尺寸。r_{amax} 为 r_a 的单向最大倒角尺寸。

3. 轴承代号中的 C、AC、B 分别代表轴承接触角 $\alpha=15°$、25°、40°。

附表 12-3　圆锥滚子轴承(GB/T 297—2015)

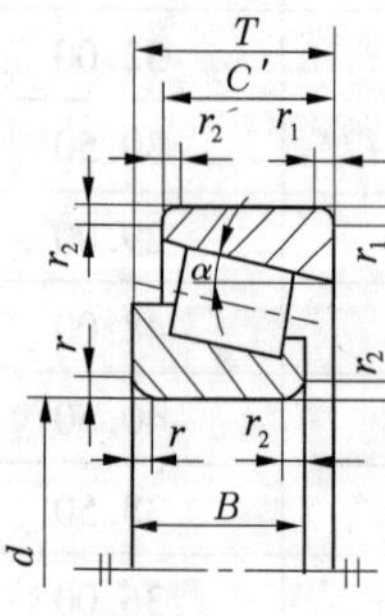

标准外形

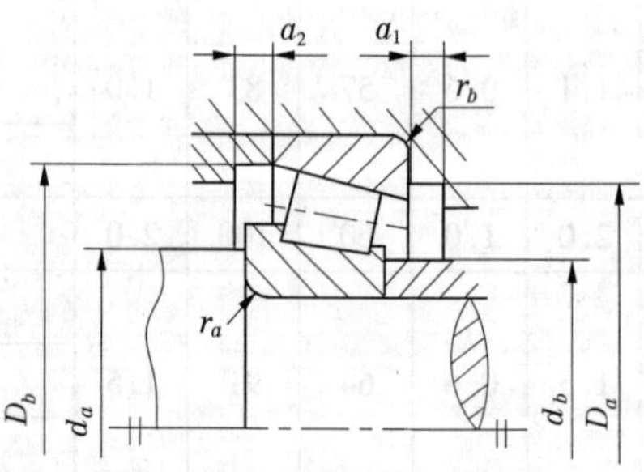

安装尺寸

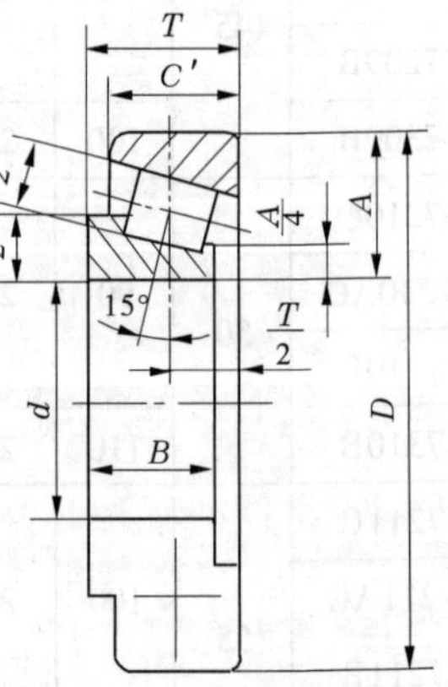

简化画法

续附表 12-3

轴承代号	基本尺寸(mm)					安装尺寸(mm)				基本额定动载荷	基本额定静载荷	计算系数		
	d	D	T	B	C'	d_a	d_b	D_a	D_b	C(kN)	C_{or}(kN)	e	Y	Y_o
30204	20	47	15.25	14	12	26	27	41	43	28.2	30.5	0.35	1.7	1.0
30304		52	16.25	15	13	27	28	45	48	33.0	33.2	0.3	2.0	1.1
30205	25	52	16.25	15	13	31	31	46	48	32.2	37.0	0.37	1.6	0.9
30305		62	18.25	17	15	32	34	55	58	46.8	48.0	0.3	2.0	1.1
30206	30	62	17.25	16	14	36	37	56	58	43.2	50.5	0.37	1.6	0.9
30306		72	20.75	19	16	37	40	65	66	59.0	63.0	0.31	1.9	1.0
30207	35	72	18.25	17	15	42	44	65	67	54.2	63.5	0.37	1.6	0.9
30307		80	22.75	21	18	44	45	71	74	75.2	82.5	0.31	1.9	1.0
30208	40	80	19.75	18	16	47	49	73	75	63.0	74.0	0.37	1.6	0.9
30308		90	25.25	23	20	49	52	81	84	90.8	108.0	0.35	1.7	1.0
30209	45	85	20.75	19	16	52	53	78	80	67.8	83.5	0.4	1.5	0.8
30309		100	27.75	25	22	54	59	91	94	108.0	130.0	0.35	1.7	1.0
30210	50	90	21.75	20	17	57	58	83	86	73.2	92.0	0.42	1.4	0.8
30310		110	29.25	27	23	60	65	100	103	130.0	158.0	0.35	1.7	1.0
30211	55	100	22.75	21	18	64	64	91	95	90.8	115.0	0.4	1.5	0.8
30311		120	31.50	29	25	65	70	110	112	152.0	188.0	0.35	1.7	1.0
30212	60	110	23.75	22	19	69	69	101	103	102.0	130.0	0.4	1.5	0.8
30312		130	33.50	31	26	72	76	118	121	170.0	210.0	0.35	1.7	1.0
30213	65	120	24.75	23	20	74	77	111	114	120.0	152.0	0.4	1.5	0.8
30313		140	36.0	33	28	77	83	128	131	195.0	242.0	0.35	1.7	1.0
30214	70	125	26.25	24	21	79	81	116	119	132.0	175.0	0.42	1.4	0.8
30314		150	38.0	35	30	82	89	138	141	218.0	272.0	0.35	1.7	1.0
30215	75	130	27.25	25	22	84	85	121	125	138.0	185.0	0.44	1.4	0.8
30315		160	40.0	37	31	87	95	148	150	252.0	318.0	0.35	1.7	1.0

注：摘自 GB/T 297《滚动轴承　圆锥滚子轴承　外形尺寸》。

习题十二

12-1　根据结构特点，滑动轴承分哪几类？各有什么特点？

12-2　常用的轴瓦材料有哪几种？轴承合金为什么只能做轴衬？

12-3　轴瓦上为什么要开油槽？开油槽时应注意哪些问题？

12-4　选择滚动轴承时应考虑哪些因素？

12-5　说明下列滚动轴承代号的含义：

6201　　71311C　　7308AC　　610/32　　30308/P6X

12-6　选择滚动轴承配合的一般原则是什么？

12-7　滚动轴承的内、外圈如何实现轴向和周向固定？

12-8　轴系的固定方式有几种？适用于什么场合？

12-9　轴上零件最常用的轴向固定方法是什么？

12-10　滚动轴承为什么要进行润滑和密封？常用的润滑剂和密封装置有哪些？

12-11　按照轴的承载情况，轴可分为哪几类？

12-12　有一7208AC轴承，受径向载荷 $F_r = 7\ 500$ N，轴向载荷 $F_a = 1\ 450$ N，工作转速 $n = 120$ r/min，载荷轻度冲击。计算该轴承的工作寿命。

12-13　某传动装置中的一深沟球轴承，其径向载荷 $F_r = 1\ 500$ N，轴向载荷 $F_a = 550$ N，转速 $n = 1\ 400$ r/min，轴颈 $d = 50$ mm，要求寿命 $L_h = 8\ 000$ h，载荷有中等冲击。试选择此轴承的型号。

12-14　一齿轮轴上装有一对型号为30209的轴承(正装)，已知轴向力 $F_k = 5\ 000$ N，方向向右，$F_{r1} = 8\ 000$ N，$F_{r2} = 6\ 000$ N。试计算两轴承上的轴向载荷。

12-15　某矿山机械轴承组合形式如图12-55所示。已知轴向力 $F_k = 2\ 000$ N，径向力 $F_{r1} = 3\ 000$ N，$F_{r2} = 4\ 000$ N，转速 $n = 1\ 450$ r/min，中等冲击，工作温度不超过100 ℃，要求轴承使用寿命 $L_h = 5\ 000$ h，问采用30310轴承是否适用？

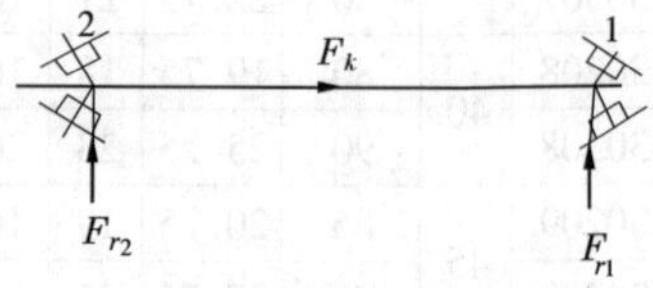

图12-55

12-16　一常温下工作的蜗杆，轴颈 $d = 40$ mm，转速 $n = 220$ r/min，径向载荷 $F_{r1} = 2\ 000$ N，$F_{r2} = 2\ 550$ N，蜗杆的轴向力 $F_k = 800$ N，方向向右，轴承对称布置，要求两班制工作5年，有轻微冲击。拟从角接触球轴承、圆锥滚子轴承中选择，试确定轴承型号，并判定哪种方案最佳。

12-17　一减速器的输出轴端装一刚性凸缘联轴器，已知传递的最大转矩 $T = 400$ N·m(设为静载荷)。联轴器材料为铸铁，轮毂长 $L_1 = 75$ mm，孔径 $D = 50$ mm。试选择联轴器与轴的平键连接的类型和尺寸，并校核其强度。

12-18　如图12-56所示轴头安装钢制直齿圆柱齿轮，工作时有轻微冲击，试确定键的尺寸及传递的最大转矩。

12-19　如图12-57所示钢制直齿圆柱齿轮，用销固定在 $d_2 = 30$ mm 的轴端，轮毂外径 $d_1 = 50$ mm，轴传递转矩 $T = 70$ N·m，轴为单向回转，载荷平稳。试选择销的类型和材料，决定其尺寸，并校核强度。

12-20　如果普通平键连接经校核强度不够，可采取哪些措施来解决？

12-21　指出图12-58中轴的结构错误，并画出改正后的结构图。

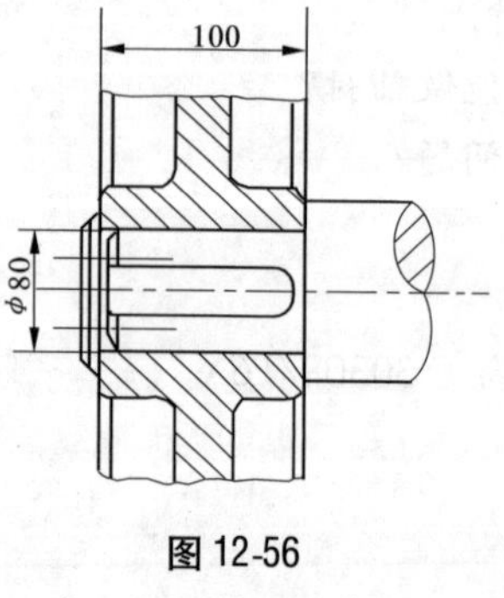

图12-56

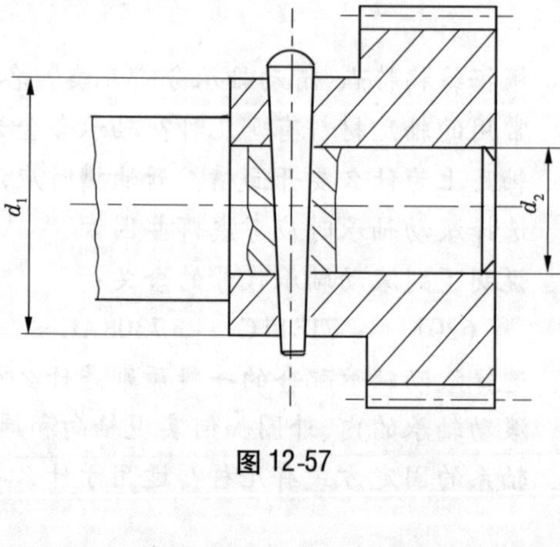

图12-57

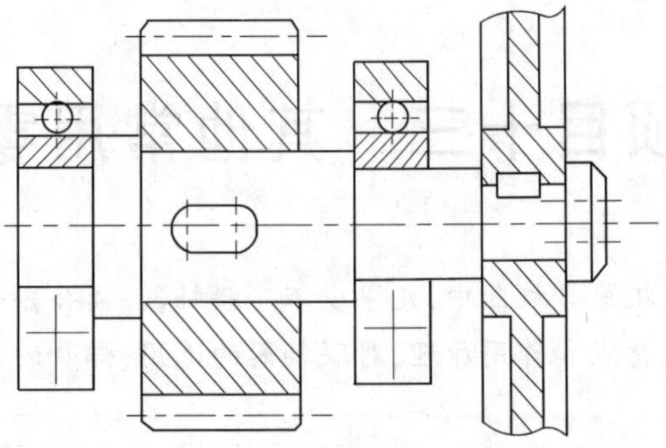

图 12-58

实训十 轴的设计计算

1. 实训目的

通过轴的结构设计，了解轴的结构特点和结构工艺性，熟悉轴的结构，明确轴系的功用；分析轴系零部件的装配方案，掌握轴上零件的拆装、定位、固定和调整方法。通过轴系结构的分析，巩固和扩展相关知识。

2. 实训内容和要求

(1)根据给定轴上各零件的结构及位置(见图 12-59)，设计该轴的结构并定出各段轴的直径。

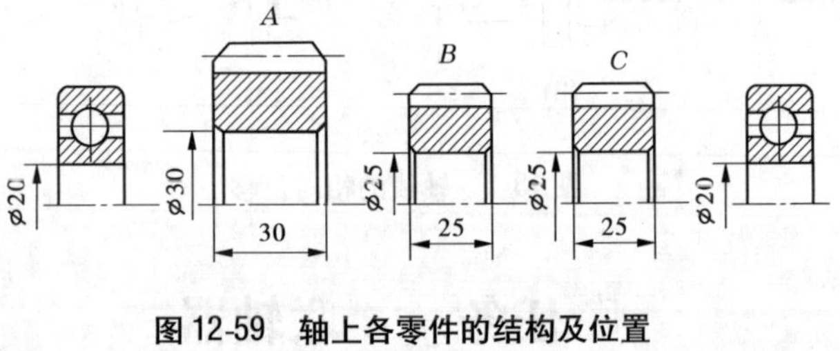

图 12-59 轴上各零件的结构及位置

(2)设轴的材料为 45 钢调质，轴上装有三个齿轮(见图 12-59)。主动轮 A 的输入功率 $P_A = 6$ kW，两个从动轮输出功率分别为 $P_B = 4$ kW，$P_C = 2$ kW，轴的转速 $n = 950$ r/min。要求作出轴的扭矩图，并校核轴的扭转强度。若轴的扭转强度不够，则改变输入轮与输出轮的位置，重新作轴的扭矩图和校核轴的扭转强度。

3. 实训过程(参考实训例 12-5)

(1)观察轴上各零件的结构、每个零件所处的位置及相互关系，明确轴系功用。

(2)分析确定轴上零件的装配顺序，确定轴上零件的配合性质以及零件在轴上的定位和固定方法。

(3)绘出轴的结构图，根据零件的轴向定位方法，确定并标注各轴径尺寸。

(4)校核轴的扭转强度。

(5)分析改变装配方案对轴的结构产生的影响。

项目十三　其他常用零部件

案例导入:在车辆、机床等机器中,几乎少不了联轴器、离合器和弹簧。本项目简单介绍了它们的类型、结构、特点和作用原理,对联轴器的选用、弹簧的几何尺寸设计计算作了详细介绍。

联轴器和离合器是机械传动中常用的部件,主要用于连接两轴,使其一同旋转并传递转矩,有时也可用做安全装置。联轴器和离合器不同之处是:用联轴器连接的两轴,在机械运转时两轴是不能脱开的,只有在机械停车时才能将连接拆开,使两轴分离。离合器可以根据工作需要,在机械运转时随时使两轴脱开或结合,而不必停车。

联轴器所连接的两轴,由于制造和安装误差以及承载后变形和热变形等影响,往往不能保证严格的对中,两轴将会产生某种形式的相对位移误差,如图13-1所示。图13-1(a)所示为轴向位移误差,图13-1(b)所示为径向位移误差,图13-1(c)所示为角位移误差,图13-1(d)所示为综合位移误差。这就要求联轴器在结构上具有补偿能力。

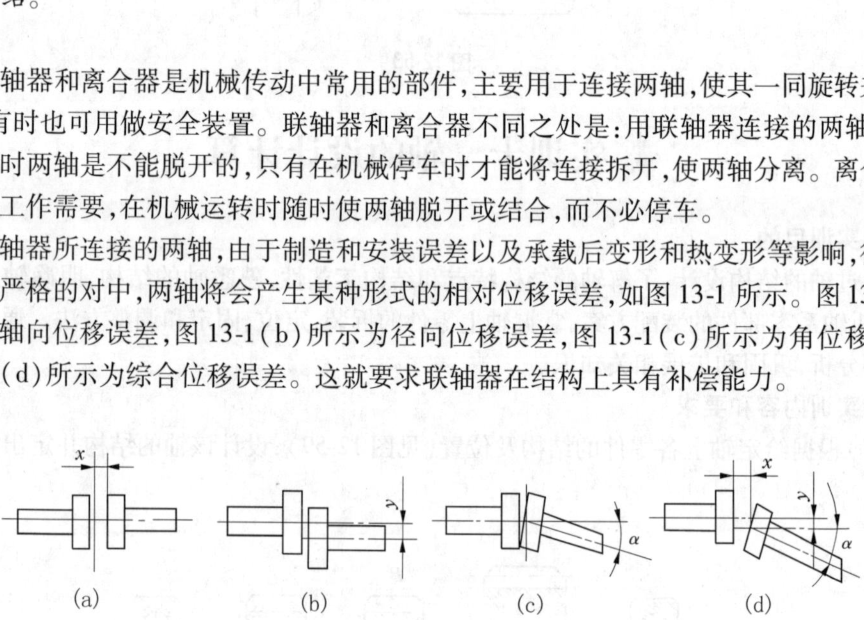

图13-1　轴线的相对位移

任务一　联轴器

一、联轴器的分类

根据工作性能,联轴器可分为刚性联轴器和弹性联轴器两大类。刚性联轴器又有固定式和可移动式两种。固定式刚性联轴器构造简单,但要求被连接的两轴严格对中,而且在运转时不得有任何的相对移动。可移动式刚性联轴器则可补偿两轴在工作中发生的一定限度的相对移动。弹性联轴器中有弹性元件,所以具有缓冲、吸振的功能和适应轴线偏移的能力。

二、常用联轴器的结构和特点

(一)凸缘联轴器

如图13-2所示,凸缘联轴器由两个带凸缘的半联轴器用螺栓连接而成。半联轴器用键与两轴相连接。图 13-2(a)所示为两半联轴器用铰制孔螺栓连接,靠孔与螺栓对中,拆装方便,传递转矩大。图 13-2(b)所示的两半联轴器靠凸榫对中,用普通螺栓连接,对中精度高,但装拆时轴必须作轴向移动。

凸缘联轴器结构简单,价格低廉,能传递较大的转矩,但不能补偿两轴线的相对位移,也不能缓冲减振,故只适用于两轴能严格对中、载荷平稳的场合。

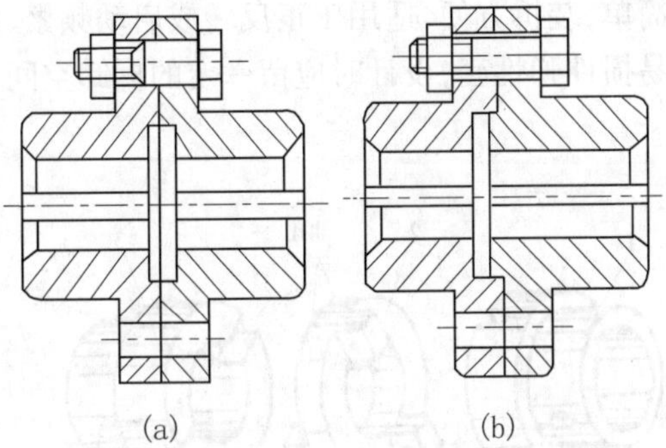

图 13-2　凸缘联轴器

(二)套筒联轴器

如图 13-3 所示，套筒联轴器利用套筒将两轴套接，然后用键或销将套筒和轴连接。其结构简单,制造容易,径向尺寸小,但两轴线要求严格对中,装拆时必须作轴向移动,适用于工作平稳、启动频繁的传动中。此种联轴器尚无标准,需要自行设计。其结构尺寸推荐:$D=(1.5\sim2)d$,$L=(2.8\sim4)d$。

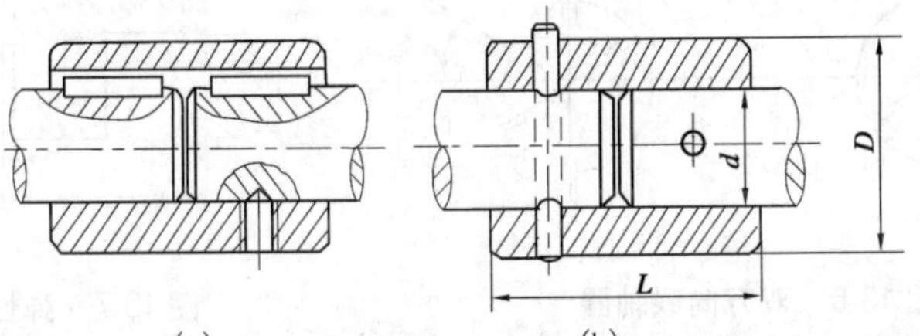

图 13-3　套筒联轴器

(三)滑块联轴器

图 13-4 所示滑块联轴器由两个带有凹槽的半联轴器 1、3 和两面带有凸块的中间盘 2 组成,半联轴器 1、3 分别与主、从动轴连接成一体,实现两轴的连接,凸块与凹槽相互嵌合并作相对移动可补偿径向偏移。该联轴器结构简单,径向尺寸小。中间盘用尼龙做成,可减少转动时中间盘偏心产生的离心力并起缓冲作用。滑块联轴器适用于两轴径向偏移较大、低速无冲击的场合。

(四)十字轴万向联轴器

如图 13-5 所示,十字轴万向联轴器由两个叉形接头 1、3 和一个十字轴 2 组成。它利用叉形接头与十字轴之间构成的转动副,使被连接的两轴线能成任意角度 α,一般 α 可达 35°~45°。当十字轴万向联轴器单个使用且主动轴以等角速度转动时,从动轴作变角速度回转,造成在传动中产生附加动载荷。为此,常将十字轴万向联轴器成对使用,如图 13-6所示。要获得等角速度效果,在安装时各轴的相互位置必须满足:①主、从动轴与中间轴夹角相等,即 $\alpha_1=\alpha_3$;②中间轴两端的叉形平面必须位于同一平面内。应该注意到,这样安装后虽然获得输入轴和输出轴的等角速度转动,但中间轴 2 仍然是不等角速度的。

(五)弹性套柱销联轴器

如图 13-7 所示,弹性套柱销联轴器的构造与凸缘联轴器相似,不同之处是,用带有弹性套的柱销代替了螺栓连接,可利用弹性套的变形补偿两轴间的位移,缓冲和吸振。它制造简单,装拆方便,适用于正反转或启动频繁、载荷平稳、中小转矩的轴的连接。为便于更换易损件弹性套,设计时应留一定的拆卸空间 B。

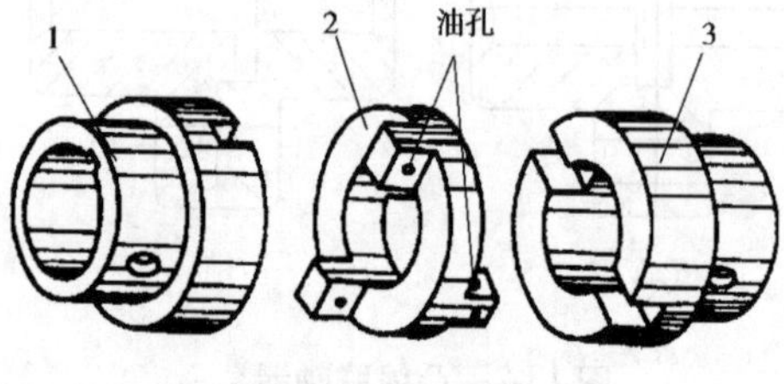

图 13-4 滑块联轴器

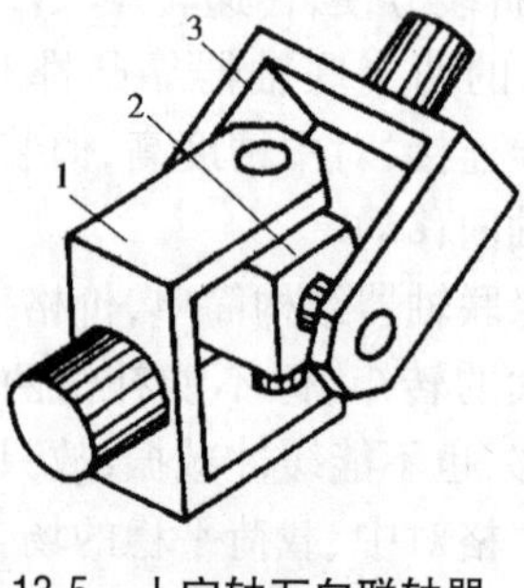

图 13-5 十字轴万向联轴器

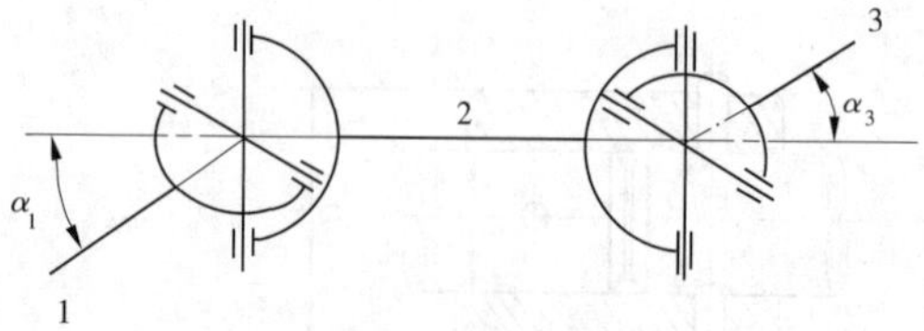

图 13-6 双万向联轴器

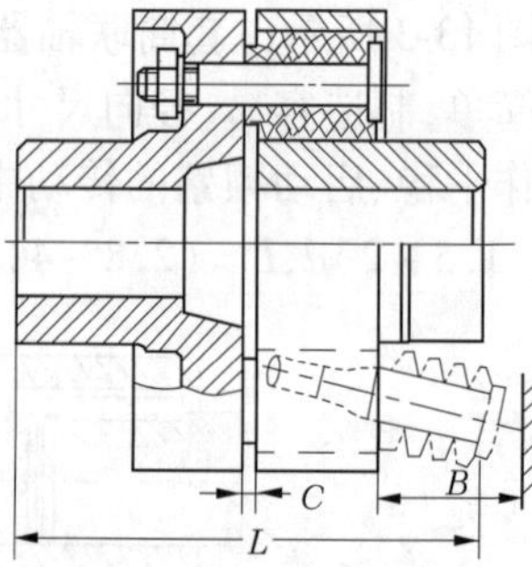

图 13-7 弹性套柱销联轴器

(六)弹性柱销联轴器

如图 13-8 所示,弹性柱销联轴器利用弹性柱销,如尼龙柱销,将两半联轴器连接在一起,柱销形状一端为柱形,另一端制成腰鼓形,以增大角度位移的补偿能力。为防柱销脱落,柱销两端装有挡板。弹性柱销联轴器适用于启动及换向频繁,转矩较大的中、低速轴的连接。

三、联轴器的选用

联轴器大多已标准化,选用时先根据工作条件确定合适的类型,再按转矩、轴径及转速选择联轴器的型号,必要时再校核其承载能力。

(一)联轴器类型的选择

根据工作载荷的大小和性质、转速高低、两轴相对偏移的大小、装拆维护等方面的因素,结合各类联轴器的性能,选择合适的类型。例如,两轴的对中要求高,轴的刚度又大时,可选用套筒联轴器或凸缘联轴器;载荷不平稳,两轴对中困难,轴的刚度较差时,可选用弹性柱销联轴器;两轴相交时,则选用万向联轴器等。

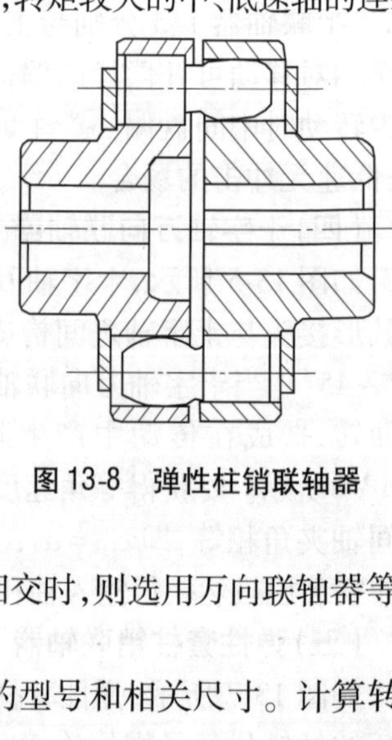

图 13-8 弹性柱销联轴器

(二)联轴器的型号选择

根据计算转矩、轴的直径和转速,从标准中选择联轴器的型号和相关尺寸。计算转矩按下式计算

$$T_c = KT \tag{13-1}$$

式中:K 为工作情况系数,见表 13-1;T 为联轴器的工作转矩。

表 13-1 工作情况系数 K

原动机	工作机械	K
电动机	带运输机、鼓风机、连续运转的金属切削机床	1.25~1.5
	链式运输机、刮板运输机、螺旋运输机、离心泵、木工机械	1.5~2.0
	往复运动的金属切削机床	1.5~2.0
	往复式泵、往复式压缩机、球磨机、破碎机、冲剪机	2.0~3.0
	起重机、升降机、轧钢机	3.0~4.0
涡轮机	发电机、离心泵、鼓风机	1.2~1.5
往复式发动机	发电机	1.5~2.0
	离心泵	3~4
	往复式工作机	4~5

所选型号的联轴器应使计算转矩不超过联轴器的公称转矩 T_n,工作转速不超过许用转速 $[n]$,联轴器的孔径、长度与相连接两轴的相关参数协调一致。联轴器轴孔和键槽形式见有关设计手册。

【实训例 13-1】 功率 $P=30$ kW、转速 $n=1\ 470$ r/min 的电动起重机中,连接直径 $d=48$ mm、长 $L=84$ mm 的电机轴,试选择联轴器的型号。

解:(1)选择联轴器类型。因起重机载荷不平稳,传递转矩也大,为缓冲和吸振,选择弹性套柱销联轴器。

(2)选择联轴器型号。工作转矩 $T=9\ 550\cdot\dfrac{P}{n}=9\ 550\times\dfrac{30}{1\ 470}=195\ (\mathrm{N\cdot m})$。

查表 13-1 得工作情况系数 $K=3.5$,由式(13-1)得计算转矩

$$T_c = KT = 3.5\times195 = 682.5\ (\mathrm{N\cdot m})$$

按计算转矩、转速和轴径,由 GB/T 4323—2002 中选用 TL8 联轴器,主、从动端均为 J_1 型轴孔、A 型键槽,标记为:TL8 联轴器 48×112 GB/T 4323—2002。查得有关数据:额定转矩 $T_n=710$ N·m,许用转速 $[n]=2\ 400$ r/min,轴径 45~55 mm。

满足 $T_c\leqslant T_n$、$n\leqslant[n]$,适用。

任务二 离合器

一、离合器的功用和分类

离合器可根据需要,方便地使两轴接合或分离,以满足机器变速、换向、空载启动、过载保护等方面的要求。

对离合器的基本要求是:接合平稳,分离迅速;工作可靠,操纵灵活、省力;调节和维护方便。按控制方法的不同,可分为操纵离合器、自动离合器两大类。

二、常用离合器的结构和特点

(一)牙嵌式离合器

如图13-9所示,牙嵌式离合器由两个端面上有牙的半离合器1、2组成,一个半离合器固定在主动轴上,另一个半离合器用导键或花键与从动轴连接,并通过操纵机构使其作轴向移动,从而起到离合作用。为了对中,在主动轴的半离合器上固定有对中环3,从动轴可在对中环中自由转动。离合器的操纵可以通过手动杠杆、液压、气动或电磁的吸力等方式进行。牙嵌式离合器的牙形如图13-10所示。三角形牙易接合,强度低,用于传递小转矩的低速离合器;图13-10(a)所示为梯形牙,其强度高,牙磨损后能自动补偿,冲击小,应用广;图13-10(b)所示为锯齿形牙,能传递较大转矩,但仅能单向工作;图13-10(c)所示为矩形牙,不易接合和分离,接合时冲击较大,牙的强度低,磨损后无法补偿,故仅用于低速传动。

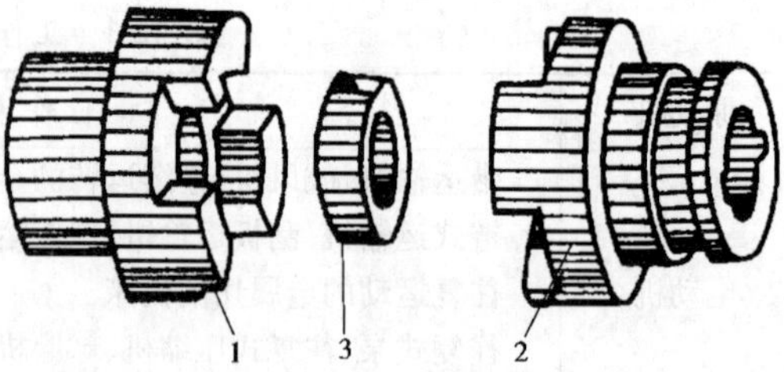

图13-9　牙嵌式离合器

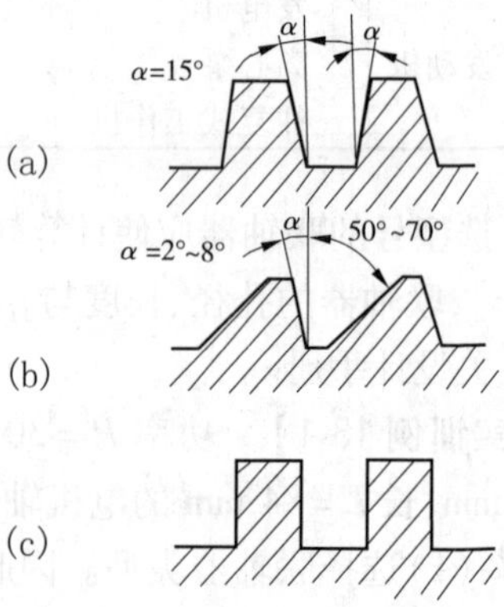

图13-10　牙形

牙嵌式离合器的牙数一般取3~60。

(二)摩擦离合器

摩擦离合器依靠摩擦盘接触面间产生的摩擦力来传递转矩。按结构形式不同,可分为圆盘式、圆锥式、块式、带式等类型。与牙嵌式离合器相比,它的传动平稳,连接不受转速的限制,可以保护机械不致因过载而损坏,故应用广泛。

圆盘式摩擦离合器又分为单片式和多片式两种,如图13-11所示单片式摩擦离合器由摩擦圆盘1、2和滑环4组成。圆盘1与主动轴连接,圆盘2通过导向键3与从动轴连接并可在轴上移动。操纵滑环4可使两圆盘接合或分离。轴向力使两摩擦盘压紧时,主动轴上的转矩就通过两盘接触面上的摩擦力传到了从动轴上。单片式摩擦离合器结构简单,但能传递的转矩小,径向尺寸大。

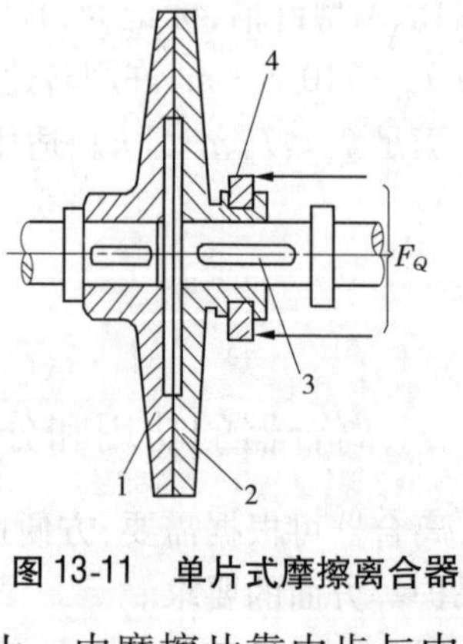

图13-11　单片式摩擦离合器

如图13-12所示多片式摩擦离合器由内摩擦片组3和外摩擦片组2组成。外摩擦片靠外齿与外毂1上的凹槽构成类似花键的连接,外毂1用平键固联在主动轴Ⅰ上。内摩擦片靠内齿与内毂4上的凹槽构成动连接,内毂用平键或花键与从动轴Ⅱ连接。借助操纵机构向左移动锥套6,使压板5压紧交替放置的内外摩擦片使两轴接合;当锥套向右移动时,压紧力消失,两轴分离。

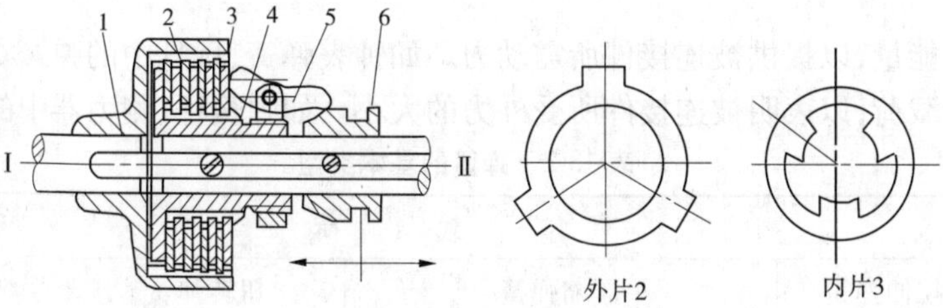

图 13-12　多片式摩擦离合器

多片式摩擦离合器由于摩擦面多,故传递转矩大,径向尺寸小。但散热不好,结构较为复杂。

(三)超越离合器

超越离合器又称为定向离合器,是一种自动离合器。如图 13-13 所示,超越离合器的星轮 1 与主动轴相连,并顺时针回转,滚柱 3 受摩擦力作用滚向狭窄部位被楔紧,外圈 2 随星轮 1 同向回转,离合器接合。星轮 1 逆时针回转时,滚柱 3 滚向宽敞部位,外圈 2 不与星轮同转,离合器自动分离,因而超越离合器只能传递单向的转矩。若外圈和星轮作顺时针同向回转,则当外圈转速高于星轮转速时,离合器为分离状态,外圈和星轮各以自己的转速旋转,互不相干。当外圈转速低于星轮转速时,则离合器接合。外圈和星轮均可作为主动件,但无论哪一个是主动件,当从动件转速超过主动件时,从动件均不可能反过来驱动主动件。这种特性称为超越作用。自行车后轮上的飞轮就是利用该原理做成的,使自行车下坡或脚不蹬踏时,链轮不转,轮毂由于惯性仍按原转向转动。

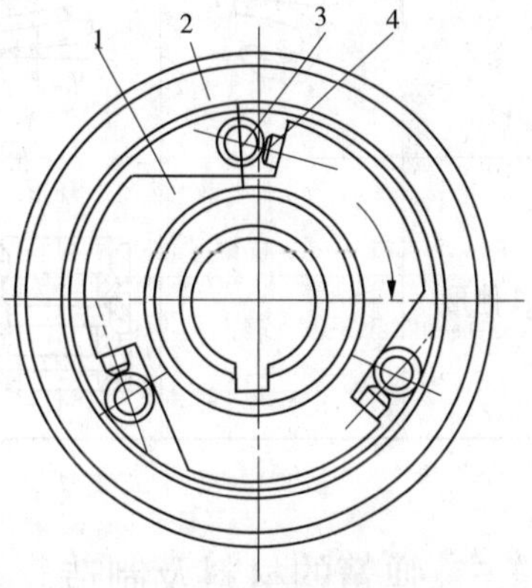

图 13-13　超越离合器

滚柱一般为 3 ~ 8 个。超越离合器尺寸小,接合和分离平稳,可用于高速传动。

任务三　弹　簧

一、概述

弹簧是机械设备中广泛应用的弹性零件。它在外载荷作用下能够产生弹性变形,当外载荷卸除时,则变形消失,弹簧恢复原状。由于这种特有的性能实现了机械能与变形能的相互转换,故在各种机器和仪表中得到了广泛的应用。弹簧的类型很多,见表 13-2。

弹簧有以下主要功用:

(1)缓冲,以改善被连接件的工作平稳性。如汽车、火车车厢下的弹簧,各种缓冲器中的缓冲弹簧等。

(2)复位,以适应被连接件的工作位置变化。如内燃机中的阀门弹簧、离合器中的控制弹簧等。

(3)储存能量,以提供被连接件所需动力。如钟表弹簧、玩具中的弹簧。

(4)测量载荷,以表明被连接件所受外力的大小。如弹簧秤、测力器中的弹簧等。

表 13-2　弹簧的基本类型

形状	载荷			
	拉伸弹簧	压缩弹簧	扭转弹簧	弯曲弹簧
螺旋形	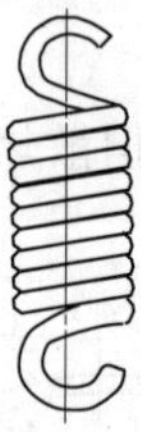	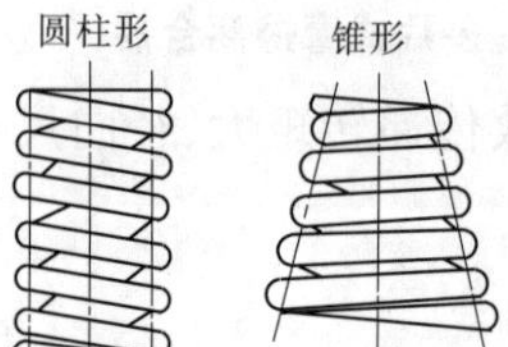	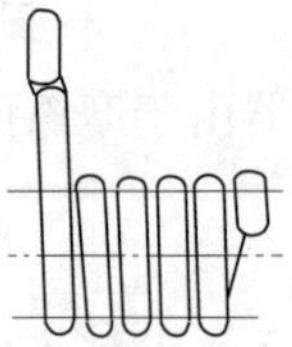	
其他形		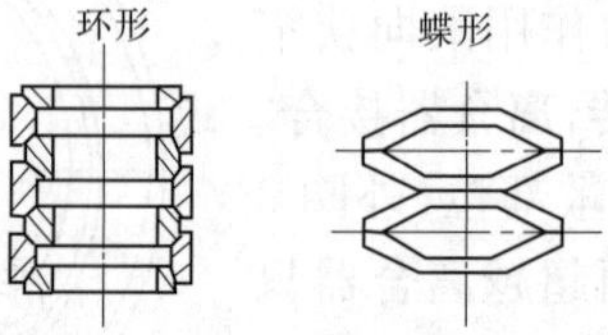	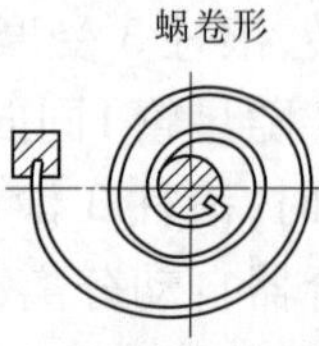	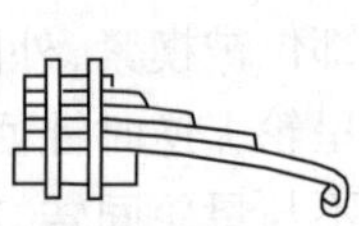

二、弹簧的材料及制造

(一)弹簧的材料

弹簧在机器中起着重要的作用,它通常承受多变载荷和冲击载荷,另外又要求有较大的变形。所以,弹簧材料应具有较高的弹性极限、屈服极限和疲劳强度,足够的韧性、塑性和良好的淬透性。

常用的弹簧材料有优质碳素钢、合金钢、不锈钢和铜合金等。碳素弹簧钢丝的力学性能及许用应力见表 13-3。

在选择材料时,应考虑弹簧的用途、重要性、工作条件、加工方法、热处理和经济性等诸多因素。还可参照现有设备中使用的弹簧,进行类比分析,从而选出较为合适的材料。如碳素弹簧钢的价格较低,强度高,性能好,广泛应用于受静载荷和有限作用次数变载荷的小弹簧,常用的有 25 ~ 80 号钢;合金钢强度高、弹性好、耐高温,适用于尺寸较大及承受冲击载荷的弹簧,常用的有 65Si2MnA、50CrVA 等;不锈钢耐腐蚀、耐高温,适用于在腐蚀性介质中工作的弹簧,常用的有 1Cr18Ni9、1Cr18Ni9Ti 等。

(二)弹簧的制造

螺旋弹簧的制造工艺包括卷制、端部加工、热处理、工艺试验和强压处理等过程。

弹簧的卷绕方法有冷卷和热卷两种,弹簧丝直径小于 8 ~ 10 mm 时用冷卷法;反之,则用热卷法。冷卷是用已经过热处理的冷拉碳素弹簧钢丝在常温下卷绕, 卷成后一般不

表 13-3　碳素弹簧钢丝材料的部分性能

直径(mm)		1.0	2.0	3.0	4.0	5.0	6.0	7.0	8.0	9.0	10.0
抗拉强度 σ_b (MPa)	B 级	1 660	1 470	1 370	1 320	1 320	1 220	1 170	1 170	1 130	1 130
	C 级	1 960	1 710	1 570	1 520	1 470	1 420	1 370	1 370	1 320	1 320
	D 级	2 300	1 910	1 710	1 620	1 570	1 520	—	—	—	—
许用剪应力 $[\tau]$ (MPa)	Ⅰ类	压缩弹簧:$(0.30\sim0.38)\sigma_b$;拉伸弹簧:$(0.24\sim0.30)\sigma_b$									
	Ⅱ类	压缩弹簧:$(0.38\sim0.45)\sigma_b$;拉伸弹簧:$(0.30\sim0.36)\sigma_b$									
	Ⅲ类	压缩弹簧:$0.5\sigma_b$;拉伸弹簧:$0.4\sigma_b$									
极限切应力 $\tau_{\lim}$ (MPa)		Ⅰ类载荷$\leqslant 1.67[\tau]$;Ⅱ类载荷$\leqslant 1.25[\tau]$;Ⅲ类载荷$\leqslant 1.12[\tau]$									
剪切弹性模量 G (MPa)		79 000									
推荐温度范围(℃)		$-40\sim130$									

注:Ⅰ类为受载荷作用次数在 10^6 以上的弹簧;Ⅱ类为受载荷作用次数在 $10^3\sim10^6$ 及受冲击载荷的弹簧;Ⅲ类为受载荷作用次数在 10^3 以下的弹簧。

再经淬火和回火处理。

为使载荷作用线与弹簧轴线趋于重合,弹簧端部需进行加工。对于压缩弹簧可将其端面磨平,如图 13-14 所示;对于拉伸及扭转弹簧,两端应制作拉钩或杆臂,如图 13-15 所示。

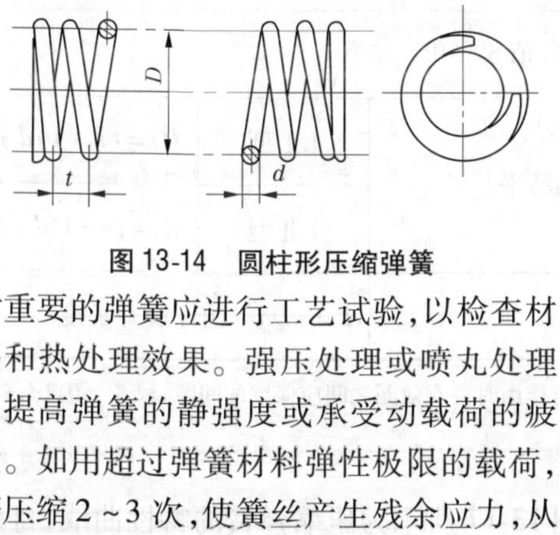

图 13-14　圆柱形压缩弹簧

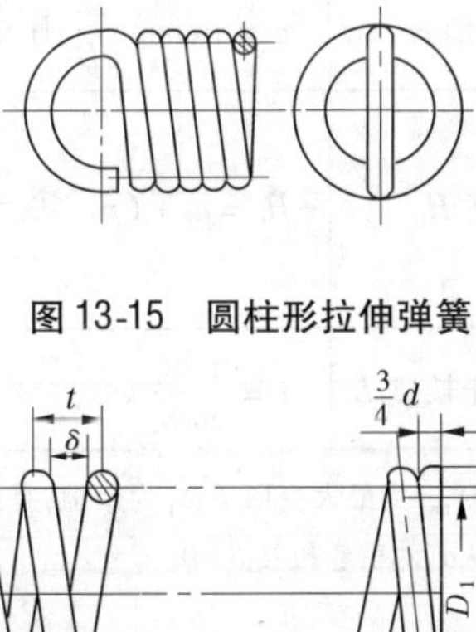

图 13-15　圆柱形拉伸弹簧

对重要的弹簧应进行工艺试验,以检查材料缺陷和热处理效果。强压处理或喷丸处理是为了提高弹簧的静强度或承受动载荷的疲劳强度。如用超过弹簧材料弹性极限的载荷,将弹簧压缩 2~3 次,使簧丝产生残余应力,从而提高弹簧的静强度。经过强压处理和喷丸处理的弹簧不得再进行热处理。

三、圆柱螺旋弹簧的几何尺寸及特性曲线

(一)圆柱螺旋弹簧的几何尺寸

圆柱螺旋弹簧的主要参数如图 3-16 所示,几何尺寸计算公式见表 13-4。

(二)圆柱螺旋弹簧的特性曲线

弹簧所受载荷与其变形的关系曲线,称为

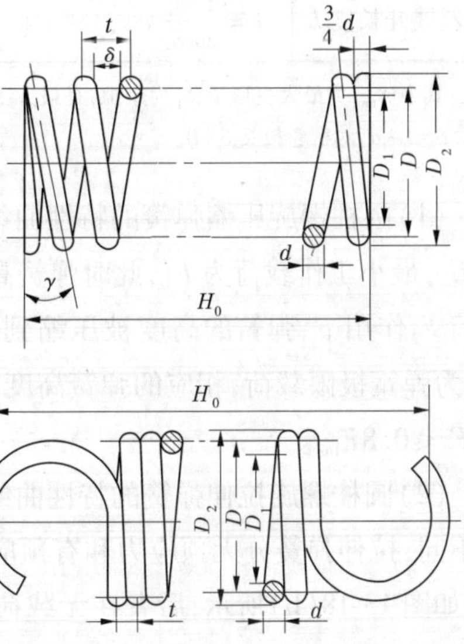

图 13-16　圆柱螺旋弹簧的主要参数

弹簧的特性曲线,是弹簧类型选择、试验及检验的重要依据。

表 13-4　圆柱螺旋弹簧的几何尺寸计算公式

<table>
<tr><th>名称及代号</th><th>压缩弹簧</th><th colspan="2">拉伸弹簧</th></tr>
<tr><td>弹簧丝直径 d</td><td colspan="3">由强度决定</td></tr>
<tr><td>弹簧中径 D</td><td colspan="3">$D=Cd$,C 为旋绕比,一般 $C=4\sim14$</td></tr>
<tr><td>弹簧内径 D_1</td><td colspan="3">$D_1=D-d$</td></tr>
<tr><td>弹簧外径 D_2</td><td colspan="3">$D_2=D+d$</td></tr>
<tr><td>有效圈数 n</td><td colspan="3">由刚度计算确定,$n\geqslant2$</td></tr>
<tr><td>支承圈数 n_2</td><td>$n_2=1.5\sim2.5$</td><td colspan="2">$n_2=0$</td></tr>
<tr><td>总圈数 n_1</td><td>$n_1=n+n_2$</td><td colspan="2">$n_1=n$</td></tr>
<tr><td>节距 t</td><td>$t=d+\frac{\lambda_{\max}}{n}+\delta_1$</td><td colspan="2">$t=d+\delta$</td></tr>
<tr><td>螺旋角 α</td><td colspan="3">$\alpha=\arctan\frac{t}{\pi D}$,压缩弹簧 α 推荐值 $5^\circ\sim9^\circ$</td></tr>
<tr><td rowspan="2">自由高度 H_0</td><td rowspan="2">$H_0=nt+(n_2-0.5)d$　(两端磨平)</td><td>LⅠ型</td><td>$H_0=(n+1)d+D_1$</td></tr>
<tr><td>LⅡ型</td><td>$H_0=(n+1)d+2D_1$</td></tr>
<tr><td>簧丝展开长度 L</td><td>$L=\frac{\pi Dn_1}{\cos\alpha}$</td><td colspan="2">$L=\pi Dn+$钩环展开长度</td></tr>
</table>

注:其中 $\lambda_{\max}$ 为最大变形量;δ_1 为余隙,是最大工作载荷作用时各有效圈之间应保留的间隙,取 $\delta_1\geqslant0.1d$;δ 为间距,$\delta=t-d$,对密卷拉簧 $\delta=0$。

(1)圆柱螺旋压缩弹簧的特性曲线。图 13-17 所示为压缩弹簧的特性曲线,自由高度为 H_0,最小工作载荷为 F_1,此时弹簧高度为 H_1,变形量为 λ_1;当弹簧工作时,在最大工作载荷 F_2 作用下,弹簧的高度被压缩到 H_2,变形量为 λ_2,工作行程 $h=H_1-H_2=\lambda_2-\lambda_1$。$F_{\lim}$ 为弹簧极限载荷,相应的弹簧高度为 $H_{\lim}$,变形量为 $\lambda_{\lim}$。为保证弹簧的正常工作,应使 $F_2\leqslant0.8F_{\lim}$。

(2)圆柱螺旋拉伸弹簧的特性曲线。图13-18所示为拉伸弹簧的特性曲线。按卷绕方式不同,拉伸弹簧分无预应力和有预应力两种。前者的特性曲线与压缩弹簧特性曲线相同,如图 13-18(b)所示;后者在无载荷状态下各圈并紧而产生预应力。为克服预应力所加的载荷,即初拉力 F_0,当外加载荷大于 F_0后,各圈才开始分离,弹簧才开始伸长。为此,在特性曲线中增加一段假想的变形量 X_0,得图 13-18(a)所示的特性曲线。

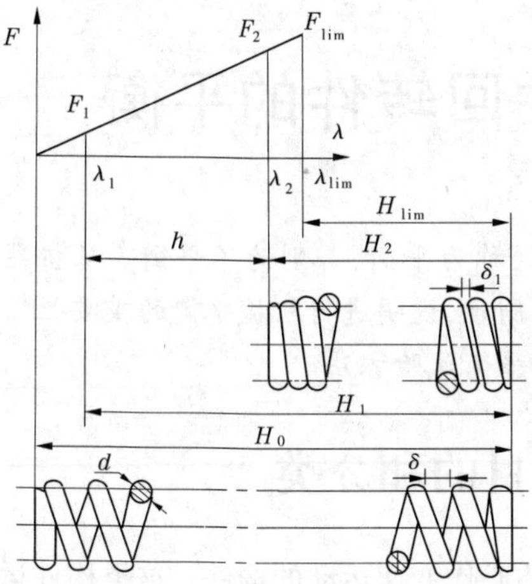

图 13-17 压缩弹簧特性曲线

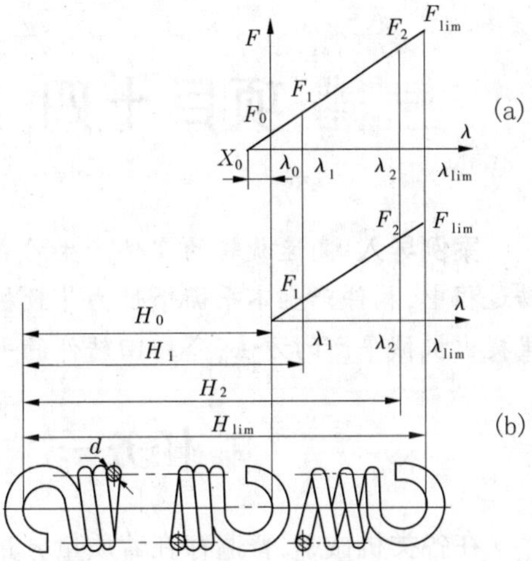

图 13-18 拉伸弹簧特性曲线

习题十三

13-1 联轴器和离合器的功用是什么？它们之间有何区别？

13-2 为使主动轴角速度 ω_1 等于从动轴角速度 ω_2，双万向联轴器应满足哪些条件？

13-3 自行车后轮上的飞轮应用了哪种离合器的工作原理？何时接合？何时分离？

13-4 一电动机与减速器用联轴器连接，已知电动机功率 $P=15$ kW，转速 $n=1\,460$ r/min，电动机轴径 $d_1=42$ mm，减速器输入轴轴径 $d_2=45$ mm，载荷有中等冲击。试选择该联轴器的型号。

13-5 某带式输送机中，电动机与减速器用弹性套柱销联轴器连接，已知电动机功率 $P=20$ kW，转速 $n=970$ r/min，电动机外伸轴 $d=48$ mm、$L=112$ mm，减速器输入轴外伸端 $d=42$ mm、$L=84$ mm。试选择该联轴器型号。

13-6 弹簧的功能是什么？

13-7 弹簧的特性曲线表示弹簧的什么性能？

项目十四　刚性回转件的平衡

案例导入:高速旋转的零件产生的离心力为零,称为平衡,否则为不平衡。从机器运转过程中,构件产生不平衡惯性力导致机器失效的例子,说明进行机械平衡的重要性。这里提出机械平衡的方法,介绍回转件的平衡计算和平衡试验方法。

任务一　平衡的目的和分类

在各类机械中,普遍存在着质量分布不均匀,质心作变速运动的构件。这类构件运动时,都产生惯性力。构件的惯性力会在运动副中引起附加压力,这种附加压力会增加运动副中的摩擦力和缩短构件的寿命。此外,由于惯性力的大小和方向作周期变化,还会引起机械及其基础发生振动,因而影响机械的工作质量,并且其周围的设备及建筑物也会受到影响或破坏。特别是对于高速、重型和精密机械,惯性力的不良影响更为严重。因此,完全或部分消除惯性力的不良影响,已成为提高机械工作质量的重要问题。

为了完全或部分消除惯性力的不良影响,必须设法使惯性力完全或部分平衡。这也是研究平衡的总目的。机械的平衡可分为下列两类:

(1)回转件的平衡,如精密机床主轴、电动机转子、发动机主轴以及凸轮轴等的平衡。

(2)机械在机座上的平衡,如单缸发动机、往复式水泵等整机的惯性力平衡。

本项目只讲述回转件的平衡。

任务二　刚性转子的平衡计算

一、静平衡计算

对于轴向宽度较小的回转件,如砂轮、盘状凸轮等,其质量可近似认为在垂直于回转轴的同一平面内分布。现在讨论这类构件的平衡计算问题。

如图 14-1(a)所示,在平面上有不平衡重量 G_1、G_2 和 G_3,其重心矢径为 r_1、r_2、r_3。当该构件以等角速度 ω 回转时,不平衡重量所产生的惯性力分别为

$$P_1 = \frac{G_1}{g}r_1\omega^2,\ P_2 = \frac{G_2}{g}r_2\omega^2,\ P_3 = \frac{G_3}{g}r_3\omega^2$$

式中:g 为重力加速度。

由于惯性力汇交于回转中心 O,故其合力 R 可由如图 14-1(b)所示的力多边形求得。合力 R 使轴承承受附加压力,引起机械振动。为了平衡 R,可在回转平面内,沿 R 作用线且与 R 相反的方向,加一个平衡重量 G_b(或在 R 方向去掉一重量)。设 G_b 的重心矢径为 r_b,则 G_b 所产生的惯性力为 $P_b = G_b r_b \omega^2/g$。由力学平衡原理有

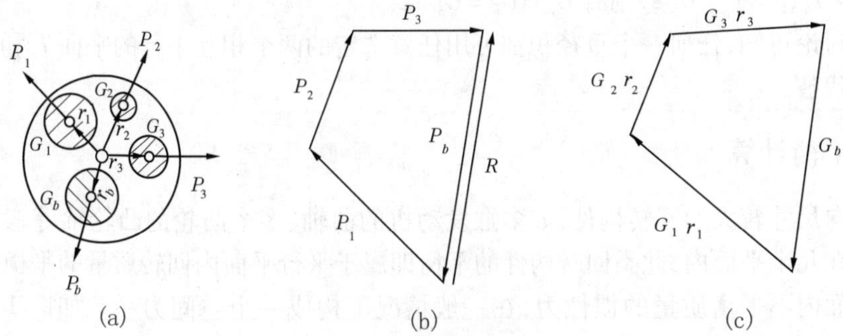

图 14-1　回转构件的静平衡

$$\frac{G_b}{g}r_b\omega^2 + \frac{G_1}{g}r_1\omega^2 + \frac{G_2}{g}r_2\omega^2 + \frac{G_3}{g}r_3\omega^2 = 0$$

将式中的公因子 g 和 ω 消去，则可得

$$G_b r_b + G_1 r_1 + G_2 r_2 + G_3 r_3 = 0$$

式中重量与矢径的乘积称为重径积，它相对地表达了惯性力的大小和方向。实际计算时，为了简便，常根据上式用如图 14-1(c)所示的重径积矢量图，求得平衡重量的重径积 $G_b r_b$，然后选定 r_b的大小，再求出 G_b之值。

上述平衡计算法可推广到有 n 个不平衡重量的场合，可得惯性力的平衡条件为

$$G_b r_b + \sum_{i=1}^{n} G_i r_i = 0 \tag{14-1}$$

式中：G_i、r_i分别为各不平衡重量的大小和矢径。当各不平衡重量和矢径已知时，可用图解法求得平衡重量的重径积 $G_b r_b$，然后再确定平衡重量矢径 r_b的大小及 G_b的数值。

式(14-1)表明，同一平面回转质量的平衡条件是：分布在同一平面上各质量的重径积的矢量和等于零，回转件的不平衡量与其转速无关。回转件经平衡后，其上重量的总重心便与回转轴线重合($e=0$)，故构件可在任意位置保持静止不动，这种平衡称为静平衡。

在实际应用中，有时因结构等原因使在同一平面上安装平衡重量十分不便或不可能，如图 14-2(a)所示单缸发动机曲轴就是一例。此时，为使该件平衡，可在所需平衡面的两侧任意选择两个与轴线垂直的平面 T' 和 T''，并在此两平面上分别安装平衡重量 G_b'和 G_b''来代替原来所需的平衡重量 G_b。如图 14-2(b)所示，必须使 G_b'、G_b''和 G_b 三力的重心在通过回转轴线的同一平面内。此时平衡条件为

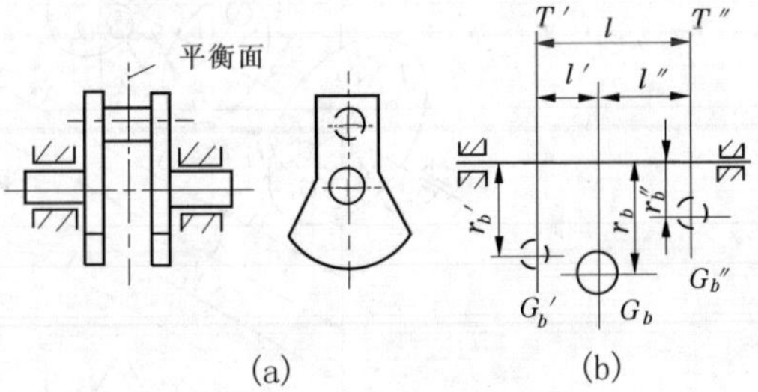

图 14-2　曲轴的静平衡

$$G_b' r_b' = \frac{l''}{l} G_b r_b \qquad 及 \qquad G_b'' r_b'' = \frac{l'}{l} G_b r_b \tag{14-2}$$

式中：r_b、r_b'、r_b''分别为重量 G_b、G_b'、G_b''的矢径数值。

当选定 r_b'、r_b''后，即可求出应加的重量 G_b'和 G_b''。对于图 14-2(a)所示的单缸曲轴，可

选取 $r_b' = r_b'' = r_b$、$l' = l'' = l/2$，则有 $G_b' = G_b'' = G_b/2$。

由上述讨论可知，任何一个重径积都可用任意选定的两个相互平行的平面 T' 和 T'' 内的重径积来代替。

二、动平衡计算

对于轴向尺寸较大的回转构件，如多缸发动机的曲轴、多个凸轮的凸轮轴等，其不平衡质量分布在几个平面内，此类回转构件的平衡即属于平行平面内回转质量的平衡。

平行平面内不平衡质量的惯性力，在一般情况下构成一个空间力系。如图 14-3 所示，在垂直于构件回转轴线的平面 1、2、3 上分布有不平衡重量 G_1、G_2、G_3，其重心矢径分别为 r_1、r_2、r_3。构件回转时，由于惯性力 P_1、P_2、P_3 不是平面汇交力系，所以不可能在某一单个平面上安装平衡重量使其达到平衡。要使惯性力平衡，可在任意选定的两个垂直于回转轴线的平面 T' 及 T'' 上安装平衡重量。由前述单缸曲轴的平衡原理可知，任何一个不平衡重量 G_1、G_2 或 G_3 均可用分布在 T' 和 T'' 平面上的 G_1' 和 G_1''、G_2' 和 G_2'' 及 G_3' 和 G_3''(见图 14-3)来代替。若代替时矢径不变，根据式(14-2)各代替重量应为

$$\left.\begin{aligned} G_1' &= \frac{l_1''}{l}G_1 \\ G_2' &= \frac{l_2''}{l}G_2 \\ G_3' &= \frac{l_3''}{l}G_3 \end{aligned}\right\} \quad 和 \quad \left.\begin{aligned} G_1'' &= \frac{l_1'}{l}G_1 \\ G_2'' &= \frac{l_2'}{l}G_2 \\ G_3'' &= \frac{l_3'}{l}G_3 \end{aligned}\right\}$$

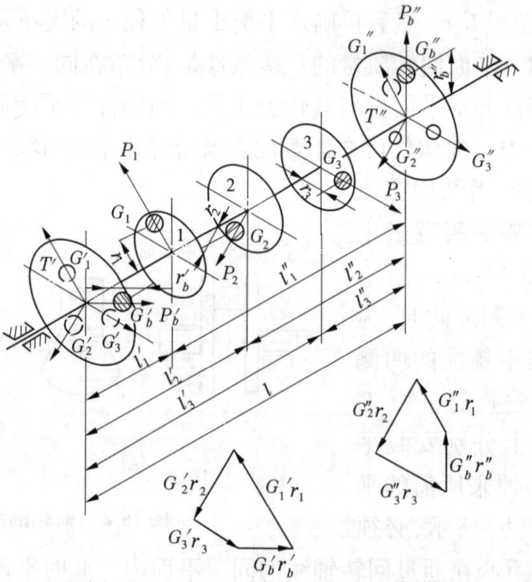

图 14-3　平行平面内不平衡质量的惯性力

由于分布在 1、2、3 三个平面上的不平衡重量可以用分布在 T' 及 T'' 平面上的不平衡

重量来代替，因此当 T'、T'' 平面上的代替重量分别得到平衡时，构件也就平衡了。

为了平衡 T' 平面上的代替重量，根据式(14-1)，T' 平面上所应安装的平衡重量 G'_b 及其矢径 r'_b 应满足的条件是

$$G'_b r'_b + G'_1 r_1 + G'_2 r_2 + G'_3 r_3 = 0$$

根据上式作重径积矢量图，如图 14-3(b)所示，即可求得平衡重量的重径积 $G'_b r'_b$。当选定 r'_b 的大小后，便可求得 G'_b。

同理，T'' 平面上的平衡重量 G''_b 及其矢径 r''_b 所应满足的条件是

$$G''_b r''_b + G''_1 r_1 + G''_2 r_2 + G''_3 r_3 = 0$$

根据上式作重径积矢量图，如图 14-3(c)所示，即可求得 r''_b 和 G''_b。

综上所述可知：

(1)分布在任意个平行平面上的不平衡重量 $G_1, G_2, G_3, \cdots, G_i$，总是可以分别用分布在任选的两个平面 T' 及 T'' 上的代替重量来代替。若在 T' 和 T'' 平面上加装平衡重量 G'_b 和 G''_b，使 T' 和 T'' 平面的代替重量得到平衡，则构件即可平衡。

(2)如图 14-4(a)所示，若在 T' 和 T'' 平面上分别有重量 G'_0 和 G''_0，其矢径为 r'_0 和 r''_0，并且

$$G'_0 r'_0 = -G'_b r'_b$$
$$G''_0 r''_0 = -G''_b r''_b$$

则 G'_0 和 G''_0 就是构件上不平衡重量 $G_1, G_2, G_3, \cdots, G_i$ 的总代替重量(这是本项目任务三要介绍的动平衡试验法的理论基础)。

(3)如图 14-4(b)所示，G'_0 和 G''_0 的惯性力 P'_0 和 P''_0 合成后是一个力 P(惯性力的主矢)和一个力偶 M(惯性力的主矩)。因此，要使回转件平衡，必须同时平衡力 P 和力偶 M。正是由于需要同时平衡力 P 及力偶 M，所以需要在两个平面 T' 及 T'' 上分别安装平衡重量 G'_b 和 G''_b，才能使回转件达到平衡。平衡时，回转件惯性力系的合力及合力偶矩都等于零，这类平衡称为动平衡。由此可知，动平衡的条件是：分布于该回转件上各质量的惯性力的向量和等于零，同时惯性力所引起的力偶矩的向量和也等于零。

(4)由于动平衡时满足静平衡条件，所以经动平衡的回转件一定是静平衡的，但是，静平衡的回转件不一定是动平衡的。

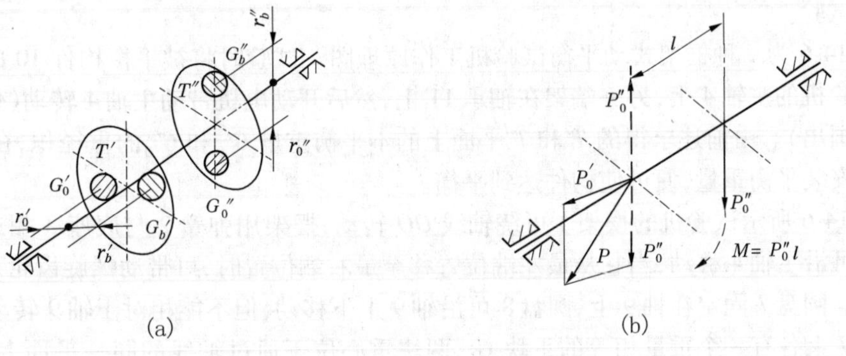

图 14-4　动平衡计算

任务三 回转件平衡试验法

对于经过平衡计算并安装了平衡重量的回转件,理论上虽然惯性力是平衡的,但是由于计算、制造和安装误差以及材料不均匀等原因,实际上仍会有些不平衡。因此,必须经平衡试验进行测定并用试验方法加以平衡。此外,许多构件由于结构形状复杂,其不平衡重量难以计算,这类构件通常都是通过试验进行平衡。根据构件质量分布的特点,平衡试验法也分静平衡试验法和动平衡试验法两种。

一、静平衡试验法

对于轴向宽度 b 与直径 D 的比值比较小的回转件(通常定为 $b/D<0.2$),其不平衡的惯性力矩很小,可忽略不计。因此,为使这类构件平衡,可通过试验调装配重,使构件重心与回转轴线重合,从而达到静平衡。

试验方法如图 14-5 所示,其中件 1 为导轨式静平衡试验架。试验时将被平衡件 2 架在试验架的刃口上,任其自由滚动,当构件停止滚动时,若无摩擦,则构件重心应在铅垂线上。但是由于有滚动摩擦存在,所以构件重心要偏离铅垂线。为了测定重心,可将构件向一方向稍微偏转,待其静止时通过轴心画一铅垂线 mm;然后再将构件向另一方向稍微转动,待其静止后再画一铅垂线 nn,此时构件重心 S 应在 mm 与 nn 线夹角的平分线上。此后在重心相反方向加一平衡重量,再按上述方法重做试验,直到构件达到在任何位置均可静止不动为止。这时,所加平衡重量和其矢径的乘积,即为平衡该构件所需的重径积。根据所测得的重径积,安装平衡重量,便可使构件平衡。

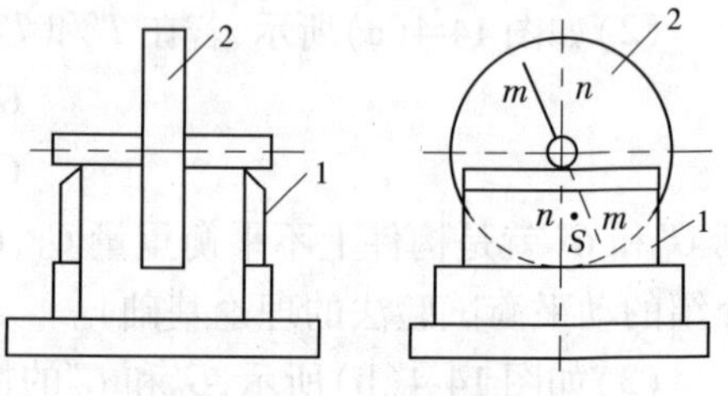

图 14-5 静平衡试验法

二、动平衡试验法

对于宽与直径比 $b/D\geqslant0.2$ 的回转件,以及对平衡精度要求较高的回转件,必须进行动平衡试验。

图 14-6 为一种框架式动平衡试验机工作原理图。试验时将被平衡构件 10 的一端卡紧在试验机的主轴 4 上,另一端架在轴承 11 上,然后开动电机带动主轴 4 转动(传动部分图中未画出)。由前述求得的 T' 和 T'' 平面上的不平衡重量 G'_0 和 G''_0 的重径积,在 T' 和 T'' 平面上安装平衡重量,便可使构件达到平衡。

图 14-6 所示试验机的摆架 1 可绕轴线 OO 转动,摆架用弹簧 2 与底座 3 相连。螺旋齿轮 6 可沿主轴 4 移动,当它从最左端位置移至最右端位置时,可带动螺旋齿轮 5 旋转一周以上。圆盘 7 固定在轴 9 上,圆盘 8 可沿轴 9 上下移动,但不能相对于轴 9 转动,圆盘 8 和圆盘 7 上各有一个重量相等的重块 G_k,两块重心位于通过轴线的同一平面上,且都与轴 9 轴线相距 r_k。试验时,使构件 10 的 T'' 平面通过轴线 OO,不平衡惯性力 P''_0 对轴线 OO 的力矩为零,因而 P''_0 不会使摆架 1 转动。不平衡重量 G'_0 的惯性力 P'_0 和圆盘 7、8 上的重

量 G_k 的惯性力 P_k，将产生使摆架摆动的变力矩 M_0 和 M_k，变力矩的数值分别为

$$M_0 = P'_0 l\cot\varphi \quad 和 \quad M_k = P_k L_k \cot\varphi_k$$

上式中 φ_k 的数值可由试验机指针 12 示出。当沿轴 4 移动齿轮 6 使齿轮 5 转动时，φ_k 值改变，力矩 M_k 的方向也发生变化。当 $\varphi_k = \varphi + 180°$ 时，如图 14-6 和图 14-7(a)所示，力矩 M_k 和 M_0 方向相同，其合力矩幅值变化最大，所以摆架的振幅也最大；而当 $\varphi_k = \varphi$ 时，见图 14-6 和图 14-7(b)，M_0 和 M_k 的方向相反，合力矩幅值变化最小，所以摆架振幅也最小。试验时先移动齿轮 6 使摆架振幅最小，这时试验机指针所指的角度值 $\varphi_k = \varphi$，然后移动圆盘 8，调节 l_k，以改变 M_k 大小。当摆架振动完全消除时，力矩 M_k 和 M_0 必定大小相等，则有

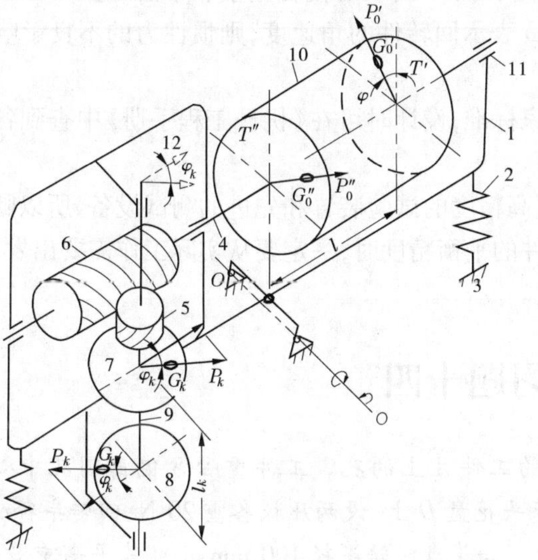

图 14-6　框架式动平衡试验机工作原理图

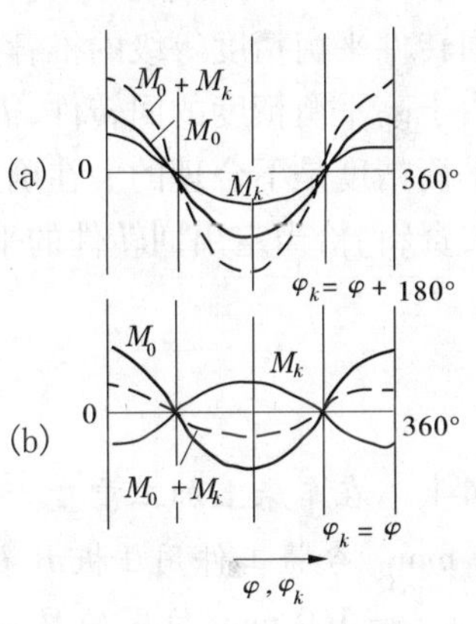

图 14-7　力矩波动

$$\frac{G'_0}{g} r'_0 \omega^2 l = \frac{G_k}{g} r_k \omega^2 l_k$$

消去式中的公因子 g 和 ω，并用 $G'_b r'_b$ 表示平衡重量的重径积，则有

$$G'_b r'_b = G'_0 r'_0 = G_k r_k \frac{l_k}{l}$$

上式右边各数值可由试验获得，所以当选定 r'_b 后，即可求得 G'_b，其方位由试验机停车后指针 12 所示的角度 φ_k 确定。由于 $\varphi_k = \varphi$，所以 $\varphi_k + 180°$ 的方位就是安装平衡重量 G'_b 的方位。

此后使 T' 平面通过摆架转动轴线 OO，并重复上述试验步骤，即可求得 T'' 平面上的平衡重量 G''_b 及其向径 r''_b。

三、回转件的平衡精度

通过试验测定回转件的平衡重径积，总会有误差存在，所以经平衡后的回转件也总会有些残存的不平衡。这种残存的不平衡愈小，惯性力的不良影响就愈轻，回转件的平衡状况也就愈好。回转件经平衡后的优良程度通常称为平衡精度。

惯性力的不良影响要由惯性力在轴承中引起的附加压力及其引起的振动振幅来衡量。由于轴承中的附加压力与不平衡重径积和回转件角速度的平方成正比,而振动的振幅大小除与重径积大小有关外,还与轴承刚度、回转件和整机的重量有关,所以仅仅依据不平衡重径积的大小来判断惯性力的不良影响是不够的。根据实践经验,惯性力的不良影响可用

$$\frac{\text{不平衡重径积}}{\text{回转件重量}}\times \text{回转件角速度}$$

来衡量。其中,不平衡重径积与重量之商对于静平衡试验回转件即是回转件总重心的偏距;而对于动平衡试验回转件,则应是 T'(或 T'')平面上的代替重量和平衡重量的总重心的偏心距。因此,若以 e 表示偏心距,以 ω 表示回转件的角速度,则惯性力的不良影响可用 $e\omega$ 来表示。

目前我国尚未正式规定平衡精度国家标准,设计时可在《机械工程手册》中查到各类典型回转件平衡精度等级的推荐数据。

由于高平衡精度的回转件,需要使用高精度的试验装置和先进的测试设备,所以随便提高平衡精度是不合理的。在确定回转件的平衡精度时,一定要从实际工作需要出发,参考有关资料,恰当定出回转件的平衡精度。

习题十四

14-1　在车床上加工重量为 100 N 的工件 A 上的孔。工件重心 S 偏离圆孔中心 O 为 120 mm。今将工件用压板 B、C 压在床头花盘 D 上,设两压板各重 20 N,回转半径 $r_B=120$ mm、$r_C=160$ mm,位置如图 14-8 所示。若花盘回转半径 100 mm 处可装平衡重量,求达到静平衡需加的重量及其位置。

14-2　一薄壁转盘重量为 G,经静平衡试验测定其重心偏距为 r,方向垂直向下,如图 14-9 所示。因该回转面不允许安装平衡重量,只能在Ⅰ、Ⅱ平面上调整。试求应加的平衡重径积及其方向。

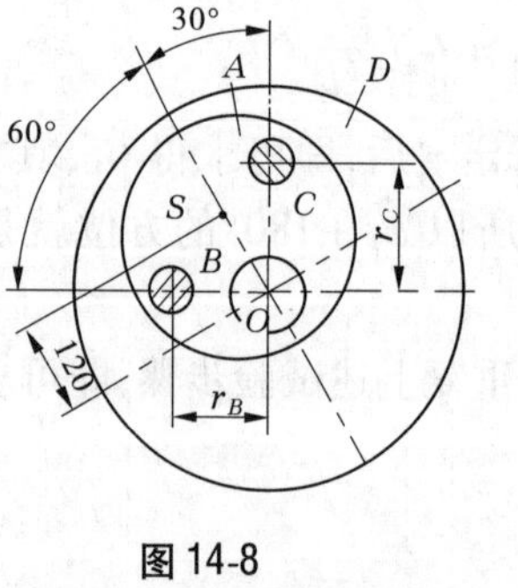

图 14-8

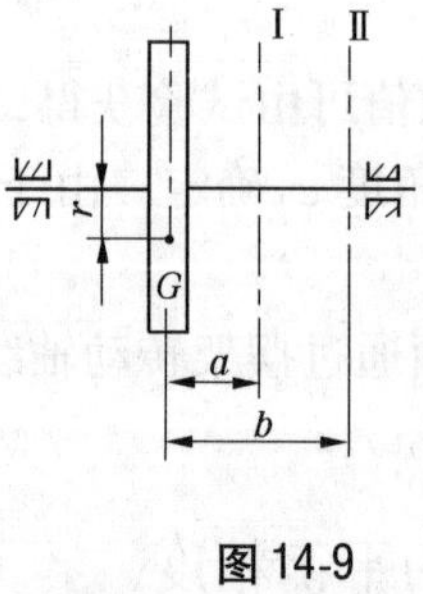

图 14-9

14-3　在图 14-10 所示的回转体中,已知各重量 $G_1=100$ N,$G_2=200$ N,$G_3=200$ N,$G_4=100$ N,它们的重心至回转轴的距离分别为 $r_1=400$ mm,$r_2=r_4=300$ mm,$r_3=200$ mm,又知各偏心重量所在的回转平面间的距离为 $l_{12}=l_{23}=l_{34}=200$ mm,各偏心

重量间的方位夹角 $\alpha_{12}=120°$，$\alpha_{23}=60°$，$\alpha_{34}=90°$。如果在平面Ⅰ和Ⅱ中的平衡重量 G'_b 及 G''_b 的重心至回转轴的距离为 $r'_b=r''_b=500$ mm，试求 G'_b 和 G''_b 的大小和方位。

14-4　高速水泵的凸轮轴系由三个互相错开 120° 的偏心轮所组成，每个偏心轮的重量为 4 N，偏心距为 12.7 mm，设在平衡平面 A 和 B 中各装一个平衡重量 G_A 和 G_B 使之平衡，其回转半径为 10 mm，其他尺寸如图 14-11 所示（单位为 mm）。试求 G_A 和 G_B 的大小和位置。

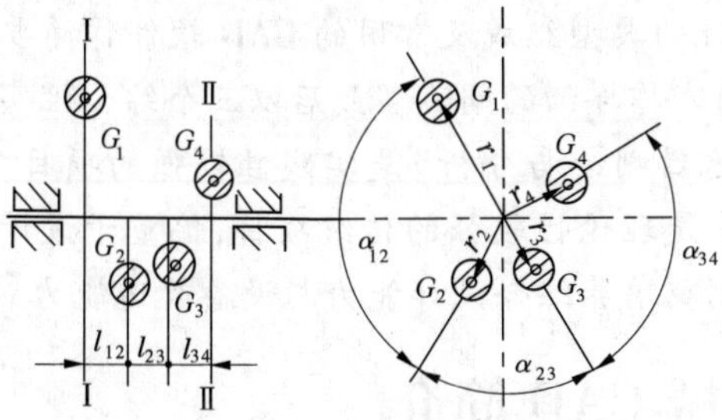

图 14-10

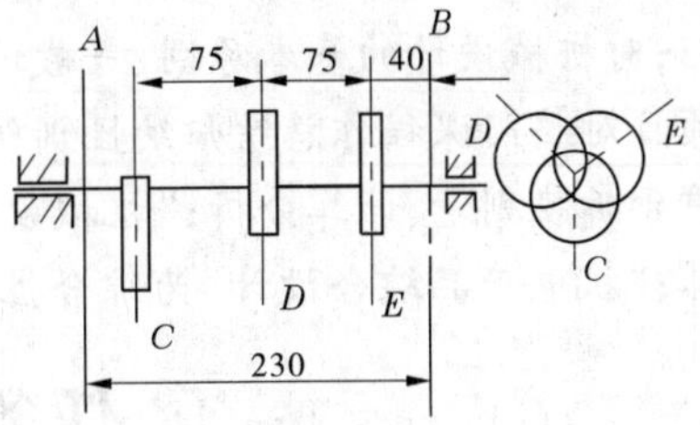

图 14-11

项目十五 机械设计CAD简介及综合实训

案例导入:随着微型计算机的发展和普及,CAD技术得到了进一步的推广,这里对机械CAD的含义、发展历程、工作过程和硬件系统的典型组成及常用的CAD软件作简要介绍;对机械设计的基本原则、一般过程和主要内容作详细的阐述。最后以三个综合性实训项目对整门课程作总结归纳性训练,其中"减速器测绘与分析"是实践性较强的项目,偏重于拆装测量、计算分析;"机械设计综合训练"是理论性较强的传统项目,偏重于设计计算;"机电产品综合设计"为综合性实训项目,侧重培养综合设计能力与设备改造能力。

任务一 机械CAD简介

一、概述

计算机辅助设计(CAD:Computer Aided Design)是指工程技术人员利用计算机的硬件和软件系统,对产品进行总体设计、绘图、分析和编写技术文档等设计活动的总称,是多门学科综合性应用的新技术,从20世纪80年代末开始得到了迅速的发展。近几年来,由于微型计算机的发展和普及,CAD技术得到了进一步的推广,多数大、中型企业,甚至一部分小型私有企业已经或多或少地应用CAD技术。

如图15-1所示,CAD是一个设计过程,它是"在计算机环境下完成产品的创造、分析和修改,以达到预期设计目标的过程"。就目前CAD技术可实现的功能而言,它是在设计人员进行产品概念设计的基础上从事产品的几何造型分析,完成产品几何模型的建立,然后抽取模型中的有关数据进行工程分析和计算,例如有限元分析、仿真模拟等,根据计算结果决定是否对设计结果进行修改,修改满意后编辑全部设计文档、输出工程图。

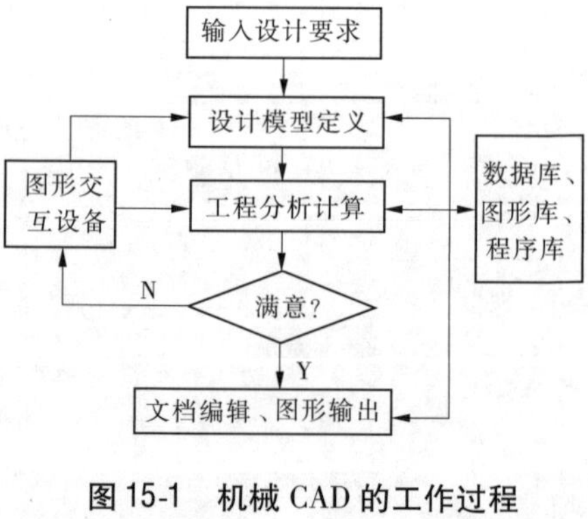

图15-1 机械CAD的工作过程

一般认为,CAD功能可归纳为几何建模、工程分析、模拟仿真、自动绘图四大类。而实现这些功能的一个完备的CAD系统应由科学计算、图形系统和工程数据库组成。科学计算包括有限元分析、可靠性分析、动态分析、优化设计以及产品的常规计算分析等内容;图形系统包括几何造型、自动绘图(二维工程图、三维工程图)、动态仿真等设计过程;工程数据库是对设计过程中所需使用或产生的数据、图形、文档等信息进行存储和管理。

在CAD系统中,如加入人工智能和专家系统技术,让计算机模拟人类专家解决问题的思路和方法进行推理和决策,可以大大提高设计自动化水平,可对产品进行功能设计、总体方案设计等产品的概念设计过程,以实现对产品设计全过程提供支持。

随着计算机辅助技术的发展及其日益广泛的应用,随着现代化生产对提高产品设计和制造效率的要求,现在的CAD过程已多与计算机辅助制造(CAM:Computer Aided Make)集成在一起,构成一个包括CAD、CAPP(计算机辅助工艺设计:Computer Aided Process Planning)、CAM的CAD/CAM集成系统,根据CAD的结果并结合企业的工装设备和工艺技术,由CAPP获得符合企业实际条件的优化的工艺方案和合理的工时定额及材料消耗,自动生成相应的数控加工程序并送至CNC机床完成零件的加工。

随着信息技术的不断发展,为使计算机辅助技术给企业带来更大的效益,将企业内所有分散的信息系统进行集成,不仅包括生产信息,还包括生产管理过程所需的全部信息,从而构成一个计算机集成制造系统(CIMS:Computer Integrated Manufacturing System),而CAD/CAM集成技术则是计算机集成制造系统的一项核心技术。

目前,在国内比较流行的CAD及CAD/CAM软件有自主版权的CAXA系列软件、开目CAD、高华CAD等,以及如AutoCAD、MasterCAM、Pro/Engineer、SolidEdge、SolidWorks等国外软件系统。

二、CAD硬件系统的典型组成

如图15-2所示为CAD硬件系统的典型组成。它分为三大部分:①计算机,含键盘、鼠标、显示器和主机;②图形输入设备,如扫描仪等;③图形输出设备,如打印机、绘图机等。在实际工程中,设计计算所花的时间要比将设计成果用打印机或绘图仪输出所花的时间多得多。因此,通常是多台个人计算机配一套输入输出设备,设计人员事先在各自的计算机上做好设计(包括文档和图形),然后通过软盘、活动硬盘、光盘或网络传给系统主机,再进行文档和图形输出。

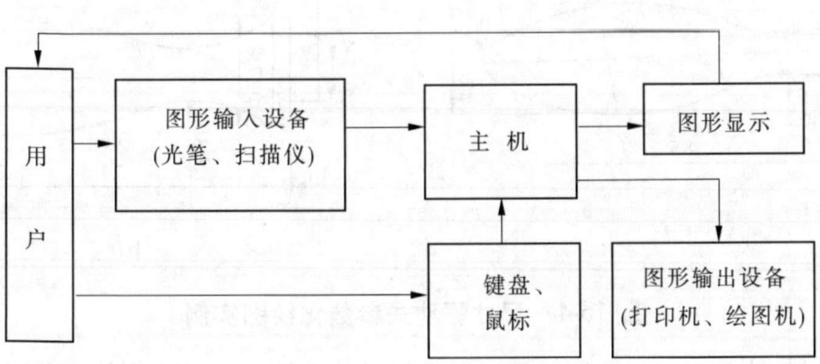

图15-2　CAD硬件系统组成

三、常用的CAD软件

目前机械CAD应用的软件主要为两大类。

(一)解决几何图形设计问题

这类软件主要是利用计算机的硬件和软件辅助完成符合工程要求的零件图或装配图,将工程技术人员从烦琐、低效、重复的工作中解脱出来,以便从事更具创造性的设计工作。在几何图形设计中,通常有以下四种方法。

1. 交互式绘图

AutoCAD 是当今国内外应用非常广泛的交互式绘图软件。交互式绘制机械工程图时,首先根据视图的构成和布置生成各视图的水平、垂直基准线,然后由这些基准线的位置通过偏移和坐标点的追踪确定其他图文的相对位置。

2. 程序参数化绘图

在机械工程图中,由于很多零部件的形状是相似的,如键、销、螺钉、滚动轴承等,绘制这些零件的视图一般可采用程序参数化绘图方法完成。

在程序参数化绘图方法下,用户不再需要调用绘图命令逐条线地绘制图形,这样的工作可交给程序去完成,用户所做的工作只是向程序提供所要求的一些参数。例如图15-3所示的简单钣金零件图的绘制,用户只要输入(x_1、y_1、a、b、c、d)等参数即可,程序根据用户输入的参数自动地计算并确定图形中各实体的其他几何参数。

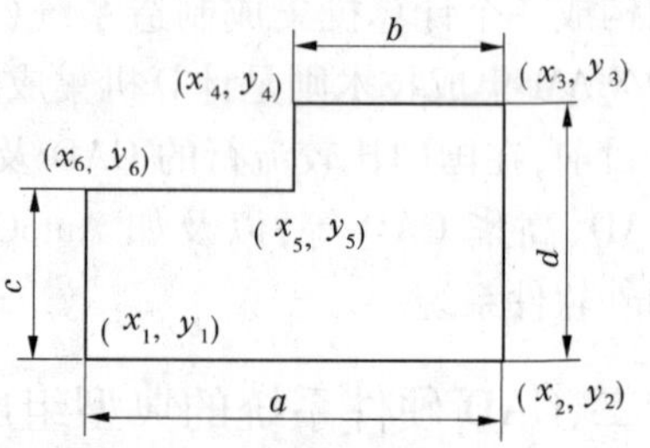

图 15-3　简单钣金零件图

3. 尺寸驱动式参数化绘图

尺寸驱动式参数化绘图,无须对图形实体进行准确定位,而是以草图形式快速绘制图形,然后进行必要的尺寸标注,如图 15-4(a)所示;最后通过驱动程序产生由尺寸标注所控制的准确图形,就得到了如图 15-4(b)的结果。

目前在国内市场上流行的各种 CAD 软件均具有尺寸驱动功能。

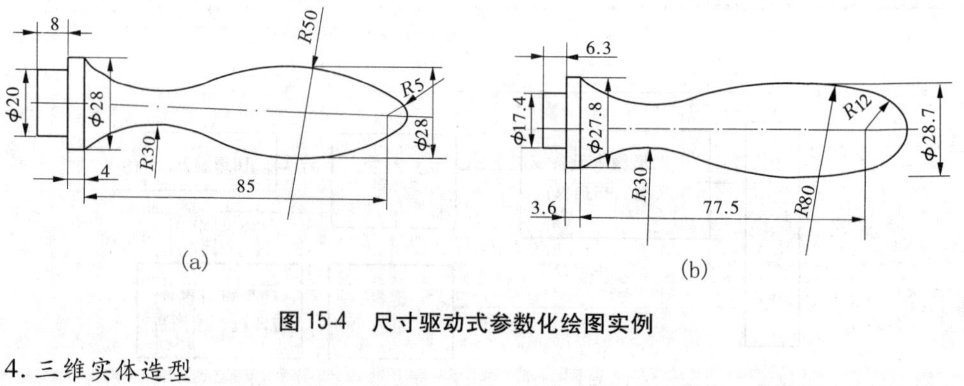

图 15-4　尺寸驱动式参数化绘图实例

4. 三维实体造型

前述三种方法虽然在绘图的质量和效率上都有了较大的提高,但均未摆脱二维作图的传统模式,在手工作图中所遇到的各种难题和问题并没有得到根本的解决。目前,三维实体造型技术已相当成熟,各种 CAD/CAM 系统为用户提供了丰富的三维造型的工具和手段。利用这些工具,用户能够快速地建立所设计对象的三维实体信息模型,并通过投影、剖切等自动生成各种工程图,同时通过参数关联技术的应用,使得无论在三维实体模型环境还是在二维工程图环境下，任一方的修改都能在另一环境中得到反映，彻底解决了由于设计修改引起的图档更新问题。

（二）解决工程分析与计算问题

此类软件针对机械领域的需要，一般配置有如下模块：①计算方法库；②优化方法库及常用零部件优化模型库；③机构分析及机构综合软件；④机械系统动态分析软件；⑤模具分析软件。

目前在结构和机构分析、机械系统动态分析方面应用广泛的有美国的ANSYS软件。

此外，还有一些比较专用的文档制作类软件，用以快速生成设计结果的各类报告、表格、文件、说明书等。

（三）商品化软件简介

除了AutoCAD之外，近年来国内外比较流行的软件有开目机械零件设计系统（国产），美国SDRC公司推出的I-DEAS、PTC公司推出的Pro/Engineer、CNC Software公司的MasterCAM等。

1. 开目机械零件设计系统

开目机械零件设计系统为克服传统机械零件设计和计算方法步骤烦琐，耗费大量人力、物力，同时也无法迅速获得最优结果的不足，将机械传动装置的设计过程中涉及到的许多复杂的计算，大量的线图和图表进行数据化和程序化处理，使得设计人员可以将所有精力放在设计方案的优化选择上。开目机械零件设计系统包括齿轮、带轮、链轮、轴及轴承等设计子系统，每一个子系统中都具备设计、校核、生成工程图等功能。下面仅介绍其齿轮设计系统的功能。

（1）渐开线圆柱齿轮。具有齿轮传动设计、几何尺寸计算、齿厚测量尺寸计算、绘制工作图及精度计算等功能。采用的强度校核的依据是直齿轮和斜齿轮承载能力计算方法（新编GB/T 3480）。优点是可以根据变位系数封闭图任意选取合理的变位系数，然后计算齿轮的传动质量指标和轮齿的接触强度、弯曲强度。图15-5所示为其渐开线圆柱齿轮设计系统的界面，在利用该系统进行渐开线圆柱齿轮传动设计时，设计人员只要将齿轮传递的功率P、转速n、传动比i、压力角α、中心距限制、工作机和原动机工作特性等作为已知条件输入，然后在该系统根据设计规范和优化设计要求给出的合理范围内进行齿数选择、模数选择、齿宽因数选择、齿轮材料选择、齿轮传动精度选择等参数确定工作，剩余的工作包括强度计算和校核、齿轮具体尺寸确定、零件图的绘制、计算说明书的编写等全部由计算机完成。

（2）直齿锥齿轮几何尺寸计算。可以计算国标、格里森等齿制的直齿轮的几何尺寸。

（3）蜗轮蜗杆几何尺寸计算。可以计算ZA、ZI、ZH等齿制的蜗轮、蜗杆的几何尺寸。

（4）破损齿轮测绘。可以根据测绘数据，计算出渐开线圆柱直、斜齿轮的原始参数。

（5）齿轮工艺编制、齿轮刀具与量规设计和齿轮传动附件设计等。

2. I-DEAS设计系统

主要功能模块有：二维绘图，三维零件设计，机构设计，装配设计，曲面设计，公差分析，数控编程，钣金设计，模具零件库，模具数据库，有限元解算，有限元建模及后续处理，梁造型及后续处理，数据采集，测试数据分析，系统动态分析等。

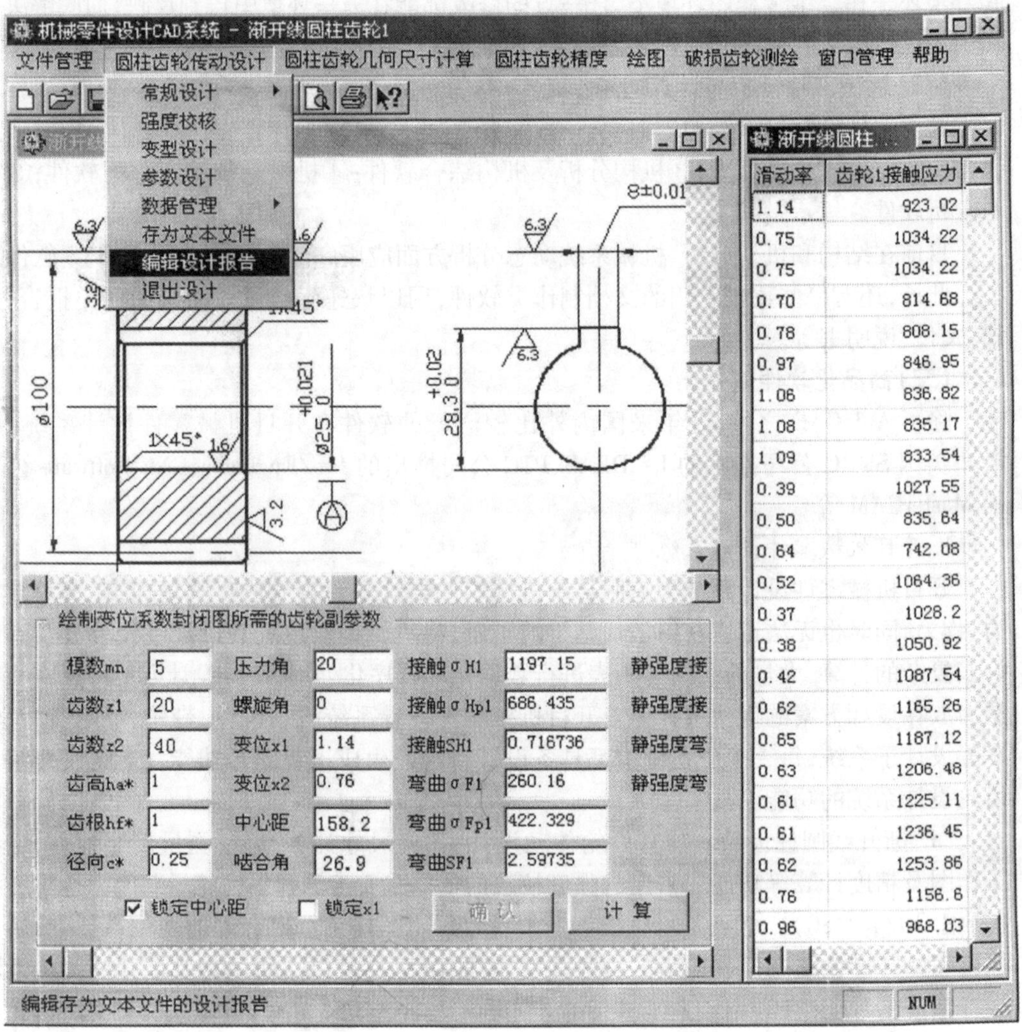

图 15-5 渐开线圆柱齿轮设计系统的界面

3. Pro/Engineer 实体设计系统

该系统是由美国 PTC 公司于 1989 年开发出来的,历经近 20 个春秋,版本不断更新换代,功能不断加强完善,通过 Pro/Engineer 及其相关软件 Pro/Designer、Pro/Mechanica,可以同时完成工业设计、机械设计、功能模拟、加工制造等。其主要功能包括:

(1)Pro/Engineer。基本三维造型,参数化功能定义,组装,三维实物着色,二维视图生成,二三维图形输出,复杂部件生成,二三维装配图组装设计,结构和运动干涉检查,工程图生成,复杂造型,系统间数据交换标准接口,有限元网格,复杂曲面造型,数控自动编程及刀具轨迹仿真,模具设计等。

(2)Pro/Designer。属于概念化设计工具,主要应用于工业设计,除一般的创建、评估、修改等各种产品概念设计之外,特别突出的是可以用来产生超越数学方程式定义的自由曲面,并直接应用于机械设计或工业产品原型制造上。

(3)Pro/Mechanica。属于功能性仿真软件,可以用来创建模型结构,也可以接受来自

Pro/Engineer 绘制的造型，并进行产品的结构分析、热传导分析、振动分析、机构分析等。此外，还可以利用其仿真功能进行产品的最佳化设计。

4. MasterCAM 设计及制造系统

MasterCAM 是将设计和制造结合在一起的 PC 级套装软件，利用 MasterCAM 可以绘制零件的图纸，生成零件的数控加工程序并通过电缆直接送至数控机床上，由数控机床完成零件的加工，是一套 CAD/CAM 一体化软件。在 MasterCAM 系统中，可以将用 AutoCAD 等 CAD 软件绘制的图形调入 MasterCAM 中使用，也可将用 MasterCAM 绘制的图形送入其他 CAD 软件中去使用。

任务二　机械设计综述

一、机械设计的基本原则

各种机器尽管在功能、原理、类型等诸多方面均有不同，但是在进行机械设计时还是有它们共性的问题要考虑，机械设计的基本原则有以下几点。

（一）满足功能要求

我们设计的机械必须能够满足使用上提出的功能要求，这是进行机械设计所必须遵守的最基本的原则，如果所设计的机器不具备预期的功能，就失去了设计该机器的意义。

（1）满足运动性能要求。必须正确选择机器的工作原理，合理地设计机构组合，使机器有适宜的运动速度、平稳性、启动性、制动性和运动规律。

（2）满足动力性能要求。要正确分析各机构和零件上的扭矩和作用力，正确决定机器所需的功率，以确保机器有克服阻力完成预定任务的功能。

（3）满足可靠性要求。机器应该能够在预定的寿命期间内可靠地工作，各零部件应具有足够的强度和刚度。

（二）满足经济性和工艺性要求

（1）提高设计和制造的经济性。设计中尽量考虑采用标准件、通用件或借用现成批量销售的产品；合理选择材料、用量，减少制造工时，改善制造和装配工艺性等，均能提高经济性。

（2）提高使用经济性。提高自动化水平以提高机械效率，减少动力和燃油消耗。

（3）结构要简单，要便于制造。

（三）满足劳动保护性能要求

（1）应特别注意操作安全。

（2）减少操作者的体力和脑力消耗，操作轻巧简便，操纵件数适当，位置集中且易达，便于观察。

（3）改善操作者的工作环境。要求噪声低，安静，空气清新，外形和色泽搭配协调。

（四）满足其他特殊要求

例如长期在海边使用的机械要注意防盐腐蚀；在较寒冷的地方应考虑防冻或用低温油；在飞机上的油箱、液体润滑的齿轮箱等除应考虑重量轻外，还要注意不让油液溢出，以及飞机翻滚对供油或润滑的影响。

二、机械设计的一般过程和主要内容

（一）提出任务、拟定计划

（1）任务书的提出。设计任务通常是根据生产需要提出或经市场调查发现某种机器有较大需求时提出的。

（2）任务书的内容。详细的任务书应包括机器的用途、主要性能参数范围、环境条件及有关特殊要求、生产量、承制单位、预期的总成本范围以及完成日期等。

（3）拟定计划。接到任务书后，应组织有关人员就设计任务书提出的各项要求进行全面分析和调查研究，以期较深地理解任务的政治意义、经济价值、技术要求、重点难点、需攻关的方向、完成任务的主要途径和关键的技术试验等。

（二）本体设计

本体设计包括总体设计、结构设计和零件设计三个阶段，这是具体进行机械设计的主体部分。

（1）总体设计阶段。这是从机器的工作原理到机构运动简图的阶段，也称方案拟定阶段。其具体任务是选择机器的工作原理，本着简单、实用、经济、美观等原则，拟定一套实现预期功能的机器机构运动简图。为此，要进行多种传动方案的比较以及具体机构的原理设计，要求把机器各个部分之间的运动关系、动力关系以及各机构主要零件在机器中的大体位置，用规定的简单符号表示在图纸上，构成机器的机构运动简图。

（2）结构设计阶段。这是从机器的运动简图到装配图的阶段。结构设计阶段的具体任务是将运动简图中的符号变成具体的零件、部件。要考虑并确定各个部件的相对位置及连接方法，主要零件的具体形状、关键尺寸、材料、制造、安装、配合等一系列问题，要进行必要的计算、类比和选择，有时还要做确认试验。要根据机器运动的具体情况：运动特性、工作阻力、工作速度以及传动系统的总效率等，初步选择原动机；根据工作阻力或原动机的出力，计算出各个主要零件的关键尺寸并选定材料；一些直接影响机器的性能、精度、寿命或特殊的关键部位，还应考虑选定合适的配合。最后，以装配图的形式体现本阶段的设计成果。

（3）零件设计阶段。就是从装配图拆画零件图。其具体任务是把要加工件的全部尺寸、结构要素及加工要求等参数用零件图详细地表现出来。应该从总体要求出发，综合考虑零件的强度、刚度、寿命、制造工艺以及重量、体积、成本限制等因素，确定零件的材料、尺寸、结构要素（如圆角半径、倒角尺寸等）、制造精度（如尺寸公差、表面粗糙度等）以及技术条件（如热处理方法、表面硬度、表面防护等）。最后，以零件图的形式体现本阶段的设计成果。

本体设计的完成，提供了机器的运动简图、装配图和零件图，从原理上、结构上和制造上为一台机器的诞生准备了初步条件。应该注意到，这里把本体设计分为三个阶段来讨论，并不是把这三个阶段截然分开。实际上这三个阶段是密切联系的，前一阶段的工作为后一阶段提供了依据，而后一阶段经深入研讨确定的东西一旦越出前一阶段的限制，就会要求前一阶段的成果作适当修改。因此，本体设计的三个阶段必然是互相牵连、互相影响、互相交叉地反复进行的。

必须指出，一套完整的机器图纸和设计文件，除了上述成果外，还应包括：①工作循环图，即一个工作循环中各部分动作的协调配合关系图；②调节顺序图，电气、液压、气动、润滑、冷却等系统图；③设计计算说明书；④使用说明书；⑤组合件、标准件、外购件、通用件、易损件等的明细表。

本体设计完成之后，即将进行的就是制造和装配了。在设计过程中，因考虑不周，错误在所难免，为了减少不必要的浪费，应尽可能把错误扼杀在图纸阶段。为此，应让设计成果经过一定程序的审批手续，比如组织相关的专家组进行答辩等，尽量找出问题或不合理的地方加以改进。

（三）实践检验与改进

本体设计完成之后，设计并未结束。所做的设计在此后的试制、装配、试车、鉴定等过程中，还会发现一些问题；就算是样机完成了，但是在此后的工业性试验中还可能发现新的问题，这些问题都要作必要的改进。

任务三　机械设计基础综合实训

本任务给出了两个综合性实训项目，其中“减速器测绘与分析”是实践性较强的项目，偏重于拆装测量、计算分析；“机械设计综合训练”是理论性较强的传统项目，偏重于设计计算。各校可以根据具体情况选做其中一项，或全部完成两项。

一、机械设计基础综合实训一：减速器测绘与分析

（一）实训目的

（1）通过对减速器的拆装与观察，了解减速器的整体结构、设计布局及传动方案，了解各组成部分的作用和润滑方式，加深对轴系结构的感性认识。

（2）通过对减速器中某轴系部件的拆装与分析，了解轴上零件的定位方式、轴系与箱体的定位方式、轴承及其间隙调整方法、密封装置等；观察与分析轴的工艺结构。

（3）通过分析轴的各部分结构尺寸的合理性，掌握联轴器、轴承、键等的选用方法，训练学生使用国家标准的能力。

（4）通过对轴的工作能力分析，巩固和综合应用受力分析、失效分析、强度计算等的基本方法，培养学生必要的计算能力以及解决实际问题的能力。

（5）通过对减速器轴系零部件的精度分析，理解国家标准对常用零部件各项精度的有关规定和选用原则，并加深了解根据零部件的功能要求选用其尺寸精度、配合精度、形状位置精度、表面粗糙度的基本方法。

（6）通过传动系统运动简图、受力图、强度计算简图、轴的零件草图、轴系结构装配草图的绘制，以及编写课题说明书，提高图形表达技能和文字表达能力。

（7）通过对不同类型减速器的分析比较，加深对机械零部件结构设计的感性认识，为机械零部件设计打下基础。

（二）实训内容及任务要求

(1)每小组(一般四人)拆装一台减速器,测绘、分析后将零件装配复原,并使传动系统能正常运转。对传动系统进行结构分析、运动分析、工作能力分析并确定电动机型号;对传动系统进行精度分析,合理确定并标注公差与配合;对低速级输出轴进行加工工艺分析,提出工艺流程;编写课题说明书。

(2)综合运用机械设计基础、机械制造基础的知识和绘图技能,完成传动装置的测绘与分析,通过这一过程全面了解一个机械产品所涉及的结构、强度、制造、装配以及表达等方面的知识,培养综合分析、实际解决工程问题的能力,培养团队协作精神。

(3)测绘全部非标准件草图(徒手绘制),每组完成一套,并依据测量数据确定全部标准件的型号。每人完成减速器装配图 A1 一张、零件工作图 A3 两张(齿轮和轴各 1 张)、课题计算及说明书约 6 000 字(含校核一根轴、一对齿轮、一对轴承)。

（三）实训设备和工具

(1)拆装用减速器。单级圆柱齿轮减速器、两级圆柱齿轮减速器、圆锥齿轮减速器、蜗杆减速器。

(2)扳手、手锤、铜棒、直尺、铅丝、轴承拆卸器、游标卡尺、百分表及表架。

(3)煤油、油盆若干。

（四）实训步骤

1. 了解减速器的类型与结构

减速器是一种封闭在箱体内,由齿轮、蜗杆蜗轮等传动零件组成的传动装置,装在原动机和工作机之间,用来改变轴的转速和转矩,以适应工作机的需要。由于减速器结构紧凑、传动效率高、使用维护方便,因而在工业中应用广泛。

减速器常见的有圆柱齿轮减速器、圆锥齿轮减速器和蜗杆减速器三种类型。在圆柱齿轮减速器中,按齿轮传动级数可分为单级、两级和多级。减速器的结构随其类型和要求的不同而异,一般由齿轮、轴、轴承、箱体和附件等组成。通过观察减速器外部结构,判断传动级数、输入轴、输出轴及安装方式。

2. 拆卸减速器零部件

(1)观察减速器的外形与箱体附件,了解附件的功能、结构特点和位置,测出外廓尺寸、中心距、中心高。减速器的结构分析和零部件分析见本项目后述内容。

(2)打开减速器箱盖,观察箱内零件间有无干涉现象,并观察结构中是如何防止零件间相互干涉的。测量各级啮合齿轮的中心距;从箱体中取出各传动轴部件,分析工作情况、装配关系,画机构简图。

(3)拆卸减速器时注意:①按拆卸顺序给所有零部件编号,并登记名称和数量,然后分类、分组保管,避免产生混乱和丢失,记录减速器零部件的相关内容,见表 15-1;②拆卸时避免随意敲打造成破坏,并防止碰伤、变形等,以便再装配时仍能保证减速器正常运转。

3. 测绘零件

(1)分析各种零部件的结构、功能、类型,并分出标准件和非标准件;对标准件,要测量出其基本尺寸,然后查有关的国家标准确定其代号,列于表 15-1;对于非标准件,要绘制草图,测量、标注尺寸,确定技术要求,给每个零件草图画图框和标题栏,并在标题栏中注明零件名称、材料、标准及代号、数量、编号(按拆卸顺序所编的号)。

表 15-1　零部件明细表

序号	名称及型号	材料	数量	基本尺寸	标准代号

(2)确定各齿轮参数:齿数 z、中心距 a、旋向及几何尺寸,并标于草图上(待用),测量方法见表 15-2。

表 15-2　常用测量方法

项目	测量方法	项目	测量方法
齿轮模数	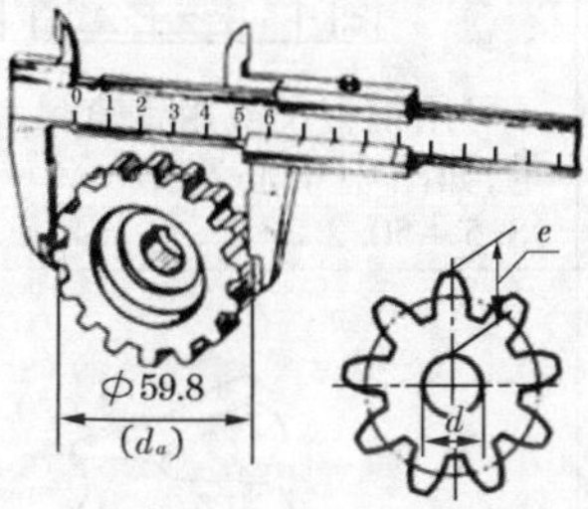 对标准齿轮,其模数 $m = d_a/(z+2)$。偶数齿可先用游标深度尺直接测得齿顶圆直径 d_a,奇数齿可间接测出齿顶圆直径 $d_a = 2e + d$	齿轮参数	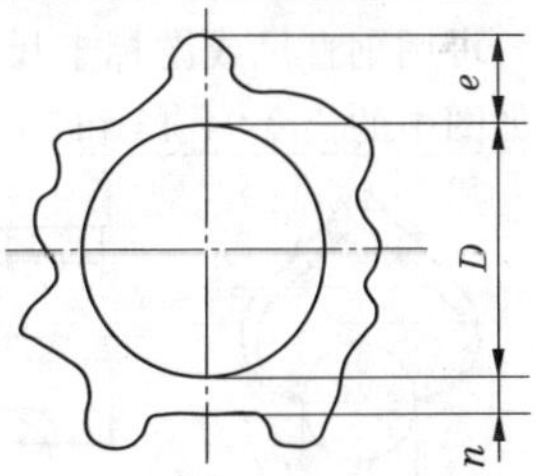 标准斜齿圆柱齿轮分度圆压力角 $\alpha_n = 20°$,螺旋角 β 可以通过拓印的办法得到,模数不能直接测量,要通过间接测量其他几何量、计算、取标准值得出。计算办法: $\left.\begin{aligned} d_a &= \frac{m_n z}{\cos\beta} + 2m_n \\ a &= \frac{m_n}{2\cos\beta}(z_1 + z_2) \end{aligned}\right\}$ 上式中,中心距 a,齿顶圆直径 d_a 和齿数 z 是可以直接测量的,联立求解可求得 m_n 和 β。取 m_n 为标准值;β 值精确到"秒"
曲面曲线轮廓	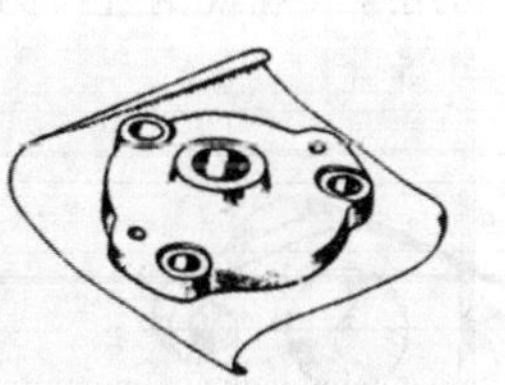 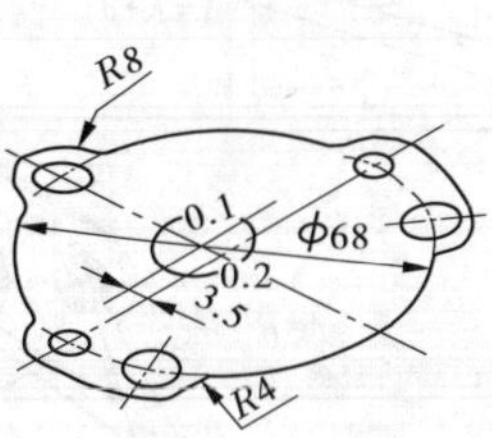 拓印法:在纸上拓出它的轮廓形状,然后用几何作图的方法求出各连接圆弧的尺寸和中心位置,如图中的 $\phi 68$、$R8$、$R4$ 和 3.5	曲面曲线轮廓	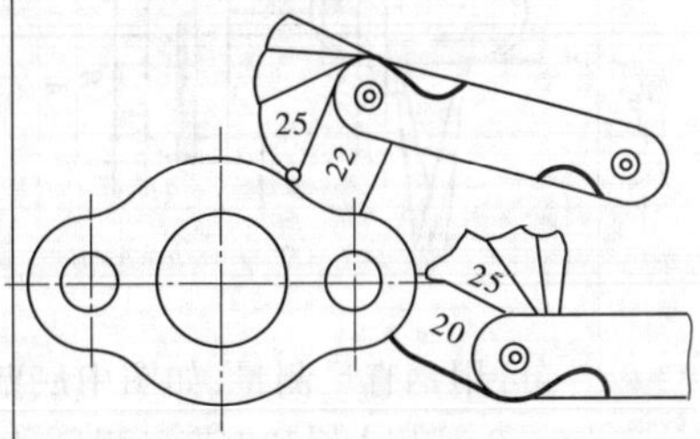 用圆角规测量圆弧半径

续表 15-2

项目	测量方法	项目	测量方法
直线尺寸	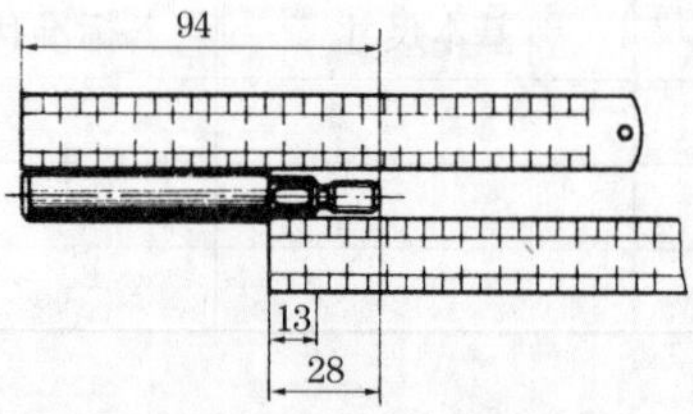 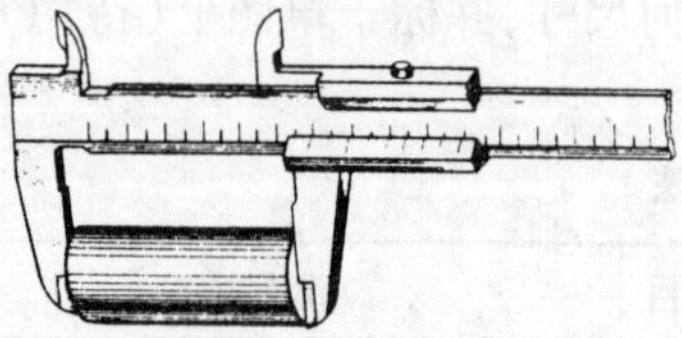 可用钢直尺或游标卡尺直接测量读数，如图中的长度 94、13 和 28	中心高	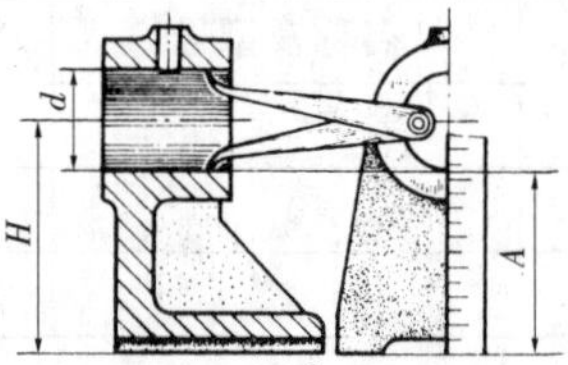 $H=A+\frac{d}{2}$ 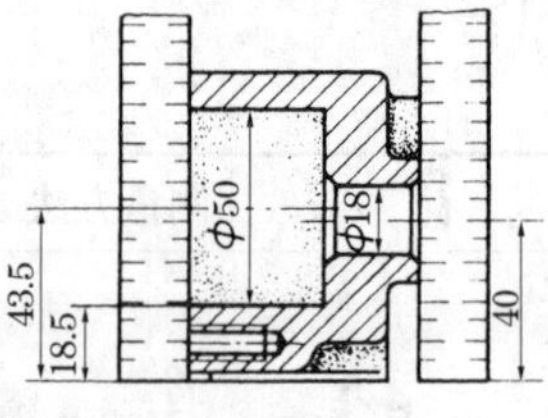 可用钢直尺或用钢直尺和内卡钳配合测量，如图中中心高 $H=A+d/2$ 及 $43.5=18.5+50/2$
直线尺寸	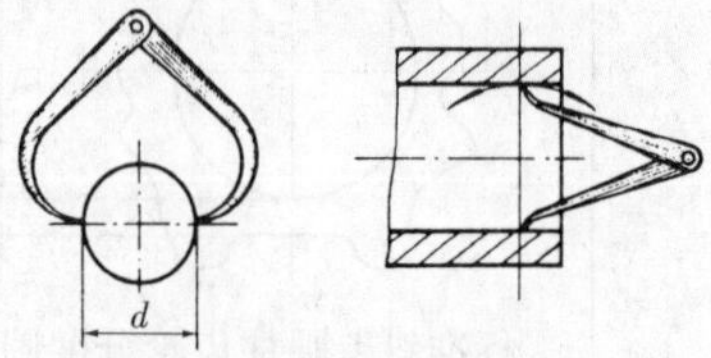 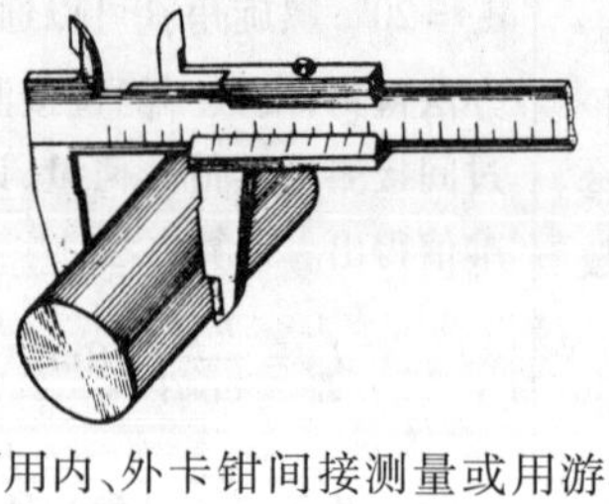 可用内、外卡钳间接测量或用游标深度尺直接测量读数，如图中直径 d	螺纹的螺距	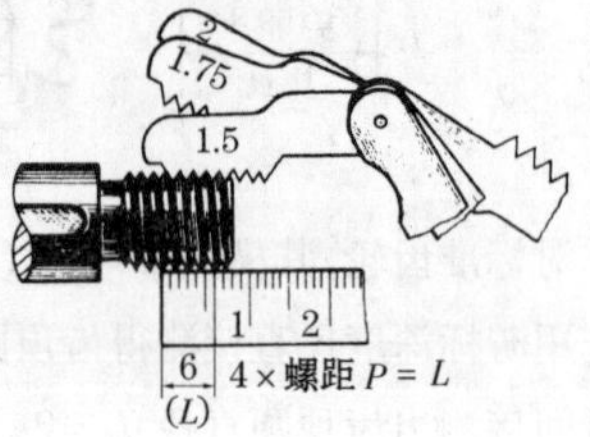 可用螺纹规或钢直尺测得，如图中螺距 $P=1.5$
壁厚尺寸	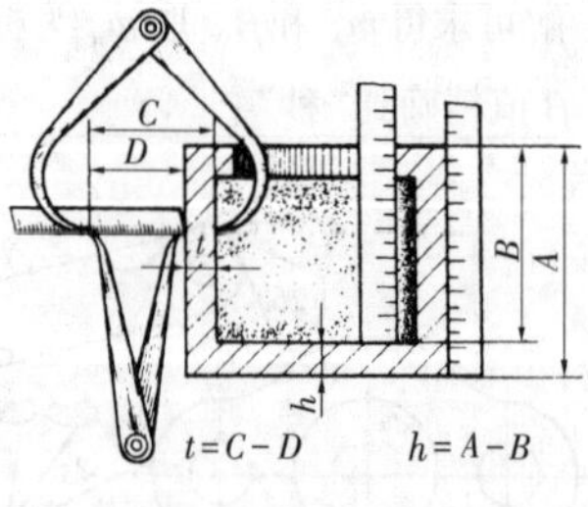 可用钢直尺测量，如图中底壁厚度 $h=A-B$，或用卡钳和钢直尺测量，如图中侧壁厚度 $t=C-D$	孔间距	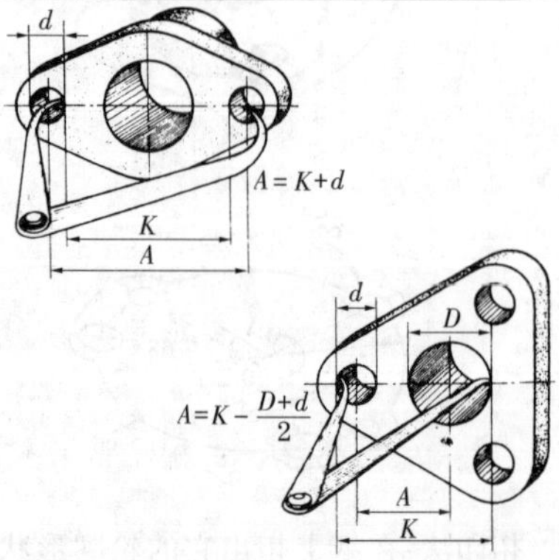 可用卡钳(或游标卡尺)结合钢直尺测量，如图中两孔中心距 $A=K+d$ 及 $A=K-(D+d)/2$

(3)测定轴承的轴向间隙。固定好百分表，用手推动轴至一端，然后再推动轴至另一端，百分表所指示出的量值差即是轴承轴向间隙的大小。

(4)测定齿轮副的侧隙。将一段铅丝插入齿轮间，转动齿轮碾压铅丝，铅丝变形后的厚度即是齿轮副侧隙的大小，用游标卡尺测量其值。

(5)仔细观察箱体剖分面及内部结构、箱体内轴系零部件间相互位置关系，确定传动方式。数出齿轮齿数并计算传动比，判定斜齿轮或蜗杆的旋向及轴向力、轴承型号及安装方式，绘制机构传动示意图。

(6)取出轴系部件，拆卸零件并观察分析各零件的作用、结构、周向定位、轴向定位、间隙调整、润滑、密封等问题。把各零件编号并分类放置。

(7)分析轴承内圈与轴的配合及轴承外圈与机座的配合情况。

(8)零件测绘时的注意事项。①对实际测量所得的数据，有时不能直接标注在图上，而要进行有效的处理；②零件上非配合面、非接触面、不重要表面，在测量所得的尺寸有小数时，应圆整，并尽可能与标准尺寸系列中的数值相同或相近；③零件中相配合的轴、孔尺寸应取一致，有配合关系的尺寸应在测出其基本尺寸的基础上，经分析、查阅有关手册后确定；④对一些计算尺寸不能圆整的，应精确到小数点后三位，如中心距、中心高等重要尺寸的计算；⑤对标准结构或与标准件相配合的结构，如直径、键槽、轮齿、退刀槽、销孔等，以及与滚动轴承相配合的轴或箱体孔，测量出尺寸后应查国家标准取标准值；⑥零件上的制造缺陷，如缩孔、刀痕、砂眼、毛刺以及使用过程中所造成的磨损或损坏的部位，不画或加以修正，零件上的工艺结构，如倒角、退刀槽等应查有关标准手册来确定并画在图样上。

4. 绘制装配草图

绘制减速器装配草图是进行结构设计的一种方法，是检验减速器传动零件、轴及轴承装置、箱体及附件的结构是否合理的重要手段。因此，减速器装配草图应与减速器零件测绘交叉、相互补充、反复修改后完成。减速器装配草图必须按比例绘制，可视具体情况画 1～2 个视图。画图过程中注意：①零件是否得到可靠的定位和固定；②零件能否被顺利进行装拆；③零件是否具有良好的制造工艺性；④传动零件及轴承的良好润滑是否有保证；⑤减速器整体结构是否紧凑与合理。

5. 传动系统运动分析计算

(1)基本参数计算。计算系统总传动比、总效率及电机的转速、输出转矩，确定电机型号，并将有关参数填于表 15-3；计算各级传动比和效率，计算各轴的转速、功率与转矩，填于表 15-4。计算方法见本任务后述内容。

表 15-3

电机型号	额定功率 P_m	满载转速 n_m	同步转速	轴伸尺寸	总传动比

(2)工作能力分析计算。①校核低速级大齿轮齿面接触疲劳强度、齿根弯曲疲劳强度(参考本教材项目六)；②校核输出轴的强度(参考本教材项目十二)；③校核输出轴的滚动轴承(参考本教材项目十二)。

表 15-4

轴名	输出功率 P(kW)	转速 n(r/min)	输出转矩 T(N·m)	传动比 i	效率
轴Ⅰ				i_{12} =	η_{12} =
轴Ⅱ				i_{23} =	η_{23} =
轴Ⅲ					

6. 绘制装配图和零件工作图

根据零件草图画装配图,绘制零件工作图,绘制方法和注意事项参阅本任务后述内容。绘图时注意进行精度分析,合理选择并标注公差配合,标注尺寸及其偏差、形位公差、表面粗糙度,注写必要的技术要求,填写标题栏等。对低速级输出轴进行加工工艺分析,画工艺流程图。

7. 编写计算说明书

格式及内容要求参阅本任务后述内容。此外,说明书还可以包括一些其他技术说明,如装配、拆卸、安装时的注意事项,采取的措施,啮合件及轴承的润滑方法和润滑剂的选择,散热和冷却等,测绘过程,测量方法,传动系统运动分析计算;对低速级输出轴进行加工工艺分析,对存在问题提出改进意见等。

8. 装配

拆卸、测量、观察、分析过程结束后,按拆卸的反顺序装配好减速器。步骤如下:①在煤油里清洗各零件,检查有无零件及其他杂物留在箱体内,擦净箱体内部,将各传动轴部件装入箱体内;②将嵌入式端盖装入轴承压槽内,并用调整垫圈调整好轴承的工作间隙;③将箱内各零件擦净并涂上机油防锈,再用手转动高速轴,观察有无零件干涉,经指导老师检查无误后合上箱盖;④松开起盖螺钉,装上定位销,并打紧,装上螺栓、螺母,用扳手分多次均匀拧紧;⑤装好轴承端盖,观察所有附件是否都装好;⑥用棉纱擦净减速器外部,放回原处,摆放整齐。

(五)减速器的有关参数

(1)工作机转矩:一般 100~200 N·m,不计工作机效率损失。

(2)动力来源:电压为 380 V 的三相交流电源;电动机输出功率 P_d = 1.5 kW。

(3)工作情况:两班制,连续单向运行,载荷较平稳。

(4)使用期:10 年,每年按 360 天计。

二、机械设计基础综合实训二:机械设计综合训练

(一)机械设计综合训练的目的

机械设计综合训练的目的在于进一步巩固和加深所学知识,使学生能综合运用已学的有关课程的基本知识,通过简单的机械传动设计,掌握基本的设计方法,学会查阅技术资料,培养独立设计能力,树立正确的设计思想和严谨的工作作风。

（二）机械设计综合训练的任务及内容要求

1. 设计任务

（1）机械设计综合训练的任务。为一般机械装置设计，通常是以单级或两级圆柱齿轮减速器为主体的机械传动装置设计。时间上应连续集中安排 2 ~ 3 周，期间不再安排其他教学内容。

（2）机械设计综合训练的工作量。每个学生至少应完成 A1 装配图 1 张和 A3 零件图 2 张、设计计算说明书 6 000 ~ 8 000 字，其中，零件图和设计计算说明书应输入计算机。每个学生都应进行答辩，成绩单独记分。

2. 内容要求

机械设计综合训练的内容应包括传动装置的全部设计计算和结构设计。

（1）运动学计算。①按传动简图及已知条件求工作机功率，估算各级传动的效率，算出所需电动机的功率，选电动机型号，抄录所选电动机的型号、转速、轴头直径及长度、中心高等数据备用；②求传动装置的总传动比，合理分配各级传动比；③依次计算各轴上的功率、转速与扭矩并列表备用。

（2）带传动设计。①按 V 带设计步骤：确定带型号、大小带轮直径、中心距、带长、包角、皮带根数，计算张紧力及对轴的压力；②进行带轮结构设计，主动带轮孔径与电动机轴头直径一致，从动带轮孔径结合轴设计确定。

（3）齿轮设计。①按齿轮设计步骤选择材料，确定齿数、中心距、模数、两齿轮的主要几何尺寸；②进行齿轮结构设计，注意小齿轮是否为齿轮轴，齿轮孔径结合轴设计确定。

（4）轴的设计。①按扭转强度初估轴径；②进行轴的结构设计；③按弯扭强度校核轴的危险截面，并画弯矩图、扭矩图（可待装配草图完成定出跨距后才进行），按主动轮输入扭矩计算各分力大小，从动轮各分力与主动轮各分力的大小相等、方向相反。

（5）装配草图的设计。齿轮几何尺寸计算及初估轴径后即可绘制装配草图。要求按比例绘制装配草图的俯视图，装配草图的绘制与轴上各零件的结构设计交替进行。①先画各级传动的中心线、齿轮轮廓线、箱体内壁线及对称线；②按轴上各零件的轴向、周向固定方式及工艺性要求确定轴的各段直径及长度，装联轴器的轴头直径及长度应符合联轴器孔径及长度，轴颈直径及长度应符合轴承标准，固定轴承的轴肩高度应适当；③依据工作条件初定轴承类型及型号、密封形式、轴承固定形式，轴承座宽度依据轴承润滑方式、密封形式及轴承端盖结构所需确定。

（6）滚动轴承的校核。轴承支点定出后，即可按轴承受力大小、方向，对所选定的轴承型号验算滚动轴承的承载能力。

（7）联轴器的选择。依据工作条件、扭矩、转速、轴径选择联轴器的类型及型号。

（8）键连接的选择与校核。据工作要求与轴径尺寸选择键连接的形式与尺寸，并按挤压条件校核键的强度。

（9）减速器箱体结构及其上附件的设计、齿轮传动的润滑。

（10）绘制装配图。依据装配草图绘制装配图，标注所有零件配合处的配合种类、精度和配合尺寸，标注减速器的安装尺寸、外形尺寸、技术要求、性能、零件编号及明细表。

(11)绘制零件工作图。完整合理地标注制造与检验所需的全部尺寸,并按规定标注尺寸公差、形位公差、表面粗糙度、啮合特性及热处理要求等。

(12)整理说明书。在各项计算、装配图完成后最终整理说明书。按格式整理说明书并在首页列出目录,在说明书中画出齿轮、轴的结构草图,计算结构尺寸,画出轴强度计算时的受力简图、弯矩图、扭矩图,写出参加机械设计综合训练的体会。

(三)机械设计综合训练的步骤

(1)设计准备。阅读设计任务书,明确设计要求、工作条件、内容和步骤;通过对减速器的装拆了解设计对象;阅读有关资料,明确课程设计的方法和步骤,初步拟订设计计划。

(2)传动装置的总体设计。根据任务书中所给参数和工作要求,分析和选定传动装置的总体方案;计算功率并选择电动机;确定总传动比和分配各级传动比;计算各轴的转速、转矩和功率;画传动装置方案简图。

(3)各级传动零件的设计计算。通过设计计算,确定各传动零件的主要参数和尺寸,包括带传动、联轴器、齿轮传动(或蜗杆蜗轮传动)等。一般应先计算箱外传动件(如带、联轴器),后计算箱内传动件。

(4)减速器装配工作图的结构设计及绘制。分析和选定减速器的结构方案;选择减速器中受力较复杂的一轴及其上零件,校核轴、键和联轴器的强度及滚动轴承寿命(轴的校核按弯扭合成强度计算);进行轴系、箱体及其附件的结构设计,箱体附件一般应包括窥视孔、油标、排油孔及其螺塞、起吊装置等;底图完成后,应进行检查并修改;标注必要的尺寸和公差配合,写出减速器特性、技术要求和零件序号,编写零件明细表及标题栏。

(5)零件工作图的设计和绘制。零件工作图一般选轴和齿轮,尺寸和公差及技术要求应标注完整,绘制齿轮零件工作图应有齿轮参数表。

(6)加粗和完成减速器装配图。

(7)整理、编写设计说明书。说明书应包括文字叙述、设计计算和必要的简图,在说明书每页的右侧应单独写明有关计算结果和结论。

(四)课程设计中注意的几个问题

(1)注意掌握设计进度,每一阶段的设计都要认真检查,避免出现重大错误,以影响下一阶段的设计。

(2)设计过程中计算和画图需要交叉进行,边画图边计算,反复修改以完善设计。

(3)提倡互相启发、互相交流,但反对不求甚解、盲目抄袭。

(五)传动装置的总体设计

1.拟订传动方案

传动装置的设计方案一般用运动简图表示,它直观地反映了工作机、传动装置和原动机三者之间运动和力的传递关系。

满足工作机性能要求的传动方案,可以由不同类型的传动机构以不同的组合形式和布置顺序构成。合理的方案首先应满足工作机的性能要求,保证工作可靠,并且结构简单、尺寸紧凑、加工方便、成本低廉、传动效率高和使用维护便利。一种方案要同时满足这些要求往往是困难的,因此要通过分析比较多种方案,选择能满足重点要求的较好传动方案。如表15-5所示。

表 15-5　带式运输机的四种传动方案比较

方案	方案特点	运动简图
方案一	采用 V 带传动与齿轮传动的组合，既可满足传动比要求，同时由于带传动具有良好的缓冲、吸振性能，可适应大启动力矩工况要求，结构简单，成本低，使用维护方便。缺点是传动尺寸较大，V 带使用寿命较短	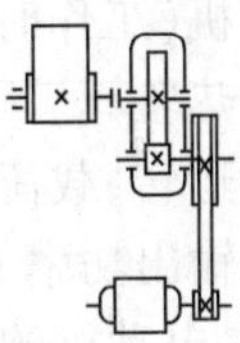
方案二	采用齿轮传动，效率高，使用寿命长，使用维护较方便，但启动冲击大，不宜用于要求大起动力矩的场合	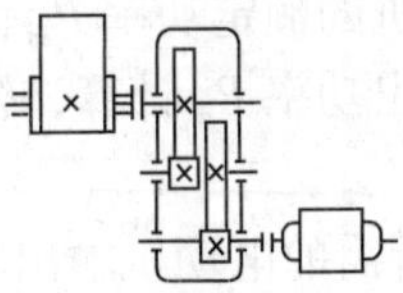
方案三	采用链传动与齿轮传动的组合，能满足传动比要求。但链传动的抗冲击性能差，噪声大，链磨损快，因而寿命短，不宜用于要求大启动力矩的场合	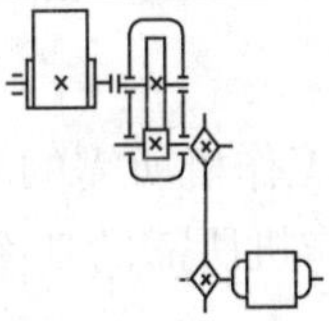
方案四	采用圆锥齿轮与圆柱齿轮传动的组合，传动效率高，结构紧凑，使用寿命长。但启动冲击大，大启动力矩时制造成本较高	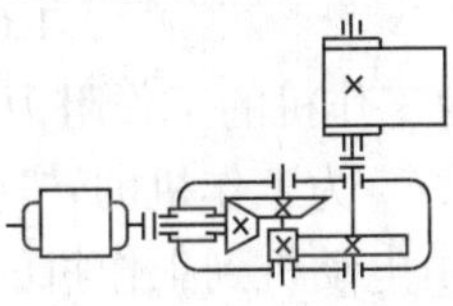

表中四种传动方案都可满足带式输送机的功能要求，但其结构性能和经济成本则各不相同，一般应由设计者按具体工作条件，选定较好的方案。常用传动机构的布置原则如下：

(1)带传动的承载能力较小，传动平稳，缓冲吸振能力较强，宜布置在高速级。

(2)链传动运动不均匀，有冲击，宜布置在低速级。

(3)蜗杆传动效率较低，但传动平稳，与齿轮副组成传动机构时，宜布置在高速级。

(4)开式齿轮传动的工作环境一般较差，润滑条件不好，因而磨损严重，寿命较短，应布置在低速级。

(5)斜齿轮传动的平稳性较直齿轮传动好，常用在高速级或要求传动平稳的场合。

2. 电动机选择

1)选择类型和结构形式

经常启动、制动和正反转的电动机，一般选用 Y 系列三相异步电动机。其结构形式有防滴式、封闭自扇冷式和防爆式等，根据要求选择。常用 Y 系列三相异步电动机的技术要求和外形尺寸见《机械设计手册》或附表 15-1、附表 15-2。

2)选择电动机

电动机的功率对电动机的正常工作和经济性能都有影响。功率过大或过小都不能使电动机发挥其正常的效能。

对于载荷稳定、连续运转的机械，通常只需电动机的额定功率 P_{ed} 大于或等于工作机

所需的功率 P_W 即可。

变载长期运行的电动机、短时运行的电动机(工作时间短,停歇时间较长)和重复短时运行的电动机(工作时间和停歇时间都不长),电动机的额定功率选择要按等效功率法计算并进行发热验算。

长期连续运转、载荷不变或很少变化的机械,要求所选电动机的额定功率 P_{ed} 稍大于所需的电动机输出功率 P_d,则一般不需校验电动机的发热和启动力矩。设计计算所依据的功率,可以是电动机的额定功率 P_{ed},也可是所需的电动机输出功率 P_d,对于通用机械,常用电动机的额定功率 P_{ed} 作为设计功率。对于传动装置的设计功率,一般按实际需要的电动机输出功率 P_d 计算,转速按电动机额定功率时的转速 n_m(满载转速,不等于同步转速)计算。

(1)所需的电动机输出功率

$$P_d = \frac{P_W}{\eta} \quad (\text{kW}) \tag{15-1}$$

式中:P_W 为工作机所需的功率,kW;η 为由电动机到工作机的总效率。

(2)工作机所需的功率

$$P_W = \frac{Fv}{1\,000} \quad (\text{kW}) \quad 或 \quad P_W = \frac{Tn_W}{9\,550} \quad (\text{kW}) \tag{15-2}$$

式中:F 为工作机的工作阻力,N;v 为工作机的圆周速度,m/s;T 为作用在工作机上的转矩,N·m;n_W 为工作机的转速,r/min。

(3)由电动机到工作机的总效率 η

$$\eta = \eta_1\eta_2\eta_3\cdots\eta_n \tag{15-3}$$

式中:η_1、η_2、η_3、…、η_n 为各级传动(齿轮、带或链)、一对轴承、每个联轴器的效率。各种传动效率的数值见表15-6。

在进行效率计算时,还应注意以下几点:①轴承效率指一对而言,当一根轴上有三个轴承时,按两对计算;②同类型的多对传动副,要分别计入各自的效率;③推荐的效率为一范围时,一般可取中间值,当工作条件差、加工精度低、维护不良时取低值,反之可取高值。

(4)电动机转速的确定。容量相同的同类型电动机,有几种不同的转速可供设计者选用,如三相异步电动机的同步转速有3 000 r/min、1 500 r/min、1 000 r/min 及750 r/min 四种。电动机的同步转速越高,则极数越少,尺寸和重量越小,价格越低。但是,电动机转速越高,机械传动的总传动比越大,致使传动级数增多,传动装置的尺寸和重量增加,成本高,如无特殊要求,通常选用同步转速为1 000 r/min 或1 500 r/min 的两种电动机。

3. 确定传动比

传动装置的总传动比为电动机满载转速 n_m 和工作机转速 n_W 之比

$$i = \frac{n_m}{n_W}$$

总传动比为各级传动比连乘积

$$i = i_1 i_2 i_3 \cdots i_n \tag{15-4}$$

式中:i_1、i_2、i_3、…、i_n 分别为各级传动的传动比。

表15-6　机械传动和摩擦副的效率概略值

种类		效率 η
圆柱齿轮传动	很好跑合的6级和7级精度的齿轮传动(油润滑)	0.98~0.99
	8级精度的一般齿轮传动(油润滑)	0.97
	9级精度的齿轮传动(油润滑)	0.96
	加工齿的开式齿轮传动(脂润滑)	0.94~0.96
锥齿轮传动	很好跑合的6级和7级精度的齿轮传动(油润滑)	0.97~0.98
	8级精度的一般齿轮传动(油润滑)	0.94~0.97
	加工齿的开式齿轮传动(脂润滑)	0.92~0.95
蜗杆传动	自锁蜗杆(油润滑)	0.40~0.45
	单头蜗杆(油润滑)	0.70~0.75
	双头蜗杆(油润滑)	0.75~0.82
	三头和四头蜗杆(油润滑)	0.80~0.92
带传动	平带无张紧轮的传动	0.98
	平带有张紧轮的传动	0.97
	V带传动	0.96
链传动	滚子链	0.96
	齿形链	0.97
摩擦传动	平摩擦传动	0.85~0.92
	槽摩擦传动	0.88~0.90

种类		效率 η
滑动轴承	润滑不良	0.94(一对)
	润滑正常	0.97(一对)
	润滑良好(压力润滑)	0.98(一对)
	液体摩擦	0.99(一对)
滚动轴承	球轴承	0.99(一对)
	滚子轴承	0.98(一对)
联轴器	浮动联轴器(十字沟槽联轴器等)	0.97~0.99
	齿轮联轴器	0.99
	弹性联轴器	0.99~0.995
	万向联轴器($\alpha \leqslant 3°$)	0.97~0.98
	万向联轴器($\alpha > 3°$)	0.95~0.97
减(变)速器	一级圆柱齿轮减速器	0.97~0.98
	二级圆柱齿轮减速器	0.95~0.96
	行星圆柱齿轮减速器	0.95~0.98
	一级锥齿轮减速器	0.95~0.96
	圆锥-圆柱齿轮减速器	0.94~0.95
	无级变速器	0.92~0.95
	摆线针轮减速器	0.90~0.97
螺旋传动(滑动)		0.30~0.60

合理分配总传动比，可使传动装置的外形小、重量轻，以实现降低成本和结构紧凑的目的；也可以降低齿轮的动载荷和传动精度等级的要求；还可以使齿轮有较好的润滑条件。在传动比分配时，主要考虑以下几点：

(1)各级传动比都应在各自的合理范围内，以保证传动工作特点和结构紧凑。

(2)分配各传动形式的传动比时，应注意各传动件尺寸协调、结构合理。

(3)各传动件不能发生碰撞。

(4)在二级减速器中，高速级和低速级的大齿轮直径应尽量相近，以利于浸油润滑。

分配的传动比只是初步选定的值，而传动装置的实际传动比要由选定的传动零件的参数确定，因而实际的传动比与分配的传动比之间可能有误差。一般允许总传动比的实际值与设计值有±(3%~5%)的误差，否则应重新分配传动比。

4. 计算传动装置的运动和动力参数

为进行传动件的设计计算，应首先推算出各轴的转速、功率和转矩。一般按电动机至工作机之间运动传递的路线推算出各轴的运动和动力参数。

1)各轴的功率计算

Ⅰ轴的输入功率 $P_1 = P_d\eta_{01}$；Ⅱ轴的输入功率 $P_2 = P_1\eta_{12}$；Ⅲ轴的输入功率 $P_3 = P_2\eta_{23}$；Ⅳ轴的输入功率 $P_4 = P_3\eta_{34}$……式中 η_{01}、η_{12}、η_{23}、η_{34}、…分别为相邻两轴间的传动效率。

2)各轴的转速计算

Ⅰ轴的转速 $n_1=\frac{n_m}{i_{01}}$；Ⅱ轴的转速 $n_2=\frac{n_1}{i_{12}}$；Ⅲ轴的转速 $n_3=\frac{n_2}{i_{23}}$；Ⅳ轴的转速 $n_4=\frac{n_3}{i_{34}}$……
式中 i_{01}、i_{12}、i_{23}、i_{34}、…分别为相邻两轴的传动比。

3)各轴转矩的计算

Ⅰ轴的输入转矩 $T_1=T_d i_{01}\eta_{01}$；Ⅱ轴的输入转矩 $T_2=T_1 i_{12}\eta_{12}$；Ⅲ轴的输入转矩 $T_3=T_2 i_{23}\eta_{23}$；Ⅳ轴的输入转矩 $T_4=T_3 i_{34}\eta_{34}$……式中 T_d 为电机的输出转矩，N · m，$T_d=9\ 550P_d/n_m$。

以上计算为输入功率(转矩)，因为有轴承功率损耗，所以同一根轴的输出功率(转矩)与输入功率(转矩)不同，在对传动零件进行设计时，应该用输出功率。另外，因为传动零件有功率损耗，一根轴的输出功率(转矩)与下一根轴的输入功率(转矩)也不同，计算时必须注意加以区分。

5. 传动零件的设计计算

为使设计减速器的原始条件比较准确，一般首先计算减速器的外传动件，如带传动、链传动和开式齿轮传动等，然后计算其内传动件。

1)选择联轴器的类型和规格

在传动装置中一般有两个联轴器，一个用以连接电动机与减速器高速轴，另一个用以连接减速器低速轴与工作机。前者由于转速较高，为了减小启动载荷、缓和冲击，应选用具有较小转动惯量的弹性联轴器，如弹性柱销联轴器等；后者由于所连接的转速较低，传递的转矩较大，减速器与工作机经常不在同一底座上，要求有较大的轴向偏移，常选用无弹性元件的挠性联轴器，如十字滑块联轴器等。

在确定联轴器的类型后，对于标准联轴器，按传递转矩的大小和转速选择型号，具体设计方法参见本教材项目十三。选择时注意：每一种型号的联轴器都有几种孔径，孔径尺寸必须与两连接轴相适应。常用标准联轴器结构尺寸见附表 15-3 ~ 附表 15-5 或参阅《机械设计手册》。

2)设计减速器外传动零件

设计方法参见本教材。设计时注意：

(1)带传动。① 检查带轮尺寸与传动装置外廓尺寸的相互关系，如装在电机轴上的小带轮直径与电动机的中心高应相称，带轮孔的直径、长度应与电机轴的直径、长度对应，大带轮的外圆半径不能过大，否则会与机器底座相碰；②带轮直径确定后，应验算实际传动比和大带轮的转速，并以此修正减速器的传动比和输入转矩。

(2)链传动。①应使链轮的直径、轴孔尺寸等与减速器、工作机相适应，由所选链轮的齿数计算实际传动比，并考虑是否需要修正实际传动比；②如果选用的单排链尺寸过大，则应选双排链。

(3)开式齿轮传动。①开式齿轮传动一般布置在低速级，常采用直齿轮，因开式齿轮的传动润滑条件差，磨损严重，因此只需计算轮齿的弯曲强度，再将计算模数增大 10% ~ 20% 即可；②应选用耐磨性好的材料作为齿轮材料，选择大齿轮的材料时应考虑毛坯尺寸和制造方法，例如当齿轮直径尺寸超过 100 mm 时，应采用锻件或铸造毛坯；③由于开式齿轮的支承刚度小,其齿宽系数应取小些。

3)设计减速器内传动零件

(1)齿轮传动设计。参考本教材项目六的步骤设计齿轮的尺寸及选择齿轮传动的润滑油黏度、润滑方式。设计时应选择正确的设计准则,计算出减速器各齿轮的参数:模数、齿数、螺旋角、齿轮宽度、传动中心距,并计算出各齿轮的主要尺寸。计算中应注意以下问题:①选择齿轮材料时,通常先估计毛坯的制造方法。当齿轮直径 $d \leqslant 500$ mm 时,可以采用锻造或铸造毛坯;当 $d > 500$ mm 时,多用铸造毛坯。小齿轮根圆直径与轴径接近时,齿轮与轴如制成一体,则所选材料应兼顾轴的要求。材料种类选定后,根据毛坯尺寸确定材料机械性能,以进行齿轮强度设计。在计算出齿轮尺寸后,应检查与所定机械性能是否相符,必要时,应修改计算。同一减速器中的各级小齿轮(或大齿轮)的材料应尽可能一致,以减少材料牌号和工艺要求。②齿轮传动的计算方法,由工作条件和材料的表面硬度来确定,当有短期过载作用时,要进行过载静强度校验计算。③根据 $\Psi_d = b/d$ 求齿宽 b 时,b 应是一对齿轮的工作宽度。为了易于补偿齿轮轴向位置误差,应使小齿轮宽度大于大齿轮宽度,因此大齿轮宽度取 b,而小齿轮宽度取 $b_1 = b + (5 \sim 10)$ mm,齿宽数值应圆整。④齿轮传动的几何参数和尺寸有严格的要求,应标准化、圆整或计算其精确值。例如模数必须标准化;中心距和齿宽尽量圆整;啮合尺寸(节圆、分度圆、齿顶圆以及齿根圆的直径、螺旋角、变位系数等)必须计算精确值,长度尺寸准确到小数点后 2 ~ 3 位,角度准确到秒;圆整中心距时,对直齿轮传动可以调整模数 m 和齿数 z,对斜齿轮传动可以调整螺旋角 β。⑤齿轮结构尺寸,如轮缘内径、轮辐厚度、轮辐孔径、轮毂直径和长度等,按参考资料或本教材项目六给定的经验公式计算,但都应尽量圆整,以便于制造和测量。

各级大、小齿轮几何尺寸和参数的计算结果应及时整理并列表,同时画出结构简图,以备装配图设计时应用。

(2)轴的设计。轴的结构设计就是确定轴的结构形状、各部分的直径和长度等全部尺寸。轴的设计过程为:初算轴的直径,画出传动零件的中心线和轮廓线,画出箱体内壁线和箱体对称中心线,定出轴承和轴承端盖位置,设计轴的结构,定出轴的支点,进行轴的受力分析和绘制力矩图,验算轴和轴承的寿命,必要时修改轴的结构尺寸,具体计算参考本教材项目十二。设计时应满足下列要求:①保证轴及轴上零件有准确工作位置,固定可靠;②轴及轴上零件装拆和调整方便,具有良好的制造工艺性;③轴的结构有利于提高轴的强度、减轻应力集中等。

(3)滚动轴承的选择。对于滚动轴承的校核,按本教材项目十二的方法计算。校核时,轴承的寿命可按使用年限计算,也可参考各种设备的轴承寿命推荐值。若验算结果轴承寿命低于减速器寿命,可取减速器的检修期作为轴承寿命(一般 2 ~ 3 年),到检修期时更换。也可改变轴承类型或直径系列来满足要求,而不要轻易改变内径,以免影响轴的结构。

(4)键的选择及强度校核。键的尺寸选择可参照本教材或《机械制图》的相关章节。

4)减速器结构设计

减速器结构因其类型、用途不同而异,但无论何种类型的减速器,其基本组成都是相同的,如图 15-6 所示二级圆柱齿轮减速器。减速器的机体由箱体和箱盖组成。为安装方便,箱体和箱盖的分界面通常与各轴中心线所在的平面重合,这样可将轴承、齿轮等轴上零件在箱体外安装,再放入箱体轴承孔内,然后合上箱盖。箱体和箱盖的相对位置由定位销确定,并用螺栓连接紧固。箱盖凸缘上两端各有一螺纹孔,用于拧入启盖螺钉。箱体内常用机油润滑,箱盖上有观察孔,其上设有通气器,能使减速器内膨胀气体自由逸出;箱体上设有油标尺,用于检查油面高度。为放出减速器内油污,在箱体底部有排油螺塞。为了便于搬运,在箱体或箱盖上装有吊环螺钉或吊钩。轴承盖用于固定轴、调整轴承游隙并承受轴向力。在输入、输出端的轴承盖孔内放有密封装置,防止杂物渗入及润滑油外漏。

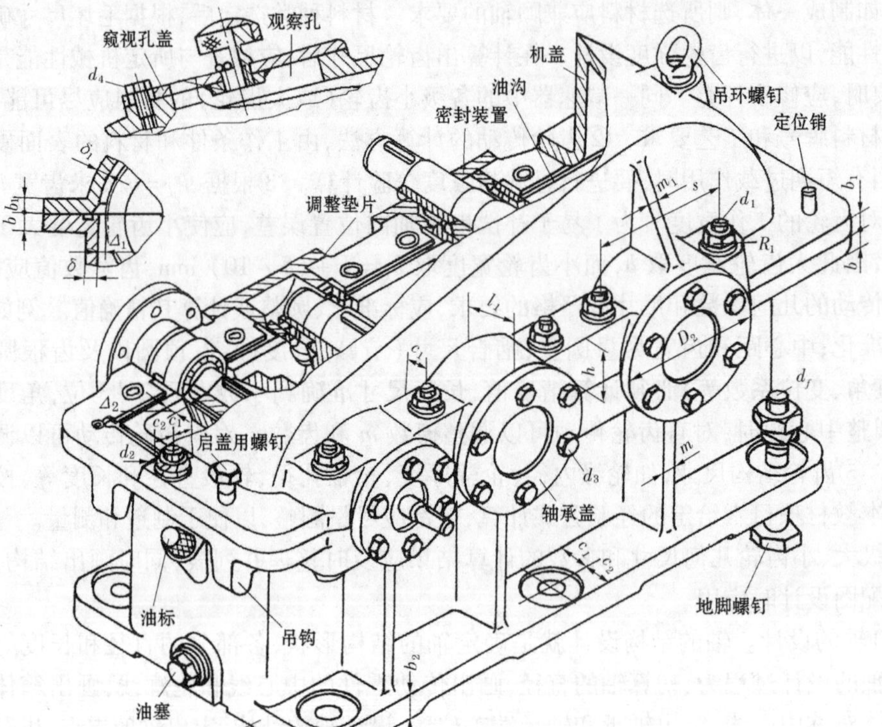

图 15-6　二级圆柱齿轮减速器

减速器箱体用以支持和固定轴系零件,是保证传动零件的啮合精度、良好润滑及密封的重要零件,其重量约占减速器总重量的 50%。因此,箱体结构对减速器的工作性能、加工工艺、材料消耗、重量及成本等有很大影响,设计时必须全面考虑。

(六)减速器的设计和绘制装配图

1. 准备工作

画装配图前,应通过翻阅资料、拆装减速器、看录像片等了解减速器各零部件的作用、类型和结构,并注意以下几项减速器的技术数据:电动机型号、电动机输出轴的轴径、轴伸出长度、电动机的中心高;联轴器的型号、孔径范围、孔深和外形尺寸要求;各传动件的主要尺寸和参数,如齿轮传动中心距、分度圆直径、齿顶圆直径以及齿轮的宽度;轴承的类型;箱体的结构方案(剖分式或整体式),箱体结构的有关尺寸。

画装配图时,应选合适的比例,布置好图面。草图的比例应与正式图比例相同,并优先用1∶1比例,以便于绘图并有真实感。

减速器装配图一般需三个视图才能完全表达各主要零部件的相对位置、尺寸和结构,必要时附加些局部视图和剖视图,并应尽量将减速器的工作原理和主要装配关系表达在一个视图上。根据传动件尺寸的大小,参考类似结构估计出减速器的结构大小,并考虑标题栏、明细表、零件号、技术要求等的位置,做好图面的合理布置。

2. 箱体结构设计

首先确定减速器的大致轮廓,然后进行轴的结构设计,确定轴承的型号和位置,找出轴承支承点和轴系上作用力的作用点,从而对轴和轴承进行验算。

画图时由箱内的传动件画起,由内向外画,内外兼顾。视图中以俯视图为主,兼顾主视图。包括确定各传动件的中心线、齿顶圆、节圆、齿根圆及轮毂宽等轮廓尺寸和箱体内壁位置等。

箱体内壁与传动件之间应留有一定间隙,如齿轮的齿顶圆至箱盖各部位应留有间隙 Δ_1,齿轮端面至箱体内壁应留有间隙 Δ_2,相邻两轴传动零件端面之间的距离为 8 ~ 15 mm。Δ_1 和 Δ_2 的值参见图 15-6 和表 15-7。对于圆柱齿轮减速器,要根据图面布置在主视图和俯视图上画出齿轮的中心线及齿顶圆、节圆、齿宽轮廓线。

减速器箱体是用以支承和固定轴系零件并保证传动件的啮合精度和良好润滑及轴系可靠密封的重要零件,设计其结构时应考虑以下几方面的问题。

表 15-7 铸造减速器箱体主要结构尺寸 (单位:mm)

名称	符号	减速器型式及尺寸关系			
		圆柱齿轮减速器		锥齿轮减速器	蜗杆减速器
箱座壁厚	δ	一级	$0.025a+1\geqslant 8$	$0.012\,5(d_{1m}+d_{2m})+1\geqslant 8$ 或 $0.01(d_1+d_2)+1\geqslant 8$	$0.04a+3\geqslant 8$
		二级	$0.025a+3\geqslant 8$	d_1、d_2—小、大锥齿轮的大端直径	
		三级	$0.025a+5\geqslant 8$	d_{1m}、d_{2m}—小、大锥齿轮的平均直径	
		考虑铸造工艺,所有壁厚都不应小于8			
箱盖壁厚	δ_1	一级	$0.02a+1\geqslant 8$	$0.01(d_{1m}+d_{2m})+1\geqslant 8$ 或 $0.008\,5(d_1+d_2)+1\geqslant 8$	蜗杆在上:$\approx\delta$ 蜗杆在下: $=0.85\delta\geqslant 8$
		二级	$0.02a+3\geqslant 8$		
		三级	$0.02a+5\geqslant 8$		
箱座凸缘厚度	b	1.5δ			
箱盖凸缘厚度	b_1	$1.5\delta_1$			
箱座底凸缘厚度	b_2	2.5δ			
地脚螺钉直径	d_f	$0.036a+12$		$0.018(d_{1m}+d_{2m})+1\geqslant 12$ 或 $0.015(d_1+d_2)+1\geqslant 12$	$0.036a+12$

续表 15-7

名称	符号	减速器型式及尺寸关系		
		圆柱齿轮减速器	锥齿轮减速器	蜗杆减速器
地脚螺钉数目	n	$a \leqslant 250$ 时,$n=4$ $a>250 \sim 500$ 时,$n=6$ $a>500$ 时,$n=8$	$n=\dfrac{\text{箱座底凸缘周长之半}}{200 \sim 300} \geqslant 4$	4
轴承旁连接螺栓直径	d_1	$0.75d_f$		
箱盖与箱座连接螺栓直径	d_2	$(0.5 \sim 0.6)d_f$		
连接螺栓 d_2 的间距	I	150 ~ 200		
轴承端盖螺钉直径	d_3	$(0.4 \sim 0.5)d_f$		
窥视孔盖螺钉直径	d_4	$(0.3 \sim 0.4)d_f$		
定位销直径	d	$(0.7 \sim 0.8)d_2$		
d_f、d_1、d_2 至外箱壁距离	C_1	见表 15-8		
d_f、d_2 至凸缘边缘距离	C_2	见表 15-8		
轴承旁凸台半径	R_1	C_2		
凸台高度	h	根据低速级轴承座外径确定,以便于扳手操作为准		
外箱壁至轴承座端面距离	l_1	$C_1+C_2+(5 \sim 10)$		
大齿轮顶圆(蜗轮外圆)与内箱壁距离	Δ_1	$>1.2\delta$		
齿轮(锥齿轮或蜗轮轮毂)端面与内箱壁距离	Δ_2	$>\delta$		
箱盖、箱座肋厚	m_1、m	$m_1 \approx 0.85\delta_1$,$m \approx 0.85\delta$		
轴承端盖外径	D_2	轴承座孔直径 $+(5 \sim 5.5)d_3$		
轴承旁连接螺栓距离	S	尽量靠近,以 M_{d1} 和 M_{d3} 互不干涉为准,一般取 $S \approx D_2$		

注:多级传动时,a 取低速级中心距,对圆锥 - 圆柱齿轮减速器,按圆柱齿轮传动中心距取值。

(1)箱体要有足够的刚度。设计箱体时可在轴承座附加支撑肋板,以保证其轴承座的刚度,如图 15-7 所示。当轴承座是剖分式结构时,为保证其连接刚度,一般可使轴承座孔两侧的连接螺栓间距尽量小些。为此,轴承座孔附近应做出凸台,并有足够的扳手空间,如图 15-8 所示。凸台高度 h 和扳手空间尺寸 C_1、C_2 的确定见表 15-7 和表 15-8。

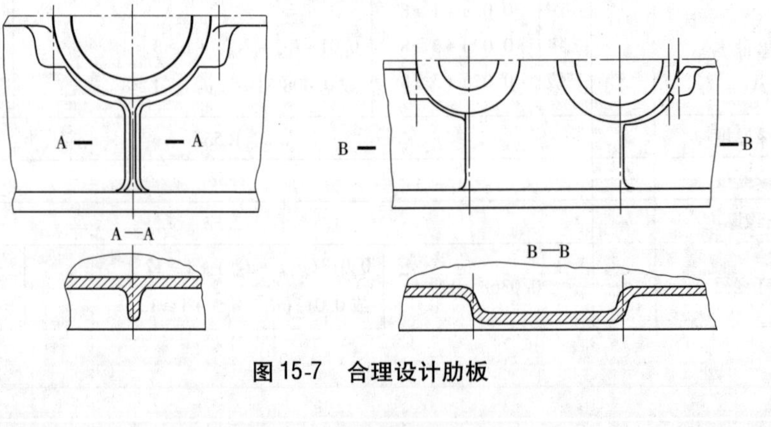

图 15-7 合理设计肋板

表 15-8　C_1、C_2 值　（单位：mm）

螺栓直径	M8	M10	M12	M16	M20	M24	M30
$C_{1\min}$	14	16	18	22	26	34	40
$C_{2\min}$	12	14	16	20	24	28	35
沉头座直径	18	22	26	33	40	48	61

为保证减速器的刚度，箱体和箱盖的连接凸缘应取厚些。底座凸缘的宽度 B 应超过机体内壁，如图 15-9 所示。一般 $B = C_1 + C_2 + 2\delta$，$b_1 = 1.5\delta_1$，$b_2 = 2.5\delta$，$b = 1.5\delta$，其中 C_1、C_2 为地脚螺栓扳手空间尺寸。

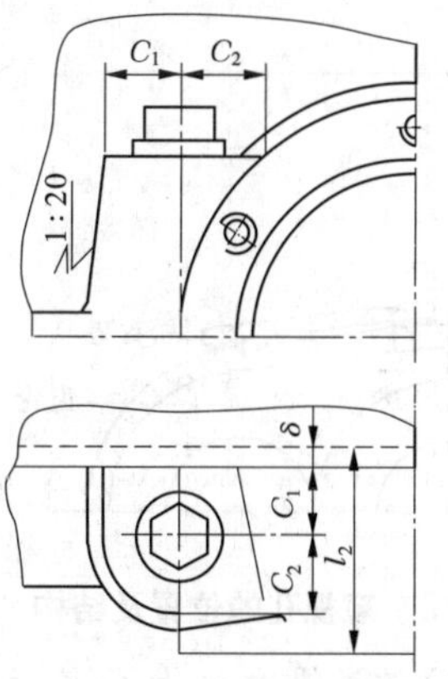

$l_2 = C_1 + C_2 + \delta + (5\sim8)$mm

图 15-8　凸台结构

（2）便于机体内零件的润滑、密封和散热。机体内需有足够的润滑油，用以润滑传动零件，并起散热作用。用浸油润滑时，圆柱齿轮和蜗杆蜗轮浸入油的深度以一个齿高为宜，但不应小于 10 mm，圆锥齿轮应浸入整个齿宽。为避免油搅动时沉渣泛起，齿顶到油池底面的距离 H_2 不应小于 30 mm，如图 15-10 所示。若轴承利用稀油飞溅润滑，还常在箱体的剖分面上做出输油沟，使齿轮运转时飞溅到机盖上的油沿箱盖内壁流入此油沟导入轴承，如图 15-11 所示。

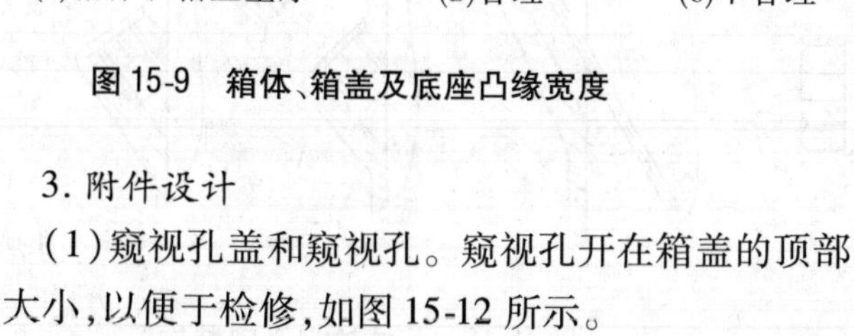

(a)箱体、箱盖壁厚　(b)合理　(c)不合理

图 15-9　箱体、箱盖及底座凸缘宽度

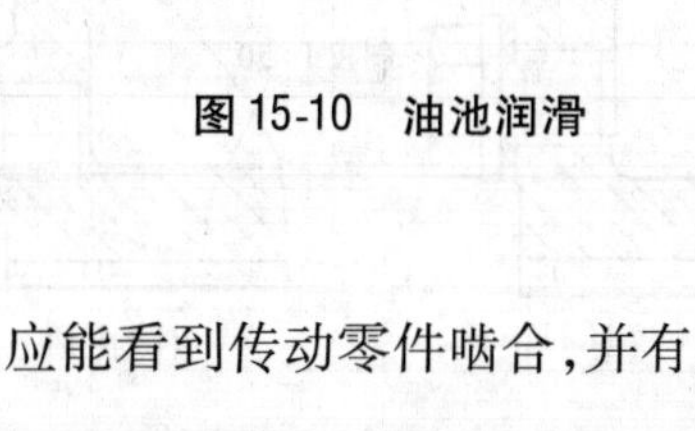

$H_2 \geqslant 30$ mm

图 15-10　油池润滑

3. 附件设计

（1）窥视孔盖和窥视孔。窥视孔开在箱盖的顶部，应能看到传动零件啮合，并有足够的大小，以便于检修，如图 15-12 所示。

（2）通气器。减速器工作时，由于摩擦发热，箱体内会发生温度升高导致气体膨胀、压力增大等现象。为了使箱体内受热膨胀的气体能够自由排出，达到箱体内外气压相等，从而保持其密封性，通常在箱盖顶部或窥视孔盖上安装通气器，如图 15-13 所示。通气器一般为标准件，其结构尺寸见表 15-9。

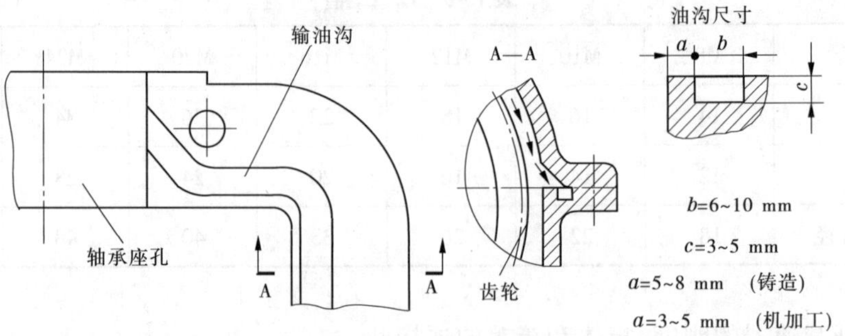

图 15-11　输油沟结构

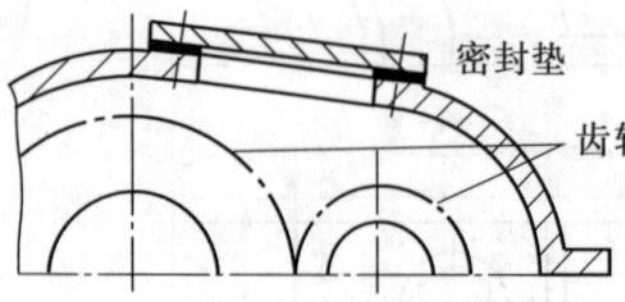

图 15-12　窥视孔的位置及结构

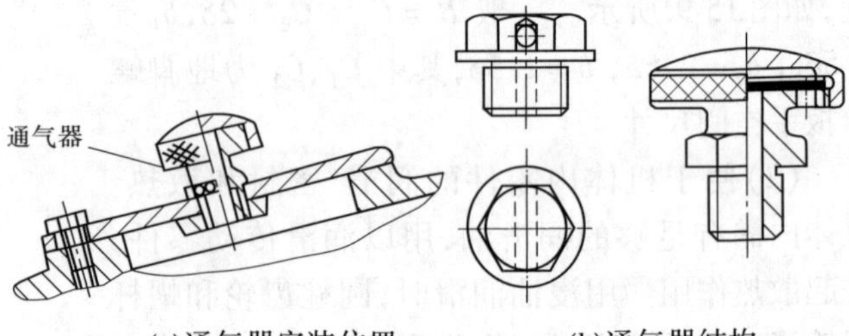

(a)通气器安装位置　(b)通气器结构

图 15-13　通气器

(3)放油螺塞。为了将污油排放干净,放油孔的位置应在油池最低处,并安排在减速器不与其他部件靠近的一侧,以便于放油,放油孔用螺塞及密封圈密封,其结构如图 15-14 所示。

螺塞直径为箱体壁厚的 2 ~ 3 倍,具体结构尺寸见表 15-10。

(4)油标。油标用来指示油面高度,常放置在便于观察减速器油面及油面稳定之处(低速级传动件附近),其安装部位不能太低,以防油溢出,其倾斜角度要便于油标座孔的加工及油标的装拆,如图 15-15 所示。油标多为标准件,具体尺寸参数见表 15-11。还可查阅《机械设计手册》选用压配式圆形油标。

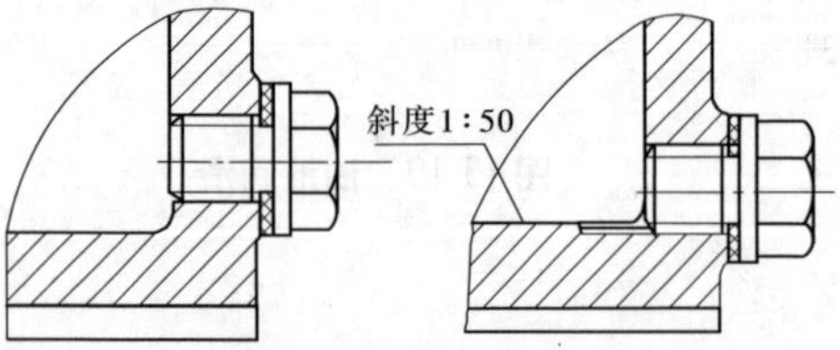

(a)不正确　(b)正确

图 15-14　放油孔位置

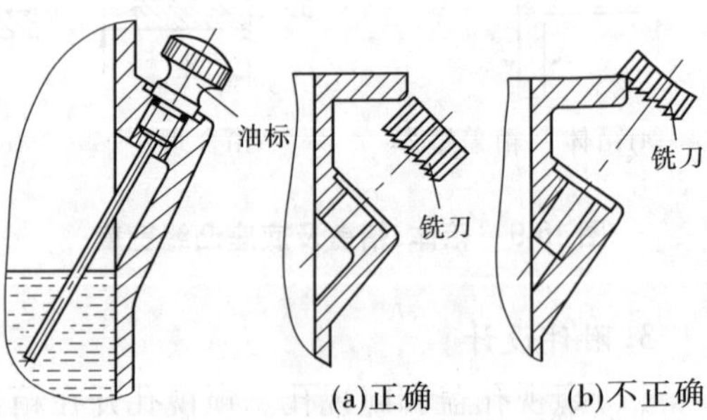

(a)正确　(b)不正确

图 15-15　杆式油标及安装位置

(5)启盖螺钉和定位销。为了便于起箱盖,在箱盖凸缘上设置 1 ~ 2 个启盖螺钉,启盖螺钉上的螺纹长度要大于箱盖连接凸缘的厚度,端部要做成圆柱形或半圆形,以免顶坏螺纹,启盖螺钉直径与凸缘连接螺栓相同。

表 15-9　通气器　　（单位：mm）

提手式通气器

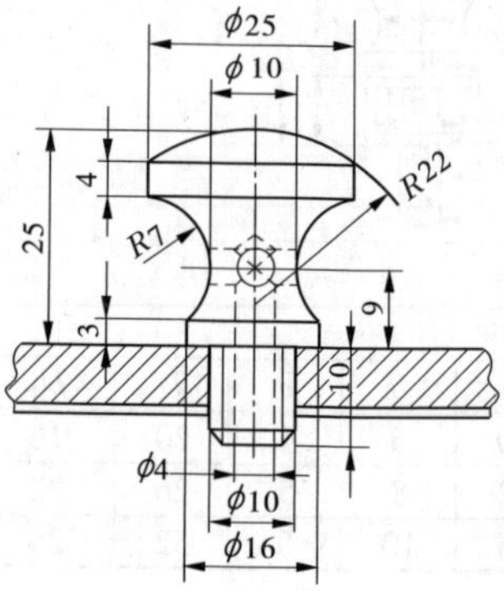

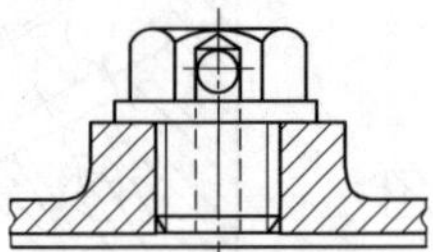

s—扳手开口宽度

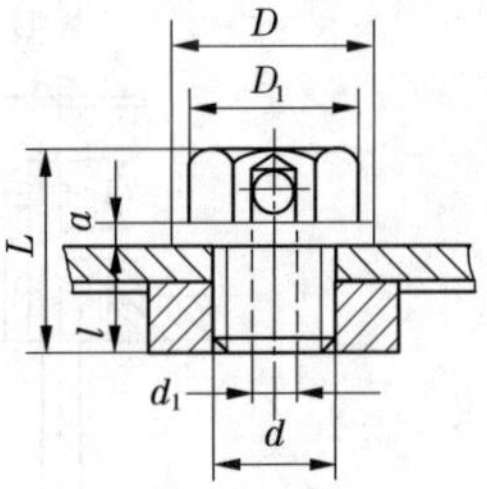

d	D	D_1	s	L	l	a	d_1
M12×1.25	18	16.5	14	19	10	2	4
M16×1.5	22	19.6	17	23	12	2	5
M20×1.5	30	25.4	22	28	15	4	6
M22×1.5	32	25.4	22	29	15	4	7
M27×1.5	38	31.2	27	34	18	4	8
M30×2	42	36.9	32	36	18	4	8

注：材料 Q235。

表 15-10　螺塞及封油圈尺寸　　（单位：mm）

外六角螺塞

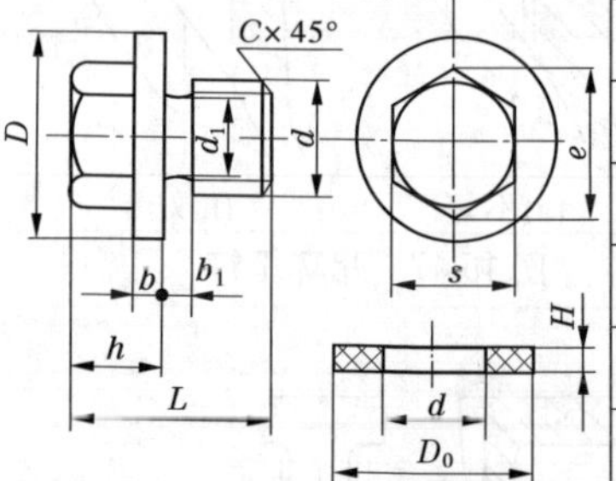

封油圈

d	d_1	D	e	s	L	h	b	b_1	C	D_0	H 纸圈	H 皮圈
M10×1	8.5	18	12.7	11	20	10	3	2	0.7	18	2	2
M12×1.25	10.2	22	15	13	24	12			1.0	22		
M14×1.5	11.8	23	20.8	18	25			3		22		
M18×1.5	15.8	28	24.2	21	27	15				25		
M20×1.5	17.8	30			30		4			30		
M22×1.5	19.8	32	27.7	24					1.5	32	3	
M24×2	21	34	31.2	27	32	16		4		35		2.5
M27×2	24	38	34.6	30	35	17				40		
M30×2	27	42	39.3	34	38	18				45		

材料：螺塞—Q235；纸封油圈—石棉橡胶纸；皮封油圈—工业用革

为了精确地加工轴承座孔，并保证每次装拆后轴承座孔的上下半孔能够保证位置精度，应在箱盖和箱体的剖分面加工完成并用螺栓连接之后，在箱盖和箱体的连接凸缘上装配两个定位销后再镗孔。定位销安置在机体连接凸缘的长度方向两侧，一般为圆锥定位销，如图 15-16 所示。

（6）吊环螺钉、吊环和吊钩。为了便于拆卸及搬运减速器，一般在箱盖上装有标准件吊环螺钉（见图 15-17）或铸出吊耳、吊环，在箱体上铸出吊钩。结构尺寸见图 15-18 及表 15-12。

表 15-11　杆式油标　（单位:mm）

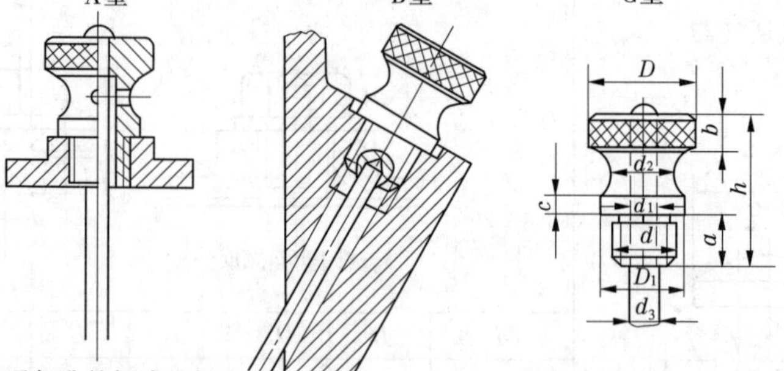

具有通气孔的杆式油标

d	d_1	d_2	d_3	h	a	b	c	D	D_1
M12	4	12	6	28	10	6	4	20	16
M16	4	16	6	35	12	8	5	26	22
M20	6	20	8	42	15	10	6	32	26

注:油标长度由具体结构确定。

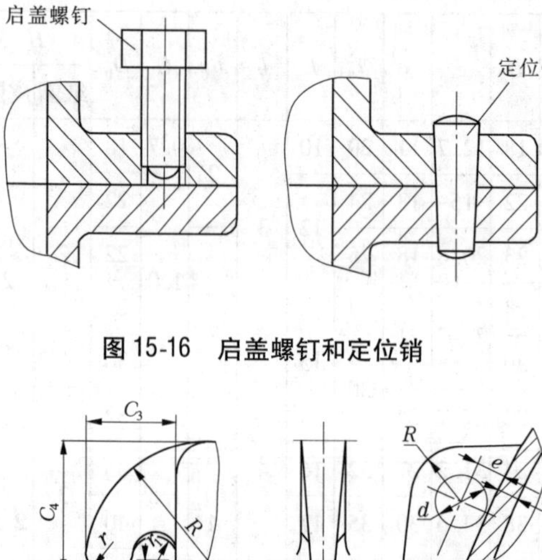

图 15-16　启盖螺钉和定位销

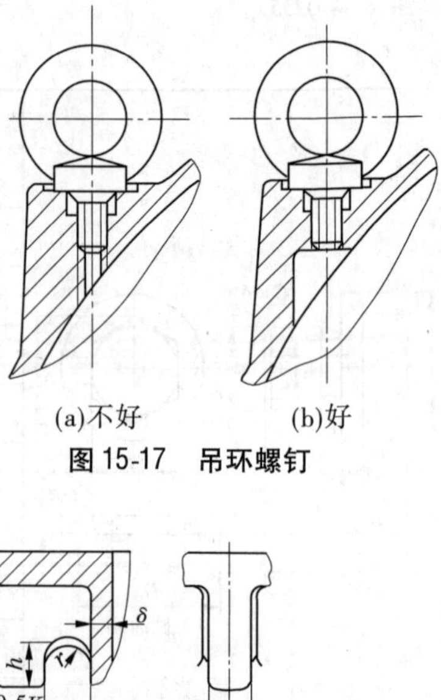

(a)不好　(b)好

图 15-17　吊环螺钉

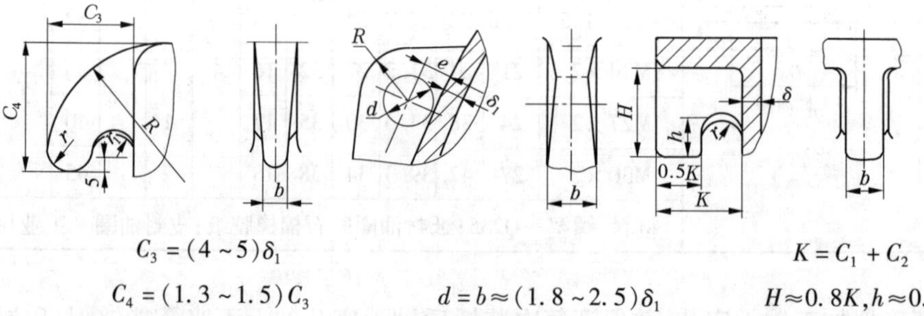

$C_3=(4\sim5)\delta_1$

$C_4=(1.3\sim1.5)C_3$

$b=(1.8\sim2.5)\delta_1$

$R=C_4, r_1\approx0.2C_3$

$r\approx0.25C_3$

$d=b\approx(1.8\sim2.5)\delta_1$

$R\approx(1\sim1.2)d$

$e\approx(0.8\sim1)d$

δ_1—箱盖壁厚

$K=C_1+C_2$

$H\approx0.8K, h\approx0.5H$

$b\approx(1.8\sim2.5)\delta$

$r\approx0.25K$

δ—箱体壁厚

图 15-18　吊耳、吊环、吊钩结构尺寸

(7)滚动轴承的润滑。根据轴颈的速度,轴承可以用润滑油或润滑脂润滑。当浸油齿轮圆周速度小于2 m/s时,宜用润滑脂润滑,润滑脂的填充量为轴承空间的1/2～1/3,6

个月左右更换一次；当浸油齿轮圆周速度大于 2 m/s 时，一般可以靠箱体内油的飞溅直接润滑轴承，或经箱体剖分面上的油沟流到轴承处的油进行润滑，这时必须在端盖上开缺口。为防止装配时缺口没有对准油沟而将油路堵塞，可将端盖端部直径取小些。

为防止润滑油与润滑脂混杂，应在轴承靠近箱体内壁一侧加密封装置或挡油环，如图 15-19 所示。挡油环结构尺寸见表 15-13。

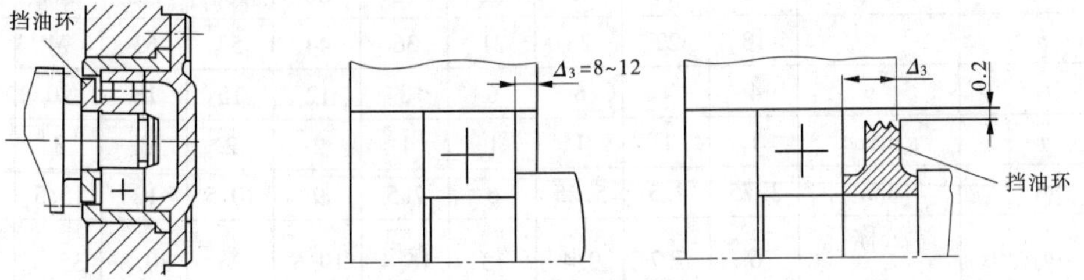

图 15-19　挡油环与轴承位置

表 15-12　吊环螺钉（GB 825—88 摘录）　　（单位：mm）

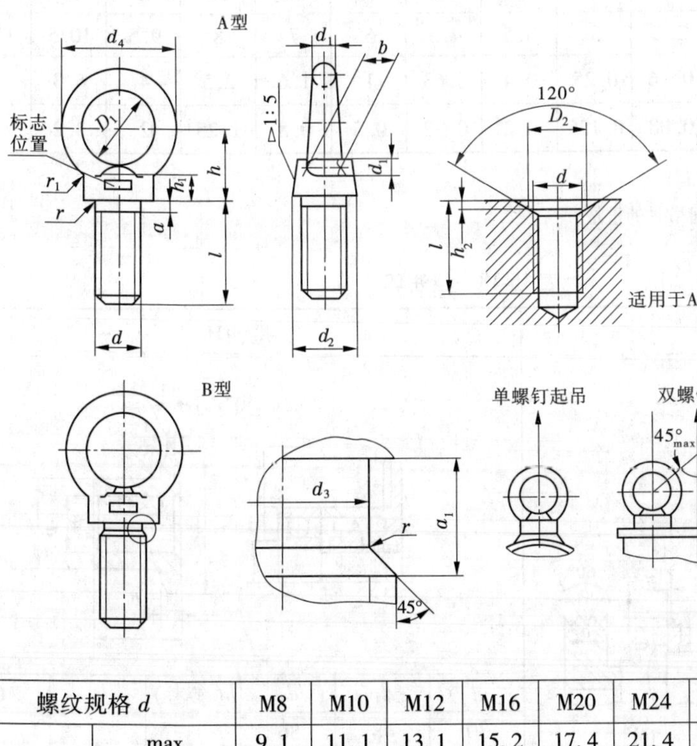

标记示例：

规格为20 mm，材料为20钢，经正火处理，不经表面处理的A型吊环螺钉：

螺钉　GB 825—88　M20

螺纹规格 d		M8	M10	M12	M16	M20	M24	M30	M36	M42	M48
d_1	max	9.1	11.1	13.1	15.2	17.4	21.4	25.7	30	34.4	40.7
	min	7.6	9.6	11.6	13.6	15.6	19.6	23.5	27.5	31.2	37.1
D_1	公称	20	24	28	34	40	48	56	67	80	95
d_2	max	21.1	25.1	29.1	35.2	41.4	49.4	57.7	69	82.4	97.7
	min	19.6	23.6	27.6	33.6	39.6	47.6	55.5	66.5	79.2	94.1

续表 15-12

螺纹规格 d		M8	M10	M12	M16	M20	M24	M30	M36	M42	M48
h_1	max	7	9	11	13	15.1	19.1	23.2	27.5	31.7	36.9
	min	5.6	7.6	9.6	11.6	13.5	17.5	21.4	25.4	29.2	34.1
l	公称	16	20	22	28	35	40	45	55	65	70
d_4	参考	36	44	52	62	72	88	104	123	144	171
h		18	22	26	31	36	44	53	63	74	87
r_1		4	4	6	6	8	12	15	18	20	22
r	max	1	1	1	1	1	2	2	3	3	3
a_1	min	3.75	4.5	5.25	6	7.5	9	10.5	12	13.5	15
d_3	公称(max)	6	7.7	9.4	13	16.4	19.6	25	30.8	35.6	41
a	max	2.5	3	3.5	4	5	6	7	8	9	10
b		10	12	14	16	19	24	28	32	38	46
D_2	公称(min)	13	15	17	22	28	32	38	45	52	60
h_2	公称(min)	2.5	3	3.5	4.5	5	7	8	9.5	10.5	11.5
最大起吊重量(t)	单螺钉起吊(见上图)	0.16	0.25	0.4	0.63	1	1.6	2.5	4	6.3	8
	双螺钉起吊(见上图)	0.08	0.125	0.2	0.32	0.5	0.8	1.25	2	3.2	4

注:1. M8 ~ M36 为商品规格;

2. 最大起吊重量是指平稳起吊时的重量。

表 15-13　挡油环

挡油环

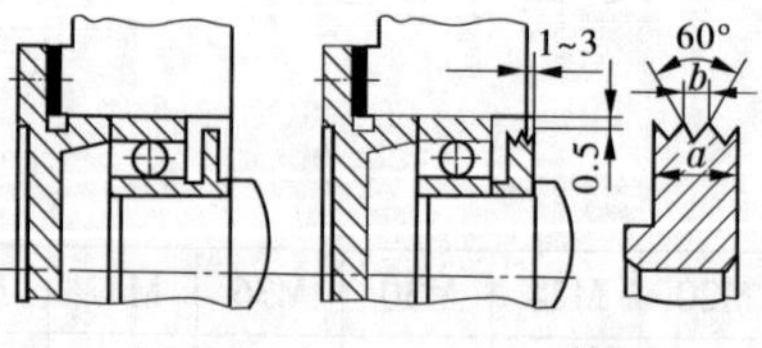

(a)　(b)

(a)用于油润滑和脂润滑　$a = 6 \sim 9$ mm

(b)用于脂润滑,密封效果较好　$b = 2 \sim 3$ mm

甩油环

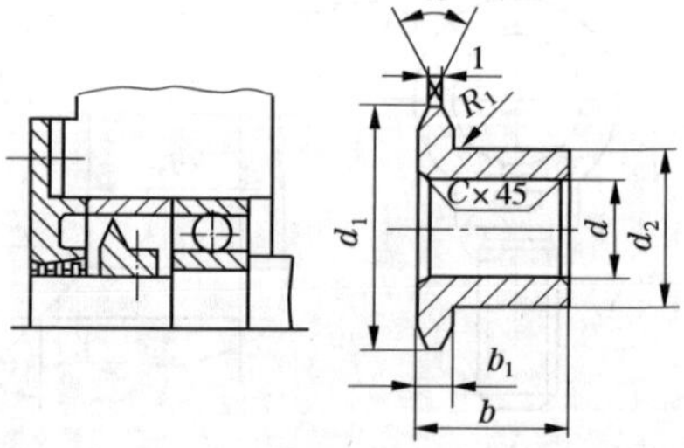

d	d_1	d_2	b(参考)	b_1	C
30	48	36	12	4	0.5
35	65	42			
40	75	50		5	
50	90	60			
55	100	65			1
65	115	80	15		
80	140	95	30	7	

(8)滚动轴承的密封。密封形式很多,相应的密封效果也不一样。常见密封方式见本教材项目十二表12-20。密封圈结构尺寸见表15-14、表15-15。密封形式的选择,主要是根据密封处轴表面的圆周速度、润滑剂的种类、工作温度、周围环境等因素决定。各种密封形式适用的参考圆周速度见表15-16。

表15-14 O形橡胶密封圈(GB/T 3452.1—2005 摘录) (单位:mm)

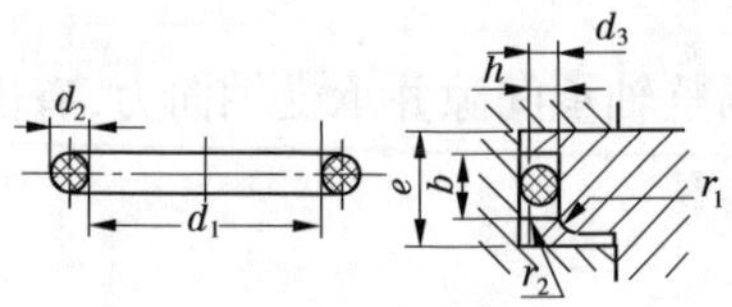

标记示例:

O形圈 40×3.35

(内径 d_1 =40.0 mm,截面直径 d_2 =3.35 mm 的O形密封圈)

沟槽尺寸(GB/T 3452.3—2005)					
d_2	$b^{+0.25}_{0}$	$h^{+0.10}_{0}$	d_3 极限偏差值	r_1	r_2
1.8	2.4	1.38	0 -0.04	0.2~0.4	0.1~0.3
2.65	3.6	2.06	0 -0.05	0.4~0.8	
3.35	4.8	2.74	0 -0.06		
5.3	7.1	4.19	0 -0.07	0.8~1.2	
7.0	9.5	5.67	0 -0.09		

表15-15 毡圈油封及油槽 (单位:mm)

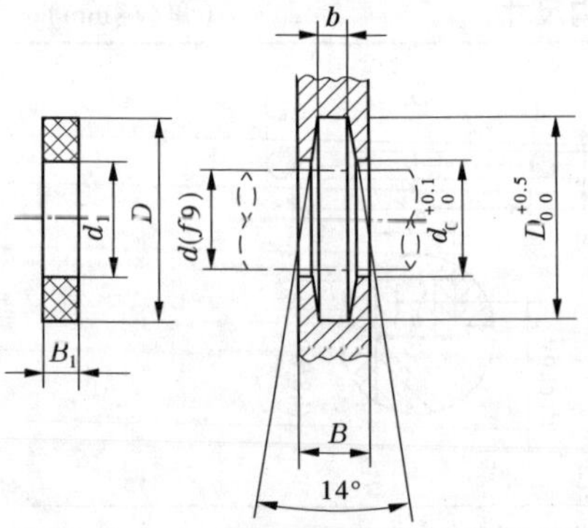

毡圈　装毡圈的沟槽尺寸

标记示例:

毡圈 40 JB/ZQ 4606—1997(d = 40 mm的毡封油圈)

材料:半粗羊毛毡

轴径	毡圈油封			油槽				
d	D	d_1	B_1	D_0	d_0	b	B_{min} 钢	B_{min} 铸铁
15	29	14	6	28	16	5	10	12
20	33	19		32	21			
25	39	24	7	38	26	6	12	15
30	45	29		44	31			
35	49	34		48	36			
40	53	39		52	41			
45	61	44	8	60	46	7		
50	69	49		68	51			
55	74	53		72	56			
60	80	58		78	61			
65	84	63		82	66			
70	90	68		88	71			
75	94	73		92	77			
80	102	78	9	100	82	8	15	18
85	107	83		105	97			
90	112	88		110	92			
95	117	93	10	115	97			
100	122	98		120	102			

注:本标准适用于线速度 v <5 m/s。

表 15-16　各种密封形式适用的参考圆周速度

密封件形式	适用的圆周速度(m/s)	适用的工作温度(℃)
粗毛毡圈密封	3	<90
橡胶油封	8	-40~100
油沟密封	5	低于润滑脂熔化温度
迷宫密封	10	低于润滑脂熔化温度

(9)轴承端盖结构。轴承端盖主要用于固定轴承、调整轴承间隙并承受轴向力,有嵌入式和凸缘式两种,如图 15-20 所示。

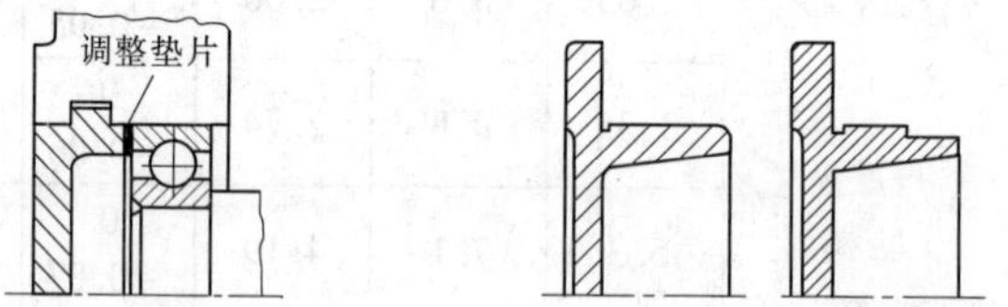

(a)嵌入式轴承端盖　　(b)凸缘式轴承端盖

图 15-20　轴承端盖

嵌入式轴承端盖结构简单,但密封性能差,调整轴承间隙比较麻烦,需打开箱盖才能放置调整垫片,只宜用于向心球轴承。如用嵌入式端盖固定角接触轴承,应在端盖上增加调整螺钉,以便于调整。嵌入式轴承端盖结构尺寸见表 15-17。

表 15-17　嵌入式轴承端盖结构尺寸　　(单位:mm)

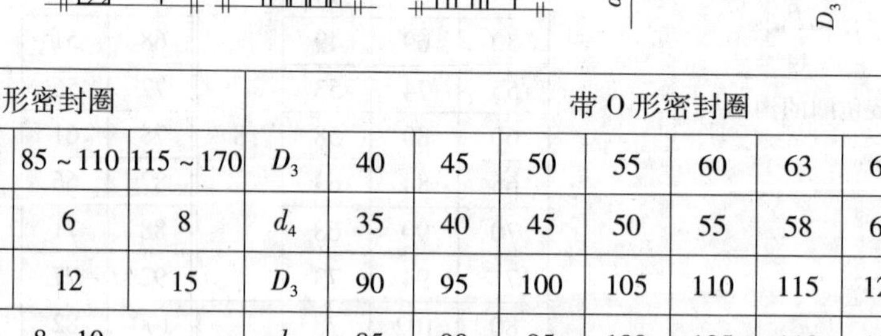

不带 O 形密封圈				带 O 形密封圈									
D(h6)	40~80	85~110	115~170	D_3	40	45	50	55	60	63	65	68	70
e_2(d11)	5	6	8	d_4	35	40	45	50	55	58	60	63	65
s	10	12	15	D_3	90	95	100	105	110	115	120	125	130
e_4	8~10			d_4	85	90	95	100	105	110	115	120	125
D_3	$D+e_2$			当 $D_3=30\sim50, W=3.1$									
s_3	10			D(h6)	40~80			85~110			115~170		
m	由轴承部件结构确定			e_2(d11)	8			10			20		

凸缘式轴承端盖调整轴承间隙比较方便，密封性较好，所以用得较多。这种端盖大多采用铸造件，所以要考虑铸造工艺，如尽量使整个壁厚均匀等。凸缘式轴承端盖结构尺寸见表 15-18。

表 15-18　凸缘式轴承端盖结构尺寸　（单位：mm）

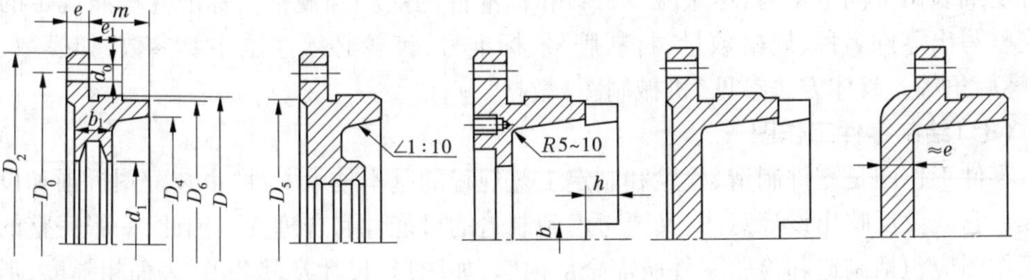

注：材料为 HT150。

$d_0=d_3+1$	$D_4=D-(10\sim15)$	轴承外径 D	螺钉直径 d_3	螺钉数
$D_0=D+2.5d_3$	$D_5=D_0-3d_3$			
$D_2=D_0+2.5d_3$	$D_6=D-(2\sim4)$	45 ~ 65	6	4
$e=1.2d_3$	b_1、d_1 由密封件尺寸确定	70 ~ 100	8	4
$e_1\geqslant e$	$b=5\sim10$	110 ~ 140	10	6
m 由结构确定	$h=(0.8\sim1)b$	159 ~ 230	12 ~ 16	6

4. 完成装配图

经过前面几个阶段的设计，已将减速器的各零部件结构基本设计好，接下来的工作是要标出装配图必要的尺寸、装配关系，编写技术要求、技术特性表，确定零件序号、明细表和标题栏等。

在装配图上尽量把减速器的工作原理和主要装配关系集中表达在一个视图上。装配图上的螺栓、螺母和滚动轴承可以采用制图标准中规定的简易画法，对同类零件可只画一个，其余用中心线表示。装配图中标注的主要内容包括：

（1）标注尺寸。①特性尺寸：传动零件的中心距及偏差；②主要零件的配合尺寸：轴与传动零件及轴承的配合尺寸，轴承与轴承座孔的配合尺寸等；③外廓尺寸：减速器的总长、总宽和总高等；④安装尺寸：箱体底面的长度和宽度、地脚螺栓孔径及中心距离、减速器的中心高度等。

（2）编写技术要求。①对零件的要求：在装配前检验零件的配合尺寸，合格零件才能装配。②箱体内无杂物并涂防侵蚀涂料。③对润滑的要求：注明传动零件及轴承所用的润滑剂牌号、用量、补充及更换时间。④对密封的要求：所有连接面及轴承端盖处都不许漏油。⑤对安装和调试的要求：在安装滚动轴承时，要保证有一定的游隙；安装齿轮时，要保证有一定的啮合侧隙及齿面接触斑点，啮合侧隙的大小是由选择适当的齿厚极限偏差和中心距极限偏差来保证的，其数值可查阅有关设计手册。⑥对试验的要求：空载试验时，在额定转速下正反各转 1 ~ 2 h，要求运转平稳、噪声小，连接处不得松动，各剖分面及各密封处不得有漏油现象;负载试验时,在额定转速及额定负载下试验油的温度平衡,对于齿轮减速器,轴承处温升不得超过40 ℃,油池温升不得超过35 ℃。

(3)零件编号及零件明细表。装配图上所有零件都应编号,编号方法可以采用不区分标准件和非标准件,统一编号,也可把标准件和非标准件分开编号。序号按顺时针或逆时针方向排列整齐,不得有重号或缺号;编号线不得交叉、不得与剖面线或尺寸线平行。零件明细表由下向上填写,尽量减少材料和标准件的品种和规格。标准件按照规定的标记完整写出零件名称、规格数量、材料牌号、标准号,齿轮必须注出主要参数,如模数、齿数、螺旋角等。具体方法参见《机械制图》教材。

(七)绘制零件工作图

零件工作图是零件制造、检验和制定工艺规程的基本技术文件,由装配图拆画和设计而成。它既要反映出设计意图,又要考虑到制造的可能性和合理性。因此,一张完整的零件工作图应包括制造和检验零件所需全部内容,如图形、尺寸及其公差、表面粗糙度、形位公差、对材料及热处理的说明及其他技术要求、标题栏等。具体要求如下:

(1)每个零件必须单独绘制在一个标准图幅中,合理安排视图,尽量采用1:1比例,用各种视图把零件各部分结构形状及尺寸表达清楚。

(2)零件的基本结构及主要尺寸应与装配图一致,不应随意更改。如必须更改,应对装配图作相应的修改。

(3)标注尺寸时要选好基准面,标出足够的尺寸而不重复,并且要便于零件的加工制造,避免在加工时作任何计算。大部分尺寸宜集中标注在最能反映零件特征的视图上。

(4)零件的所有表面都应注明表面粗糙度,如较多表面具有同样粗糙度要求,可集中在图纸右上角标注,并加"其余"字样。粗糙度等级的选择,可参看有关手册,在不影响正常工作的情况下,尽量取低的等级。

(5)零件工作图上要标注必要的形位公差,它是评定零件质量的重要指标之一,其具体数值及标注方法可参考有关手册和图册。对传动零件还要列出主要几何参数、精度等级及偏差表。

此外,还要在零件工作图上提出必要的技术要求,它是在图纸上不便用图形或符号表示,而在制造时又必须保证的条件和要求。

1. 轴类零件工作图的设计要点

(1)视图。一般只需一个视图,在有键槽和孔的地方,增加必要的剖视图或断面图。对于不易表达清楚的细部结构,例如退刀槽、中心孔等,必要时应绘制局部放大图。

(2)标注尺寸。标注各轴段的直径尺寸,凡有配合处的直径,都应标出尺寸偏差。标注各轴段的轴向尺寸时,首先应选好基准面,并尽量使尺寸反映加工工艺的要求,不允许出现封闭的尺寸链。键槽的尺寸偏差及标注方法可查手册,对所有倒角、圆角都应标注完整,或在技术要求中说明。

(3)表面粗糙度。轴的各加工表面都要标注表面粗糙度,其表面粗糙度值可查手册选择或参考表15-19选择。

(4)形位公差。为了保证轴的加工精度和装配质量,在零件工作图上还应该标注形位公差。其公差值可查手册选择或参考表15-20。

表 15-19 轴的加工表面粗糙度荐用值

<table>
<tr><th>加工表面</th><th colspan="4">表面粗糙度值 R_a(μm)</th></tr>
<tr><td>与滚动轴承相配合的表面</td><td colspan="4">0.8(轴承内径不大于 80 mm),1.6(轴承内径大于 80 mm)</td></tr>
<tr><td>与传动零件及联轴器轮毂相配合的表面</td><td colspan="4">1.6</td></tr>
<tr><td>与传动零件及联轴器相配合的轴肩端面</td><td colspan="4">3.2</td></tr>
<tr><td>与滚动轴承相配合的轴肩端面</td><td colspan="4">1.6～3.2</td></tr>
<tr><td>平键键槽</td><td colspan="4">工作面:3.2　　非工作面:6.3</td></tr>
<tr><td rowspan="4">密封处表面</td><td>毡圈密封</td><td colspan="2">橡胶油封</td><td>非接触式密封</td></tr>
<tr><td colspan="3">与轴接触处的圆周速度(m/s)</td><td rowspan="3">3.2～1.6</td></tr>
<tr><td>≤3</td><td>>3～5</td><td>>5～10</td></tr>
<tr><td>3.2～0.8</td><td>1.6～0.4</td><td>0.8～0.2</td></tr>
</table>

表 15-20 轴的形位公差推荐项目

内容	项目	符号	精度等级	对工作性能的影响
形状公差	与传动零件相配合直径的圆度	○	7～8	影响传动零件与轴配合的松紧及对中性
	与传动零件相配合直径的圆柱度	⌭		
	与轴承相配合直径的圆柱度			影响轴承与轴配合松紧及对中性
位置公差	齿轮的定位端面相对轴心线的端面圆跳动	↗	6～8	影响齿轮和轴承的定位及其受载均匀性
	轴承的定位端面相对轴心线的端面圆跳动			
	与传动零件配合的直径相对轴心线的径向圆跳动		6～8	影响传动件的运动偏心
	与轴承相配合的直径相对轴心线的径向圆跳动		5～6	影响轴承的运转偏心
	键槽对轴中心线的对称度(要求不高时可不注)	≡	7～9	影响键受载的均匀性及装拆的难易

(5)技术要求。轴类零件工作图的技术要求包括:①对材料的机械性能和化学成分的要求、允许的代用材料等;②对材料表面机械性能的要求,如热处理方法、热处理后的硬度、渗碳深度及淬火深度等;③对加工的要求,如是否要保留中心孔,若要保留中心孔,应在零件图上画出或按国标加以说明,与其他零件一起配合加工的(如配钻或配铰等)也应说明;④对未注明的圆角、倒角的说明,个别部位的修饰加工要求,以及对较长的轴要求毛坯校直等。

2. 齿轮类零件工作图的设计要点

(1)视图。齿轮零件工作图一般用两个视图表示。将轴线水平布置,用全剖视图或半剖视图表示齿轮的内部结构,为了表达齿形的有关特征及参数,必要时应画出局部剖视图。

(2)标注尺寸。各径向尺寸以轴的中心线为基准标出,齿宽方向的尺寸以端面为基准进行标注。齿轮零件应标注的径向尺寸有分度圆直径、轴孔直径及尺寸偏差、齿顶圆直径及尺寸偏差。所有轴、孔的键槽尺寸应从标准查取,并按规定标注。

(3)表面粗糙度。可查阅有关手册或参考表 15-21。

表 15-21　齿轮加工表面粗糙度荐用值

第Ⅱ公差组精度等级		6	7	8	9
R_a	齿面	0.4,0.8	0.8,1.6	1.6	3.2
	齿顶圆柱面	1.6	1.6,3.2	3.2	6.3
	基准端面	1.6	1.6,3.2	3.2	6.3
	基准孔或轴	0.8	0.8,1.6	1.6	3.2
	平键键槽	工作面:3.2 ~ 6.3		非工作面:6.3 ~ 12.5	
	其他加工表面	6.3 ~ 12.5			

(4)齿坯形位公差的推荐项目。误差检验项目和具体数值,查有关齿轮公差标准手册或参考表 15-22。

表 15-22　齿轮轮坯的形位公差推荐项目

类别	标注项目	符号	精度等级	对工作性能的影响
位置公差	圆柱齿轮以顶圆作为测量基准时齿顶圆的径向圆跳动 锥齿轮的齿顶圆锥的径向圆跳动 蜗轮顶圆的径向圆跳动 蜗杆顶圆的径向圆跳动 基准端面对轴线的端面圆跳动	↗	按齿轮和蜗轮(蜗杆)的精度等级定级	影响齿厚的测量精度并在切齿时产生相应的齿圈径向跳动误差;产生传动件的加工中心与使用中心不一致,引起分齿不均;同时会使轴心线与相床垂直导轨不平行而引起齿向误差 影响齿面载荷分布及齿轮副间隙的均匀性
	键槽侧面对孔中心线的对称度	⌯	8 ~ 9	影响键侧面受载的均匀性及装拆难易
形状公差	轴孔的圆柱度	⌭	7 ~ 8	影响传动零件与轴配合的松紧及对中性

(5)技术要求。包括:①对铸件、锻件或其他类型坯件的要求;②对材料的机械性能和化学成分的要求及允许代用的材料;③对材料表面机械性能的要求,如热处理方法、处理后的硬度、渗碳深度及淬火深度等;④对未注明倒角、圆角半径的说明;⑤其他特殊要求,如对大型或高速齿轮的平衡试验要求等。

3. 箱体零件工作图的设计要点

(1)视图。箱体类零件的结构比较复杂,一般用多个视图表示,有的需增加一些局部剖视图或局部视图。当两孔不在一条轴线上时,可采用阶梯剖表示。对于油标孔、螺栓孔、销钉孔、放油孔等细部结构,可采用局部剖视图表示。

(2)标注尺寸。箱体的尺寸标注较轴类零件和齿轮类零件复杂,形状多样,既要考虑铸造、加工工艺及测量的要求，又要一目了然。为此，必须注意以下几点：①要选好基准，最好采用加工基准作为标注尺寸的基准，这样便于加工和测量。②箱体尺寸可分为定形尺寸和定位尺寸，定形尺寸是箱体各部位形状大小的尺寸，如壁厚、各种孔径及其深度、圆角半径、槽的深度、螺纹尺寸及箱体长宽高等，这类尺寸应直接标出，不应有任何运算；定位尺寸是确定箱体各部位相对于基准的位置尺寸，如孔的中心线、曲线的中心位置及其他有关部位与基准的距离等，定位尺寸都应从基准（或辅助基准）直接标注。③对影响机器工作性能的尺寸应直接标出，以保证加工准确性，如箱体孔的中心距及其偏差应按齿轮中心距和极限偏差注出。④标注尺寸要考虑铸造工艺特点，箱体大多为铸件，因此标注尺寸要便于铸模制作。⑤配合尺寸都应标出其偏差。⑥标注尺寸时应避免出现封闭尺寸链。⑦所有圆角、倒角、拔模斜度等必须标注或在技术要求中说明。

（3）表面粗糙度。箱体的表面粗糙度 R_a 荐用值可从手册中查出或参考表 15-23。

（4）形位公差。误差检验项目和具体数值，查有关手册或参考表 15-24。

表 15-23　箱体加工表面粗糙度荐用值

加工表面	表面粗糙度（μm）
箱体剖分面	3.2～1.6
与滚动轴承（P_0 级）配合的轴承座孔 D	1.0（$D \leq 80$ mm），2.5（$D > 80$ mm）
轴承座外端面	6.3～3.2
螺栓孔沉头座	12.5
与轴承盖及其套杯配合的孔	3.2
油沟及窥视孔的接触面	12.5
箱体底面	12.5～6.3
圆锥钻孔	3.2～1.6

表 15-24　箱体形位公差的推荐项目

内容	项目	符号	精度等级	对工作性能的影响
形状公差	轴承座孔的圆柱度	⌭	7	影响箱体与轴承的配合性能及对中性
	剖分面的平面度	▱	7～8	
位置公差	轴承座孔的中心线对其端面的垂直度	⊥	7	影响轴承固定及轴向受载的均匀性
	轴承座孔中心线相互间的平行度	//	6	影响传动件的传动平稳性及载荷分布的均匀性
	圆锥齿轮减速器和蜗杆减速器的轴承孔中心线相互间的垂直度	⊥	7	
	两轴承孔中心线的同轴度	◎	7	影响减速器的装配及传动零件的载荷分布均匀性

(5)技术要求。技术要求有下列内容:①箱体与箱盖的轴承孔应用螺栓连接并装入定位销后镗孔;②剖分面上的定位销孔应将箱体和箱盖固定后配钻、配铰;③箱体需要时效处理、清砂及进行消除内应力的处理,内表面需用煤油清洗,并涂防锈漆;④铸造圆角半径及拔模斜度的说明。

(八)编写设计计算说明书

设计计算说明书是设计计算的整理和总结,是图纸设计的理论根据,而且是审核设计的技术文件之一。通过编写设计计算说明书,对设计过程作出总结和归纳,可以提高设计的能力和培养认真细致的工作作风。因此,编写设计计算说明书是设计工作的一个重要组成部分。

1. 设计计算说明书的内容

设计计算说明书的内容视设计任务而定,传动装置设计大致包括以下内容:

(1)封面。

(2)目录(标题及页次)。

(3)设计任务书。

(4)传动方案的论证(简要说明,附传动方案简图)。

(5)电动机的选择及传动装置运动和动力参数计算(计算电动机所需功率,选择电动机,分配各级传动比,计算各轴转速、功率和扭矩)。

(6)传动零件的设计计算。

(7)轴的设计与计算。

(8)键连接的选择和计算。

(9)滚动轴承的选择和计算。

(10)联轴器的选择。

(11)参考资料(资料的编号及书名、作者、出版单位、出版时间)。

说明书还可以包括一些其他技术说明,如装配、拆卸、安装时的注意事项,将采取的措施,啮合件及轴承的润滑方法和润滑剂的选择,散热和冷却等。

2. 设计计算说明书的要求

设计计算说明书一般用 16 开纸并加上封面装订成册,要求计算正确、论述清楚、文字精练、插图简明、书写整洁。

(1)计算部分的书写。首先列出用文字符号表达的计算公式,再代入有关数值,最后写下计算结果并标明单位(注意单位的统一,并且写法应一致),且写出简短的说明。

(2)对所引用的计算公式和数据,应注明来源——参考资料的编号和页次。

(3)为了清楚说明计算内容,应附有必要的插图。如传动方案简图、轴的结构简图、受力图、弯矩图和扭矩图以及键连接受力图等。在传动方案简图中对齿轮、轴等零件应统一编号,以便计算用(注意在全部计算中所使用的符号和注脚必须前后一致,不要混乱)。

(4)对每一自成单元的内容都应有大小标题,使其醒目突出。

(5)主要设计结果要便于查阅。所选主要参数、尺寸和规格以及主要的计算结果等,可写在每页右侧留出的约 25 mm 宽的长框内,也可采用表格形式,例如各轴的运动和动力参数等一类数据可列表写出。

（6）设计计算说明书封面格式参考图 15-21，设计计算说明书格式参考表 15-25。

机械设计课程设计说明书

设计题目＿＿＿＿＿＿＿＿

＿＿＿＿＿系＿＿＿＿＿班

设计者＿＿＿＿＿＿＿＿

指导教师＿＿＿＿＿＿＿

＿＿＿＿年＿＿＿月＿＿＿日

图 15-21　设计计算说明书封面格式

表 15-25　设计计算说明书格式

项目	计算及说明	结果
1. 确定设计功率 P_C	由参考资料①P115，表 8-8 取 $K_A=1.3$，得： $P_C=1.3\times7.5=9.75$ (kW)	$P_C=9.75$ kW
2. 选择带型号	根据 $P_C=9.75$ kW，$n_1=1\ 440$ r/min，由参考资料①P115，图 8-8 选 A 型 V 带	选 A 型 V 带
3. 确定小带轮基准直径 d_{d1}	由参考资料①P110～115 图 8-8、表 8-5、表 8-6 取 $d_{d1}=$ 140 mm	$d_{d1}=140$ mm
4. 确定大带轮基准直径 d_{d2}	$d_{d2}=i_{12}d_{d1}=2\times140=280$ (mm) 由表 8-4 取 $d_{d2}=280$ mm	$d_{d2}=280$ mm
5. 验算带速 v	$v=\pi d_{d1}n_1/(60\times1\ 000)$ $=3.14\times140\times1\ 440/(60\times1\ 000)$ $=10.55$ (m/s) 5 m/s $<v<$ 25 m/s　符合要求	$v=10.55$ m/s 符合要求
⋮	⋮	⋮

（九）参考图例

参考图例见图 15-22～图 15-26。

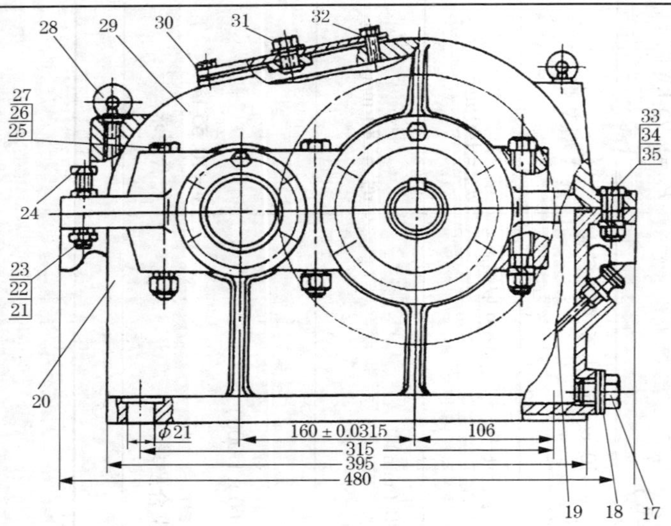

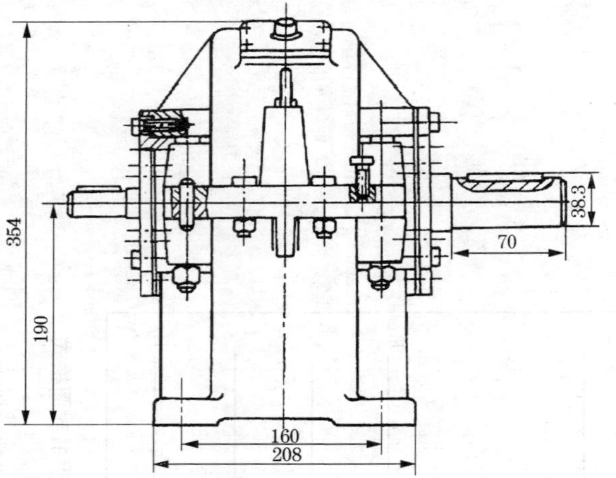

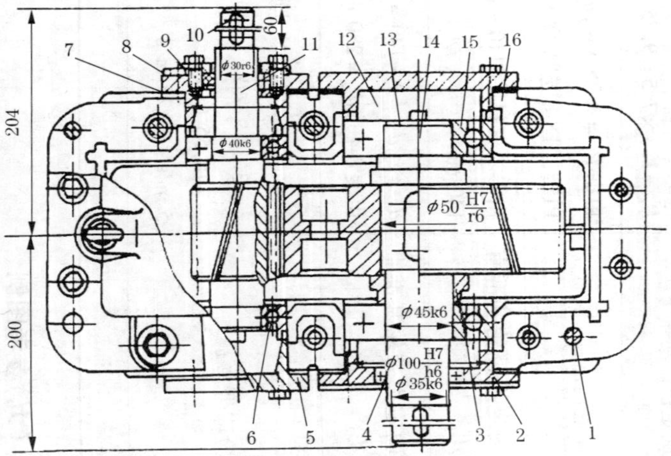

技术要求

1. 在装配前,除滚动轴承用汽油清洗外,其余零件用煤油清洗。
2. 用涂色法检验齿高斑点不少于45%,齿长接触斑点大于60%。
3. 各接触面及密封处不允许漏油,剖分面允许用密封油漆或水玻璃。
4. 箱体内装 45 号机油至规定高度。

…	…	…	…		
03	套筒	1	Q235		
02	端盖	1	HT150		
01	销 5×20	2	35	GB/T 117—2000	
序号	名称	数量	材料	标准	备注

圆柱减速器装配图		比例		图号	
		数量		共张	
设计	(日期)	(单位名称)			
审核	(日期)				

图 15-22

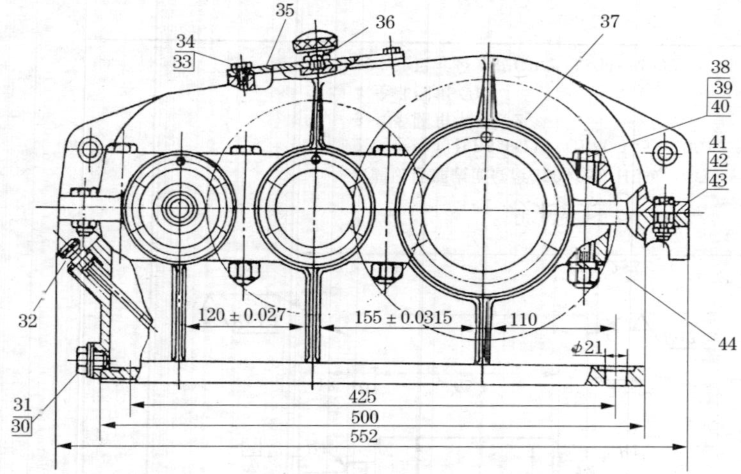

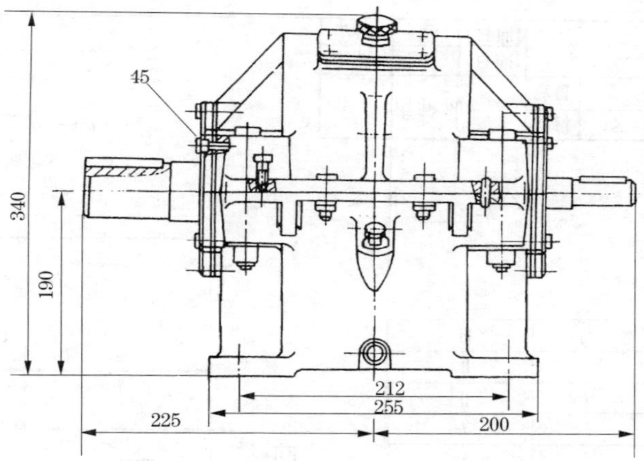

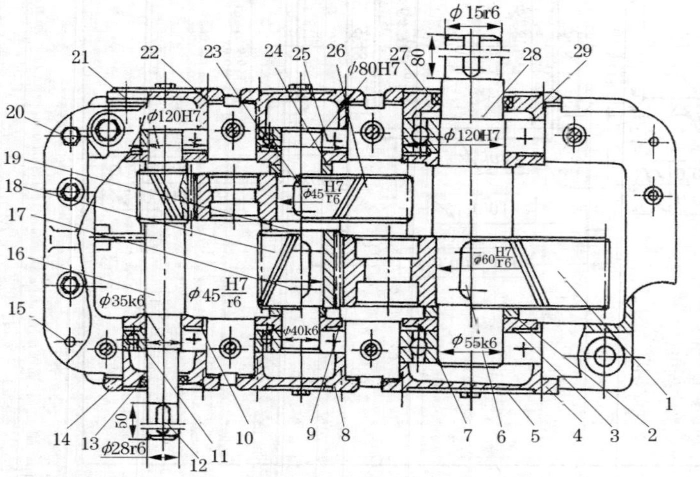

技术要求

1. 在装配前所有零件用煤油清洗，滚动轴承用汽油清洗，箱体内不允许有任何杂物存在。

2. 调整、固定轴承时应留轴向间隙，Δ=0.25～0.4。

3. 箱体内装全损耗系统用油 L－AN68 至规定高度。

4. 减速器剖分面、各接触面及密封处均不允许漏油，剖分面允许涂以密封胶或水玻璃，不允许使用垫片。

5. 接触斑点沿齿高不少于 45%，沿齿宽不少于 60%。

6. 减速器外表面涂灰色油漆。

03	挡轴环	2	Q235A		
02	套筒	1	Q235A		
01	齿轮	1	45		
序号	名称	数量	材料	标准	备注

圆柱齿轮减速器		比例		图号	
		数量		共张	
设计	（日期）	（校名班级）			
审核	（日期）				

图 15-23

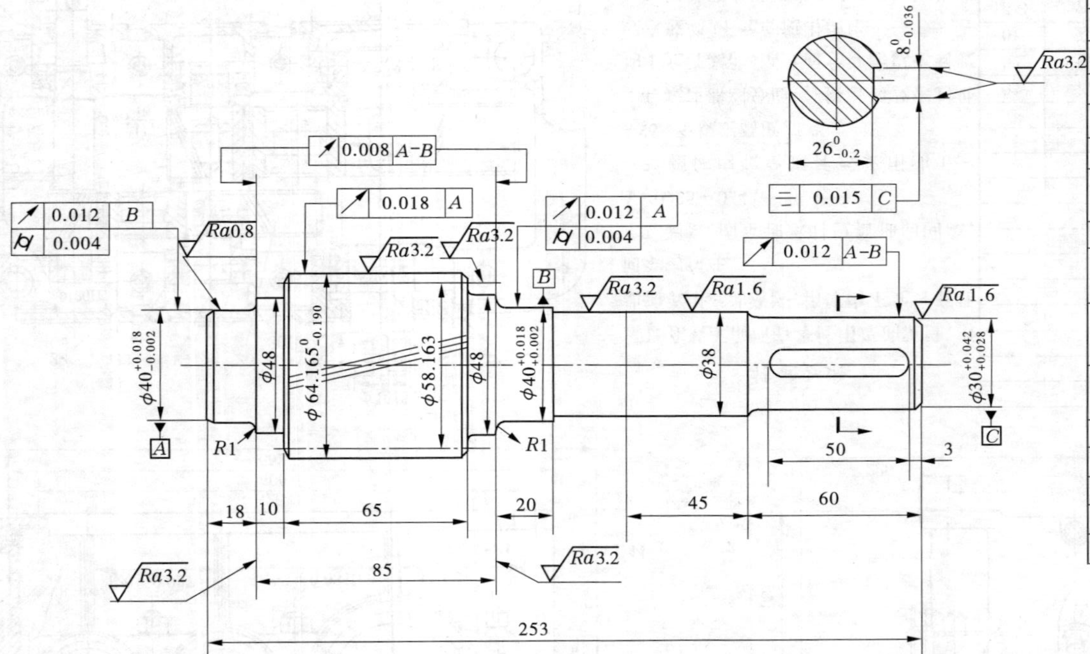

法向模数	m_n	3
齿数	z	79
齿形角	α	20°
齿顶高系数	h_a^*	1
螺旋角	β	11° 28′42″
螺旋方向	左旋	
径向变位系数	x	0
齿厚	$4.172_{-0.140}^{-0.084}$	
精度等级	GB/T 10095.1—2008	
齿轮副中心距及其极限偏差	$a \pm f_a$	150 ± 0.032
配对齿轮	图号	图9-5
	齿数	79
公差组	检验项目代号	公差(或极限偏差)值
Ⅰ	F_r	0.050
Ⅰ	F_w	0.028
Ⅱ	f_f	0.011
Ⅱ	f_{pb}	± 0.013
Ⅲ	f_β	0.016

Ra12.5 (√)

技术要求

1.调质处理表面硬度220~250 HBW。
2.两端中心孔B3.15/10 GB/T 145—2001，表面粗糙度 R_a =3.2 μm。
3.其余圆角半径 $R2$。
4.全部倒角 $C1.5$。
5.未注尺寸公差按GB/T 1804—2000。

齿轮轴		材料	45	比例	1:1
		数量	1	图号	j01-12
制图	(日期)	(校名班级)			
审核	(日期)				

图 15-24

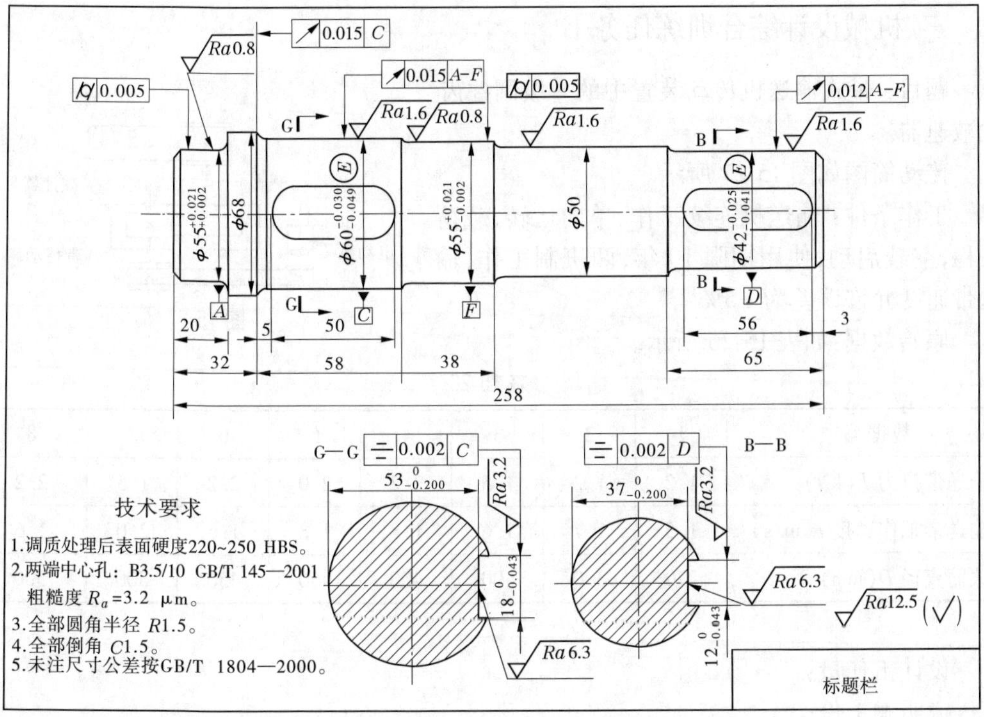

图 15-25

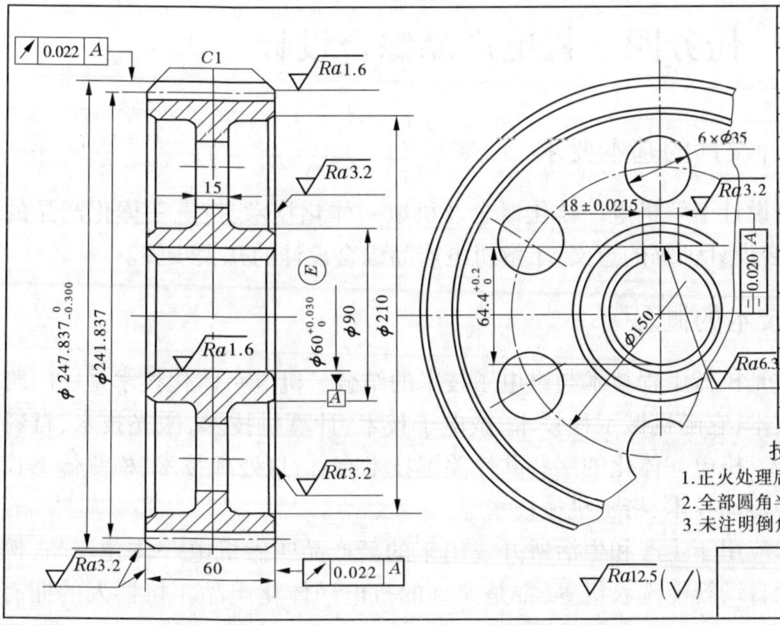

法向模数	m_n	3
齿数	z	79
齿形角	α	20°
齿顶高系数	h_a^*	1
螺旋角	β	11°28′42″
螺旋方向	右旋	
径向变位系数	x	0
齿厚	$4.172_{-0.340}^{-0.084}$	
精度等级	GB/T 10095.1—2008	
齿轮副中心距及其极限偏差	$a \pm f_a$	150±0.032
配对齿轮	图号	图9-6
	齿数	19
公差组	检验项目代号	公差(或极限偏差)值
Ⅰ	F_r	0.050
Ⅰ	F_w	0.028
Ⅱ	f_f	0.011
Ⅱ	f_{pb}	±0.013
Ⅲ	f_β	0.016

图 15-26

三、机械设计综合训练任务书

题目: 带式输送机传动装置中的一级圆柱齿轮减速器。

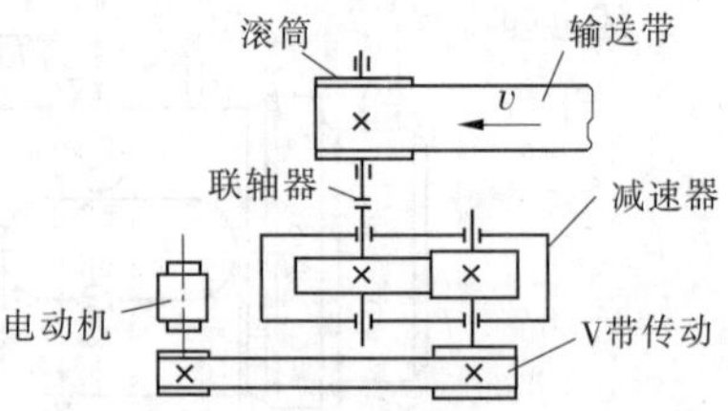

图 15-27

传动简图如图 15-27 所示。

工作条件: 输送机连续工作,单向运转,载荷平稳,空载启动,使用期限 10 年,两班制工作,输送带速度允许误差为 ±5% 。

原始数据:如表 15-26 所示。

表 15-26

数据编号	1	2	3	4	5	6	7	8
输送带拉力 F(kN)	1.2	1.2	1.5	2.2	2.0	2.2	1.5	2.2
输送带工作速度 v(m/s)	1.5	1.7	1.6	1.8	1.8	1.6	2.0	1.6
滚筒直径 D(mm)	270	300	400	400	450	450	500	500

设计工作量:

说明书 1 份;

减速器装配图 1 张;

减速器零件图 2 张(高速轴与大齿轮零件图各 1 张)。

任务四　机电产品综合设计

一、机电产品综合设计的基本要求

通过机电产品综合设计了解机电一体化概念及机电一体化技术、机电一体化产品的含义,领会机电产品综合设计训练的意义,了解机电产品综合设计的几大步骤。

二、机电一体化技术的概念

机电一体化的实质是机械工程技术与微电子技术的结合。机电一体化技术是一门跨学科的综合性的复合技术,它随机械工程技术、微电子技术、计算机技术、激光技术、材料工程技术的发展而进步。机电一体化的一些共性关键技术有:信息处理技术、检测传感技术、自动控制技术、伺服传动技术、精密机械技术等。

把机电一体化技术应用于生产和生活所开发出来的新产品叫做机电一体化产品,例如数控机床、机器人、全自动智能洗衣机等,都是典型的机电一体化产品。机器人的拥有量在未来 10 年将以 25% ~30% 的速度增长,将进入生产自动化、航天、深海以及军事、农业、办公、医院、家庭、社区等诸多领域;像全自动智能洗衣机这样的许许多多机电一体化产品已经被人们所喜爱,正在大量地被开发出来。

以信息为主要工作对象,既有控制功能又有管理功能的系统工程可称为机电一体化系统。比如,CIMS(计算机/现代集成制造系统)是比较大的机电一体化系统工程,它将制造系统、设计系统、经营管理系统、信息数据系统通过计算机及通信网络联系起来。它是一个闭环反馈系统,输入的是关于产品的概念和需要,输出的是经检验合格可交付使用的产品,以实现机械工厂综合自动化。

三、机电产品综合设计的目的和意义

(一)课程教学改革的需要

为了保证教学目标和培养目标的实现,必须增加综合性的课程。这不仅仅是专业、学科间不断交叉与融合以及界限逐渐淡化的需要,也是对原有课程体系进行改革,对课程设置进行优化、精简、合理组合和创新的需要。课程体系改革不是简单地删除某些课程,加上某些课程,更重要的要注意到学科知识之间的共性和异性,相互依存和相互渗透。机电专业需要以计算机为媒介的机电知识复合应用的综合课程。

(二)能力培养的需要

应用型人才的培养要突出能力的培养,加强实践教学环节。实践环节之一是进行实习、实训,掌握生产操作技能;实践环节之二是进行设计、创新,提高处理问题的能力。强化实践教学环节,培养高素质人才,才能使学生在社会上受到欢迎。机电产品设计是一门综合性很强的实践课程,它不同于单一的课程设计,它可以强化训练学生的机电一体化知识,提高应用能力。

四、机电产品设计的主要内容

(一)参数计算

需要计算的主要参数包括:脉冲当量 δ_P 和传动比 i,传动系统等效转动惯量 J_Σ,工作载荷,包括机床的进给方向、垂直方向、横向方向。

(二)基本设计

基本设计包括滚珠丝杠螺母副的选型及校核、步进电机的选型及校核、键连接的选择与校核、轴承的选择与校核等。

(三)其他设计计算

其他设计计算主要包括齿轮设计计算、皮带传动设计计算、齿轮传动消隙方法设计、同步带传动设计及其他传动计算。

五、机电产品综合设计的基本方法和步骤

机电产品综合设计内容可能千变万化,其方法和步骤也不相同。但是,大体上可划分为三个阶段:总体方案确定、关键部件设计、软件设计;同时,在设计过程中要贯穿技术经济效益分析和现代设计手段的应用。

(一)总体方案确定

1. 分析产品功能与技术参数

首先,设计者必须理解和分析设计任务所提出的主要功能和技术指标。比如,普通车

床的数控化改造要求利用数控系统代替人工或机械凸轮、靠模来控制车床的运动,从而提高车床的加工精度和自动化水平,满足多品种、小批量零件加工的要求。设计任务给出了纵向走刀、横向走刀的定位精度、走刀速度、主轴变速等诸多技术参数。并且,要求能进行人机对话,具有显示和通信功能、诊断和纠错功能,可缩短非生产准备时间,编程及操作方便,提高生产率。

2. 构思产品原理和确定技术路线

针对设计任务的主要功能和技术指标要求提出一些原理性的构思。比如,普通车床车削螺纹时为了防止乱扣,进给与主轴旋转之间用挂轮来实现严格的机械传动关系,改变螺纹的螺距就需改变挂轮。数控化改造后,省掉了挂轮,需要合理的、先进的方法来解决进给与主轴旋转相配合的问题,即:主轴转一圈,车刀精确移动一个螺距;螺纹加工不能一次切削完成时,每次进刀的位置必须相同。因此,切制多头螺纹时要求能正确分度。有了原理性构思,还要提出实现该功能的技术途径。没有合理、可行的技术途径来保障,好的原理构思就成为空想。

3. 拟定总体设计方案

功能原理构思和技术路线确定后,对运动、布局、传动、结构、控制以及软件等方面做出总体方案设计。可以同时设计几个方案,经过技术和经济评价后,选择其中一种较合理的作为最优方案进行下一步设计。比如,普通车床的数控化改造方案应该在满足改造设计任务要求的前提下,尽可能对原普通车床做较少的改动,以降低改造成本。

(二)关键部件设计

机电设备改造或新产品设计都需要抓住关键部件的设计。比如,要做好普通车床的数控化改造,关键是纵向进给系统改造、横向进给系统改造、主轴调速系统改造、螺纹加工改造、数控系统选型和配置设计等。不能把某个关键部件设计简单地看成简单的结构设计。比如,纵向进给系统改造将遇到采用什么驱动装置、怎样提高传动精度和效率、原有的进给箱怎样处理、滚珠丝杠螺母副怎样支承等问题,需要有综合的方案全面解决这些问题。

(三)软件设计

机电产品是以计算机技术为媒介的,除了硬件系统的配置外,还有一个软件配套和应用程序开发问题。比如,普通车床数控化改造后,实现数控车削需要进行手工编程或自动编程,在熟悉程序的格式、常用功能指令代码的基础上,还要针对车削的零件进行加工工艺设计和数控车削加工编程,程序的输入、编辑与修改等。此外,还有信息存储、数据交换。

(四)技术经济效益分析

在机电产品综合设计的过程中要作出技术评价和经济评价。除了完成设计任务规定的功能和技术指标外,还要考虑生产率、质量和成本。比如,普通车床经过数控化改造后,多品种少批量零件加工的生产率会大大提高,改变加工零件对象只需调用对应的数控加工程序,省时省工;又如,采用滚珠丝杠螺母副代替普通丝杠后,摩擦小,传动效率高。

成本是指投入和产出效益的综合成本,如核算普通车床数控化改造的费用支出时,要注意在生产率与质量、效益提高后,可以降低生产成本和提高产品价值,同时还要注意费用的投入在几年内可望得到的回报。

六、机电产品综合设计必备的知识

机电一体化产品由机械系统、传感系统、控制系统三大部分组成。机械传动系统因产品的不同而有很大的差异。比如,数控机床工作台的机械传动系统由电机、齿轮传动副、滚珠丝杠螺母副、工作台和导轨等组成;工业机器人的机械传动系统由电机、驱动装置、手臂、手腕和末端操作装置等组成。因此,完成设计需要具备以下基本知识:

(1)掌握脉冲当量的概念。正确理解传动比 i 对脉冲当量和传动系统结构设计的影响。

(2)理解各传动部件转动惯量向电机轴折算的目的,掌握传动系统等效转动惯量的计算方法。

(3)掌握车削、铣削的切削力分析及计算,注意应用简便的公式和实验数据;理解工作台上各进给方向载荷对机床的影响。

(4)掌握滚珠丝杠副工作载荷的计算,滚珠丝杠副的分类、主要参数、代号标注、预紧方式、选型及校核的方法和步骤;理解滚珠丝杠副最大动载荷校核的实质是工作寿命校核(类同滚动轴承),刚度验算的实质是轴向变形量校核,稳定性校核的实质是细长杆纵向弯曲校核。

(5)掌握滚动导轨副预期寿命的计算公式、型号选择方法,了解滚动导轨防护方法及塑料导轨的优点。

(6)掌握步进电机的选型和校核方法,理解最大静转矩校核、启动矩频特性校核、运行矩频特性校核的不同点。

(7)了解齿轮传动消隙的意义及消隙的方法,正确选用齿轮传动消隙的方法。

(8)掌握带传动的设计方法。

七、脉冲当量和传动比的确定

机械传动系统的主要技术参数通常由设计任务书或产品样本给出,一般包含功能参数和精度参数两部分。例如,一台立式钻削中心使用的两坐标数控工作台主要功能参数有最大钻孔直径(mm)、工作台尺寸(长和宽)、坐标行程(X, Y)、快速定位速度(m/min)等,主要精度参数有定位精度、重复定位精度等。

(一)选定脉冲当量

图 15-28 表示某数控半闭环机床进给系统传动简图。伺服电机经齿轮传动副、滚珠丝杠拖动工作台,传感器与电机轴相联,用来检测电机转角和转速,并把它们转换为电信号反馈给数控装置。

目前,常用脉冲编码器兼作位置和速度反馈。伺服电机每转一圈传感器发出一定数量的脉冲,每个脉冲代表电机一定的转角。步进电机是一种电脉冲控制的特种电机,对于每一个电脉冲步进电机都将产生一个恒定的步进角位移,每一个脉冲或每步的转角称为步进电机的步距角 θ_b,单位为°/脉冲,可由选用的步进电机型号从技术数据表中查出。因此,每一个脉冲代表电机一定的转角,这个转角经齿轮副和滚珠丝杠使工作台移动一定的距离。每个脉冲所对应的执行件(如工作台)的移动距离,称为脉冲当量或分辨率,记为 δ_P,单位为 mm/step。脉冲当量需要根据机床或工作台进给系统所要求的定位精度来选

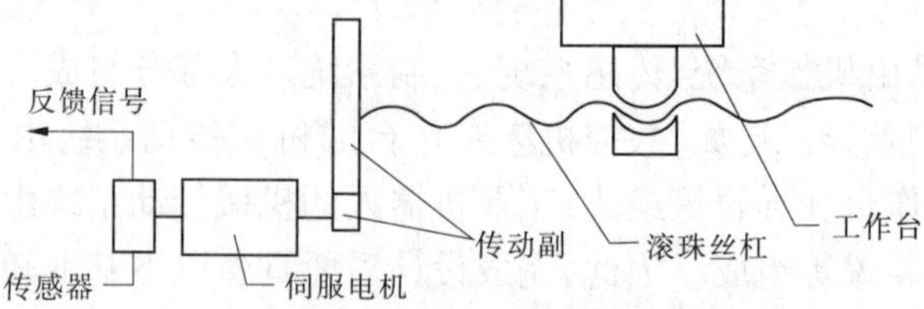

图 15-28　数控半闭环机床进给系统传动简图

定。考虑到机械传动系统的误差存在,脉冲当量值必须小于定位精度值。例如,普通车床进行数控改造,对机床纵向进给定位精度的设计要求是 ±0.015 mm,根据该精度要求可确定脉冲当量为 $\delta_P = 0.01$ mm/step。又如,某镗铣加工中心的数控工作台要求重复定位精度为 ±0.006 mm,根据该精度可确定脉冲当量为 $\delta_P = 0.003$ mm/step。

(二)计算传动比

设传动副的传动比为 i,若为一对齿轮减速传动,则 $i = n_1/n_2 = z_2/z_1$。n_1、z_1 为主动齿轮的转速和齿数,n_2、z_2 为从动齿轮的转速和齿数。若为多级传动装置,则 i 为总传动比。

对于步进电机,当脉冲当量 δ_P 已确定,并且滚珠丝杠导程 L_0 和电机步距角 θ_b 也都已初步选定后,则可用下式计算传动系统的传动比

$$i = \frac{\theta_b L_0}{360\delta_P} \tag{15-5}$$

应尽可能使 $i = 1$,这时可使步进电机直接与丝杠连接,有利于简化结构,提高精度。

八、工作载荷分析与计算

(一)车削抗力分析

如图 15-29 所示,车削外圆时的切削抗力分解为 F_x、F_y、F_z。主切削力 F_z 与切削速度方向一致,垂直向下,是计算车床主轴电机切削功率的主要依据。切深抗力 F_y 与纵向进给方向垂直,影响加工精度或已加工表面质量。进给抗力 F_x 与进给方向平行但方向相反,用于设计或校核进给系统刚度。

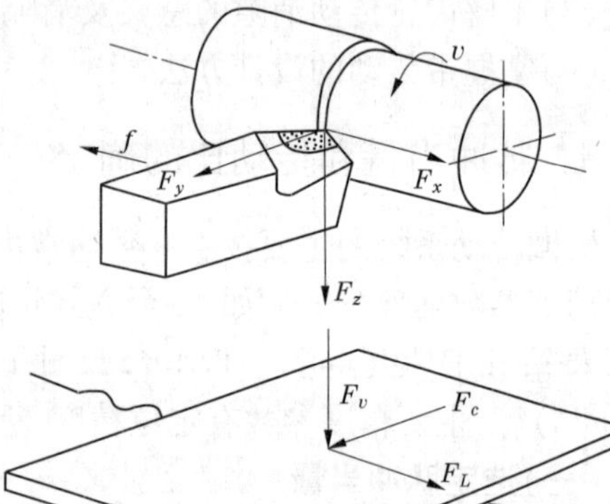

图 15-29　车削时进给拖板上的载荷

(二)拖板工作载荷的计算

由于 F_x 与 F_y 所消耗的切削功率很小,可以忽略不计,因此车床的切削功率 P_m 为

$$P_m = F_z v \times 10^{-3} \quad (\text{kW}) \tag{15-6}$$

式中:F_z 和 v 的单位分别为 N 和 m/s。考虑到机床的传动效率,机床的电机功率 P_E 为

$$P_E \geqslant \frac{P_m}{\eta_m} = \frac{F_z v \times 10^{-3}}{\eta_m} \quad (\text{kW}) \tag{15-7}$$

式中:η_m为机床主传动系统传动效率,一般取 0.75~0.85。

因此,主切削力 F_z 的大小可以按机床主电机功率计算

$$F_z = \frac{P_E \eta_m}{v} \times 10^3 \quad (\mathrm{N}) \tag{15-8}$$

式中:v 可取主轴传递全部功率时的最低切削速度,m/s。

进给抗力 F_x 和切深抗力 F_y 可按下列比例分别求出:

$$F_z : F_x : F_y = 1 : 0.25 : 0.4 \tag{15-9}$$

因为车刀装夹在拖板的刀架内,车刀受到的车削抗力将传递到进给拖板和导轨上。车削时作用在进给拖板上的载荷 F_L、F_v 和 F_c 与车刀所受到的车削抗力有对应关系。因此,作用在进给拖板上的载荷可以按下式求出:

拖板上进给方向载荷　　$F_L = F_x$

拖板上垂直方向载荷　　$F_v = F_z$

拖板上横向载荷　　$F_c = F_y$

(三)铣削抗力分析

铣削运动的特征是主运动为铣刀绕自身轴线高速回转,进给运动为工作台带动工件在垂直于铣刀轴线方向缓慢进给(键槽铣刀可沿轴线进给)。铣刀的类型很多,但以圆柱铣刀和端铣刀为基本形式。圆柱铣刀和端铣刀的切削部分都可看做车刀刀头的演变,铣刀的每一个刀齿相当于一把车刀,它的切削规律与车削相似,所不同的是铣刀回转,刀齿数多。

通常假定铣削时铣刀受到的铣削抗力是作用在刀齿的某点上。设刀齿上受到切削抗力的合力为 F,将 F 沿铣刀轴线、径向和切向进行分解,则分别为轴向铣削力 F_x、径向铣削力 F_y 和切向铣削力 F_z。切向铣削力 F_z 是沿铣刀主运动方向的分力,它消耗铣床主电机功率(即铣削功率)最多。因此,切向铣削力可按铣削功率 P_m(kW)或主电机功率 P_E(kW)算出

$$F_z = \frac{P_m}{v} \times 10^3 \quad (\mathrm{N}) \quad 或 \quad F_z = \frac{P_E \eta_m}{v} \times 10^3 \quad (\mathrm{N}) \tag{15-10}$$

式中:v 为主轴传递全部功率时的最低切削速度,m/s;η_m 为机床主传动系统传动效率。

(四)铣床工作台工作载荷计算

如图 15-30 所示,作用在工作台上的合力 F' 与铣刀刀齿上受到的铣削抗力的合力 F 大小相同,方向相反。合力 F' 就是设计和校核工作台进给系统时要考虑的工作载荷,它可以沿着铣床工作台运动方向分解为三个力:工作台纵向进给载荷 F_L、工作台横向进给载荷 F_c 和工作台垂直进给载荷 F_v。

工作台工作载荷 F_L、F_c 和 F_v 与铣刀的切向铣削力 F_z 之间有一定的经验比值(见表 15-27)。因此,求出 F_z 后,即可计算出进给工作台的工作载荷 F_L、F_c 和 F_v。

表 15-27 中 a_e 表示铣削用量要素之一铣削宽度,它是垂直于铣刀轴线测量的切削层尺寸(mm)。从图 15-30 中可知,圆柱铣削时 a_e 为待加工表面和已加工表面间的垂直距离,端铣时 a_e 恰为工件宽度,d_0 表示圆柱铣刀直径或端铣刀直径(mm),a_f 表示每齿进给量(mm/齿),即铣刀每转一个齿间角时,工件与铣刀的相对位移量。每齿进给量 a_f、每转进给量 f 和工作台进给速度 v_f 之间的关系为

$$v_f = f \cdot n = a_f z n \quad (\mathrm{mm/min}) \tag{15-11}$$

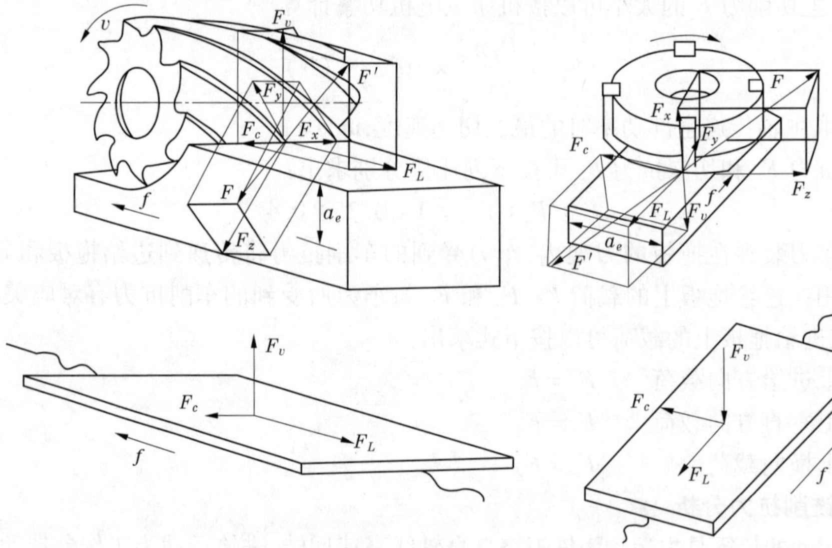

图 15-30　铣削力及工作台上的载荷

表 15-27　铣削力之间的关系

铣削条件	比值	对称端铣	不对称铣削	
			逆铣	顺铣
端铣 $a_e=(0.4\sim0.8)d_0$ $a_f=0.1\sim0.2$	F_L/F_z	$0.3\sim0.4$	$0.60\sim0.90$	$0.15\sim0.30$
	F_v/F_z	$0.85\sim0.95$	$0.45\sim0.70$	$0.90\sim1.0$
	F_c/F_z	$0.5\sim0.55$	$0.50\sim0.55$	$0.50\sim0.55$
圆柱铣、立铣、盘铣和成形铣： $a_e=0.05d_0$ $a_f=0.1\sim0.2$	F_L/F_z		$1.00\sim1.20$	$0.80\sim0.90$
	F_v/F_z		$0.20\sim0.30$	$0.75\sim0.80$
	F_c/F_z		$0.35\sim0.40$	$0.35\sim0.40$

九、驱动电机的选用

目前在伺服驱动系统中常用的驱动电机是步进电机、电液脉冲马达、直流伺服电机、交流伺服电机等。

(一)电机种类

1. 步进电机

步进电机是一种把电脉冲信号变换成直线位移或角位移的执行元件，广泛用于数控设备中。与交流或直流伺服电机相比，步进电机系统有如下优点：

(1)步进电机的转速仅取决于脉冲频率，而不受电压高低、电流大小及其波形的影响。

(2)可以开环控制也可以闭环控制。开环控制不需要位置或速度的检测元件，系统结构简单，能方便地控制脉冲的个数和脉冲的频率，实现定位和调速。采用位置反馈和速度反馈的闭环控制系统，不仅可以控制精确的位置和平稳的转速，而且扩大了步进电机的应用领域。

(3)输出转角(步距角)无长期积累误差,每转一圈积累误差会自动消失。

(4)启动、停止、反转及其他运行方式的改变,都可以在少量的脉冲周期内完成,并且具有定位转矩。

2. 电液脉冲马达

电液脉冲马达由小扭矩步进电机和液压随动马达所组成。一般步进电机的输出扭矩较小,不能直接带动大功率机床的工作台,通过液压随动马达可以获得放大的输出功率和扭矩,故电液脉冲马达可用于大功率的机床中。但电液脉冲马达伺服驱动系统必须有液压站,占地面积大,且易产生漏油等现象。因此,现与大型铣床(X53K)、中型铣床(X52K)、小型铣床(XKS020)配套的三坐标铣床数控系统采用了大功率步进电机直接拖动机床。但电液脉冲马达在冶金工业等场合仍有不可替代的作用。

3. 直流伺服电机

直流电机的转速与电枢电压成正比,转矩与电枢电流成正比。因此,转速和转矩的可控性好,在伺服系统中广泛采用直流伺服电机。但直流电机运行时电刷换向器的磨损造成维修工作量的增加,影响电机转速的提高和电机的寿命,限制了电机电枢电压的提高和电流过载能力。

4. 交流伺服电机

交流伺服电机从根本上避免了直流伺服电机的缺点,其应用正在得到迅速发展。一套完整的交流伺服装置由电源变压器、控制箱、交流伺服电机、连接电缆及插接件等组成,检测电机转速及转子位置的光电编码器装在电动机的内部。

随着计算机技术的普及和应用,步进电机的控制方式大为简化,步进电机的应用越来越引起重视。仅以数控机床为例,车床、铣床、磨床、冲床等各类机加工设备均成功地应用了步进电机系统。考虑到学习的要求,在这里只讲述步进电机的选用。

(二)步进电机的选用

步进电机选用主要考虑三个问题:

(1)步距角 θ_b 要满足系统脉冲当量的要求。

(2)满足最大静转矩的要求。

(3)启动转矩与启动频率、工作运行转矩与运行频率必须满足所选电机型号相应的启动矩频特性和工作矩频特性。

十、机电产品综合设计实例

下面以普通机床数控化改造为例介绍机电产品综合设计的方法。

(一)根据脉冲当量和最大静转矩初选电机型号

初选步进电机型号,并从步进电机技术参数表中查到步距角 θ_b,步进电机有两种不同脉冲分配方式,对应有两种步距角。从式(15-5)知,步距角 θ_b 及传动比 i 与脉冲当量 δ_p 和丝杠导程 L_0 有关。

初选电机型号时应合理选择 θ_b 及 i,并满足

$$\frac{\theta_b L_0}{360i} \leqslant \delta_p \tag{15-12}$$

(二)估算法选择步进电机

1. X502 铣床改造中步进电机的选择

设铣床工作台三个方向的脉冲当量均为 0.01 mm/step,快进速度 $v_{max}=2$ m/min。由于机床主轴和工作台共用一个电机,可由主轴传动功率推算工作台进给时的切削力。

(1)电机功率 N(主传动功率)的计算。

$$N = N_c + N_{mo} + N_{mc} \tag{15-13}$$

式中:N_c 为进给功率(含切削功率),N_{mo} 为空载功率,N_{mc} 为附加功率(损耗功率)。由经验得出

$$N_{mo} = 0.5N, N_{mc} = (1-\eta)N_c \tag{15-14}$$

代入上式得

$$N_c = \frac{0.5N}{2-\eta} \tag{15-15}$$

由于 X502 铣床主轴功率为 1.45 kW,电机功率为 2.2 kW,故由电机到主轴的功率损耗为

$$\eta = \frac{1.45}{2.2} = 0.66$$

在进给传动中切削功率

$$N_{ct} = KN_c = 0.85 \times \frac{0.5N}{1-\eta} = 0.85 \times \frac{0.5 \times 2.2}{2-0.66} = 0.698(\text{kW})$$

$K \approx 0.85$,为切削功率与进给功率的关系系数。

(2)计算切削时主轴扭矩。

$$M_n = 9\,550\frac{N_{ct}}{n} = 9\,550 \times \frac{0.698}{47.5} = 140(\text{N} \cdot \text{m})$$

上式中 $n=47.5$ r/min,为铣床主轴 8 种转速中最低的一种。

(3)计算切削力。

设铣刀最大直径为 $D=32$ mm,则主切削力 $F=\dfrac{M_n}{D}=\dfrac{140}{0.032}=4\,375(\text{N})$。

铣削(纵向)进给抗力 $F_L/F=1\sim1.2$,取 $F_L=F=4\,375$ N。

垂直分力 $F_v/F=0.75\sim0.8$,取 $F_v=0.75F=3\,281$ N。

横向进给分力 $F_c=0.35\sim0.4F$,取 $F_c=0.4F=1\,750$ N。

(4)计算纵向进给步进电机启动力矩。

$$T_q = \frac{360\delta_p[F_L + 0.3(G+F_v)]}{2\pi\theta_b\eta} \quad (\text{N} \cdot \text{mm}) \tag{15-16}$$

式中:δ_p 为脉冲当量,mm/step;F_L 为铣削抗力,N;F_v 为垂直分力,N;G 为工作台及工件、夹具的总重量,N;取 $\eta=0.85$,$G=2\,000$ N。

(5)选择步进电机。

按步进电机的最大静转矩 T_{jm} 选择步进电机。

$$T_{jm} = T_q/0.866$$

步进电机型号选择参见表 15-28。

表 15-28　步进电机型号

电机型号	相数	步距角（°）	电压（V）	相电流（A）	最大静转距 [N·m（kgf·cm）]	最高空载启动频率（Hz）	运行频率（Hz）	转子转动惯量 [10^{-5} kg·m^2（gf·cm·s^2）]	线圈电阻（Ω±5%）	分配方式	质量（kg）	外形尺寸（mm）		
												外径 ϕ	长度	轴径 ϕ
28BF001	3	3/6	27	0.8	0.017 6(0.18)	1 800		0.039 2(0.004)	2.41	三相六拍	0.075	28	30	3
36BF002 Ⅱ	3	3/6	27	0.6	0.049(0.5)	1 900		0.078 4(0.008)	6.7	三相六拍	0.2	36	42	4
36BF003	3	1.5/3	27	1.5	0.078(0.8)	3 100		0.078 4(0.008)	1.6	三相六拍	0.22	36	43	4
45BF003 Ⅱ	3	1.5/3	60	2	0.196(2)	3 700	12 000	0.147(0.015)	0.94	三相六拍	0.38	45	82	4
45BF005 Ⅱ	3	1.5/3	27	2.5	0.196(2)	3 000		0.137(0.014)	0.94	三相六拍	0.4	45	58	4
45BF006	3	1.875/3.75	27	2.5	0.196(2)	2 500		0.137(0.014)	0.93	三相六拍	0.4	45	56	4
55BF001	3	7.5/15	27	2.5	0.372(3.8)	750		0.647(0.066)	1.43	三相六拍	0.8	45	70	6
55BF002	3	7.5/15	27	2.5	0.245(2.5)	850		0.559(0.057)	1.2	三相六拍	0.65	55	60	6
55BF002 Ⅱ	3	7.5/15	24	1	0.245(2.5)	350		0.529(0.054)	13.9	三相六拍	0.72	55	62	6
55BF003	3	1.5/3	27	3	0.686(7)	1 800		0.617(0.063)	0.7	三相六拍	0.83	55	70	6
55BF004	3	1.5/3	27	3	0.49(5)	2 200		0.529(0.054)	0.54	三相六拍	0.65	55	60	6
55BF004 Ⅱ	3	1.5/3	30	0.5	0.49(5)	550		0.529(0.054)	45	三相六拍	0.8	55	62	6
55BF005	3	3.75/7.5	30	3	0.343(3.5)	1 300			1.398	三相六拍	0.65	55	70	6
55BF009	4	0.9/1.8	27	3	0.784(8)	2 500		0.701(0.071 5)	1.2	四相八拍	0.78	55	70	6
55BF010	4	1.8	24	0.19	0.245(2.5)	360		5.194(0.53)	120	四相八拍		55	52.5	7
58BF001	4	1.8	24	1.2	0.294(3)	1 100			3.7	四相四拍	0.45	56.5	51.5	6
70BF001	5	1.5/3	60	3.5	0.392(4)	4 000	16 000		0.475	五相十拍	1.6	70	88	6
70BF003	3	1.5/3	27	3	0.784(8)	1 600			0.44	三相六拍	1.2	70	65	8
70BF004	4	0.9/1.8	27	3	0.784(8)	2 100			0.57	四相八拍	1.1	70	63	8

续表 15-28

电机型号	相数	步距角 (°)	电压 (V)	相电流 (A)	最大静转距 [N·m (kgf·cm)]	最高空载启动频率 (Hz)	运行频率 (Hz)	转子转动惯量 [$(10^{-5}$ kg·m^2 (gf·cm·s^2))]	线圈电阻 (Ω ±5%)	分配方式	质量 (kg)	外形尺寸(mm) 外径 φ	长度	轴径 φ
70BF005	5	1.5/3	27	3	0.686(7)	2 600			0.46	五相十拍	1.2	70	63	8
70BF006	5	0.75/1.5	27	4	0.49(5)	3 500			0.29	五相十拍	1.2	70	65	8
70BF007	3	1.5	27	3	0.274(2.8)	2 000			0.72	三相六拍	<0.5	70	30	8
75BF001	3	1.5/3	24	3	0.392(4)	1 750		1.274(0.13)	0.62	三相六拍	1.1	75	53	6
75BF003	3	1.5/3	30	4	0.882(9)	1 250		1.568(0.16)	0.82	三相六拍	1.58	75	75	8
75BF004	3	1.5/3	80	5.8	0.49(5)	2 500	16 000	1.284(0.131)	0.134	三相六拍	1.25	75	72	6
90BF001	4	0.9/1.8	80	7	3.92(40)	2 000	8 000	17.64(1.8)	0.3	四相八拍	4.5	90	145	9
90BF002	5	0.75/1.5	80	7	3.92(40)	3 800	16 000	17.64(1.8)	0.248	五相十拍	4.5	90	145	9
90BF003	3	1.5/3	60	5	1.96(20)	1 500	8 000		0.265	三相六拍	4.2	90	125	9
90BF004	5	0.75/1.5	60	7	2.45(25)	4 000	16 000			五相十拍	3	90	118	9
90BF006	5	0.36/0.72	24	3	2.156(22)	2 400			0.76	五相十拍	2.2	90	65	9
110BF003	3	0.75/1.5	80	6	7.84(80)	1 500	7 000	46.06(4.7)	0.37	三相六拍	6	110	160	11
110BF004	3	0.75/1.5	30	4	4.9(50)	500		34.3(3.5)	0.76	三相六拍	5.5	110	110	11
130BF001	5	0.75/1.5	80/12	10	9.31(95)	3 000	16 000	46.06(4.7)	0.163	五相十拍	9.2	130	170	14
150BF002	5	0.75/1.5	80/12	12	13.72(140)	2 800	8 000	98(10)	0.121	五相十拍	14	150	155	φ18 1:10K
150BF003	5	0.75/1.5	80/12	12	15.68(160)	2 600	8 000	102.9(10.5)	0.127	五相十拍	16.5	150	178	φ18 1:10K
200BF001	5	10′/20′	24	4	14.7(150)	1 300		1 293.6(132)	0.77	五相十拍	16	200	93	φ28 1:10K

注:K 表示锥度。φ18　1:10K 表示电机轴大端直径 φ18,电机轴有锥度 1:10。

用同样的方法计算各方向的启动力矩，选择电机。

2. C618 车床改造中步进电机的选择

设脉冲当量为：纵向 0.01 mm/step，横向 0.005 mm/step，快进速度 $v_{max}=2$ m/min。

(1)计算切削功率。

$$N_c = N\eta k \tag{15-17}$$

式中：N 为电机功率，4 kW；η 为主传动系统总效率，一般为 0.6～0.7，取 0.65；k 为进给系统功率系数，取 0.96。则

$$N_c = 4 \times 0.65 \times 0.96 = 2.496(\text{kW})$$

(2)计算切削力。

因为

$$N_c = \frac{Fv}{6\ 120} \tag{15-18}$$

式中：F 为主切削力；v 为切削速度，一般取 100 m/min。所以

$$F = \frac{6\ 120N_c}{v}$$

则主切削力

$$F = \frac{6\ 120 \times 2.496}{100} = 152.7(\text{kgf}) = 1\ 527\ \text{N}$$

一般取纵向切削力 $F_z=0.6F$，横向切削力 $F_x=0.5F$。

(3)计算纵向进给步进电机的启动力矩。

纵向进给步进电机启动力矩

$$T_q = \frac{360\delta_p[F_z + 0.3(G + F_x)]}{2\pi\theta_b\eta} \quad (\text{N} \cdot \text{mm}) \tag{15-19}$$

式中：G 为刀架及拖板的总重量，N，取 $\eta=0.85$，$G=1\ 500$ N。

(4)选择步进电机。

按步进电机的最大静转矩 T_{jm} 选择步进电机。

$$T_{jm} = T_q/0.866$$

步进电机型号选择参见表 15-28。

用同样的方法计算横向启动力矩，选择电机。

(三)步进电机的安装

步进电机的安装比较简单，不带机座，用定位止扣进行安装定位，以保证步进电机的安装精度。电机的安装面上有螺孔供安装，如图 15-31 所示，安装尺寸见表 15-29。

(四)设计其他机构

机电一体化产品的机械工作系统虽然在不同的产品中有不同的要求，但是在精度要求上都是比较高的。因此，必须采用必要的手段和方法来适应高精度传动的要求。

1. 齿轮传动消隙

齿轮传动的间隙也叫侧隙，它是指一个齿轮固定不动，另一个齿轮能够作出的最大角位移。传动间隙是不可避免的，其主要有由于制造及装配误差所产生的间隙、为适应热膨

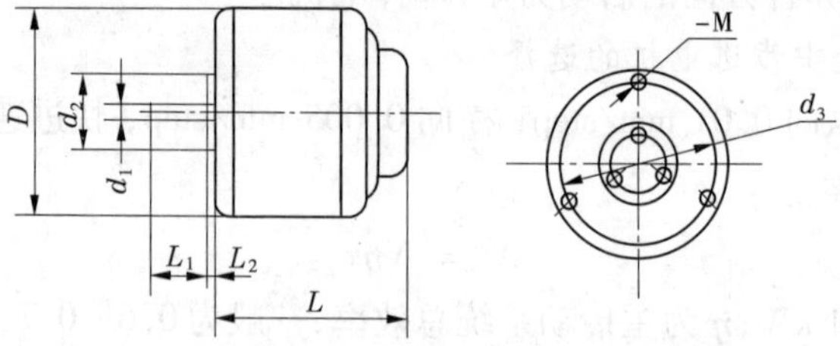

(a)

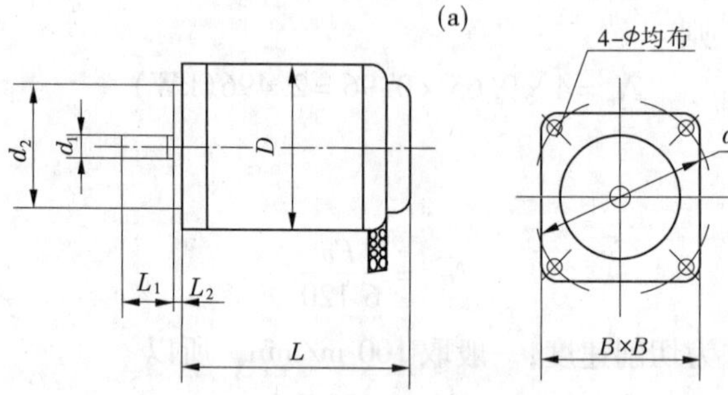

(b)

图 15-31　步进电机的安装尺寸

表 15-29　步进电机安装尺寸　　(单位:mm)

电机型号	轴径 d_1	止扣直径 d_2	d_3	螺孔通孔	L_1	L_2	外径 D	长度 L	$B \times B$
45BF003Ⅱ	$4^{-0.01}_{-0.022}$	$22^{0}_{-0.014}$	27	4—M3	12	2.5	45	82	
55BF003	$6^{-0.01}_{-0.022}$	$32^{0}_{-0.016}$	40	4—M3	18	2.5	55	70	
70BF003	$8^{-0.013}_{-0.028}$	$40^{0}_{-0.016}$	50	4—M3	22	2	70	65	
75BF003	$8^{-0.013}_{-0.028}$	$31^{0}_{-0.016}$	68	3—M4	14	2	75	75	
75BF004	$6^{-0.01}_{-0.022}$	$31^{0}_{-0.016}$	68	3—M4	23	2	75	72	
90BF001	$9^{-0.013}_{-0.028}$	$70^{0}_{-0.03}$	107	4—Φ6.6	22	3	90	145	92×92
110BF003	$11^{-0.016}_{-0.034}$	$85^{0}_{-0.035}$	132	4—Φ9	25	4	110	160	112×112
130BF001	$14^{-0.016}_{-0.034}$	$100^{0}_{-0.035}$	155	4—Φ11	32	5	130	170	134×134
150BF003	锥轴颈 Φ18±0.02 锥度1:10	$100^{0}_{-0.035}$	170	4—Φ12	42	5	150	178	150×150

胀而特意留出的间隙等。为了提高定位精度和工作的平稳性,要尽可能减少传动间隙。除了提高制造和装配精度外,消隙的主要途径有:设计可调整传动间隙的机构、设置弹性补偿元件等。详见相关参考书。

2. 齿轮传动的设计

在选择步进电机时,由公式 $i = \dfrac{\theta_b L_0}{360\delta_p}$ 计算出传动比 i 后,可设计计算出齿轮的参数,详见相关教材;计算时,取 $T = T_{jm}$ 代入公式,由电机的运行频率 f 和所选步距角计算步进电机的最高转速：$n_{max}=\theta_b\times f$(°/s)。设计齿轮时注意：齿轮材料为 45 钢，小齿轮悬臂安装在电机轴上，所以齿宽系数 $\Psi_d=0.3\sim0.4$。齿轮消隙的方法：当采用双片齿轮消隙时，大齿轮比小齿轮宽；小齿轮与电机轴尽量采用过盈配合，大齿轮与轴采用间隙配合，标注出配合代号。

3. 滚珠丝杠副的选型和校核

滚珠丝杠副由专门工厂制造，当类别、型号选定和校核后，可以外购。滚珠丝杠副的类别主要从三个方面考虑：循环方式、循环列数与圈数、预紧方式。

钢珠在丝杠与螺母之间的滚动是一个循环闭路。根据回珠方式，可分为两类：内循环，回珠处在螺母之内，如图 15-32(a)所示；外循环，插管式回珠器位于螺母之外，如图 15-32(b)所示。

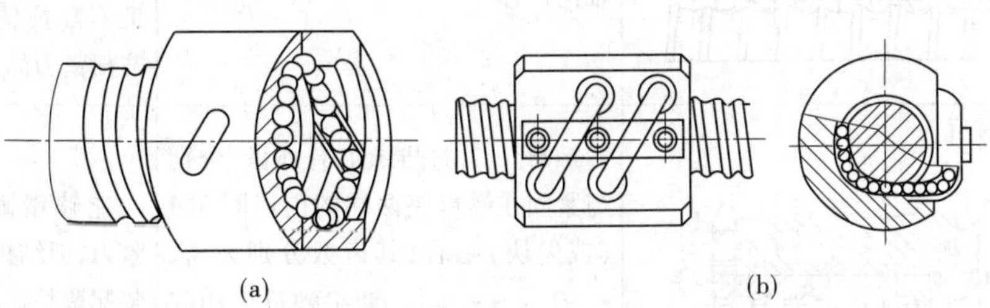

图 15-32　滚珠丝杠副传动原理

钢珠每一个循环闭路称为列，每个滚珠循环闭路内所含导程数称为圈数。内循环滚珠丝杠副的每个螺母有 2 列、3 列、4 列、5 列等几种，每列只有一圈。外循环每列有 1.5 圈、2.5 圈、3.5 圈等几种，剩下的半圈作回珠。外循环滚珠丝杠副的每个螺母有 1 列 2.5 圈、1 列 3.5 圈、2 列 1.5 圈、2 列 2.5 圈等，种类较多。

为了消除间隙和提高滚珠丝杠副的刚度，可以预加载荷，称为预紧，使滚珠在过盈的条件下工作。常用的滚珠丝杠副预紧方法有：双螺母垫片式预紧、双螺母螺纹式预紧、双螺母齿差式预紧等(见表 15-30)。预紧后的刚度可提高到为无预紧时的 2 倍。但是，预加载荷过大，会使寿命下降和摩擦力矩加大。通常，滚珠丝杠在出厂时，就已经由制造厂调好预加载荷，并且预加载荷往往与丝杠副的额定动载荷有一定的比例关系。

滚珠丝杠副的主要参数如下：

(1)公称直径 d_m。公称直径即滚珠丝杠的名义直径，d_m越大，承载能力和刚度越大。数控机床常用进给丝杠的公称直径 d_m为ϕ30 至ϕ80。

(2)基本导程(螺距)L_0。丝杠相对于螺母旋转一圈时，螺母的轴向位移为基本导程，也称为螺距。它按承载能力选取，并与进给系统的脉冲当量的要求有关。

(3)精度等级。滚珠丝杠副的精度等级分为 0、1、2*、3、4*、5、7、10 共八个标准公差等级，各级精度依次递减，T0 级最高，T10 级最低，带 * 号的标准公差等级为不优先采用的标准公差等级。滚珠丝杠副的精度直接影响定位精度、承载能力和接触刚度，因此它是滚珠丝杠副的重要质量指标，选用时要予以注意。

(4)滚珠丝杠副代号的标注。滚珠丝杠副代号的标注方法(GB/T　17587.3—2017)及标注示例如图 15-33 所示。

表 15-30　滚珠丝杠间隙的调整方法

类别	简图	调整方法	特点
垫片式	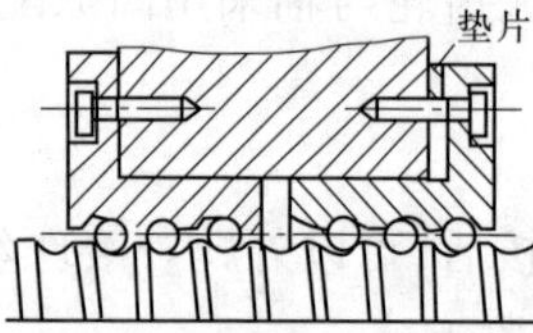	调整垫片厚度,使螺母产生轴向位移	结构简单,装卸方便,刚度高;但调整不便,滚道磨损时,不能随时消除间隙和预紧。适用于高刚度、重载传动
螺纹式	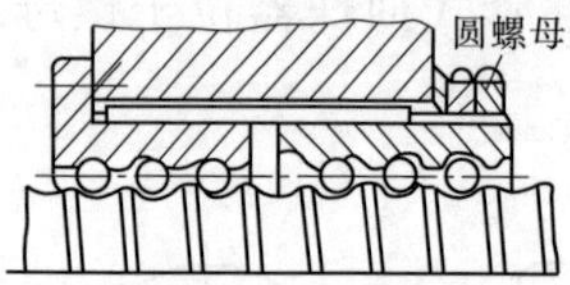	调整端部的圆螺母,使螺母产生轴向位移	结构紧凑,工作可靠,调整方便;但准确性差,且易松动。用于刚度要求不高或需要随时调节预紧力的传动
齿差式	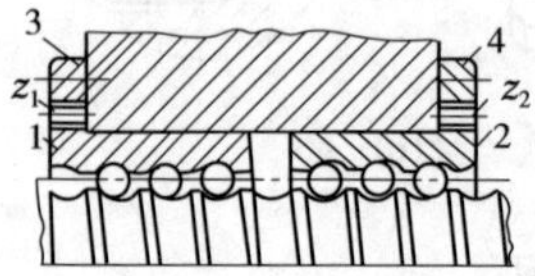	螺母 1、2 的凸缘上有外齿,分别与紧固在螺母座两端的内齿圈 3、4(或齿块)啮合,其齿数分别为 z_1、z_2,且 $z_2 = z_1 + 1$。两个螺母向相同方向旋转,每转过一个齿,调整的轴向位移为 $\Delta S = \frac{P}{z_1 z_2}$($P$ 为螺距)	能够精确地调整预紧力,但结构尺寸较大,装配调整比较复杂。宜用于高精度的传动机构

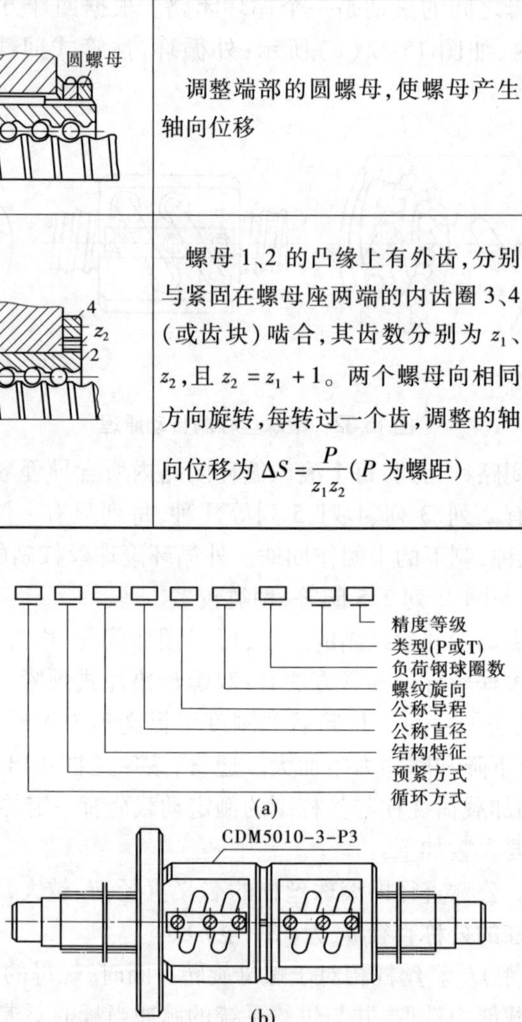

图 15-33　滚珠丝杠副型号标注方法

4. 按已知轴径校核轴的强度

按弯扭组合校核轴的强度,注意按照齿轮类型的不同计算齿轮圆周力、径向力、轴向力。

附表 15-1　Y 系列三相异步电动机技术参数

电动机型号	额定功率(kW)	满载转速(r/min)	堵转转矩/额定转矩	最大转矩/额定转矩	电动机型号	额定功率(kW)	满载转速(r/min)	堵转转矩/额定转矩	最大转矩/额定转矩
同步转速 3 000 r/min,2 级					同步转速 1 500 r/min,4 级				
Y801-2	0.75	2 875	2.2	2.2	Y801-4	0.55	1 390	2.2	2.2
Y802-2	1.1	2 825	2.2	2.2	Y802-4	0.75	1 390	2.2	2.2
Y90S-2	1.5	2 840	2.2	2.2	Y90S-4	1.1	1 400	2.2	2.2
Y90L-2	2.2	2 840	2.2	2.2	Y90L-4	1.5	1 400	2.2	2.2
Y100L-2	3	2 880	2.2	2.2	Y100L1-4	2.2	1 420	2.2	2.2
Y112M-2	4	2 890	2.2	2.2	Y100L2-4	3	1 420	2.2	2.2
Y132S1-2	5.5	2 920	2.0	2.2	Y112M-4	4	1 440	2.2	2.2
Y132S2-2	7.5	2 920	2.0	2.2	Y132S-4	5.5	1 440	2.2	2.2
Y160M1-2	11	2 930	2.0	2.2	Y132M-4	7.5	1 440	2.2	2.2
Y160M2-2	15	2 930	2.0	2.2	Y160M-4	11	1 460	2.2	2.2
Y160L-2	18.5	2 930	2.0	2.2	Y160L-4	15	1 460	2.2	2.2
Y180M-2	22	2 940	2.0	2.2	Y180M-4	18.5	1 470	2.0	2.2
Y200L1-2	30	2 950	2.0	2.2	Y180L-4	22	1 470	2.0	2.2
Y200L2-2	37	2 950	2.0	2.2	Y200L-4	30	1 470	2.0	2.2
Y225M-2	45	2 970	2.0	2.2	Y225S-4	37	1 480	1.9	2.2
Y250M-2	55	2 970	2.0	2.2	Y225M-4	45	1 480	1.9	2.2
同步转速 1 000 r/min,6 级					Y250M-4	55	1 480	2.0	2.2
Y90S-6	0.75	910	2.0	2.0	Y280S-4	75	1 480	1.9	2.2
Y90L-6	1.1	910	2.0	2.0	Y280M-4	90	1 480	1.9	2.2
Y100L-6	1.5	940	2.0	2.0	同步转速 750 r/min,8 级				
Y112M-6	2.2	940	2.0	2.0	Y132S-8	2.2	710	2.0	2.0
Y132S-6	3	960	2.0	2.0	Y132M-8	3	710	2.0	2.0
Y132M1-6	4	960	2.0	2.0	Y132M1-8	4	720	2.0	2.0
Y132M2-6	5.5	960	2.0	2.0	Y160M2-8	5.5	720	2.0	2.0
Y160M-6	7.5	970	2.0	2.0	Y160L-8	7.5	720	2.0	2.0
Y160L-6	11	970	2.0	2.0	Y180L-8	11	730	1.7	2.0
Y180L-6	15	970	1.8	2.0	Y200L-8	15	730	1.8	2.0
Y200L1-6	18.5	970	1.8	2.0	Y225S-8	18.5	730	1.7	2.0
Y200L2-6	22	970	1.8	2.0	Y225M-8	22	730	1.8	2.0
Y225M-6	30	980	1.7	2.0	Y250M-8	30	730	1.8	2.0
Y250M-6	37	980	1.8	2.0	Y280S-8	37	740	1.8	2.0
Y280S-6	45	980	1.8	2.0	Y280M-8	45	740	1.8	2.0
Y280M-6	55	980	1.8	2.0	Y315S-8	55	740	1.6	2.0

注:电动机型号意义:以 Y132S2-2—B3 为例,Y 表示系列代号,132 表示机座中心高,S 表示短机座,第二种铁芯长度(M—中机座,L—长机座),2 为电动机的极数,B3 表示安装形式。

附表 15-2　机座带底脚、端盖无凸缘(B3、B6、B7、B8、V5、V6 型)　　(单位:mm)

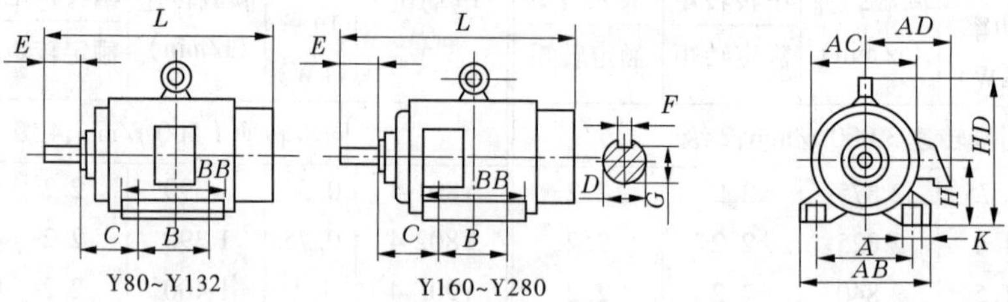

机座号	极数	A	B	C	D	D	E	F	G	H	K	AB	AC	AD	HD	BB	L
80	2,4	125	100	50	19	±0.009 −0.004	40	6	15.5	80	10	165	165	150	170	130	285
90S	2,4,6	140		56	24		50	8	20	90		180	175	155	190		310
90L			125													155	335
100L		160	140	63	28		60		24	100	12	205	205	180	245	170	380
112M		190		70						112		245	230	190	265	180	400
132S	2,4,6,8	216		89	38	+0.018 +0.002	80	10	33	132		280	270	210	315	200	475
132M			178													238	515
160M		254	210	108	42		110	12	37	160	15	330	325	255	385	270	600
160L			254													314	645
180M		279	241	121	48			14	42.5	180		335	360	285	430	311	670
180L			279													349	710
200L		318	305	133	55	+0.030 +0.011		16	49	200	19	395	400	310	475	379	775
225S	4,8	356	286	149	60		140	18	53	225		435	450	345	530	368	820
225M	2		311		55		110	16	49							393	815
	4,6,8				60		140	18	53								845
250M	2	406	349	168						250		490	495	385	575	455	930
	4,6,8				65				58		24						
280S	2	457	368	190						280		550	555	410	640	530	1 000
	4,6,8				75			20	67.5								
280M	2		419		65			18	58							581	1 050
	4,6,8				75			20	67.5								

附表 15-3　联轴器轴孔和键槽的形式、代号及系列尺寸(GB/T 3852—2017)

	长圆柱形轴孔（Y 轴）	有沉孔的短圆柱形轴孔(J 型)	无沉孔的短圆柱形轴孔(J_1 型)	有沉孔的圆锥形轴孔(Z 型)
轴孔	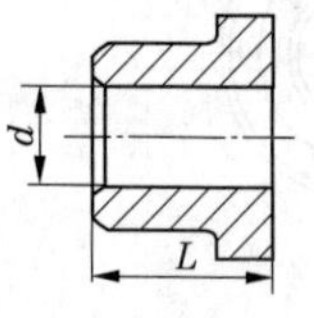	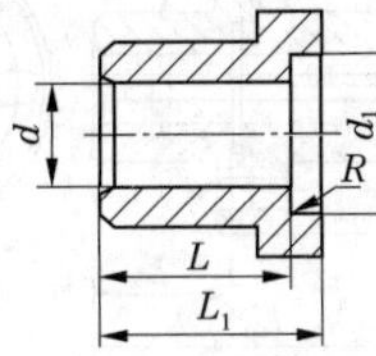	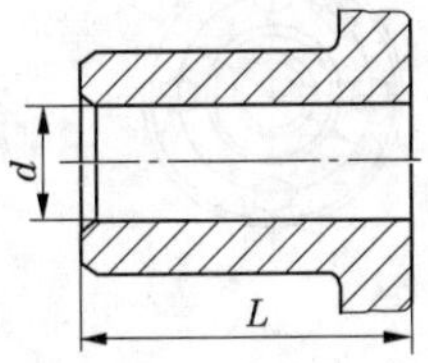	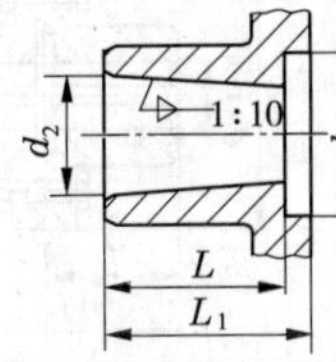
键槽	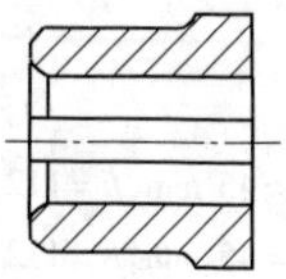	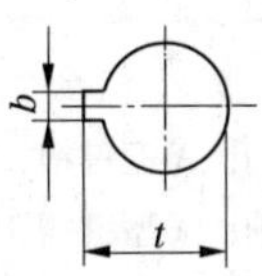 A型 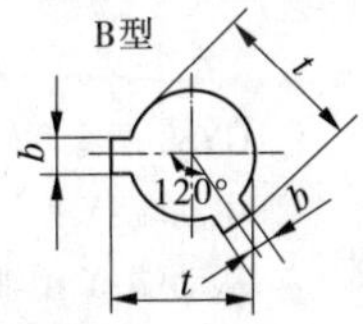 B型	b, t尺寸参照键连接	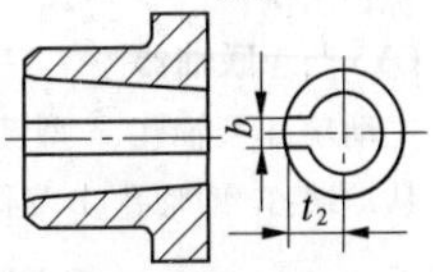 C型

轴孔和 C 型键槽尺寸　（单位:mm）

直径	轴孔长度			沉孔		C 型键槽			直径	轴孔长度			沉孔		C 型键槽		
d, d_2	L Y 型	L J,J_1,Z 型	L_1	d_1	R	b	t_2 公称尺寸	t_2 极限偏差	d, d_2	L Y 型	L J,J_1,Z 型	L_1	d_1	R	b	t_2 公称尺寸	t_2 极限偏差
16	42	30	42	38	1.5	3	8.7	±0.1	55	112	84	112	95	2.5	14	29.2	±0.2
18						4	10.1		56							29.7	
19							10.6		60	142	107	142	105		16	31.7	
20	52	38	52				10.9		63							32.2	
22							11.9		65							34.2	
24						5	13.4		70				120		18	36.8	
25	62	44	62	48			13.7		71							37.3	
28							15.2		75							39.3	
30	82	60	82	55			15.8		80	172	132	172	140		20	41.6	
32					2	6	17.3		85					3		44.1	
35							18.3		90				160		22	47.1	
38				65			20.3		95							49.6	
40	112	84	112			10	21.2	±0.2	100	212	167	212	180		25	51.3	
42							22.2		110							56.3	
45				80		12	23.7		120				210		28	62.3	
48							25.2		125					4		64.8	
50				95			26.2		130	252	202	252	235			66.4	

轴孔与轴伸的配合、键槽宽度 b 的极限偏差

d,d_2(mm)	圆柱形轴孔与轴伸的配合		圆锥形轴孔的直径偏差	键槽宽度 b 的极限偏差
6～30	H7/j6	根据使用要求也可选用 H7/r6 或 H7/n6	JS10（圆锥角度及圆锥形状公差应小于直径公差）	P9（或 JS9,D10）
>30～50	H7/k6			
>50	H7/m6			

注:1. 无沉孔的圆锥形轴孔(Z_1 型)和 B_1 型、D 型键槽尺寸,详见 GB/T 3852—2017。
2. Y 型限用于圆柱形电动机轴端。

附表 15-4　凸缘联轴器(GB/T 5843—2003)

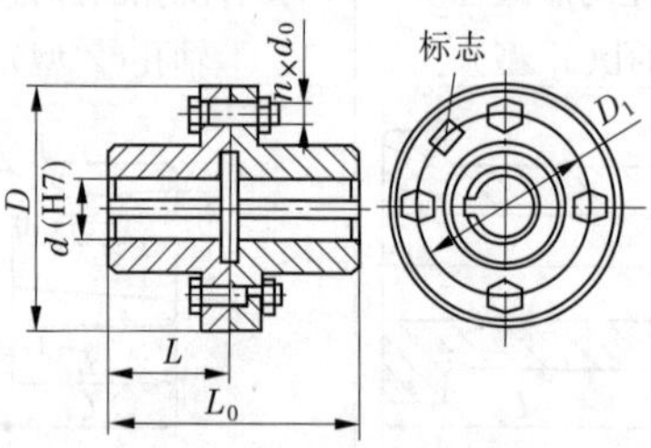

(a)GY型凸缘联轴器

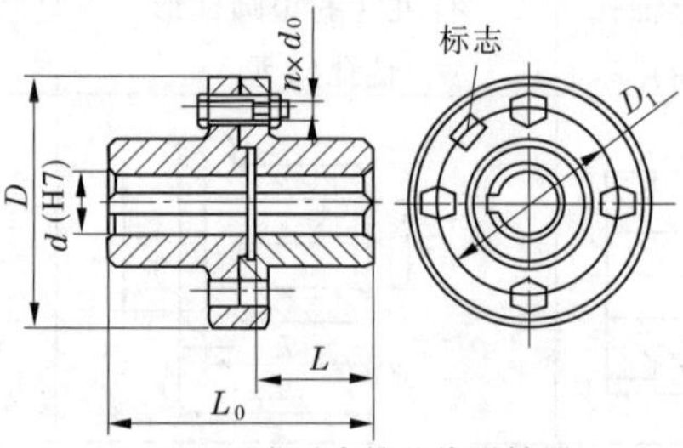

(b)GYS型有对中榫凸缘联轴器

标记示例：

GY5 凸缘联轴器

主动端：J 型轴孔、A 型键槽，$d=30$mm，$L=60$mm

从动端：J_1 型轴孔、B 型键槽，$d=28$ mm，$L=44$ mm

$$\text{GY5 联轴器}=\frac{\text{J}30\times 60}{\text{J}_1\text{B}28\times 44}\text{GB/T 5843—2003}$$

GYS8 凸缘联轴器

主动端：Y 型轴孔、A 型键槽，$d=45$ mm，$L=112$ mm

从动端：Y 型轴孔、A 型键槽，$d=45$ mm，$L=112$ mm

GYS8 联轴器 45 × 112 GB/T 5843—2003

型号	许用转矩 T_p (N·m)	许用转速 n_p (r/min)		轴孔直径 d(mm)	轴孔长度 L(mm)		D (mm)	D_1 (mm)	螺栓		L_0		质量 m (kg)	转动惯量 J (kg·m²)
					Y 型	J,J_1 型			数量 n	直径 d_0(mm)	Y 型	J,J_1 型		
GY1 GYS1	25	12 000		12,14	32	27	80	53	3(3)	M6	68	58	1.16	0.000 8
				16,18,19	42	30					88	64		
GY2 GYS2	63	10 000		16,18,19	42	30	90	64	4(4)	M8	88	64	1.72	0.001 5
				20,22,24	52	44					108	80		
				25	62	44					128	92		
GY3 GYS3	112	9 500		20,22,24	52	38	100	69	3(3)	M8	108	80	2.38	0.002 5
				25,28	62	41					128	92		
GY4 GYS4	224	5 700	9 000	25,28	62	44	105	80	3(3)	M6	128	92	3.15	0.003
				30,32,35	82	60					168	124		
GY5 GYS5	400	5 500	8 000	30,32,35,38	82	60	120	85	4(4)	M8	168	124	5.43	0.007
				40,42	112	84					229	173		
GY6 GYS6	900	5 200	6 800	38	82	60	140	90	4(4)	M8	169	125	7.59	0.015
				40,42,45,48,50	112	84					229	173		
GY7 GYS7	1 600	4 800	6 000	48,50,55,56	112	84	160	95	4(3)	M10	229	173	13.1	0.031
				60,63	142	107					289	219		
GY8 GYS8	3 150	4 300	4 800	60,63,65,70,71,75	142	107	200	105	4(3)	M10	289	219	27.5	0.103
				80	172	132					350	270		

注：1. 联轴器质量和转动惯量是按 GY 型联轴器 Y/J_1 轴孔组合和最小轴孔近似计算的。

2. 螺栓数量，括号内为铰制孔用螺栓。

附表 15-5 弹性柱销联轴器(GB/T 5014—2017)

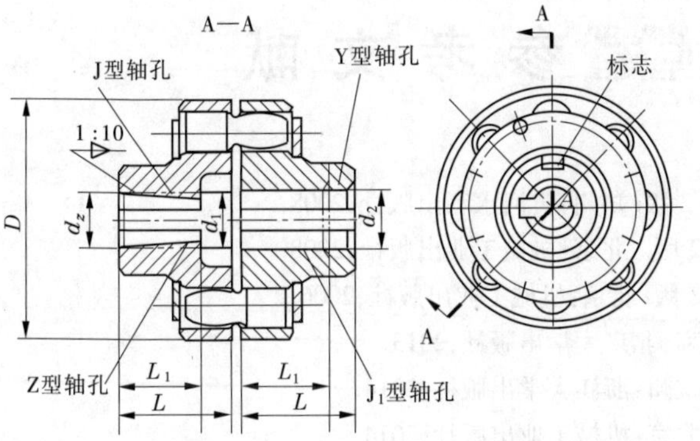

LX 型弹性柱销联轴器

标记示例:
LX6 弹性柱销联轴器
主动端:Y 型轴孔、A 型键槽,d_1 = 65 mm,L = 142 mm
从动端:Y 型轴孔、A 型键槽,d_2 = 65 mm,L = 142 mm
LX6 联轴器 65 × 142 GB/T 5014—2017

型号	许用转矩 T_p (N·m)	许用转速 n_p (r/min)	轴孔直径 d_1(mm)、d_2(mm)、d_z(mm)	轴孔长度 Y型 L (mm)	轴孔长度 J、J_1 L_1 (mm)	轴孔长度 Z型 L (mm)	D (mm)	质量 m (kg)	转动惯量 J (kg·m²)	许用相对位移 轴向 (mm)	许用相对位移 径向 (mm)	许用相对位移 角向
LX1	250	8 500	12,14	32	27	32	90	2	0.002	0.5	0.15	0°30′
			16,18,19	42	30	42						
			20,22,24	52	38	52						
LX2	560	6 300	20,22,24	52	38	52	120	5	0.009	1	0.15	0°30′
			25,28	62	44	62						
			30,32,35	82	60	82						
LX3	1 250	4 750	30,32,35,38	82	60	82	160	80	0.026	1	0.15	0°30′
			40,42,45,48	112	84	112						
LX4	2 500	3 870	40,42,45,48,50,55,56	112	84	112	195	22	0.109	1.5	0.15	0°30′
			60,63	142	107	142						
LX5	3 150	3 450	50,55,56	112	84	112	220	30	0.191	1.5	0.15	0°30′
			60,63,65,70,71,75	142	107	142						
LX6	6 300	2 720	60,63,65,70,71,75,80	142	107	142	280	53	0.543	2	0.20	0°30′
			85	172	132	172						
LX7	11 200	2 360	70,71,75	142	107	142	320	98	1.314	2	0.20	0°30′
			80,85,90,95	172	132	172						
			100,110	212	167	212						
LX8	16 000	2 120	80,85,90,95	172	132	172	360	119	2.023	2	0.20	0°30′
			100,110,120,125	212	167	212						

注:1. 表中联轴器质量、转动惯量是近似值;
2. 轴孔型式及长度 L、L_1 可根据需要选取。

参考文献

[1] 梁建和. 机械设计基础[M].2版.郑州:黄河水利出版社,2008.
[2]胡家秀. 机械设计基础[M].2版. 北京:机械工业出版社,2008.
[3]程时甘. 机械设计基础[M].2版.北京:机械工业出版社,2006.
[4]朱玉. 机械设计基础[M].北京:北京大学出版社,2013.
[5]李银海. 机械设计基础[M].杭州:浙江大学出版社,2014.
[6]赵永刚. 机械设计基础[M].北京:机械工业出版社,2014.
[7]丁说. 机械设计基础[M].北京:机械工业出版社,2012.
[8]史新逸. 机械设计基础[M].北京:化学工业出版社,2012.